경영자의 마음

리더십, 인생, 변화에 관한 명상록

The CEO Whisperer
Meditations on Leadership, Life, and Change

First published in English under the title
The CEO Whisperer: Meditations on Leadership, Life and Change
by Manfred F. R. Kets de Vries, edition: 1
Copyright © The Editor(s) (if applicable) and The Author(s), under exclusive license to
Springer Nature Switzerland AG, 2021
This edition has been translated and published under license from
Springer Nature Switzerland AG.
Springer Nature Switzerland AG takes no responsibility and shall not be made liable
for the accuracy of the translation.

Korean Transition Copyright © 2023 by Korea Coaching Supervision Academy
Korean edition is published by arrangement with Springer Nature Customer Service
Center GmbH through Imprima Korea Agency

이 책의 한국어판 저작권은 Imprima Korea Agency를 통해
Springer Nature Customer Service Center GmbH사와의 독점 계약으로
한국코칭수퍼비전아카데미에 있습니다.
저작권법에 의해 한국 내에서 보호를 받는 저작물이므로 무단전재와 무단복제를 금합니다.

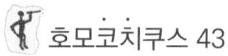 호모코치쿠스 43

경영자의 마음
리더십, 인생, 변화에 관한 명상록
The CEO Whisperer
Meditations on Leadership, Life, and Change

맨프레드 F. R. 케츠 드 브리스 지음

강준호 옮김

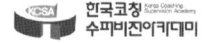

목차

역자 서문 ······ 6
서문 ······ 12
저자에 관하여 ······ 29

1장. 최고 위치에서 부패한 ······ 33
2장. 리더십 연구소 ······ 41
3장. 임상 패러다임 ······ 55
4장. 실존적 불안 직면하기 ······ 63
5장. 자기 실현 방정식 ······ 75
6장. 스토리텔링의 힘 ······ 85
7장. 스토리 '다시 쓰기' ······ 97
8장. 우리의 내면 극장 ······ 105
9장. 구매자 주의 원칙 ······ 119
10장. 프로이트와 정신분석학 역사 ······ 127
11장. 변화의 롤러코스터 타기 ······ 139
12장. CEO 위스퍼러의 춤 ······ 151
13장. '아하' 경험 만들기 ······ 167
14장. 당신은 착시 현상에 사로잡혀 있나? ······ 183
15장. 리더의 외로움 ······ 193

16장. 이카루스 증후군	⋯⋯ 205
17장. 당신은 얼마나 탐욕스러운가?	⋯⋯ 215
18장. 지나간 일을 후회하지 마라	⋯⋯ 229
19장. 실망 관리하기	⋯⋯ 237
20장. A급 인재 또는 B급 인재?	⋯⋯ 249
21장. 얼마나 마음이 닫혀 있는가?	⋯⋯ 263
22장. 그것이 무엇이든 나는 반대한다	⋯⋯ 275
23장. '나' 중심 세상에서 살아가기	⋯⋯ 287
24장. 컬트에 매력을 느끼는가?	⋯⋯ 301
25장. 우리 조직에는 기업 문화가 있는가, 기업 컬트가 있는가?	⋯⋯ 317
26장. 일하기 좋은 최고의 직장 만들기	⋯⋯ 331
27장. 조직에서 웰빙을 제공할 수 있을까?	⋯⋯ 339
28장. 노년, 삶의 현실과 죽음	⋯⋯ 347
에필로그	⋯⋯ 363
색인	⋯⋯ 369
역자 소개	⋯⋯ 376
발간사	⋯⋯ 378

역자 서문

 기업 현장에서 수많은 임직원을 상대하게 되는 HR 리더로서 요즘 체감하는 큰 변화는 젊은 세대 구성원 비중이 늘어남에 따라 회사와 개인 간 관계에 대한 인식이 급속도로 달라지고 있다는 점이다. 사회 전반적으로 보면 이미 빠르게 변화하고 있던 사람들의 인식이 그동안은 다소 느리게 기업 내부로 전이되었다. 그러나 불과 몇 년 사이에 둑이 터져버린 것처럼 이러한 변화가 기업 안으로 빠르게 밀려들어오며 직업에 대한 가치관 역시 '우리'에서 '나' 중심으로 변화하고 있다.
 이러한 상황에서 한국 기업의 임원 및 리더십 육성의 주안점도 새롭게 변화할 때가 되었다. 현재는 리더십 스킬 개발과 표층 레벨의 자기 성찰에 무게 중심이 있었다면, 이제는 더 심층 레벨의 심리 이해를 기반으로 하는 자기 지식, 자기 인식, 자기 개선 노력이 강화되어야 할 시기이다. 이것은 이 시대의 변화상과 새로운 세대의 니즈가 과거 대비 다양성에 대한 더 많은 인식과 건설적인 소통을 필요로 하기 때문이다. 이제 더는 전통적 스타일의 리더십이 구성원들에게 환영받지 못한다. 구성원들의 인식 변화는 일사불란함이 강점이었던 한국 기업의 경영자 입장에서 기업이 일하는 방식에 대전환이 도래했음을 뜻한다. 특히 이에 대한 증거로 최근 '직장내 괴롭힘' 사례를 살펴보면 과거에는 관행으로 여겨 심각한 문제가 되지 않았던 조직 및 사람 관리 방식이 문제시되고 있다는 인상을 많이 받는다. 대다수 리더의 생각과 행동에 심각한 문제가 있다기보다는 이제 임원, 리더들이 회사 생활을 하는 동안 자신을 보호하기 위해서라도 리더십 스타일의 점검, 개선이 필요하다는 뜻이다.

상황이 이러하다 보니 국내 기업 내부에서 관찰되는 또 다른 한 가지 변화 특징은 회사 내 리더가 되기를 거부하는 구성원들의 비중이 늘어나고 있다는 점이다. "팀장이 되는 것이 얼마나 큰 의미나 혜택이 있는지 모르겠으며, 하물며 회사를 위해 자기 인생을 포기하듯 살아야 하는 임원이 되고 싶은 생각은 더욱 없다."라고 이야기하는 구성원들을 쉽게 만날 수 있다. 이들 젊은 세대 구성원들은 이전 세대에 비해 부모님의 보호 아래 상대적으로 많은 관심과 지원을 받으며 성장한 세대이다. 그렇지만 동시에 사회의 불안정한 시대상을 보고 자라났고, 그 과정에서 스스로 보호하며 살아남아야 한다는 '생존 불안'이 기저에 깔려 있는 세대이기도 하다. 그래서 '살아남기 위해 손해를 보아서는 안 된다'라는 강박에 사로잡혀 있다. 또 세계적으로 유례 없는 고령화 속도를 보이는 한국 사회에서 늘어나는 사회적 비용을 고스란히 어깨에 짊어져야 하는 세대이기도 하다. '회사는 수단이지 목적이 될 수 없다'라는 생각에 수긍이 가기도 한다. 그리고 이 책에 나오는 맨프레드 교수님의 설명에 따르면 이러한 젊은 세대의 부담은 한국만의 모습은 아닌 것 같다.

애석하게도 이러한 불안과 스트레스는 젊은 세대 구성원들만의 문제가 아니다. 국내 기업의 리더, 임원들의 경우에는 내수경기 침체 대응 및 글로벌 시장에서 성과 창출을 위해 회사의 요구에 부응해야 하는 부담감, 언제든 교체되어 퇴직당할 수 있다는 불안감, 젊은 세대 구성원들의 다양한 니즈를 고려해야 한다는 중간에 낀 리더십 상황을 맞이하고 있다. 기업 소유주의 영향력 아래 있거나 다양한 이해관계가 얽힌 이사회의 견제 아래에 있는 전문 경영자인 CEO, 고위 경영진 역시 중간에 낀 리더십의 딜레마를 나름의 양상으로 체감하고 있다. 번 아웃을 넘어 자기 존재의 상실감을 경험하며 공황 증세, 신경증적 신체 고통 등을 호소하는 리더와 임원들의 비중 역시 늘어나고 있다. 그렇지만 조직 내에서 불필요한 오해를 받지 않을까, 능력 없는 리더나 임원으로 비쳐지지 않을까 하는 걱정에 드러내지도 못하는 실정이다. 리더, 임원들 역시 자기 몸과 마음 상태를 세심하게 돌봐야 하는 시점이다.

요약하면 지금 한국 기업 임직원 모두의 심리적 상황이 총체적 난국이다. 출산율 저하로 산부인과, 소아과 병원은 줄고, 스트레스, 불안 등으로 인한 정신 질환 인구가 늘어나면서 정신 건강학과 병원이 늘어나고 있다는 최근의 통계가 있다. 이러한 시대의 모습이 투영된 것인지 기업 내부를 살펴보면 CEO, 경영진, 리더, 구성원들에 이르기까지 다들 상대방에게 역할과 책임을 제대로 수행하지 못한다는 불만과 비난하는 마음이 있다. 정작 누구도 만족스러운 사람들은 없고, 모두 다 피해를 보고 있다는 심정만 가중되는 상황이다. 그렇다면 임직원들의 심리적 어려움에 어떻게 대응해야 하는 것일까?

세계적으로 자기 계발, 명상, 힐링 등의 유행과 함께 단기간에 획기적으로 심리적 어려움을 해소할 수 있다고 주장하는 이른바, '미라클 워커들miracle workers'이 이 시대를 구원할 새로운 메시아가 되어 소셜 네트워크 상의 인플루언서가 되고 있다. 그러나 이들은 맨프레드 교수님의 표현처럼 흡사 '기적의 치료제'를 판매하는 거리의 약장수처럼 저마다 단기적 해결책을 제시하거나, 자신들에게 끊임없는 심리적 의존을 유도하는 새로운 사이비 종교cult의 모습을 보여주고 있다. 많은 직장인, 특히 젊은 세대가 이러한 자기 계발 서적과 치료법에 열광하며 몰두하지만 매일 아침 마주하는 직장 내 현실은 그렇게 나아져 보이지 않는다. 잠시 괜찮아지는 듯하지만 이내 현실은 다시 실타래처럼 꼬여 들어가기만 하는 것 같다. 금전적 성취, 저마다 자기 분야에서의 성공 방법, 자기 마음에 끝없이 몰두하게 하는 접근법은 맨프레드 교수님의 설명대로 세상을 양분하여 중간 지점이 없는 극단적 가상 세계를 창조하는 일종의 세뇌brainwash 작업과 같은 인상을 준다.

이러한 사회 변화와 기업 임직원들의 인식 변화로 인한 심리적 어려움을 지원하기 위해 맨프레드 교수님은 정신역동-시스템psychodynamic-system을 근간으로 하는 통합적 접근법을 수십 년간 인시아드 글로벌 리더십 센터를 통해 기업 현장에 적용해 오고 있다. 그는 개인적 삶personal life과 직장에서의 커리어career가 서로 분리되어 있다는 환상을 벗어 던지고 삶과 기업 내에서 작동하는 무의식의 강력한 힘을 자각하고, 참 자기true self가 될 수 있도록 성찰하라고 역설한다. 그리고 이렇게 자신을 알아가는 여정과 새로운 모습으로 나아가는 변화가 단기간에 가능할 것이라는 기대를 내려놓으라고 하면서 긴 시간에 거쳐 일어나는 삶의 변화 과정에 대해 설명한다. 또 주위 환경을 변화시키기 이전에 자신이 먼저 변화해야 한다는 이야기를 담백하게 전한다. 이러한 맨프레드식 접근 방법을 듣다 보면 귀가 솔깃하기보다는 다소 힘이 들 것 같은 느낌이 들어서 그다지 매력적으로 보이지는 않는다.

이전에 번역한 『리더의 속살』을 비롯한 많은 저서에서 맨프레드 교수님은 CEO, 경영자, 리더의 마음속 깊은 이야기를 꺼내어 설명하고 있다. 우리 각자의 내면 극장inner theater, 인생 각본life scripts과 그것이 형성된 기원을 이해하고, 자동화된 생각, 감정, 행동 패턴이 삶과 조직 생활에 미치는 부정적 영향을 설명한다. 그리고 이러한 자동 패턴이 촉발되는 트리거를 알아차리고, 삶의 의미 찾기를 하고, 새로운 스토리 쓰기를 통해 행동 패턴을 변화시키는 일련의 과정들을 소개한다. 이러한 접근법은 코칭보다는 매일 실천하는 운동법 같다는 생각이 든다.

이 책은 경영자의 마음에 관한 것이지만 임원, 리더, 구성원 모두에게 도움이 될 수 있다는 생각이 든다. 인간은 누구나 근원적으로 죽음 불안death anxiety에서 자유로울 수 없으며, 나름의 취약성을 보유하고 있다. 그러나 필멸의 존재인데도 불멸할 것처럼 오늘을 살아가며 함께하는 이들과 공감하고 소통하고 생산적으로 활동해 나가는 것이 인간적인 모습이 아닐까 생각한다.

그리고 맨프레드 교수님의 설명과 같이 누군가의 특정한 접근 방식이 모든 사례에 대한 정답일 수는 없다. 개인적으로도 기업 내 무의식을 탐구하기 위해 정신역동 시스템 코칭 접근 방법 외에도 다양한 통합적 코칭과 심리치료 접근 방식, 인간의 어두운 심리dark psychology, 독성 있는 리더십toxic leadership, 세뇌와 컬트 메커니즘 등에 관심을 두고 있다. 함께 논의하고 싶은 사례가 있으면 언제든 연락을 환영하는 바이다.

　이 책을 포함해 지금까지 국내에서 번역 출간된 여러 책에서는 전문 경영인을 포함한 직장인의 심리적 어려움을 다루고 있다. 그러나 아직 국내에 소개되지 않은 맨프레드 교수님의 저작 가운데 가족 기업family business에 관한 내용도 있고 역사적, 정치적, 신화적 내용들도 있다. 앞으로 더 많은 내용이 국내에 소개되었으면 하는 바람이다.

　이제 맨프레드 교수님의 연세는 여든이 넘으셨다. 그래서인지 최근 집필하신 책에서 나이 들어가는 것과 죽음에 관한 이야기가 자주 나온다. 여전히 현장에서 고객들을 만나는 정신분석가이자 코치로서 본인 삶의 궤적에 따라 인생의 의미를 돌아보는 모습에서 깊은 존경심을 느끼게 된다. "우리는 흔히 작은 것에서 위대한 것을 발견한다."라는 에필로그 내용을 인용하며 이 책을 접한 분들도 유의미한 발견이 있으시기를 기원한다.

2023년 7월
강준호 코치
(nyaong001@gmail.com)

서문

> 다음 네 가지가 특히 심리치료와 관련 있다 : 나와 사랑하는 이의 피할 수 없는 죽음, 원하는 대로 인생을 살아갈 자유, 궁극적인 외로움, 마지막으로 삶에 대한 분명한 의미나 뜻의 부재
>
> – 어빈 얄롬 Irvin Yalom

조직과 심층 심리학 경계에서 일하면서 가끔 제리 스프링거 쇼 Jerry Springer Show(기능 장애, 실의에 빠진 미국인을 위한 악명 높은 고백 TV 포럼)에 초대받은 게스트가 된 기분이 들 때가 있다. 그리고 어떤 때는 '친애하는 애비 Dear Abbie'(역자 주: 고민 상담 컬럼)가 된 기분이 들기도 한다. 그렇지만 실제 나는 조직 내 인간 기능에 관한 연구 영역인 조직 행동 organizational behavior 분야를 가르치는 경영대학원 교수로 오랜 세월을 보냈다. 조직 행동 분야에 매력을 느끼기 전에는 경제학을 공부했다. 그 뒤 정신분석가가 되면서 내 전문가적 삶에 대해 계속 회자되는 농담은 내가 존 메이너드 케인스

John Maynard Keyne의 '음울한 과학'과 지그문트 프로이트Sigmund Freud의 '난감한 전문직'을 결합하려 노력한다는 것이다.

내가 정신분석가가 되기로 결심한 이유는 조직 행동 분야의 너무 많은 경영학자들이 편리하게도 사람을 분석에서 제외했기 때문이었다. 그들 대부분에게는 매우 복잡하고 혼란스러운 업무 환경에 있는 사람들의 행동을 연구하는 것보다는 조직 구조를 연구하는 편이 훨씬 더 매력적인 제안처럼 보였을 것이다. 나는 임상 훈련clinical training(역자 주: 환자 진료, 치료 훈련)이 이런 안타까운 경향에 대응해 인간의 복잡성에 대한 이해를 높이는 데 매우 유용한 관점을 제공할 것으로 생각했다. 그리고 내 생각이 옳은 것으로 입증되었다. 임상 훈련 및 고객과의 만남을 통해 사람들이 어떤 행동을 왜 하는지에 대해 더 종합적으로 이해하게 되었다. 또 사람들의 공적인 삶과 사적인 삶 사이를 구분하는 벽은 없다는 것을 깨닫게 되었다. 즉 직장 생활은 개인 생활에 영향을 미치며, 그 반대의 경우도 마찬가지이다.

일하다 보면 업무 특성 탓에 가끔 이상한 조언을 요청받을 때가 있다. 과거에는 사람들이 가끔씩만 내게 조언을 구했지만 소셜 미디어가 부상하며 접근 장벽이 사라졌다. 요즘에는 도움을 요청하는 연락을 지속해서 받는다. 이런 요청의 상당수는 흥미롭지만 내 삶을 더 쉽게 만들어주지는 않는다. 헨리 데이비드 소로Henry David Thoreau처럼 "대부분 사람은 조용한 절망의 삶을 살고 있다."라는 생각을 하게 된다. 우리가 만나는 대부분 사람은 지극히 평범해 보이지만, 그 겉모습 뒤에는 흔히 매우 다른 현실이 있다. 조용한 절망은 어렵지 않게 찾을 수 있다. 예를 들어, 요즘 내가 받는 다음과 같은 전형적인 이메일을 어떻게 생각하는가? 이 책의 모든 사례연구와 마찬가지로 나는 이 이메일을 익명으로 처리하고 세부 사항을 숨겼다.

교수님께, 이메일이 잘 전달되기를 바랍니다. 먼저 제 소개를 하겠습니다. 저는 수년째 근무하고 있는 중견 IT 회사의 임원입니다. 최근까지도 제가 잘하고 있다고 자신에게 속였습니다. 그렇지만 현재 제 상황을 보면 삶이 무너지고 있다는 것을 깨닫게 됩니다. 직장에서나 사생활에서나 잘하고 있지 못합니다. 개인적인 고민이 업무에 영향을 미치고 업무가 사생활에 영향을 미치고 있습니다. 제 상사는 최근 제 실적이 기대에 미치지 못한다고 말했습니다. 이제 상사가 저를 해고할까 봐 걱정됩니다. 그런 일이 발생하면 재앙이 될 것입니다. 제 월급이 유일한 수입원이니까요. 제 개인 생활에도 심각하게 괴로운 문제가 많이 있습니다.

제가 이렇게 편지를 드리는 이유는 선생님의 여러 글을 읽었기 때문입니다. 특히 피해자 증후군과 탐욕에 관한 글은 저에게 큰 공감을 불러일으켰습니다. 또 사이코패스 행동에 관한 글 하나를 보았습니다. 이 기사들은 제가 현재 처한 곤경을 이해하는 데 도움이 되어 위안을 주었습니다. 이러한 글들을 제공해 주셔서 감사합니다. 인간 역동의 모든 측면을 이해하기 쉽게 잘 정리해 주셔서 정말 감사합니다. 글을 통해 제가 거기에서 묘사한 피해자들과 비슷하다는 것을 깨달았습니다. 어떤 일들이 왜 제게 일어나는지 더 잘 이해할 수 있게 해주었습니다.

최근까지 인생이 괜찮다고 생각했지만 양아버지가 돌아가시고 모든 게 바뀌었습니다. 그 이후로 모든 것이 무너지고 있는데 이것이 훨씬 더 일찍부터 시작된 것은 아닌지 궁금해지기 시작했습니다. 정확히 말해 동생과 아내의 성행위를 목격했을 때부터입니다. 아내를 용서했지만 지금은 왜 그런 일이 생길지를 몰랐을까 자문하고 있습니다. 그들의 불륜은 얼마나 오래 지속했을까? 내가 눈이 멀었던 걸까? 그리고 그 이후 열아홉 살 된 딸이 내 동생이 자신에게 수작을 부리곤 했다고 말했습니다. 모든 것이 엉망진창입니다. 아내와의 관계도 예전 같지 않습니다. 이제 우리는 아무 사이가 아닌 것 같습니다.

그렇지만 그게 다가 아닙니다. 저를 더욱 화나게 한 것은 양아버지의 유언장에서 제가 제외되었다는 사실을 알게 된 것입니다. 모든 것이 제 동생에게 돌아갈 것입니다(어머니는 몇 년 전에 뇌졸중으로 돌아가셨습니다).

동생이 저에게 사기를 쳤습니다. 양아버지가 그를 입양하도록 손을 썼고 양아버지의 성을 따랐습니다. 가족 변호사가 죽고 후임 변호사는 동생이 어떤 사람인지 전혀 몰랐으므로 그가 이 모든 일들을 저지를 수 있었습니다.

이 모든 일로 동생을 대면했을 때 그는 저를 공격하며 어머니가 저를 미워했다는 등 끔찍한 말을 했고(이 말은 최악이었습니다) 다른 여러 가지 비난을 했습니다. 경찰이 출동해서 개입해야 했습니다. 경찰이 도착했을 때 동생은 제가 자신을 폭행했다고 말했는데 이는 거짓말이었습니다. 그가 싸움을 시작했습니다. 그는 또한 주차장에서 제가 그를 치려고 했다고 경찰에게 말했는데 이는 완전히 사실이 아닙니다.

결론은 제가 더는 부모님 집에 갈 수 없다는 것입니다. 동생은 저에게 접근하지 말라고 했습니다. 저는 이제 그곳에서 환영받지 못합니다. 그는 이제 집안의 모든 것이 자기 소유이며 제가 원하는 것이 있다면 변호사에게 연락하는 것이 좋다고 말합니다. 그렇지만 제 개인 소지품이 그 집에 많이 있습니다. 제가 어렸을 때 찍은 사진, 모든 가족 사진, 학교 기념품 등 어머니가 저를 위해 보관해 두셨던 것들입니다. 끔찍한 일입니다.

그리고 상황은 더 나빠졌습니다. 동생 여자친구가 최근 저를 찾아와 동생이 자기 돈을 가지고 있다고 말했는데, 그녀가 돌려받도록 제가 도울 수 있을까요? 현재 상황에서 제가 어떤 태도를 보일 수 있을까요? 그녀는 또한 동생의 아파트에 있던 제 아내와 싸웠다고 말했습니다. 그녀가 동생에 대해 말한 모든 것이 저를 더욱 화나게 했습니다.

우리 가족은 무엇이 잘못되었을까요? 저는 계속 자문합니다. 어렸을 때 생활이 매우 힘들었다는 것을 압니다. 어머니는 아주 어렸을 때 저를 임신하셨고 제가 아기였을 때 입양을 보냈습니다. 동생이 태어난 지 몇 년 뒤 할아버지는 저를 다시 데려오겠다고 고집하셨습니다. 그렇지만 저는 항상 나쁜 일에서 최선을 다하려고 노력했습니다. 맏이로서 저는 강해지려고 노력했습니다. 동생이 곤경에 처했을 때 항상 곁에서 동생을 보호해줬지만 분명히 제가 충분히 잘하지는 못했습니다.

아주 일찍부터 알코올 중독과 마약 중독자가 된 그는 십대 때부터 진짜 문제를 일으키기 시작했습니다. 그는 거짓말을 하고, 자신이 한 일로 저를 비난하고, 중독에 필요한 돈을 훔치곤 했습니다. 그 시기가 저에게 지옥이었습니다. 열아홉 살 무렵에는 술집에서 야구 방망이로 누군가를 때려서 감옥에 갔습니다. 그렇지만 그는 말을 잘해서 집행유예만 받았습니다. 개인적으로 그가 사이코패스 성향이 있다고 생각합니다.

돌이켜 보면 동생이 (비밀스레) 어머니와 형성한 친밀한 관계가 저에게는 없었다는 것을 깨달았습니다. 그렇지 않았다면 어머니는 저를 미워하셨다고 큰 소리 칠 이유가 없지 않을까요? 저는 그것이 사실이라고 느끼지 않았지만 다른 한편으로는 왜 그는 그런 끔찍한 말을 했을까요? 그가 한 말과 지금 아무것도 물려받지 못하게 된 제 재정적 어려움을 생각하면 어머니와 양아버지가 저를 정말 사랑하셨는지 궁금해집니다.

대체로 제 가족 상황은 엉망이지만 선생님이 쓰신 가족 역동에 관한 글을 읽고 제 상황이 혼자만의 문제가 아니라는 것을 깨달았습니다. 선생님의 글을 읽으면서 머릿속이 밝아지는 것 같았습니다.

제 개인적 삶의 상황이 업무에 영향을 미치고 있다는 것을 이해하실 거라 믿습니다. 말씀드린 것처럼 해고될까 봐 걱정됩니다. 저는 항상 상사와 어려운 관계를 유지해왔습니다. 그녀는 쉬운 사람이 아닙니다. 사람을 조종하는 데 매우 능하고 자기중심적이지만 꽤 매력적이라는 점은 인정합니다. 그녀가 지독한 나르시시스트라고 생각합니다. 그녀는 저를 아끼고 있다고 하지만 그게 정말 사실인지 궁금합니다. 그녀의 말은 때때로 매우 공허하게 들립니다. 그리고 그녀는 항상 제 업무 성과를 가로채고 있습니다. 그것에 화가 나지만 그녀에게 맞서기가 어렵습니다.

    이 모든 것에도 불구하고 동생에게 미안하다고 느낍니다. 그는 외로운 것 같습니다. 그의 외모는 매우 멋있지만 안정적인 관계를 맺어본 적이 없습니다. 결혼과 이혼을 여러 번 했고 자녀와의 관계도 매우 좋지 않습니다. 진짜 친구도 없는 것 같습니다. 그렇지만 그가 안쓰럽긴 하지만 저를 대하는 태도에 너무 화가 납니다.

    제가 어떻게 할지 조언하실 말이 있을까요? 제 유산에 대해 동생을 고소해야 할까요? 싸울 가치가 있다고 생각하시나요? 아내와의 관계를 어떻게 해야 할까요? 다른 직장을 찾기 시작해야 할까요? 지금 상황에서는 그냥 버티고 있을 뿐입니다. 그저 살아남기 위해 노력하고 있습니다. 이 모든 일이 진행되는 동안 저는 딸에게 저에 대한 좋은 기억을 남길 수 있기를 바라며 최고의 아빠가 되려고 노력하고 있습니다.

갑작스럽게 받은 이메일이 꽤 많았다. 그것들을 읽으면서 많은 생각이 들었다.

당신은 소통할 수 없다

때때로 도움을 청하는 가장 큰 외침은 침묵이다. 사람들이 의사소통할 때 흔히 말하지 않은 많은 것이 남아 있다. 이 점을 생각하면 이 특별한 도움의 외침은 이상한 나라의 앨리스 Alice in Wonderland 같은 느낌을 준다. 글쓴이는 주변에서 벌어진 상황들을 보지 못한 채 너무 오랫동안 인생을 표류했던 것 같다. 물론 방어기제로써 이런 상황들을 보지 않는 것이 덜 고통스러웠을 수도 있지만, 이제 더는 이런 상황들에 눈을 감을 수 없게 되었다. 아마도 그가 언급한 내 글들을 읽은 것이 그의 평소 행동 방식modus operandi에 불균형을 초래했을 것이다. 그 글들은 가족과 그의 삶 전반에서 무슨 일이 일어나고 있는지 이해하는 데 조금 더 도움이 되었을 수도 있다. 그렇지만 자가 진단으로 충분할까?

나는 '아하!' 하는 순간이 깨달음의 효과를 가져올 수 없다고 말하는 것이 아니다. 심리적 역동을 이해하는 것은 치료적일 수 있으며, 결국 진단은 우리의 삶을 더 잘 통제하기 위한 첫걸음이다. 우리는 대부분 매우 당황스러운 우주에서 어떤 종류의 질서를 끊임없이 찾고 신비로운 것들을 이해하려고 노력한다.

그렇지만 이 이메일의 작성자가 어느 정도 자기 이해력이 있다고 가정하더라도, 그가 자신의 복잡한 삶의 모든 실타래를 스스로 풀 수 있을까? 그는 실제로 무엇이 있는지 볼 수 있을까? 자신이 어떤 상황에 직면해 있는지 깨닫고 있을까? 현재 상황이 얼마나 독성toxic이 있는지 알고 있을까? 자신이 상대하는 사람들의 동기를 이해하고 있을까? 다시 말해, 그의 진단으로 충분할까? 사람들을 우울증, 편집증, 강박증, 조울증, 나르시시즘, 사이코패스로 분류하는 것만으로 충분할까?

나는 사람들을 분류하는 것을 항상 주저한다. 나는 항상 고정된 진단을 경계해 왔지만, 이 문제에 대해 정확히 자유로웠던 적은 없었다. 나는 많이 분류해왔다. 실제로 개인에 대해 더 많이 알수록 그 사람이 어떤 사람인지 평가하고, 그 사람을 움직이는 원동력이 무엇인지 파악하는 것이 더 어려워져서 분류할 수 없게 된다. 솔직히 나는 개인의 내면 극장inner theater

을 움직이는 '각본scripts', 즉 내면에서 무슨 일이 일어나는지에 훨씬 더 관심이 많다. 동시에 나는 '타자other'를 결코 완전히 알 수 없다는 것을 충분히 인지하고 있다. 이런 점을 염두에 두면 이메일을 보낸 사람이 주변 사람들의 행동을 분류했던 것이 도움이 되었는지 궁금하다(나르시시스트 상사, 사이코패스 동생). 그런 분류는 그에게 매우 혼란한 상황을 어느 정도 통제할 수 있다는 환상을 심어줬을 수도 있다. 기분이 조금 나아질 수도 있다.

이 이메일은 드라마틱하지만, 의식적이든 무의식적이든 많은 부분이 언급되지 않은 채로 남아있다는 인상을 받았다. 이 사람이 보고 있지 않은 것은 무엇일까? 이 이야기에서 무엇이 빠져 있을까 하는 의문이 들었다. 또 내가 그의 상황 전반에 관해 얼마나 무지한지 고려할 때 현실적으로 어떤 도움을 줄 수 있을까? 그리고 그동안 내가 모르는 것을 감당할 수 있을까? 얼마나 불리한 조건인지 내 무지를 깨닫고 이 소통을 그냥 무시해야 할까? 동시에 나는 항상 자신과 다른 사람들에게 많은 양의 불확실성을 견딜 수 있는 능력이 효과적인 경영자 코치 또는 치료사의 전제 조건이라고 말해왔다. 그것은 시인 존 키츠John Keats가 '불확실성, 미스터리, 의심 속에서도 사실과 이성을 좇아 짜증내지 않고 존재할 수 있는 것'이라고 말한 것과 같은 것이다.[1]

고객들은 내가 체계적이고 확실하게 정해진 목표를 향해 안내해 줄 것이라는 환상을 가지고 있을 수 있지만, 나는 현실이 매우 다르다는 것을 인정한다. 여정은 훨씬 더 그때그때 발생하는 과정emerging process에 가까우

---

1) 1 Li Ou (2009). Keats' and Negative Capability, London: Continuum Literary Studies, p. ix.

며, 그 와중에 즉흥적으로 하면서 방향을 느낀다. 또 내가 하는 일에서 늘 동반되는 고립감, 불안감, 좌절감을 받아들이기 위해 모른다는 것not knowing을 용인해야 한다.

이 이메일은 원거리에서 심리적 '담아주기'psychological containment를 시도할 때 내가 얼마나 효과적인지 궁금하게 했다. 이메일을 활용하는 것은 고객을 직접 대면하는 것과는 매우 다르다. 이 사람의 곤경을 냉정하게 바라보며 내가 이런 시도를 해야 하는지조차 의문이 들었다. 내가 이 사람의 문제가 되는 생각, 감정, 행동을 관리할 능력이 있는가? 그의 문제를 내 문제로 만들어야 할까? 결국 그는 초대받지 않은 채 내 삶에 들어왔다.

이런 원거리 소통이 아닌 더 전문적인 환경에서는 항상 고객의 감정을 흡수하려고 노력한다. 고객이 경험하는 모든 것을 더 관리하기 쉬운 방식으로 재구성reframe하려고 노력한다. 코치, 심리치료사, 컨설턴트 등 다양한 역할을 수행하면서 나는 고객의 불안, 슬픔, 아픔을 함께하려고 노력한다.[2] 나는 공감하려고 노력한다. 또 고객이 삶의 도전과제life challenges를 더 건강하게 대처할 수 있는 방법을 모델링할 수 있는 안전한 공간safe space을 만들려고 노력한다. 또 나는 경영자 코치, 심리치료사로서 자신을 쓸

---

2) 나는 대체로 코치, 심리치료사, 컨설턴트 용어를 구분하지 않는다. 용어들 간 차이에 대한 상당한 문헌이 있지만, 내 경험으로 많은 조력 전문직 종사자가 이 역할 사이를 매우 쉽게 이동한다. 나는 작업 방식 측면에서 구분주의자보다 통합주의자에 가깝고, 즉 통합주의자로서 게슈탈트 지향적 관점을 취하는 경향이 있다. 차이점이 유사점만큼 중요하지 않다고 가정하고 사물을 넓은 범주로 그룹핑하는 것을 좋아한다. 반면 구분주의자는 정확한 정의를 내리고, 차이를 구분하고, 새로운 분류를 만들어내는 것을 좋아한다. 물론, 이 말을 보면서 독자들은 내 안의 구분주의자가 사람들을 두 유형으로 나누고, 이제 우리 모두가 이 두 가지가 혼합되었다고 말하며 여러분을 혼란스럽게 한다는 것을 깨달았을 것이다. 그러나 간단하게 설명하기 위해 보통 나를 심리치료사 또는 코치라고 부른다. 가끔은 정신분석가라는 용어를 사용하기도 한다.

모없는 존재로 만들어야 한다는 사실을 끊임없이 되새긴다. 나는 고객이 스스로 돌보는 사람이 되기를 바란다. 고객이 자기 문제를 스스로 해결할 수 있는 시점에 도달하기를 바란다.

갑자기 날아온 이메일을 처리하는 동안 이런저런 생각이 머릿속을 맴돌았다.

요청하지 않은 이메일이었지만 그냥 무시하고 넘어가야 한다고 느끼지 않았다. 무시할 수 없었다. 곤란하긴 했지만 그것은 내 인생 드라마 같은 내용이었다. 그 글을 쓴 사람에 대해 계속 생각했다. 곰곰이 생각한 끝에 글쓴이는 답장을 받을 만하다고 판단했다. 그래서 나는 이메일을 보내줘서 고맙다는 짧은 답장을 보냈다. 나는 그에게 자기 삶을 스스로 돌볼 수 있는 힘을 갖는 것이 매우 중요하다고 말했다. 그는 자신이 환경의 산물이 되고 싶은지, 아니면 자기 결정의 산물이 되고 싶은지 자문해야 하는 것이다. 후자를 선택하기로 결정했다면 몇 가지 행동 단계를 밟는 것이 좋다.

내 글을 읽은 것이 그의 처지를 더 잘 이해하는 데 도움이 되었는지 모르지만, 나는 읽는 것만으로는 충분하지 않다고 설명했다. 너무나 끔찍하고 혼란스러웠던 삶의 여러 가지 상황들을 정리하려면 더 많은 작업이 필요한 것 같았다.

글쓴이가 겪는 어려움 정도를 고려해 나는 그가 혼자서 이 일을 해낼 수 있을지 의문이 들었다. 심리치료사나 코치의 도움을 받아 그에게 일어난 일을 해결하는 데 도움받는 것을 고려할 수 있었다.

먼저 아내와의 관계에 대해 뭔가 조치를 취해야 한다고 제안했다. 두 사람이 계속 함께 살고자 하는 충분한 공감이 형성되어 있는지 살펴볼 필요가 있었다. 평행선을 달리는 생활은 해결책이 아닌 것 같았다. 게다가 내가 거의 알지 못하는 그의 딸에게도 부정적 영향을 미칠 수 있었다. 그의 취약한 업무 상황과 관련해서는 코칭이 상사와의 관계를 명확히 하는 데 도움이 될 수 있었다. 어쨌든 그가 무엇을 하려 계획했든 채용 컨설턴트에게 연락해 다른 업무 포지션이 있는지 알아보는 것이 좋았다. 나는 또한 그의 다양한 문제를 더 잘 이해하게 되면 더 많은 통찰과 행동으로 이어질 수 있다고 말했다. 이를 통해 심지어 변호사에게 연락해 동생에 대한 자신의 법적인 상태를 더 잘 알 수 있는 힘을 얻을 수도 있었다.

나에게 남은 질문은 이 사람이 자신의 복잡한 과거를 풀 수 있고, 또 풀 준비가 되어 있는지였다. 그는 퇴행하게 될까? 그는 계속 현실을 보고 싶지 않은 상태로 지내게 될까? 매우 불쾌한 현실을 감당할 용기를 가질 수 있을까? 그가 얼마나 많은 '진실'을 감당할 수 있을지 의문이 들었다. 그의 역기능적 행동 패턴을 계속하게 될까? 앞으로 나아간다는 것이 어떤 환상을 버린다는 것을 의미한다고 받아들일 수 있을까?

때때로 상처받은 사람들이 앞으로 나아가기 위해서는 더 나은 과거가 펼쳐질 수 있었을 것이라는 환상을 버려야 한다. 많은 경우 최선의 미래를 만드는 방법을 연구하기 위해 많은 환상을 버리는 것이 그들의 도전 과제이다. 그러나 앞으로 나아간다는 것은 그들이 처한 혼란에 대해 자신을 용서해야 한다는 것을 의미하기도 한다. 그래서 나는 '산소 마스크 우선oxygen mask first' 원칙을 적용하여 답변을 마무리했다. 비행기에 문제가 생기면 다른 사람을 돕기 전에 먼저 자신의 산소 마스크를 착용해야 한다는 것을 우리는 모두 안다. 마찬가지로 다른 사람을 사랑하기 전에 먼저 자신을 사랑하는 것이 중요하다. 글쓴이가 현재의 상황을 원활히 통제할 수는 없었지만, 자기 자신에 대한 통제만큼은 어느 정도 할 수 있었다. 아마

거기서부터 시작하는 것이 좋을 것 같았다. 자신을 더 잘 돌봐야만 딸을 포함한 다른 사람들을 돌볼 수 있을 것으로 생각했다.

그렇지만 그의 이야기는 내가 어떻게 하면 더 큰 도움을 줄 수 있었을까 하는 생각으로 여전히 나를 괴롭게 했다. 상황이 어떻게 끝날지 궁금했다. 그가 자신의 상황을 개선하는 데 필요한 조치를 취할 수 있을까? 그는 죄책감, 자기 정당화, 자기 파괴라는 악마에 대처할 방법을 찾을 수 있을까? 그리고 일반적으로 우리가 더 큰 자각을 위해 지불하는 대가인 절망감을 그는 극복할 수 있을까?

방황하기와 궁금해하기

이 같은 연락을 받으면 내 삶이 상당히 힘들어진다. 이런 인생 드라마는 나를 계속 긴장하게 만든다. 불쑥 튀어나오는 이런 종류의 이메일뿐만 아니라 왓츠앱WhatsApp, 페이스타임FaceTime, 웹엑스WebEx, 줌Zoom, 스카이프Skype를 통해 끊임없이 조언을 요청받고 있으며, 이를 통해 고객이 난해한 문제를 해결하도록 돕고 있다. 그리고 컨설턴트로서 내 사무실과 고객 사무실에서 사람들을 만난다. 매번 내가 복잡한 상황을 풀어줄 수 있을 거라는 기대가 있다. 그리고 교수로서 나는 컨퍼런스에서 강연하고 내 업무에 관해 많은 강의를 한다. 이러한 프레젠테이션 가운데 상당수는 격렬한 대화로 이어지며 어려운 문제에 대한 답변을 요청받기도 한다. 이러한 모든 활동에는 많은 여행이 필요하다. 이러한 여행은 나를 현실과 환상을 넘나드는 특이한 장소로 데려다 준다. 또 많은 낯선 만남으로 이어져 흥미롭고 새로운 배움의 기회를 제공하기도 한다.

때때로 나는 만화 캐릭터 마구 씨Mr. Magoo가 된 것 같은 기분이 들 때가 있는데, 그는 전 세계를 돌아다니며 극심한 근시 때문에 끊임없이 복잡한 상황에 처하게 된다. 마구 씨처럼 나도 내게 무슨 일이 일어나고 있는지 '궁금해wondering'하며 많이 '방황wandering'한다. 그러나 마구 씨는 항상 자신의 어려움을 풀고 무사히 마무리한다. 이것이 내게는 환상 속 결말일 뿐이다. 감정 노동은 항상 그 대가를 치르기 마련이다.

나 역시 방랑자로서 이 책 표지를 장식하고 있는 방랑자에게 항상 흥미를 느꼈다. 카스파르 다비트 프리드리히Caspar David Friedrich의 대표 그림인 '안개 바다 위의 방랑자Wanderer Above the Sea of Fog'는 매우 위대한 낭만주의 작품이다. 이 작품에는 장화 차림에 지팡이로 몸을 지탱하며 안개가 자욱하고 황량한 풍경이 내려다보이는 절벽 위에 서 있는 고독한 남자가 등장한다. 안개가 자욱한 바다를 바라보며 그는 자기 성찰적 내관 상태에 있는 것처럼 보인다.

이 그림을 볼 때 항상 느끼는 감정은 전경의 인물을 뒤에서 바라본다는 사실에 의해 더욱 강렬하게 된다. 이런 모양은 독일어로 '뒤에서 본 그림Rückenfigur'으로 알려져 있다. 이 구도를 통해 관찰자는 그림과 동일시되고 화가가 무엇을 보려 하는지 알 수 있다. 프리드리히의 말을 빌리자면 "화가는 눈앞에 있는 것뿐만 아니라 자신의 내면까지 그려야 한다."[3]

이 그림을 보면서 나는 모호한 마음의 풍경에 익숙한, 안개 속을 궁금해하면서도 그것을 탐구하고 명확성을 찾을 준비가 되어 있는 한 사람과

---

3) Golding Notebooks (2019). Wanderer Above the Sea of Fog by Caspar David Friedrich Journal, Independently Published.

동일시된다. 나는 이 그림이 내가 하는 일에 대한 은유라고 생각한다. 방랑자로서 나는 항상 무슨 일이 일어나는지 궁금해하는 알 수 없는 마음의 풍경 속에서 명확성을 찾으려 노력한다. 나는 사람들이 인생의 안개 속에서 길을 찾도록 돕고자 노력한다. 이러한 안내 여행을 하는 동안 나는 안개 속에서 드러나는 미세한 문제를 더 잘 이해하기 위해 임상 입장을 취하고 직장 내에서 발생하는 사회적인 수수께끼를 이해하려고 노력한다.

나는 이런 탐색 과정에서 공감하고 도움을 주고 싶지만, 동시에 고객의 고통에 완전히 빠져들고 싶지는 않다. 그러면 코치나 심리치료사로서 내 효과성이 떨어지게 된다. 또 모든 것을 아는 컨설턴트가 되고 싶은 유혹도 이겨내야 한다. 나는 내가 모든 답을 가지고 있지 않다는 사실을 끊임없이 상기한다. 만나게 되는 모든 공허를 나름의 의미로 채워야 하는 사람은 내가 아니다. 오히려 항상 쇼를 이끄는 것은 고객이어야 한다. 그들은 스스로 답을 찾을 수 있어야 한다. 내 역할은 올바른 질문을 던지는 것이다. 나는 그저 전환점tipping points만 만들 수 있다. 나는 흔히 내가 정말 무엇을 알고 있을까 하고 자문한다. 사실 나이가 들수록 내가 아는 것이 줄어드는 것 같다. 그리고 나는 이제 모든 것을 알 만큼 젊지 않다.

내 작업에서는 상대방의 고유성uniqueness을 인정하는 것이 핵심이다. 개인과 사회 문제에 대한 내 모든 탐구는 고유의 '목표'가 나타나는, 함께 창조하는 과정co-creative process으로 보아야 하며, 그 과정에서 전에는 결코 알 수 없었던 '진실'에 도달하는 놀라움이 자주 있다. 올리버 웬델 홈즈 Oliver Wendell Holmes의 말을 인용하면 '새로운 경험으로 확장된 마음은 결코 이전 차원으로 돌아갈 수 없으므로' 내 궁극적인 목표는 고객에게 더 많은 선택의 자유를 주고, 그들의 마음을 확장하도록 돕는 것이다. 내가 하는 일의 목표는 결코 환상과 같은 '치료'illusory cure가 되어서는 안 된다. 내가 목표로 하는 것은 사람들의 변화와 성장을 돕는 것이다. 무슨 일이 일어나든 그것은 항상 진행 중인 작업이다.

이 책은 경영자와 경영자를 상대하는 사람들을 위해 쓴 리더십과 삶에 대한 명상록이다. 나는 치료사, 코치로서 이 사람들이 자신이 하는 일을 더 효과적으로 할 수 있도록 돕는다는 것이 무엇을 의미하는지를 관찰한다. 더 나은 리더가 되기 위해 무엇이 필요한지 성찰한다. 또 조직과 정치적 삶에서 미시적이든 거시적이든 다양한 형태의 리더십 탈선derailment으로 이어질 수 있는 많은 상황을 제시한다. 외로움, 무의미함, 오만, 탐욕 등 리더십의 수많은 함정을 지적하고 리더가 어떻게 실망을 관리하고 후회를 처리하며 폐쇄적인 마음이나 독성이 있는 기업 문화의 위험을 감지할 수 있는지 논의한다. 또 인간의 생애주기에 따른 노화 문제를 포함하여 경영진이 직면한 발달적 도전 과제에 대해서도 언급한다. 나는 인재와 문화 관리에 대해 살펴보고 항상 가장 중요하게 생각하는 일하기 좋은 최고의 일터를 만드는 방법을 논의한다. 다른 주제는 컬트 유사 조직 및 조력 전문직 분야에서 거짓 선지자를 만드는 위험성, 리더와 사회의 인터페이스, 즉 리더가 역사적 순간을 활용하여 사회 트렌드에 좋거나 나쁜 영향을 미치는 방법 그리고 사회가 '우리'에서 '나' 중심으로 변화하는 것의 결과와 사이버 시대를 살아가는 것의 의미 등이 포함되어 있다.

이 책은 충만한 삶fulfilling life을 사는 방법에 대한 매우 개인적인 성찰을 담은 책이기도 하다. 그리고 퇴행적, 편집증적 측면이 많았던 코로나 바이러스 팬데믹으로 인해 자기 탐색이라는 주제가 더욱 시급해졌다. 개인사의 여러 사건을 바탕으로 내가 어떤 일을 왜 하는지, 무엇이 나를 최고라고 느끼게 하는지 설명하려 노력했다. 고대 그리스 철학자들은 인류에게 최고의 선, 즉 삶을 영위하고 삶에 의미를 부여하는 최선의 방법을 발견하기 위해 이 주제를 고심했다. 아리스토텔레스Aristotle는 니코마코스 윤리학Nicomachean Ethics4)에서 이 최고의 선은 그 목적, 즉 목표를 살펴볼 때 가장 잘 이해할 수 있다고 했다. 아리스토텔레스는 유다이모니아eudaimonia라는 용어를 도입해 인생 목표는 고결하게virtuously 살면서 행복을 극대화하는 것이라고 주장했다. 이를 달성하기 위해서는 인간으로서 자신의 잠재력을 발휘하고 가족, 친구, 동료 시민 등 다른 사람들과 상호 유익한 활동에 참여해야 한다. 그러나 주관적 웰빙을 추구하는 헤도니아hedonia, 즉 고통 회피, 음식, 섹스, 사회적 상호작용이 제공하는 근본적인 쾌락 추구 역시 우리의 생존에 핵심이다. 헤도니아적 경로와 유다이모니아적 경로 모두 만족스러운 삶을 영위하는 데 중요한 역할을 한다. 이것이 이 책의 핵심이다.

그 과정에서 내가 일하는 방식에 대한 통찰을 제공해 독자들이 다른 사람들의 변화를 돕기 위해 조력 전문직 종사자들이 무엇을 할 수 있는지 알 수 있도록 돕고자 노력했다. 내 성찰은 다양한 각도에서 나온다. 내가 상대방을 어떻게 경험하는지 생각할 뿐만 아니라 상대방의 관점에도 주의를 기울여야 한다. 내가 하는 일은 항상 다리를 놓는 것을 의미한다. 그것은 포기하지 않고 받아들이는 것을 의미하며, 상황이 항상 보이는 것과 같지 않을 때 열린 마음을 유지하는 것을 의미한다. 이 복잡한 대인관계 분야에서 일하면서 나는 내면 관계intrapersonal relationships가 대인관계와 그룹 관계에

---

4) https://oll.libertyfund.org/titles/aristotle-the-nicomachean-ethics

영향을 끼친다는 것을 깨달았다. 여러 가지 면에서 우리 삶에서 일어나는 모든 일은 우리 내면에서 경험하는 것을 반영한다.

저자에 관하여

맨프레드 플로리언 케츠 드 브리스는 수많은 연구가 이루어진 리더십 분야와 개인과 조직 변화의 심리적 차원에 대해 새로운 관점을 제시한다. 경제학(암스테르담 대학 경제학 박사), 경영학(ITP, MBA, DBA 하버드 비즈니스 스쿨), 정신분석학(캐나다 정신분석학회, 파리 정신분석학회, 국제 정신분석협회 회원)에서 쌓은 지식과 경험을 통해 그는 경영, 정신분석, 발달심리, 진화심리, 신경과학, 심리치료, 임원코칭, 상담을 통합하여 깊이 있게 탐색한다. 그가 관심을 두는 분야들은 구체적으로 리더십(밝은 면과 어두운 면 모두), 기업가 정신, 커리어 역동, 강점 관리, 가족 경영, 다문화 관리, 승계 계획, 조직과 개인의 스트레스 관리, 최고 경영진 팀 빌딩, 임원코칭, 조직 개발, 변화 관리, 경영 자문이다.

인시아드에서 리더십 개발과 조직 변화 분야의 석좌 임상 교수인 그는 최고 경영자 프로그램인 "리더십의 도전: 성찰적 리더 양성"의 프로그램 책임자이며 인시아드 변화 관리 경영 석사 과정의 설립자이다. 교육자로서 그는 인시아드에서 탁월한 교수상을 여섯 차례 수상했다. 맥길 대학과 몬트리올 EDHEC Ecole des Hautes Etudes Commerciales 경영대학원, 베를린 ESMT European School for Management and Technology, 하버드 비즈니스 스쿨에서 교수직을 맡아왔고 전 세계의 경영 기관에서 강의한다. 파이낸셜 타임스, 르캐피탈, 바르츠샤프트보케 Wirtschaftswoche, 이코노미스트는 그를 세계적으로 선도하는 경영 사상가이자 인적자원 관리 분야에 기여한 가장 영향력 있는 사람들 가운데 한 명으로 평가했다.

케츠 드 브리스는 저자, 공동저자 또는 편집자로서 50권 이상의 책을 출간했다. 그의 저서로는 『신경증적인 조직 The Neurotic Organization』, 『리더의 마음 Leaders, Fools and Imposters』, 『고속 임원 승진의 길에 놓인 삶과 죽음 Life and Death in the Executive Fast Lane』, 『리더십의 신비로움 The Leadership Mystique』, 『행복 방정식 The Happiness Equation』, 『리더는 만들어지는가 아니면 타고나는가? Are Leaders Made or Are They Born?』, 『알렉산더 대왕 이야기 The Case of Alexander the Great』, 『러시아의 신 비즈니스 엘리트 The New Russian Business Elite』, 『공포 리더십: 다락방에서 샤카 줄루 찾기 Leadership by Terror: Finding Shaka Zulu in the Attic』, 『글로벌 임원 리더십 목록 The Global Executive Leadership Inventory』, 『카우치 위의 리더 The Leader on the Couch』, 『코치 앤 카우치 Coach and Couch』, 『가족 경영 연구 The Family Business on the Couch』, 『삶의 진정성 Sex, Money, Happiness, and Death: The Quest for Authenticity, Reflections on Character and Leadership』, 『리더십과 경력 개발에 대한 고찰 Reflections on Leadership and Career Development』, 『조직에 대한 고찰 Reflections on Groups and Organizations』, 『코칭 만화경 The Coaching Kaleidoscope』, 『고슴도치 효과: 고성과 팀의 비밀 The Hedgehog Effect: The Secrets of High Performance Teams』, 『정신역동 마음챙김

리더십: 내면으로의 여정과 코칭Mindful Leadership Coaching: Journeys into the Interior』, 『당신이 맞닥뜨릴 거대한 혼란: 임원코칭의 도전과제You Will Meet a Tall Dark Stranger: Executive Coaching Challenges』 그리고 『리더는 어떻게 성장하는가Telling Fairy Tales in the Boardroom: How to Make Sure Your Organization Lives Happily Ever After』, 『리더십 롤러코스터Riding the Leadership Roller Coaster: An Observer's Guide』, 『혼돈의 리더십: 매일의 삶에 대한 리더십 병리학Down the Rabbit Hole of Leadership: Leadership Pathology of Everyday Life』, 『코로나 바이러스 점령기: 팬데믹에서 얻은 교훈Journeys into Coronavirus Land: Lessons from an Pandemic』과 『경영자의 마음: 리더십, 인생, 변화에 대한 명상록The CEO Whisperer: Meditations on Leaders, Life and Change』, 『쿼바디스: 팬데믹 시대, 죽음과 리더의 실존적 도전Quo Vadis?: The Existential Challenges of Leaders』, 『리더의 속살: 추악함, 사악함, 기괴함Leadership Unhinged: Essays on the Ugly, the Bad, and the Weird』, 『리더의 일상적 위협The Daily Perils of Executive Life』, 『지혜롭게 리드하기: 불확실성의 시대에 성찰적 리더되기Leading Wisely: Becoming a Reflective Leader in Turbulent Times』가 있다.

그 밖에 케츠 드 브리스는 온라인판을 포함하여 도서나 학술지 기고를 통해 400여 편 이상의 학술 논문을 발표했다. 그는 또한 최고의 사례연구상을 수상한 7편을 포함하여 100여 개 이상의 사례연구를 집필했다. 그는 여러 잡지에도 정기적으로 글을 쓴다. 더욱이 그의 글은 뉴욕 타임즈, 월 스트리트 저널, 로스앤젤레스 타임즈, 포춘, 비즈니스 위크, 이코노미스트, 파이낸셜 타임즈, 하버드 비즈니스 리뷰와 같은 간행물에 실렸다. 그의 책과 논문은 30개 이상의 언어로 번역되었다. 그는 하버드 비즈니스 리뷰와 인시아드 Knowledge의 블로그에 정기적으로 글을 쓴다. 17개 편집국에 소속되어 있으며 경영학술협회의 펠로우이다. 그는 또한 국제 정신분석학회International Society for the Psychoanalytic Study of Organizations(ISPSO)의 설립자로 협회는 그를 평생 회원으로 추대했다. 케츠 드 브리스는 리더십 연구와 발전에 기여한 공로로 국제 리더십협회 공로상을 수상했다. 그는 리더십 영역과 체계를 발전시킨 세계적인 전문가 가운데 하나로 꼽힌다. 더불어 고위 임원 교육 분야를 발전시킨 공헌을 인정받아 독일에서도 공로상을 받았다. 미국 심리학회는 그가 조직 상담에 기여한 것을 높이 평가해 Harry and Miriam Levinson 상을 수여했다. 게다가 그는 경영과 정신분석의 통합적 발전에 기여함으로써 Freud Memorial 상을 받았다. 또 하버드 코칭 연구소에서 'Vision Excellence Award'를 수상했다. 케츠 드 브리스는 교육 분야에서의 큰 공로로 인시아드 Dominique Héau Award의 첫 수상자가 되었다. 또 두 개의 명예 박사학위를 받았다. 네덜란드 정부는 그에게 Orange-Nassau 훈장의 Officer 등급을 수여했다.

케츠 드 브리스는 세계 여러 회사를 위해 조직 설계, 혁신과 전략적 인적자원 관리 분야에 대한 컨설턴트로도 일한다. 교육자이자 컨설턴트로서 그는 40개 이상의 나라에서 활동해왔다. 이에 더해 전략적 리더십 개발 전문 컨설팅 회사인 Kets de Vries Institute(KDVI)의 창립자이자 대표를 역임하고 있다.

케츠 드 브리스는 외몽골 지역 최초의 플라이 낚시꾼이었고(시베리아 타이멘 어종에 대한 세계 기록 보유자가 되었다) 뉴욕 탐험가 클럽New York's Explorers Club 회원이다. 그는 여가에는 열대우림부터 중앙·남아프리카의 사바나, 시베리아 타이가, 우수리스키, 캄차카, 파미르 고원, 알타이 산맥, 아넘랜드, 북극권 한계선에 이르기까지 돌아다니는 것을 즐긴다.

1장
최고 위치에서 부패한

느린 성장을 걱정하지 말고, 다만 정체되어 있음을 걱정하라.

― 중국 속담

너무 작은 것은 효과적이지 않다고 생각한다면 모기와 함께 잠을 잔 적이 없는 것이다.

― 베티 리즈Betty Reese

경영진의 삶에 대한 내 관심은 오래 전으로 거슬러 올라간다. 특히 CEO는 항상 나를 매료시켰다. 누군가 나에게 이유를 물을 수 있다. 왜 CEO를 연구할까? 왜 다른 사람들에게 집중하지 않을까? 권력에 끌리는 걸까? 권력을 가진 사람들을 다루며 대리 만족을 얻는 것일까? 권력이 그 이유는 아니라고 주저없이 말할 수 있다. 개인이나 직업적 삶에서 권력이 중요한 적은 없었다. 내가 리더 지위의 사람들에 대해 호기심을 가진 것에는 다른 원인이 있다고 생각한다.

물론 우리가 하는 일을 왜 하는지 이해하는 것은 항상 어려운 일이다. 우리는 작가이자 정치가인 볼프강 폰 괴테Wolfgang von Goethe가 그의 회고록에 붙인 제목인 시와 진실Dichtung und Wahrheit을 쉽게 혼동한다. 시간이 흐르면서 우리는 내러티브적 진실과 역사적 진실을 뒤섞을 가능성이 크다. 우리의 방어가 과도해질 위험이 항상 있으므로 기억은 전적으로 신뢰할 수 없고 자기 보고는 특히 오해의 소지가 있을 수 있다. 그래서 우리가 깊이 파고들어 우리의 동기motives를 이해하려 할 때 밝혀진 것이 항상 마음에 들지 않을 수도 있다. 우리는 보고 싶지 않은 것을 의식 밖으로 밀어내는 것을 선호할 수도 있다. 정신분석가의 입장에서 고객들의 말을 들을 때마다 나는 특정 사건을 시간적으로 조망할 때 혼란스러울 수 있다는 것을 잘 안다.

나는 할아버지와 함께 신문을 뒤적이며 정치 지도자를 포함한 유명 인사들의 사진을 보곤 했던 아주 어릴 적 기억이 있다. 신문을 보며 할아버지는 "생선은 머리부터 썩는다."라는 속담처럼 부패는 위에서부터 시작된다는 점을 분명히 알려주었다. 내가 어렸지만 할아버지는 윗선에서 일어나는 일에 주의를 기울이지 않으면 문제가 발생할 가능성이 크다는 것을 내가 이해하는 것이 중요하다고 생각하셨다. 할아버지는 또한 윗선에서 무엇인가 썩었다는 것을 아는 것과 그것에 대해 무언가를 하는 것은 별개의 문제라고 말씀하셨다. 특히 대부분 인간은 변화를 경계하기 때문에 썩는 것을 막기가 매우 어려울 수 있다. 다른 사람들이 변화하기를 바라지만 스스로 변화하는 것은 매우 다른 문제이다. 변화하려는 의지가 있더라도 변화할 수 있는 스킬이 없을 수도 있다. 지금 생각해보면 할아버지에게 기회가 있었다면 변호사나 정치인이 되고 싶었을 것 같다는 생각이 든다. 아마 공적인 역할이나 전문가 역할을 맡으면 매우 잘못되었다고 믿었던 세상의 일들을 바로잡을 신뢰성을 가질 것으로 생각했을 것 같다.

제2차 세계대전이 끝나고 얼마 지나지 않았을 때였고 나 또한 어린 아이였으므로 그의 말을 들었지만 그다지 이해가 되지는 않았다. 나중에 추리소설의 애호가가 되었을 때 셜록 홈즈Sherlock Holmes의 유명한 명언인 "당신은 보고 있지만, 관찰하지는 않는다."라는 말이 큰 울림으로 다가왔다.[1] 조직의 최고위층에서 일어나는 이상한 역동과 그것이 다른 사람들의 삶에 미치는 영향을 감지하는 것이 내 업무의 중요한 부분을 차지하게 되었다.

일반적으로 우리는 관찰에 능하지 않다. 그런데도 우리가 알아야 할 것은 흔히 바로 눈앞에 있다. 괴테Goethe의 말처럼 '가장 보기 어려운 것은 바로 눈앞에 있는 것'이다. 이 말은 하버드 비교동물학 박물관의 설립자인 루이스 아가시즈Louis Agassiz 교수에 대해 들었던 이야기를 떠올리게 한다. 아가시즈 교수는 관찰력이 뛰어나기로 유명했고, 이러한 기술을 다른 사람에게 전수하는 것을 좋아했다. 그는 한 학생에게 알코올에 보존된 물고기를 연구하라는 과제를 내주었다. 10분이 지난 뒤, 학생은 자신이 볼 수 있는 모든 것을 보았다고 생각했지만 연구 결과를 알려주기 위해 아가시즈를 찾았을 때 교수는 어디에도 없었다. 학생은 물고기를 연구하는 데 더 많은 시간을 할애할 수밖에 없었다. 마침내 아가시즈가 돌아왔고 학생이 자신이 본 것을 보고하자 교수의 대답은 그가 충분히 주의 깊게 보지

---

1) Arthur Conan Doyle, *A Scandal in Bohemia: The Adventures of Sherlock Holmes*. Amazon Media.

않아서 '동물의 가장 눈에 띄는 특징 가운데 하나를 놓쳤다'는 것이었다. "다시 봐요, 다시 봐요!" 학생의 말을 빌리자면, "그는 나를 비참하게 내버려 두었다. 그래서 그는 사흘 내내 그 물고기를 내 눈앞에 두고 다른 것을 보거나 인공적인 보조기구를 사용하는 것을 금지했다. '봐요, 봐요, 봐요'가 그의 반복되는 명령이었다." 실망스러웠지만 그 학생은 오랜 시간 물고기를 연구한 끝에 보는 방법을 배웠다. 그는 나중에 이렇게 말했다: "이 외부 경험을 통해 얻은 것은 이후 수년간의 조사보다 더 큰 가치를 지니고 있다."[2]

할아버지처럼 아버지 역시 내 내면에 있는 자부심이다. 아버지는 중견기업의 사장이었고 나는 사람들이 아버지의 아이디어에 반응하는 방식에 매료되곤 했다. 어떤 아이디어가 아버지에게 공명이 일어나면 사람들에게 능숙하게 지시했다. 특히 여행을 많이 다니셔서 어린 내게 아버지의 사업 능력은 마법처럼 보였다. 아버지는 내가 꿈꿀 수 있는 먼 곳들을 오가곤 했다. 형과 나는 항상 '아빠로부터 인사'라는 간결한 메시지가 적힌 형형색색의 엽서를 통해 그가 어디 있는지 알 수 있었다. 아버지와 함께 살지 않았기에 이 메시지는 더욱 카리스마가 넘쳤다. 부모님은 이혼하셨고 내 환상의 세계에서 아버지는 실제보다 더 큰 존재였다. 이런 아버지의 모습과 업계의 수장이라는 아버지의 위치는 내가 조직의 최고위층에서 일어나는 일에 관심을 갖게 하는 데 기여했다.

내가 어렸으므로 하찮은 장인으로 윗사람의 결정에 자주 희생되곤 했던 할아버지와 진정한 거물이었던 아버지의 대조는 당혹스러웠을 것이

---

2) https://jamesclear.com/louis-agassiz

다. 업무적 세계에서 두 분의 입장을 어떻게 조율할 수 있을까? 개인적인 관점이 아니라 일의 관점에서 한 사람은 성공하고 다른 한 사람은 실패한 이유는 무엇일까? 인생 후반부에 접어든 지금, 내가 최고위층 사람의 행동을 바꿀 수 있다면, 즉 그들이 더 나은 방향으로 변화한다면, 적어도 더 낮은 직급에 있는 사람들에게는 조직 내 낙수 효과가 있을 것이라는 환상에 기반을 두고 얼마나 많은 내 인생의 업무를 해왔을지 궁금하다. 어쩌면 조직을 더 일하기 좋은 곳으로 만드는 데 도움이 되었을지도 모른다. 어린 시절 경험을 바탕으로 한 이러한 열망은 내 인생의 많은 활동을 다양한 방식으로 이끌어 왔다.

나는 경영학 문헌에 기고한 여러 글에서 리더의 성격, 의사결정 관행, 리더의 행동이 조직과 사회에 미치는 영향 사이의 관계를 지적해 왔다.[3] 나는 공공 및 민간 조직의 리더가 주변 환경에 파괴적인 영향을 미치는 많은 상황을 안다. 나는 제2차 세계대전 중에 태어났으므로 대규모로 벌어지는 역기능적 리더십 관행에 매우 민감하게 반응했다. 어머니를 통해 많은 가족 구성원이 나치에 의해 살해되었다는 사실을 알고 있었다. 이제 대부분 사람은 히틀러, 스탈린, 마오쩌둥과 같은 정치 지도자들이 수천만 명을 살해했다는 사실을 인정한다. 그렇지만 '한 명의 죽음은 비극이고, 백만 명의 죽음은 통계'라는 스탈린의 논평이 매우 병든 정신의 징후라고 생각하지 않는 사람이 있을까? 그러나 현재의 정치 지형이 하나의 기표 signifier라면 많은 사람이 과거에 일어난 일을 잊어버리고 같은 실수를 반복

---

[3] Manfred F. R. Kets de Vries and Danny Miller (1984). *The Neurotic Organization*. San Francisco: Jossey-Bass; Manfred F. R. Kets de Vries and Danny Miller (1988) *Unstable at the Top*. New York: Signet.

할 가능성이 커진다는 측면에서 매우 불안하다. 내 경험에 따르면 과거를 애도해야만 진정으로 새롭게 시작할 수 있다.

아마도 어린 시절에 전후 초기에 무슨 일이 일어나고 있는지 알 수 있었다는 것은 드문 일이었을 것이다. 또한 나는 독일의 고위 전범들이 법의 심판을 받던 뉘른베르크 재판Nuremberg trials에 대한 라디오 보도에 완전히 매료되었던 기억이 난다. 그때는 그들의 반인륜적 범죄가 너무 끔찍해서 이해할 수 없었다. 그렇지만 나이가 들면서 이 모든 것이 얼마나 끔찍한 일인지 알게 되면서 독재 지도자despotic leaders들이 예외적인 사람들이 아니라는 사실을 깨닫고 깊은 고민에 빠졌다. 그들은 혼자서 그런 잔혹 행위를 저지르지 않았다. 그들에게는 기꺼이 따르는 부하들이 많았다. 우리 내면의 늑대가 자유를 얻고 방해가 되는 모든 사람을 잡아먹기 시작하는 데 많은 격려가 필요하지 않다는 것은 슬픈 진실이다.[4] 나중에 나는 훨씬 작은 규모이긴 하지만 조직 세계에서도 비슷한 역동이 일어나는 것을 목격했다.

리더가 가져올 수 있는 폐해에 대한 자각은 이들에게 무엇이 동기를 부여하는지 묻게 만들었다. 그들은 왜 그런 방식으로 행동하는 것일까? 그들의 가치관에 무슨 일이 일어날까? 그리고 가장 중요한 것은 이를 예방하거나 해결하기 위해 우리가 할 수 있는 일이 없을까?

이는 비단 역사적인 문제만이 아니다. 현대 사회에서 우리는 자신의 편협한 사익을 위해 대중을 조종하는 이류 장사꾼들이 다시 한번 각광받는 것을 본다. 코로나 바이러스 팬데믹도 예외는 아니다. 현대 세계의 많은

---

4) Manfred F. R. Kets de Vries (2005). *Lessons on Leadership by Terror: Finding Shaka Zulu in the Attic*. Cheltenham: Edward Elgar.

지도자는 뱃사람들을 죽음으로 유인하는 매혹적 신화의 사이렌siren인 로렐라이Lorelei처럼 행동한다. 거짓을 만들어내는 기술에 능숙한 이들은 부지불식간에 대중에게 환상을 심어주지만, 그들의 현실은 허위mendacity로 가득 차 있다. 마술사들은 마법을 믿고 싶어 하는 인류의 심리를 악용하여 비참한 결과를 초래한다. 철학자 버트런드 러셀Bertrand Russell은 '세상의 모든 문제는, 바보와 광신도들은 항상 자신에 대해 너무 확신하고, 현명한 사람들은 의심으로 가득 차 있다는 것'이라고 지적했다.

2장
리더십 연구소

당신 자신이 돼라. 다른 모든 것은 이미 다 갖추었다.
— 오스카 와일드 Oscar Wilde

진정한 실험실은 마음이다. 그 환상 뒤에서 우리는 진실의 법칙을 발견한다.
— 자가디쉬 찬드라 보스 Jagadish Chandra Bose

이런 불안한 어린 시절의 기억은 내가 최고 경영진과 함께 일하고 싶다는 열망과 리더십 교육에 관심을 갖게 된 주요 촉매제가 되었다. 리더가 길을 잃는 것을 어떻게 방지할 수 있을까? 어떻게 리더를 사려 깊게 만들 수 있을까? 이러한 질문은 내가 세계 최고 수준의 글로벌 비즈니스 스쿨인 인시아드INSEAD에서 다소 특이한 리더십 세미나를 만들게 된 동기가 되었다. 이 세미나의 성공을 바탕으로 나는 학교에서 변화 관리에 관한 석사 학위 프로그램을 시작했다. 또 전 세계 경영진을 위한 많은 리더십 팀 코칭 프로그램을 설계하게 되었다.

성격 형성하기

나는 어떤 어려움이 닥치더라도 인간애를 유지하는 더 성찰적인 리더를 양성하는 방법을 찾고 싶었다. 나는 자기 관찰과 비판적 사고의 힘을 인식할 수 있는 유형의 리더, 즉 자신을 평가하고 강점과 약점을 직시하며 자신의 경험을 비판하여 새로운 이해를 구축하는 역량을 갖춘 리더를 양성하고 싶었다. 또 다른 사람의 관점을 받아들일 준비가 되어 있고 의미를 해독하는 데 능숙하며 경청과 관찰 능력을 갖춘 인재를 찾고 있었다. 무엇보다도 나는 직원들이 일하기 좋은 최고의 직장을 만드는 데 관심이 있는 리더를 만들고 싶었다. 누군가 내가 소크라테스의 지혜, 알렉산더 대왕의 추진력, 마키아벨리의 정치력, 욥의 인내심을 모두 갖춘 리더를 찾고 있는 것 같다고 농담 섞인 얘기를 한 적이 있다. 그렇지만 그것은 잘못된 생각이다. 나는 현실에 기반을 둔 것을 선호한다. 나는 실용성을 좋아한다. 그리고 이 교육적 도전 과제에 나선 것은 이상주의적인 것과는 거리가 먼 결정이었다고 생각한다. 나는 내가 하고자 하는 일이 달성 가능한 일이라고 생각했다.

리더를 개발할 때 성격 형성에 관여하는 것이 중요하다. 인간에 관한 이해 대부분은 우리가 '성격character'이라고 부르는 것, 즉 사람을 그 사람답게 만드는 특정한 자질의 조합, 즉 우리 각자를 다른 사람과 구별되게 하는 행동 패턴에 달려 있다.[1]

통합주의자들은 성격character과 인격personality을 상호 호환적 의미로 사용하는 경향이 있다. 그렇지만 구분주의자들은 인격이 가면을 뜻하는 라틴어 페르소나persona에서 유래한 외형과 행동을 의미한다고 주장하며 두 용어를 좀 더 미묘하게 구분한다. 그들은 인격이 더 읽기 쉽다고 주장한다. 우리는 사람들을 재밌다, 내성적이다, 성실하다, 활기차다, 낙관적이다, 자신감 있다, 지나치게 진지하다, 게으르다, 부정적이다, 수줍음이 많다 같이 판단할 수 있다. 반면에 성격은 예상치 못한 상황이나 급박한 상황에서만 드러나는 개인의 숨겨진 특성, 즉 그 사람의 내면을 말한다. 성격은 정직하다 또는 부정직하다, 신뢰할 수 있다 또는 수상하다, 친절하다 또는 불친절하다, 관대하다 또는 비열하다 같은 누군가의 도덕적 자질과 특성으로 구성되기 때문에 쉽게 판단할 수 없다. 일상적인 사용에서 성격은 인격보다 평가를 나타내는 데 더 많이 사용된다. 예를 들어 누군가 '좋은' 또는 '나쁜' 성격을 가졌다고 말한다. 그렇지만 앞서 말했듯이 성격과 인격을 구분하는 것이 인위적이라고 생각한다. 편의상 어떤 용어를 사용하든 나에게는 같은 의미이다.

나는 성격이란 우리의 존재에 지울 수 없이 또는 깊이 새겨져 있는 것이라고 생각한다. 성격은 우리가 가진 가장 소중한 것으로, 진정한 삶의 방향을 결정하고 넘지 말아야 할 한계를 설정한다. 이 단어는 잘린 부분 또는 고랑을 표시한다는 뜻의 그리스어 동사 charassein에서 유래했다. 성격은 우리가 타인과 우리 자신을 일관되게 대하고 행동하는 방식을 정의해 특정한 방식으로 삶을 살아가는 데 도움이 된다. 물론 성격은 우리

---

1) Manfred F. R. Kets de Vries & Sidney Perzow (1991). *Handbook of Character Studies: Psychoanalytic Explorations*. Madison, Conn. International Universities Press.

주변 환경에 의해 형성된다. 기존의 경제 구조, 정치 생활, 지역사회 및 가족 관계 등 선행 사건들에 의해 형성된다.

내가 운영하는 세미나, 프로그램에서 관찰한 바에 따르면 리더 개발은 성격 형성에 적지 않은 기여를 할 수 있다. 분명한 것은 인류 역사의 중요한 분기점에서 지구를 괴롭히는 수많은 파괴적 힘을 고려할 때 마술적 사고magical thinking가 발달한 리더는 우리의 문제를 해결하지 못한다. 우리에게는 퇴행적 요구에 저항할 수 있는, 현실 세계에 확고히 기반을 둔 시각을 가진 매우 다른 종류의 리더십이 필요하다. 필요한 것은 자질을 갖춘 리더이다. 이러한 자질을 몇 가지 나열하기 위해 간단한 약어를 사용했다. 나는 이러한 리더들이 **7C 리더십 모델**이라고 부를 것을 제안한다. 더 구체적으로 말하면 **복잡성**Complexity, **자신감**Confidence, **연민**Compassion, **관심** Care, **용기**Courage, **비판적 사고**Critical thinking, **소통**Communication 자질을 갖춘 리더를 말한다.

먼저, 세계가 처한 상황을 고려할 때 **복잡성**complexity을 다룰 수 있는 역량을 갖춘 리더, 즉 문제를 장기적이고 체계적으로 바라볼 수 있는 리더를 찾아야 한다고 생각한다. 이러한 리더는 비전은 있지만 현실 기반 시각으로 사안을 바라보는 진정한 희망의 상인이 될 것이다. 또 이러한 리더는 확고한 **자신감**self-confidence을 가지고 있어야 한다. 내적 안정감이 있으면 더 나은 의사결정을 내리는 데 도움이 된다. 따라서 불안정하고 미성숙한 리더는 선발하지 말아야 한다. 또 **연민**compassion은 리더가 겸손, 존중, 감사, 공감으로 자신이 이끄는 사람들에게 다가갈 수 있게 해준다. 이는 정서지능을 갖춘 성찰적 역량이 있는 리더를 말한다. 또 이러한 리더는 자신이 하는 일에 열정적으로 **관심**care을 두어야 한다. 여러 가지 면에서 열정과 영감은 함께 가야 한다. 또 이러한 리더는 신념에 대한 **용기**courage를 가져야 한다. 개인적 청렴성, 도덕적 가치관, 어려운 결정을 내릴 수 있는 끈기가 필요하다. 이러한 리더는 **비판적 사고**critical thinking에 능숙하다. 자신이 하는 일을 깊이 이해하고 있으며 다른 사람의 두뇌를 활용하는 방법을 안다. 마지막으로, 자신의 아이디어를 간결하고 일관성 있게, 특히 위기 상황에서 반복적으로 제시할 수 있도록 **커뮤니케이션**communication 능력이 좋아야 한다.

나는 이러한 교육적 아이디어를 현실화하기 위해 선발된 개인들, 소그룹, 경영진과 함께 일하거나 또는 대대적인 조직 혁신 프로그램 가운데 하나를 선택해 착수할 수도 있었다. 그렇지만 나는 이 모든 것을 한꺼번에 추진하기로 결정했다. 나는 매우 넓은 그물을 펼쳐 되도록 많은 임원에게 다가가고 싶었다. 그 방법에 의문이 들었다. 조직의 위로부터 아래로 변화를 가할 힘을 지닌 최고 경영진을 대상으로 한 소규모 집중 워크숍을 만드는 것이 이를 실현할 수 있는 시작 방법이라는 생각이 들었다.

많은 사람이 힘든 과정임을 깨달았듯 자신을 변화시키는 것은 저항으로 가득 찬 여정이다. 자신의 안전 지대에서 밀려나고 싶지 않은 것은 전적으로 인간의 본능이다. 변화에 직면했을 때 항상 가장 먼저 떠오르는 질문은 변화가 개인적으로 어떤 영향을 미칠지이다. 이런 점을 고려하여 리더십 프로그램을 모듈식으로 설계하기로 했다. 단계별 구조는 더 사려 깊고 성찰적인 리더를 육성하는 데 도움이 될 뿐만 아니라 어떤 방식이 가장 효과적인지 테스트할 수 있는 기회도 제공할 수 있었기 때문이다. 내 의도는 프로그램에 참여한 사람들이 상호 협력과 공동창작 과정co-creative process에 참여해 자신에 대해 무언가를 배우게 하는 것이었다. 그리고 이번 모듈과 다음 모듈 사이에 배운 내용을 직장과 가정에서 연습할 기회를 갖게 하는 것이다.

나는 이 구조에 뒤따르는 위험을 몰랐던 것이 결코 아니었다. 참가자들이 집과 사무실로 돌아간 뒤 많은 사람이 예전의 습관으로 돌아갈 가능성이 크다는 것을 알고 있었다. 우리 모두 알다시피 이미 형성된 루틴은 깨기가 매우 어렵다. 우리는 젊었을 때 꽤 잘 변하지만 노년기에는 변화가 훨씬 더 어렵다. 비록 저항에 부딪혔지만 나는 다음 모듈, 그리고 또 다른 모듈이 남아 있다는 것을 알고 있었다. 나는 경험을 통해 후속 실행이 필수적이라는 것을 알게 되었다. 대부분 새해 결심은 좋은 의도는 너무 많고 실천은 너무 적어서 암울한 실패로 끝나지만, 후속 실행을 하면 실패할 확률이 줄어든다. 시간이 지나고 나와 다른 참가자들의 독려가 더해지며 대부분 참가자가 건설적인 변화를 향해 한 걸음씩 나아가는 모습을 보기를 바랐다. 그리고 '당신이 반복하는 모습 그대로가 당신이 된다'라는 말이 있듯이 참가자들이 프로그램을 마친 뒤 어떻게 행동하는지가 나에게는 결과 평가와 같았다.

처음 이 프로그램 설계 때는 거의 예상하지 못했지만 이 실험은 내 눈을 뜨게 해주었다. 점차 이 프로그램은 독특한 '인생' 사례연구 방법론에 참여한 임원들이 표면적 문제뿐만 아니라 더 깊고 근본적인 문제까지 다룰 매우 효과적인 학습 실험실로 변모해갔다.

'인생' 사례연구

나는 백 개가 넘는 사례연구를 작성했지만, 임원들과 함께 일하면서 수업에서 공유된 '인생' 사례연구와 더 지적인 서면 사례 written cases 사이에는 큰 차이가 있다는 것을 금방 깨달았다. 서면 사례는 항상 조직에서 실제로 일어나는 일을 희미하게 반영할 뿐이었다. 나는 하버드 비즈니스 스쿨에서 석박사 학위를 받았으므로 사례연구 방법에 대해서는 잘 알고 있었지만, 수업 토론 시간에 어떻게 하면 좋을지 확실히 결론내리는 것은 고사하고, 실제 조직에서 일어나는 일의 본질을 아주 짧은 시간에 종이에 적을 수 있다고 주장하려면 고도의 자기애가 필요하다고 항상 느꼈다. 나는 사람들이 어떤 일을 왜 하는지에 대한 본질을 파악하려면 일종의 인류학자가 되어야 하고, 조직 내 다양한 역할 사이의 상호작용을 오랜 시간 관찰해야 한다고 굳게 믿는다.

서면 사례연구도 유용한 교육적 도구가 될 수 있지만, 개인과 조직 변혁에 대한 다른 접근 방식을 개발한다는 측면에서 나는 강의실에서 바로 실제 사례연구를 할 수 있어서 운이 좋았다. 교육생들이 그들의 조직과 개인 삶에서 일어나는 일에 적극적으로 참여함으로써 모두의 관점이 크게 확장되고 대인관계, 그룹, 조직 역동이 훨씬 더 풍부해지게 되었다. 나르시시즘적 성향을 가진 사람들이 많았으므로 그들이 지적이고 추상적인 토론보다 자신에 관해 이야기하는 것을 선호하는 것은 그리 놀라운 일이 아니었다. '인생' 사례연구 접근방식은 아주 즉각적으로 매우 다른 학습 경험을 만들어낸다. '사례연구'에 참여한 사람들이 깊이 고민하던 문제에 대한 부담이 어떻게 줄어드는지, 구체적인 이야기를 말하는 것을 얼마나 어려워하는지, 무엇을 말하고 무엇을 말하지 않으려 하는지 등을 관찰할 수 있다. 이러한 깊이 있는 경험적 과정은 기존의 교훈적인 사례 학습 접근방식에 비해 매우 강력한 영향을 미친다.

서면이든 '인생' 사례이든 사례연구 방법의 매력 가운데 하나는 체험학습이 강의식 교육보다 이해와 변화에 훨씬 더 큰 영향을 미친다는 점이다. 사람들은 공감을 불러일으키는 내용에 노출되고 참여한다는 느낌 받기를 좋아한다.

이 프로그램 참가자들이 자기 삶의 상황을 발표하게 하면서 스토리텔링이라는 단순한 활동이 얼마나 효과적인지 깨달았다. 이러한 이야기가 듣는 사람들에게 어떤 영향을 미치는지, 그리고 이러한 이야기를 듣는 것이 인생을 바꿀 수 있다는 것을 분명히 보았다. 심지어 그들의 '성격 무장character armor'에 흠집을 낼 수도 있다. 사연이 발표될 때마다 듣는 사람들은 자신만 문제가 있는 자가 아니며, 혼란에 빠진 것은 혼자가 아니라는 것, 즉 타인들이 이해하지 못할 인간 행동은 없다는 점을 깨달았다. 또 자신의 개인사를 이해하면서 자신이 어떠한 행동을 왜 했는지, 그리고 그 행동이 더는 현재 인생 단계에서 효과적이지 않다는 것을 알게 되었다. 또 그들은 각자의 문화적 배경이 무엇이든 우리는 모두 비슷한 행동 패턴을 가진 인류의 일부라는 사실을 깨달았다. 인시아드INSEAD와 같은 학교는 국가 정체성이 없으므로 독특한 학습 실험실이 될 수 있었다. 공동체 문화 속에서 이야기를 공유하는 것은 참가자들을 하나로 묶고 강렬한 학습 커뮤니티를 형성하는 좋은 방법이 되었다. 이러한 이야기를 통해 배운 것이 변화를 향한 작은 발걸음을 내딛는 데 서로를 돕는 좋은 방법이 되었다. 결국 우리 모두의 내면 깊은 곳에는 이타적인 동기가 있다.

삶에서 부족한 것이 무엇일까?

흥미롭게도 이러한 개발 프로그램에 등록한 임원들 가운데 상당수가 자기 삶에서 무언가 잘못되었다고 느꼈다. 이것이 애초에 내 프로그램에 등록하게 된 촉매제가 된 경우가 많았다. 건강, 가족, 친구, 좋은 직장 등 정말 중요한 모든 것을 갖추고 있어 겉으로 보기에는 상당히 만족스러워 보였지만, 그들은 자신의 삶에서 무언가 부족한 것 같은 기묘한 느낌을 받았다. 일종의 실존적 공백을 경험하는 것 같았다. 사색에 잠긴 순간, 그들은 자신의 삶이 달라질 수 있을지 궁금해했지만 방법을 알지 못했다. 이름 없는 무엇인가에 대한 깊고 강렬한 갈망이 있었다.

나는 이러한 소외감과 절망감이 때때로 매우 무관심해 보이는 우주에서 근원적 외로움을 인식하는 데서 비롯된다는 사실을 깨달았다. 내가 만난 많은 사람이 인생의 의미와 목적의 부재를 경험했다. 한때 느꼈을지도 모를 이런 공허함이 그들 인생에서 더 큰 절박감으로 느껴지는 시점에 도달했다. 그들은 더는 그대로 두기를 원하지 않았다. 그들은 자신의 인생을 더 잘 통제하기를 원했다. 동시에 그들은 자신이 처한 상황을 어떻게 바꿀 수 있을지 전혀 몰랐다. 이 프로그램에 등록한 이유는 자신에게 무엇이 부족하다고 생각하는지 이해하고 싶기 때문이었다.

에너지 바로미터

참가자들이 앞으로 어떻게 살아야 할지 고민하고 다소 정신적으로 마비된 듯한 느낌을 받는 동안, 나는 이들에게 인생이라는 극장에서 수동적인 관객이 될 필요가 없다는 점을 분명히 했다. 그들에게는 선택권이 있었다. 자신이 진정으로 살아있다고 느끼는 것에 더 부합하는 삶을 살거나, 자신에게 활력을 불어넣는 활동에 집중할 수 있었다. 내면과 외면 극장을 더 일치시키기 위해 노력할 수도 있었다. 그렇지만 정말 에너지를 쏟을 만한 가치가 있는 일과 에너지를 소모하기 때문에 버려야 하는 일을 더 잘 인식하는 것이 중요했다. 그들은 내가 '에너지 바로미터energy barometer'라고 부르는 것에 따라 살려고 노력해야 한다. 그들은 일기를 쓰기 시작하여 자신이 처한 활력 넘치는 상황과 에너지를 고갈시키는 상황을 나열해야 한다. 가시적인 기록은 어떤 종류의 활동이 진정으로 살아있다고 느끼게 했는지 파악하는 데 도움이 될 수 있다.

    우리가 진정한 자기authentic self와 일치하는 삶을 살 수 있다면 더 많은 에너지를 얻고 기분이 훨씬 나아질 수 있다. 그렇지만 이는 내면 세계로 깊이 들어가 자신의 지혜와 힘에 기꺼이 의지할 수 있도록 자신에게 허락하는 것을 의미한다. 우리 내면 깊숙이 숨어 있는 잠재력을 회복해야 한다. 자신의 목소리에 귀 기울이고 우리에게 정말 중요한 것이 무엇인지 파악할 여유를 주어야 한다. 나는 우리가 외부 세계의 소음에 귀를 기울이다가 군중 속에서 길을 잃는 경향이 있다는 것을 너무 자주 목격했다. 우리는 자신에게 더 진실해야 한다. 공자는 "자신을 다스리는 자가 가장 강한 자이다."라고 말했다.

팀 빌딩: 행동 없는 비전은 환상이다

스토리텔링이 강렬한 학습 커뮤니티를 만드는 데 도움이 된다는 사실을 깨닫고 서로 다른 조직에서 온 임원들과 함께 일할 용기를 얻었을 뿐만 아니라 임원 팀과 함께 일하는 실험도 해볼 수 있었다. 나는 컨설팅 경험을 통해 상대했던 많은 팀이 서로 다른 목적으로 운영되는 역기능적인 팀이라는 것을 알고 있었다. 나는 흔히 최고 경영진을 '부자연스러운 행동'으로 묘사했다. 그래서 임원 개개인이 더 효과적으로 일할 수 있도록 돕는 것뿐만 아니라 팀에 대해서도 똑같이 해보기로 결심했다.

물론 팀 프로세스를 간소화하는 한 가지 방법은 외모와 행동이 비슷한 사람을 채용하고 다른 사람을 거부하는 것이다. 비슷한 생각을 하는 사람들로 구성된 팀은 더 예측 가능한 환경을 조성하고 의사결정 속도를 높인다. 빠른 의사결정을 원한다면 유사한 사람들clones을 채용하는 것이 더 낫다는 것이 일반적 기준이다. 그렇지만 더 창의적 의사결정을 내리고 싶다면, 즉 막힌 상황을 뚫고 싶다면 성별, 문화, 나이, 학력, 업계 경험 등의 다양성을 지향하는 것이 훨씬 더 효과적이라는 것을 경험을 통해 알게 되었다. 물론 매우 다른 다양한 사람들을 관리하면 오해의 가능성이 크게 증가해서 많은 어려움이 따른다. 다름은 편집증과 의심을 불러일으켜 조직을 큰 혼란에 빠뜨릴 수 있다는 점에서 많은 조직이 쉬운 방법을 선택해 유사한 사람들을 채용하는 이유를 이해할 수 있다. 많은 실험을 통해 알게 된 것처럼 다양성 있는 채용을 원한다면 '인생' 사례연구 방법론을 사용하는 팀 코칭 개입 기법이 매우 효과적일 수 있다.[2]

---

2) Manfred F. R. Kets de Vries (2014). Vision without action is a hallucination: Group coaching and strategy implementation, *Organizational Dynamics*, 44 (1), 1-8.

다양성 정도에 관계 없이 조직이 일하고 의사결정 사항을 실행하도록 위에서 아래까지 모든 사람의 참여를 끌어내는 것은 항상 조직의 도전 과제이다. 그러나 제대로 작동하는 팀이 없으면 각 임원들이 자기 방식대로 일을 처리할 가능성이 크며, 그 결과 조정되지 않고 심지어 상충되는 결정과 행동이 자주 발생하는 것을 여러 번 보았다. 임원들이 한 밤에 스쳐 지나가는 배들처럼 행동하면 조직 또는 자신들에게 가장 이익이 되는 방식이 아닌 행동을 할 수 있으며 전략 실행에도 어려움이 발생할 수 있다. 나는 인생 사례연구 접근법을 통합한 그룹 코칭 기법이 임원들이 같은 목소리를 내고 조직 간 사일로silo 행동을 없애고 실행을 가속화할 훌륭한 방법론이라는 것을 알게 되었다. 그룹 개입 기법group interventions은 조직의 정렬을 강화하여 업무를 완수하는 데 도움이 된다. 또 복잡한 매트릭스 구조와 가상 팀을 관리할 때 매우 중요한 측면인 수평적 소통과 온라인 버추얼 소통(코로나19 팬데믹 이후 그 어느 때보다 버추얼 학습이 중요해짐)을 더욱 효과적으로 만들어준다. 또 그룹 개입 기법은 너무 많은 조직에 만연한 편집증적 사고paranoid thinking와 희생자 만들기scapegoating를 방지하는 완충 장치가 될 수 있다. 두려움은 결코 사람의 능력을 최대한 끌어내지 못하므로 나는 항상 함께 일하는 사람들에게 조직 내 공포-안전 수준fear-safety axis을 주의 깊게 모니터링하는 것이 현명하다고 말한다. 안전한 환경에서 일한다고 느끼면 생산성과 창의성이 향상되지만, 두려운 분위기에서 일하면 그 반대가 될 수 있다. 다행히도 나는 이러한 개입이 진정한 학습 환경을 조성하고, 이를 통해 '지식 관리'라는 용어가 의미 없는 구호가 아니라 현실이 된다는 사실을 발견했다. 결국, 동료들끼리 여전히 낯선 사람처럼 느껴진다면 저마다 다른 동료들에 대해 알게 된 점을 그들과 공유할 수 있을까? 그렇지만 인생 사례연구 방법론을 사용할 경우에는 낯선 사람들의 관계로 남기가 매우 어려워진다. 결국 스토리텔링의 세계에서는 낯선 사람이란 존재하지 않는다는 뜻이다.

3장
임상 패러다임

> 종교적이든 정치적이든 모든 이데올로기는 어리석은데, 그것은 불행히도 인간을 분열시킨 개념적 사고, 개념적 단어이기 때문이다.
> — 지두 크리슈나무르티 Jiddu Krishnamurti

> 무엇보다도 우리는 단어와 이미지, 개념을 뛰어넘어야 한다. 상상 속의 비전이나 개념적 틀은 위대한 현실에 적합하지 않다.
> — 베드 그리핑스 Bede Griffings

많은 개념적 모델이 내 개입 기법 interventions에 유용한 가이드가 됨을 알았다. 그렇지만 임원들과 함께 일할 때는 항상 이념에 얽매이지 않으려 노력했다. 이념이 창의성을 어떻게 죽이는지 너무 자주 보아왔고, 창의적인 일은 항상 서로 다른 분야의 경계에서 일어난다는 것을 경험을 통해 배웠기 때문이다. 따라서 나는 사람들의 변화를 돕는 일이라면 무엇이든 한다. 내 상황에 도움이 되는 이론적 틀은 무엇이든 적용한다.

복잡성에 대한 내 접근 방식으로 인해 나는 진화론, 발달심리학, 신경과학, 가족 시스템 이론, 인지심리학, 동기부여 면담, 역설적 개입paradoxical intervention, 실존심리학, 강점 기반 조직개발, 긍정심리학의 아이디어를 활용했다. 이를 통해 임상 패러다임clinical paradigm이라는 수수께끼 같아 보이는 상황을 이해하기 위한 정신역동-시스템적 방향psychodynamic-systemic orientation에 영향을 미쳤다. 사물을 바라보는 이 특별한 방식은 매우 효과적인 변화 방법론으로 입증되었다.[1]

임상적 관점 취하기

그렇다면 임상 패러다임이란 무엇일까? 첫째, 이 패러다임은 **모든 인간의 행동에는 근거가 있다**고 전제한다. 나는 언뜻 보기에 매우 비합리적으로 보이더라도 사람들이 어떤 행동을 왜 하는지에 대한 논리적 설명이 항상 존재한다고 주장한다. 모든 행동은 처음에는 이상하게 보일지라도 어떤 종류의 근거를 가지고 있다. 그렇지만 무의식적인 필요와 욕구가 복잡하게 얽혀 있어 설명하기 어려울 수 있으므로, 당황스러운 행동의 근저에 있는 단서를 찾아내기 위해 몇 가지 탐색 작업을 수행해야 한다.

두 번째 전제는 **감정, 두려움, 동기 등 정신 생활의 상당 부분이 우리의 의식적 인식 밖에 있지만** 여전히 우리의 의식적 현실과 심지어 신체적 건

---

[1] Manfred F. R. Kets de Vries (2011). *The Hedgehog Effect: The Secrets of Building High Performance Teams*, West Sussex, UK: John Wiley & Sons; Manfred F. R. Kets de Vries (2018). Down the Rabbit Hole of Leadership: Leadership Pathology in Everyday Life. London: Palgrave Macmillan.

강에도 영향을 미친다는 것이다. 그렇지만 우리는 자신이 무엇을 하는지, 왜 그런 행동을 하는지 항상 인식하지 못한다. 이성적 사고에는 가려져 있지만 인간의 무의식은 의식적인 현실에 영향을 미치며, 경우에 따라서는 의식적인 현실에 대해 지시하기도 한다. 좋든 싫든, 우리 가운데 가장 이성적인 사람조차도 맹점blind spots이 있고, 가장 명예로운 사람조차도 자신도 모르는, 심지어 알고 싶지 않은 그림자 측면shadow side이 있다. 따라서 우리는 정신적 평형을 유지하기 위해 분열, 투사, 부정과 같은 매우 원시적인 방어기제부터 주지화intellectualization 같은 더욱 정교한 방어기제에 이르기까지 다양한 방어기제에 의존한다.[2]

세 번째 전제는 우리가 인간의 기본적인 욕구에 영향을 받는다는 것이다. 이러한 욕구는 우리의 성격을 결정하며, 인지cognition, 정서emotions, 행동behavior이라는 세 가지 요인이 서로 긴밀하게 맞물린 정신적 삶mental life의 삼각형을 형성한다. 행동에 영향을 미치려면 인지와 정서를 모두 고려해야 한다. 특히 정서는 우리의 많은 행동을 결정하며 정서지능은 리더십 공식leadership equation에서 중요한 역할을 한다. 우리는 **정서를 조절하고 표현**하는 방식에 따라 정의된다. 정서는 우리의 경험에 긍정적, 부정적 의미를 부여하여 우리가 내리는 선택과 세상을 대하는 방식에 선호를 만들어낸다. 또 정서는 우리가 세상을 경험하는 방식과 타인을 경험하는 방식에 대한 정신적 표상 내면화의 기초를 형성하며, 이는 평생 우리 관계를 안내하는 기억이 된다. 물론 우리가 정서를 인식하고 표현하는 방식은 세월이 흐르면서 삶의 경험에 영향을 받아 변화할 수 있다.

---

2) George Vaillant (1992). *Ego Mechanisms of Defense: A Guide for Clinicians and Researchers*. Washington, DC: American Psychiatric Press.

네 번째 전제는 인간 발달은 개인 간 및 개인 내적 과정이라는 것이다. 우리는 모두 **과거 경험의 산물**이며, 초기 양육자가 제공한 발달 경험을 포함한 이러한 경험은 평생 지속해서 영향을 미친다. 과거는 현재 의식의 일부이며, 현재를 바라보고 경험하는 렌즈이다. 좋든 싫든 과거는 우리의 현재와 미래에 영향을 미친다.

수년 동안 나는 리더 개발에 임상적 패러다임을 사용하는 것이 정서, 생각, 행동의 숨겨진 이유를 탐구하는 데 매우 효과적인 방법이라는 사실을 발견했으며, 이는 흔히 의미, 소속감, 역량, 통제력 또는 기타 주요 실존적 관심사에 대한 고객의 탐색과 관련이 있다. 임상 패러다임의 전제를 고려하는 것은 인간 조건의 일부인 인식 밖 행동 패턴out-of-awareness behavior patterns을 이해하는 데 도움이 되었다.

카펫 밑 뱀 증후군The-Snake-Under-the-Carpet Syndrome

나는 항상 고객들에게 문제의 근본적인 문제를 해결하지 않으면 그 문제가 다시 나타나고 아무것도 바뀌지 않으며 상황이 이전으로 돌아갈 가능성이 크다는 점을 분명히 설명하려고 노력한다. 나는 카펫 밑에 있는 뱀의 비유로 이를 설명한다. 집에 들어갔는데 카펫 아래에 울퉁불퉁한 부분이 있다고 상상해 보라. 그 부분을 없애기 위해 카펫을 곧게 펴려고 한다. 그리고 그렇게 한다. 그렇지만 잠시 후 카펫 아래에 뱀이 있어서 울퉁불퉁한 부분이 다시 나타난다. 뱀을 제거하기 전까지는 카펫을 제대로 펴지 못할 것이다. 문제를 처리할 때 겉으로 보이는 결과가 반드시 해결되

없음을 의미하는 것이 아니라는 점을 기억하는 것이 중요하다. 수면 아래에 잠겨 있는 문제를 먼저 해결해야 진정한 해결책을 찾을 수 있다. 현실을 외면하려고 하지 말고 카펫 밑의 돌출부만 바로잡으려 하지 마라. 증상 억제는 처방이 아니다.

카펫 밑 뱀 신드롬은 인간관계가 왜 그렇게 비참해질 수 있는지 알려준다. 흔히 조직 생활이 이해하기 어려운 이유를 설명하는 데 도움이 된다. 특히 경영진의 업무 관계가 흔히 역기능적 이유를 설명해 준다. 이러한 수수께끼에 대한 해답은 대부분 우리 인간 본성에 있다. 즉 어느 정도까지 서로를 신뢰하지만 충분한 정도는 아니고, 개인보다 집단의 공동 노력으로 심리적, 물질적으로 더 풍요로운 혜택을 손쉽게 얻을 수 있지만 이 사실을 간과해 버리는 우리 자신의 욕구를 직시하지 못하는 데에 있다.

카펫 밑의 뱀 신드롬은 많은 조직 활동이 약속을 지키지 못하는 이유도 설명한다. 내 경제학자적 관점에서 보면 그 해답은 인간을 이성적인 존재로 생각하는 완강한 믿음에 있다. 그렇지만 우리는 더 제대로 알아야 한다. 사람마다 서로 다른 사고와 행동의 이유를 가질 수 있다. 이로 인해 임상적 패러다임을 사용하는 것이 매우 유용할 수 있다. 지금까지 많은 조직 설계자들은 인간 조건의 일부인 미묘하고 의식하지 못하는 행동 패턴을 고려하지 않았다. 그러는 동안 조직에서 일하는 사람들은 성격적 특성과 정서적 삶으로 인해 자신이 담당하는 업무와 계속 멀어지게 되었다. 많은 임원이 대인관계, 팀워크, 조직 문화의 복잡성을 인식하지 못하고 무의식적인 시나리오에 따라 행동한다는 사실을 깨닫지 못한다.

조직의 리더는 인간의 이성 표면 아래에 수많은 미묘한 심리적 힘이 존재하며, 자신과 다른 사람들의 업무 방식을 방해할 수 있다는 사실을 인정해야 한다. 그렇지만 이런 행동 패턴이 비합리적으로 보일지라도 그 이면을 이해하면 항상 행동에는 이유가 있음을 알게 된다. 개인들은 조직에서 일할 때 직장에서의 영향력과 권력 행사에 대한 두려움, 불안, 불확실성으로 인해 수많은 실질적 위험을 감수한다. 이런 우려가 해결되지 않으면 이 위험으로 인해 발생한 불안이 너무 커져 단순히 리더십 행동, 촉진 구조로는 억제할 수 없게 된다. 그 대신 개인은 자신을 보호하려고 사회적 방어 수단social defenses을 동원한다.[3] 의식rituals, 프로세스 또는 기본적인 숨겨진 가정을 통해 표현되는 이런 방어 수단은 떠오르는 불안을 대체, 완화, 상쇄하는 것뿐만 아니라 실제 업무가 수행되는 것을 방해하기도 한다. 그 결과 역기능적 프로세스와 악순환을 강화하는 억제적 구조에 집착하게 됨으로써 이러한 부정적 현상이 지속된다.

조직의 리더는 어떤 상황에 처해 있든 직원들에게 동기를 부여하려고 할 때 항상 눈에 보이는 것보다 더 많은 일이 벌어지고 있다는 사실을 깨달아야 한다. 조직은 민감한 대인관계 문제가 신중하게 (때론 자주 무분별하게) 다뤄지는 공론의 장forums이다. 따라서 사람들이 직장에서 성과 창출 압박에 직면했을 때 방어적이 되지 않도록 하려면 만연한 불안을 생산적인 업무로 전환할 수 있는 유형의 리더십과 지원 조건이 필요하다. 안타깝게도 너무 많은 경영진이 정신역동 심리학과 시스템 이론 개념을 거의 알지 못한다. 그 대신 합리-구조적 관점이 지배적인 경우가 많다. 너무 많은 경영진이 인간 행동에 영향을 미치는 무의식적 역동을 인정하지 않는다. 너무 많은 경영진이 조직을 합리적이고 규칙이 지배하는 시스템으로 취급

---

3) Alistair Bain (1998). Social Defenses Against Organizational Learning, *Human Relations*, 51 (3), 413-429.

하여 조직은 경제적 인간이 쾌락과 고통을 최적화하는 기계라는 환상을 지속하며, 인간 존재에 수반되는 개인의 다채로운 특성들은 무시한다.

합리적 경영 관리가 존재한다는 환상에서 벗어나는 데 익숙해져야 한다. 조직에 대한 합리-구조적 관점은 약속된 결과를 제공하지 못했다. 그것은 많은 경제적 혼란과 많은 슬픔을 야기했을 뿐이다. 따라서 조직 설계자는 임상적 패러다임의 언어에 익숙해지는 것이 좋겠지만, 그것이 불편할 수 있다는 점을 인정한다. 경영, 경제학에 대한 전통적 배경을 가진 사람들에게는 혼란스러울 수 있다. 그렇지만 효과적인 업무 환경을 조성하고 유지하려면 조직 생활의 구조적 측면과 인간적 측면 모두에 집중하는 것이 필요한데 이것은 과장함이 없이 쉽지 않은 도전과제이다. 우리는 마음속에서 일어나는 일의 대부분이 무의식적이며, 우리 자신에 대한 신비한 부분과 소통하는 것이 진정한 도전 과제가 될 것이라는 것을 잊지 말아야 한다. 칼 융은 '무의식을 의식화하기 전까지는 무의식이 당신의 삶을 지배할 것이며, 당신은 그것을 운명이라고 부를 것이다'라고 아주 간단하게 표현했다.

4장
실존적 불안 직면하기

인간이란 스스로가 만들어낸 대로 형성된 존재이다. 이것이 실존주의의 첫 번째 원칙이다.

— 장 폴 사르트르 Jean-Paul Sartre

소통에서 가장 큰 문제는 소통되었다고 생각하는 우리의 착각이다.

— 조지 버나드 쇼 George Bernard Shaw

리더십 워크숍 참가자 가운데 한 명(피터라고 부르겠다)은 일종의 실존적 불안existential anxiety을 경험하며 자신의 존재 의미에 대해 의문을 품고 있었다. 너무 많은 변화가 동시에 일어나고 있어서 그의 마음 상태가 좋지 않았다. 첫 번째 변화는 미해결 된 문제가 많았던 아버지의 죽음이었다. 그는 애도 과정을 복잡하게 하며 아버지의 죽음을 마무리하기 어렵다는 것을 깨달았다. 또 CEO에서 물러나 이사회 의장직을 맡게 되었다. 의장으로서 역할이 일상적인 회사 운영과는 매우 다르다는 것을 깨닫기 시작했다. 갑자기 더 많은 시간이 주어졌고 어떻게 대처해야 할지 몰랐다. 불행한 결과 가운데 하나는 그와 아내가 얼마나 멀어졌는지 깨닫게 된 것이었다. 마치 평행 우주에 살고 있는 것 같았다.

여유 시간이 많아진 것이 사치처럼 보일 수 있지만, 어떤 사람들에게는 유휴 시간이 괴로움의 시간이 될 수 있다. 이전에는 의식 밖으로 쉽게 밀려났던 것들이 다시 생각나게 될 수도 있다. 현재 상황에서 피터는 이제 더는 과거의 끊임없이 바쁘게 지내는 상태, 즉 '조증 방어manic defense'에 의존할 수 없게 되면서 이러한 상황을 넘어가기가 어렵게 되었다.[1] 이는 여러가지 다른 활동을 함으로써 불편한 생각, 감정에 집중되는 의식적 마음conscious mind을 딴 곳으로 돌리거나 반대되는 생각, 감정에 의지하여 이를 피하려고 하는 행동 패턴을 설명한다. 무의식적인 탈출구를 찾지 못한 채 자신의 마음에 갇혀 있는 것은 매우 불편할 수 있다. 내 고객 가운데 상당수는 이러한 조증 방어에 더는 의존할 수 없게 되면서 내면의 악마가 표면으로 드러났다.

악몽

피터의 경우 실존적 불안은 두 번의 고통스러운 전환(역자 주: 아버지의 죽음, CEO 역할에서 물러남)으로 촉발되었지만, 현재 그의 고통은 가장 친한 친구

---

1) Melanie Klein (1935). A contribution to the psychogenesis of manic-depressive states. *International Journal of Psycho-Analysis*, 16,145-74.

가운데 한 명인 매우 성공한 사업가에 대한 악몽을 꾸고 나서 더욱 심해졌다. 그 친구가 자신에게 어떤 의미인지 물었을 때, 피터는 항상 그를 롤모델이자 닮고 싶은 사람으로 존경해 왔다고 말했다. 그의 악몽 속에는 친구의 집 앞 잔디밭에 많은 사람이 친구의 등장을 기다리고 있었다. 그렇지만 친구는 거창한 모습을 드러내는 대신 시야에서 사라졌다. 결국 그는 군중에게 들키지 않기 위해 집 뒷문으로 슬그머니 빠져나왔다. 탈출 후 그는 좋아 보이지 않은 모습으로 피터에게 다가갔다. 피터가 무슨 일이냐고 묻자, 친구는 자신이 성공하기 위해 기울인 모든 노력이 그만한 가치가 있었는지 의문이 든다고 말했다. 그는 성공적인 모습을 유지하느라 지쳐 있었다. 물론 그는 멋진 집과 화려한 자동차를 여럿 가지고 있었고 심지어 요트도 가지고 있었다. 그렇지만 집은 텅 비어 있었다. 아무도 없었다. 차들은 차고에 그냥 방치되어 있었다. 그리고 그는 요트를 거의 사용하지 않았다. 그는 왜 그것들에 매달렸을까? 그것들을 소유했던 이유는 무엇이었을까? 그는 피터에게 돈을 빌리고 휴대폰을 사용할 수 있냐고 물었다. 피터는 그를 도와주러 갔지만 지갑이나 휴대폰을 찾을 수 없었다. 이에 그는 매우 당황한 나머지 잠에서 깨어났다.

처음에 피터는 모든 꿈이 신경계의 무작위적 소음일 뿐이라 말하며 악몽을 무시했다. 그렇지만 내가 꿈을 통해 일상 생활에서 보고 싶지 않은 것들을 자주 보게 된다고 말하자 그는 마음을 바꿨다. 꿈은 개인 주요 관심사를 보여주는 지표가 될 수 있다. 특히 악몽은 누군가 나에게 말을 걸고 있지만 그 말을 듣고 싶어 하지 않고 있다는 매우 강력한 경고 신호로 간주해야 한다. 또 해석되지 않은 꿈은 열어보지 않은 편지와 같다. 좋든 싫든 나는 사람들에게 각자가 꿈의 감독, 프로듀서, 각본가라고 설명한다. 그는 모든 이미지를 직접 만들었다. 그가 꿈을 소유하고 있었고 실제로 무슨 일이 일어나고 있는지 파악하는 데 도움이 되는 연관성을 인식할 수 있는 가장 적합한 위치에 있었다. 대개 전날의 경험들이 꿈의 트리거가 되어 등장한다. 꿈은 여러 가지 의미를 가질 수 있으며 고도로 상징적 언어를 사용하므로 혼란스러울 수 있다. 특히 어린이에게 꿈은 미래에 직면할 수 있는 어려운 상황에 대비한 안전한 리허설과 같다. 꿈이 너무 생생하면 현실과 환상을 혼동하게 되므로 꿈은 금방 잊히는 경향이 있다. 그렇지만 이것이 바로 창작 과정에서 꿈이 큰 도움이 될 수 있는 이유이기도 하다. 많은 중요한 창조물이 꿈에서 영감을 받았다. 그리고 악몽은 수면의 수호자 역할에 실패한 꿈이라고 생각할 수 있다. 특정 내용과 관련된 불안을 상쇄하기보다는 악몽은 꿈이 원래 의도한 대로 불안을 가중시키게 된다.

나는 피터에게 자신의 악몽에서 어떤 연관성을 떠올리게 되는지 생각해 보라고 했다. 첫 번째는 허무였다. 그가 존경하던 친구는 그에게 성공을 위한 모든 노력이 무의미한 것으로 판명되었다고 말했다. 그는 평생 사람들의 존경을 받기 위해 노력해왔지만, 그것은 무엇을 위한 것이었을까? 피터가 자신에게 던졌던 질문과 같지 않았을까? 그의 친구는 자신의 또 다른 모습을 대변하는 것일까? 악몽을 꾸면서 피터는 왜 항상 친구를 흉내 내려고 했는지 의문을 품게 되었다. 그 생각은 그가 인생에서 실제로 무엇을 성취했는지 의문을 품게 했다. 꿈속에서 피터에게 소중한 것들이었던 돈과 휴대폰은, 특히 후자는 그의 모든 주요 연락처를 상징하는 것이었는데, 모두 사라진 것처럼 보였다. 이것들만 중요했던 것들이었을까? 그러자 피터는 꿈속의 집이 비어 있던 이유가 궁금해졌다. 왜 아무도 없었을까? 그를 정말로 아끼는 사람이 있었을까? 그의 아내는 어디 있었을까? 잔디밭에 몰려든 사람들이 무슨 상관이었을까? 그 사람들은 그저 낯선 사람들이었을 뿐이었다.

실존적 불안은 변화에 적응하는 데 어려움을 겪을 때, 즉 안전 지대를 벗어나는 상황에 처할 때 발생한다. 우리가 인생의 중대한 전환기에 직면하게 될 때 익숙한 상황과 구조가 주는 안정감과 안전함을 잃을 수 있다. 그럴 경우 삶의 의미에 대해 의문을 품기 시작할 수 있다. 우리가 죽는다는 사실을 받아들여야 한다면 지금 하는 일을 왜 굳이 계속해야 할까? 왜 굳이 이 모든 노력을 기울여야 할까? 죽음으로만 끝날 것이라면 이러한 모든 작업을 수행하는 것은 무의미하다. 그리고 예상대로 이러한 생각은 나이가 들수록 더 많이 떠오를 것이다.[2]

죽음 불안

나는 노화 과정 aging process과 죽음에 대한 경험(최근 아버지의 죽음)으로 피터의 죽음 불안, 즉 죽음과 관련된 실존적 고뇌가 심화되었다는 것을 알고 있었다. 같은 상황에 처한 많은 사람이 그러하듯, 그도 죽음이 어디를 가든 우리를 따라다니는 그림자라는 사실을 점점 더 자각하게 되었다. 신경학적 관점에서 우리는 이러한 경험에 대해 전두엽(인간의 뇌에서 가장 마지막으로 발달한 부분)의 발달에 감사해야 한다. 전두엽은 미래를 개념

---

[2] Irvin Yalom (2011). *Staring at The Sun: Being at Peace with Your Own Mortality*. New York: Piatkus.

화할 수 있는 능력을 부여했으며, 그 미래는 우리가 죽음을 피할 수 없다는 지식도 포함된다. 우리의 생물학적 구조로 인해 죽음 불안은 보편적이며 인간에게만 나타나는 현상이다. 죽음 불안이 항상 의식의 표면 아래에 숨어 있기 때문에 우리 자신이 끝이 있는 유한한 존재라는 현실에 적응하기 어렵다.

죽음 불안은 피터가 모든 일에 불안감을 느끼게 했지만, 왜 그런 감정을 느끼는지 정확히 설명할 수는 없었다.[3] 함께 시간을 보내면서 그의 정신 상태를 되돌아보면서 나는 자기 인식self-awareness은 매우 소중한 선물이지만 독toxic이 될 수도 있다고 말했다. 자기 인식의 증가는 불안을 느끼는 바탕이 될 수 있다. 자기 인식은 우리를 인간답게 만들지만, 동시에 우리가 성장하고 꽃을 피우며 필연적으로 쇠퇴하고 죽는다는 것을 인식하게 한다. 그렇지만 이런 종류의 불안은 더 큰 자기 통찰력과 지혜를 향한 길이 될 수도 있다고 덧붙였다.

단절된 느낌

죽음 불안만으로는 충분하지 않은 듯, 피터는 강한 단절된 느낌도 경험했다. 악몽에서 휴대폰을 잃어버린 것과 연관해 그는 모든 것, 모든 사람과의 관계에 의문을 품었다. 가족과 친구들이 있고 매우 성공적인 경력을 쌓았는데도 그는 완전히 외로움과 상실감을 느꼈다. 죽음과 소속감에

---

[3] Manfred F. R. Kets de Vries (2014). Death and the executive: Encounters with the "Stealth" motivator, *Organizational Dynamics*, 43 (4), 247–256.

대한 이러한 고민으로 인해 그는 인생의 큰 질문, 즉 인생에서 새로운 의미를 창출하는 방법을 고민하게 되었다. 그는 앞으로 무엇에 집중해야 할까? 더 큰 계획에서 그는 어디에 속할까? 자신의 잠재력을 충분히 발휘했는지에 대한 의문이 고뇌를 가중시켰다. 그는 자신이 살아오면서 올바른 선택을 했는지 궁금해졌다. 우리 대부분에게 가장 중요한 선택은 배우자 선택과 직업 선택일 것이다. 그렇지만 우리는 만약 다른 선택을 했다면 인생이 어떻게 달라졌을까 하는 의문을 품기도 한다. 피터의 불행은 이상적인 모습과는 거리가 멀었지만, 나는 그가 현재 겪고 있는 어려움을 자신에게 정말 중요한 것이 무엇인지 발견하는 매우 자연스럽고 인간적인 과정으로 보았다.

나는 피터에게 우리는 선택의 자유라는 사치를 누리고 있지만, 선택을 해야 한다는 것은 매우 스트레스가 될 수 있다고 말했다. 선택의 자유에는 그것을 잘 활용해야 하는 책임도 따른다. 어떤 선택을 해야 할지에 대한 고민은 항상 존재한다. 여러 가지 선택지 중에서 결정해야 하는 상황은 우리를 얼어붙게 할 수도 있다. 나는 피터에게 자신에게 가장 큰 의미를 줄 수 있는 선택에 대해 생각해 보라고 제안했다. 어떤 사람들은 자신이 그렇게 살 수 있었다고 믿던 만큼 또는 알고 있던 만큼 온전히 살지 못했다는 죄책감과 후회를 감당하는 데 어려움을 겪는다. 이러한 감정은 자신이 잘못된 선택을 했다고 생각할 때 정말 문제가 될 수 있다. 죽음에 대한 두려움도 문제지만, 무의미한 삶을 살았다는 두려움은 어떨까?

의미 발견하기

피터의 사례는 의미의 중요성을 잘 보여준다. 나이가 들어 자기 삶의 방식에 의미, 초점, 구조가 거의 없다는 사실을 깨닫게 되면 자신의 삶을 돌아보기 시작할 가능성이 커진다. 그렇지만 과거를 분석하는 데 몰두하게 되면 실존적 절망에 빠질 가능성이 커진다. 상실, 실수, 잘못된 선택에 집착할 수 있다. 안타깝게도 자신이 내린 선택이 올바른 선택이었는지 확신할 수 없을 것이다. 그렇지만 다른 대안이 더 현실적인 선택은 아니었을 것이라는 점도 깨닫게 된다. 특히 파트너, 배우자 선택과 관련하여 다른 선택을 했으면 삶이 어땠을까 고민하기 시작할 수 있다. 자신의 삶을 '살지 못했다unlived'고 느낄수록 죽음 불안은 더 커질 것이다. 어떤 사람들은 죽음에 대한 생각으로 인해 모든 활동이 점점 더 무의미하게 느껴질 수 있다.

실존적 절망existential despair은 내가 가장 좋아하는 감독 가운데 한 명인 고(故) 구로사와 아키라 감독Akira Kurosawa의 초기 영화 이키루生きる('살기 위해')의 주제이다. 영화는 죽음에 대한 탐색을 통한 삶에 대한 긍정을 드라마로 만들어 보여준다. 영화는 병에 걸린 위장 엑스레이 사진으로 시작하여 말기 암 진단을 받은 도쿄의 관료 와타나베Watanabe가 자신의 존재에 대한 공허함을 대면하는 이야기를 다룬다. 그는 곧 죽을 상황이 되었지만 자신의 인생을 진정으로 살아본 적이 없었다. 자신의 비참함에 빠져 그는 나이트클럽을 다니며 탈출구를 찾으려 하지만 이런 방식의 주의 전환은 그에게 큰 즐거움이 되지 않았다. 그러던 가운데 삶에 대해 매우 긍정적 시각을 가진 활기찬 젊은 여성에게 영감을 받은 와타나베는 의미 있는 일을 하기에 아직 늦지 않았다는 것을 깨달았다. 그는 동네의 오물 웅덩이

를 치워 어린이 놀이 공원으로 바꾸려고 도움을 구했던 엄마들을 떠올렸다. 그들은 관공서의 여러 부서들을 오갔지만 아무런 성과도 거두지 못하고 있었다. 와타나베는 그 민원을 책임지고 놀이터 건립 청원을 지원하기로 결심한다. 그는 도시의 공무원 조직이 어떻게 운영되는지 정확히 알고 있었으며 이 지식을 바탕으로 놀이터가 현실화되도록 한다. 영화의 슬픈 진실은 와타나베가 죽음이 임박해서야 삶을 되돌아보기 시작한다는 것이다. 지상에서의 시간이 짧다는 것을 미리 깨달았다면 그의 삶이 훨씬 더 나아지지 않았을까?

피터와 와타나베의 이야기에서 알 수 있듯이 실존적 불안은 매우 고통스러울 수 있지만, 삶에서 새로운 의미를 찾도록 우리를 자극할 수도 있다. 피터의 경우 나는 무의미한 삶을 살았다는 그의 고민이 삶을 진정으로 인식해야 하는 상황에 있다는 신호일 수도 있다는 점을 지적하며 그의 상황을 재구성하려고 노력했다. 아마도 그는 과거와 미래에 대한 생각을 멈추고 현재에 충실하기 위해 더 많은 노력을 기울여 목표는 잊고 여정을 즐겨야 할 것이다. 지나친 자기 몰입을 할 경우 그는 미래에 대한 극도의 신경증적 사고에 갇히게 되고 인생이 무의미하다는 큰 불안으로 이어질 수 있다. 집, 자동차, 요트와 같은 물질적인 것에 덜 집착하고 현재를 더 충실히 열정적으로 살아가도록 관점을 전환해야 할 것이다. 기존과 다른 관점을 가지는 것이 불안 극복에 도움이 될 수 있다. 그가 진정한 삶 authentic life을 살 수 없게 하는 부적응적 대처 전략maladaptive coping strategies을 포기해야 한다. 너무 많은 사람이 '눈을 꼭 감고' 큰 그림을 보지 않고 자신에게 의미 있는 활동은 할 생각을 전혀 하지 않은 채 살아간다. 피터가 실존적 위기를 극복할 수 있었던 가장 효과적 대응책은 의미 있는 관계를 맺고 의미 있는 일에 참여하는 것이었다. 인간은 의미를 만드는 동물이다. 어떤 상황에 처하든 우리는 항상 의미를 만들려고 노력한다. 그러지 못할 때 우리는 실존적 공포와 불안에 빠지기 쉽다. 피터의 과제는 매일 자신에게 의미를 부여할 수 있는 활동을 발견하는 것이었다.

나는 피터에게 감사할 대상을 주기적으로 떠올리는 게 좋을 것이라 제안했다. 그가 느낀 감사의 감정은 가족, 친구 또는 타인들과 관련된 것일까? 아마 그는 감사한 일들 가운데서 패턴을 찾고 자신이 진정 살아있다고 느끼게 해준 활동들이 무엇인지 파악하기 시작할 것이다. 이런 일들에 더 많은 시간을 할애하는 것이 그의 정신 건강에 좋을 것이다. 우리는 모두 에너지가 충전되고 즐거움을 느끼는 활동이 무엇인지 파악하여 각자가 최상의 상태라는 감각을 느끼는 몰입감을 창출해야 한다.[4]

시간이 지나며 피터는 실존적 불안이 인간 조건의 일부이지만 그렇다고 해서 지속적인 스트레스, 걱정, 두려움을 안고 살아야 한다는 의미는 아니라는 것을 수용하게 되었다. 인생의 큰 질문을 마주할 때 우리 각자가 직면하는 도전은 자신만의 의미 부여 방식을 찾는 것이다. 인생을 살 만 하도록 만드는 방법을 찾는 것은 우리의 책임이다. 우리에게 의미를 제공하는 삶을 살 때 실존적 불안은 줄어들 가능성이 크다. 나는 피터에게 미래 자체가 두려운 것이 아니라 오히려 미래를 통제할 수 없다는 점이 우리를 두렵게 한다는 것을 이해해야 한다고 말했다.

나는 피터에게 선택지가 많아 그는 운이 좋다고 말했고 피터가 안심하는 것을 보았다. 우리가 통제할 수 없는 일은 항상 존재하지만, 피터가 걱

---

4) Mihaly Csikszentmihalyi (2004). *Flow: The Psychology of Optimal Experience*. New York: HarperCollins.

정하는 것 가운데 상당수는 스스로 자초한 일이었다. 다행히도 우리의 자기 결정권과 자유 의지는 우리가 통제할 수 있는 것들에 대해 선택할 수 있는 자유를 준다. 그는 자신을 상황의 희생자로 여겨서는 안 된다. 그는 자기 운명의 주인이 되기 위해 노력해야 한다.

5장
자아 실현 방정식

> 인생에서 가장 중요한 두 가지 날은 태어난 날과 그 이유를 알게 된 날이다.
> – 마크 트웨인 Mark Twain

> 주어진 매 순간에는 성장을 향해 나아가는 것과 안전으로 물러서는 것 두 가지 선택이 가능하다.
> – 에이브러햄 매슬로우 Abraham Maslow

죽음 불안death anxiety은 존재가 없어지는 것에 대한 두려움으로 설명된다. 우리는 죽는다는 사실을 의식하고 준비가 되어 있다고 생각하지만 막상 죽음이 우리를 위협하거나 소중한 사람이 죽을 때면 항상 충격을 받는다. 합리적인 수준에서 죽음이 삶 주기의 일부라는 것을 알지만 비합리적인 수준에서는 죽음을 매우 다르게 본다. 공空void의 상태로 사라진다는 생각, 즉 몸이 해체되고 부패되는 것에 직면해야 한다는 생각은 심리적으로 쉽게 해결되지 않는다. 자기the self가 존재하지 않는 무無nothingness의 상태가 된다는 생각은 받아들일 수 없다. 상징적으로 죽음은 궁극적 굴욕, 나르시시즘에 대한 궁극적 상처로 볼 수 있다. 의식적으로든 무의식적으로든 우리의 다가올 소멸을 자기 감각에 치명적인 타격으로 해석한다. 무의식은 시간의 흐름을 다루지 않고 남은 삶의 시간을 계산하지 않기 때문에 자신을 제외한 사람들에게만 죽음이 일어날 것처럼 행동한다. 그것은 우리가 이 용납할 수 없는 생각에 대처하기 위해 항상 해결책을 찾는 이유를 설명한다. 그리고 죽음의 불안을 다루는 한 가지 방법은 다양한 불멸의 체계 속에서 안심과 위안을 찾는 것이다.

죽음을 초월하기

자연 세계 속에서 우리의 자리를 찾는 것은 주요 불멸의 체계로 볼 수 있다. 우리는 살아 있는 모든 것이 지구의 몸에서 나와 죽을 때 지구로 돌아간다고 말한다. 지구 상의 모든 살아있는 유기체는 무기물로 된 환경과 상호작용하며, 행성 내 생명을 영속적으로 유지하는 자기 조절적 복잡계의 일부가 된다. 모든 살아있는 유기체와 무기 물질은 생물권biosphere을 형성하고 지구를 생명에 적합한 환경으로 유지하는 동적 시스템인 가이아Gaia라고 하는 하나의 살아있는 행성 존재의 일부이다. 따라서 자연과 불멸에 대한 우리의 인식은 밀접하게 연결되어 있다. 산, 계곡, 숲, 강, 바다로 가는 것은 인간의 매우 기본적 충동이자 많은 사람이 삶, 죽음과 교감하는 방식이다. 많은 사람은 자신이 자연과 특별한 유대감을 갖고 있다고 느끼고 죽음을 끝이 아니라 전환으로 본다. 그들은 심지어 우주와 하나되어 몸을 벗어난 경계 없는 '**하나되는 신비**unica mystica', '영원의 세계와 합일되는 느낌oceanic feeling'을 경험할 수도 있다. 많은 사람에게 지구 온난화가 특히 무서운 종말론적 가능성, 인류의 완전한 소멸을 나타내는 것으로 엄청난 거부 반응을 일으키는 것은 놀라운 일이 아니다. 물론 코로나 바이러스 전염병은 우리가 대자연을 다루는 방식에 대한 우려를 가중시켰다.

이 **하나되는 신비** 외에도 죽음 불안에 대처하는 다른 방법이 있다. 종교적, 정치적 또는 문화적 불멸 체계와 동일시하는 것은 항상 우리에게 연속성을 보장하는 매우 매력적인 방법이었다. 이러한 신념 체계는 죽음을 다루는 가장 독창적인 해결 방안이다. 종교는 항상 죽음과 자기의 소멸에 대한 두려움을 완화하는 가장 유용한 동맹이었다. 세계의 모든 주요 종교는 위로하는 기능을 하고 사회에서 통합적 역할을 하며 내세afterlife에 대한 약속을 제시한다. 더욱이 천국을 최종 목적지로 하며 종교는 고결한 가치관에 부합하는 도덕적 삶을 살도록 분명하게 동기를 부여한다.

현대 과학은 장기 기증, 정자 은행, 인간 복제를 통해 생물학적으로 죽음을 초월할 수 있는 새로운 방법을 제공했다. 그러나 진화론적 관점에서 볼 때 아이들이 항상 우리의 주요 불멸 프로젝트이다. 철학자 존 화이트헤드John Whitehead는 '아이들은 우리가 보지 못할 미래에 보내는 살아있는 메시지'라고 말했다. 우리는 아이들이 우리의 신념과 가치를 영구히 지켜주기 바라며 우리의 염원과 성취를 아이들에게 투사한다. 아이들은 죽음을 타인들의 기억을 통해 우리가 살아남을 수 있는 전환점으로 볼 수 있도록 돕는다. 결국 우리가 죽은 이들을 잊기 전에는 우리에게 그들은 죽은 자가 아니라는 것이 사실이 아닌가? 아이들이 유전자만 아니라 우리에 대한 기억도 이어갈 것으로 믿는다. 우리는 세대에서 세대로 기억이 전달되는 것이 연속성이라고 생각한다. 따라서 우리의 영이 자녀, 손자, 가족을 통해 역사, 기억, 이야기, 삶의 철학을 강조하며 살아 이어지기 때문에 우리의 상징적 불멸성은 죽음 이후에도 계속된다.

예술, 문학, 과학적 발견 또는 도움이 필요한 사람에 대한 친절한 행동을 통해 우리가 창의적일 때 우리는 일종의 상징적 불멸성을 창조하기도 한다. 이런 식으로 우리는 죽음에 대한 불안을 다룰 뿐만 아니라 우리의 행동과 업적을 통해 살아감으로써 죽음에서 '탈출'한다. 이는 몇 세대 또는 몇 세기 동안 기억될 수 있다. 어떤 형태의 유산을 만드는 것은 죽음을 초월하는 중요한 원동력이 된다. 예술가는 자신의 사후에도 작품이 지속하기를 바란다. 창조물은 그들에게 삶의 의미를 부여하고 그들의 작업은 미래 세대에게 도움이 될 수 있다. 과학자들은 축적된 지식을 구축하려는 동기를 가진다. 그들은 다른 누군가가 자신의 연구 작업을 수행해 주기를 바라는데 이는 창조적 불멸의 또 다른 모습이다. 죽음 불안과 싸우는 방법으로 창의성은 또한 의미 찾기에 있어 꼭 필요한 부분이다. 비슷한 방식으로 배우와 운동 선수는 뛰어난 연기로 남다른 작품을 남기거나 오랜 기록을 경신하여 '자신의 업적을 남길' 수 있는 고유한 기회를 얻는다. 이 모든 상징적 불멸의 활동은 죽음을 초월하고 타인의 기억 속에 살아 남기 위한 수단이다. 업무 영역 측면에서는 임원들이 조직, 건물, 포상 등 유형의 유산legacy을 만들어 죽음을 상기시키는 것에 맞서려고 하는 모습을 자주 보았다. 가족 구성원이 계속하는 사업을 만드는 것은 어떤 형태의 불멸을 보장하는 확실한 방법이다. 불멸에 대한 이러한 의식적 또는 무의식적 소망은 많은 가족 사업 기업의 핵심에 자리 잡고 있으며, 이름이 아직 불리는 동안에는 사람들이 실제 죽은 것이 아니라는 환상이 있다. 또 다른 방법은 그들 이름을 딴 큰 건물이나 경기장을 짓는 데 이것은 그 이름을 통해 존재가 지속하기를 바라는 구체적인 표현이다. 많은 기업 리더들은 이것이 제공하는 불멸의 외관에 의해 동기부여받는다. 예를 들어, 랜드마크 건물을 짓는 것과 권력 행사 사이에 심리적 유사점을 찾을 수도 있다. 그러나 멋진 외관의 건물은 영속성에 대한 잘못된 감각을 제공할 뿐만 아니라 기업이 병들었다는corporate pathology 징후, 즉 조직이 쇠퇴하고 있다는 신호일 수도 있다.

핵심 사항

자아실현이라는 용어는 나에게 항상 다소 엉뚱하게 들렸지만, 우리가 무시해야 할 개념은 아니다. 내가 이해하는 한 자아실현은 우리의 창의적, 지적, 사회적 잠재력의 완전한 실현과 관련이 있다. 우리는 대부분 될 수 있는 한 최고가 되려고 노력한다. 자아실현을 시도하는 것은 자신과 타인을 위한 좋은 기억을 만드는 데 도움이 될 수 있다. 나는 또한 자아실현 능력이 죽음에 대한 두려움을 포함한 실존적 불안existential anxiety에 대한 효과적인 해독제가 될 수 있다고 믿는다.

 이 개념을 대중화한 에이브러햄 매슬로우Abraham Maslow는 "인간이라면 될 수 있고 반드시 되어야 하는 것, 이 욕구를 우리는 자아실현이라고 부른다."라고 말했다.[1] 나는 여기에 자기 발견, 자기 성찰, 자기 실현, 자기 탐

---

1) Abraham H. Maslow (1943). A Theory of Human Motivation. *Psychological Review*, vol. 50, no. 4, 370–396, http://psychclassics.yorku.ca/Maslow/motivation.htm

구, 의미, 소속감, 통제, 능력 등의 다른 중요한 요소를 추가하고자 한다. 나는 자아실현적 사람들이 타인들의 의견에 덜 의존한다는 것을 알게 되었다. 그들은 자기 자신에 대해 더 확신을 가진다. 내가 관찰한 바에 따르면 이러한 자아실현적 자질이 있다면 충족감을 느낄 가능성이 더 크다.

평형 상태 유지하기

피할 수 없는 죽음을 다루는 방법으로 우리는 자신보다 더 크고 중요한 일을 위해 노력하는 것을 좋아한다. 우리는 대부분 자신보다 더 큰 무엇인가에 투자하지 않는 한 우울한 생각을 하기가 더 쉬울 것이다. 그러나 죽음에 대한 두려움은 아무리 작은 것이더라도 어떤 종류의 유산을 남기도록 우리를 독려한다. 이 작업을 수행하고 의미를 창조하는 주요 방법은 비단 거대한 기념비를 구축하는 것만이 아니라 타인들의 삶을 변화시키는 것이다. 자아를 초월하는 방법에는 여러 가지가 있다.

이 제안은 업무 영역을 포함하여 우리 삶의 모든 차원에서 유효한 것으로 보인다. 예를 들어, 조직에서 조직 목표와 개인 목표를 연결할 수 있다면 훨씬 더 헌신적이며 진실된 느낌을 받게 된다. 그리고 타인들이 당신의 비전에 동의하는 등 이런 종류의 연결을 구축할 수 있다면 훨씬 기분이 좋아질 것이다. 사람들은 돈을 위해 일하지만 특정한 이유 때문에 죽을 수도 있는 존재이다. 반대로 당신이 '더 큰 그림'을 이해하지 못하거나 동참할 수 없다면 직장에서 몰입하지 못하고 동기가 저하될 가능성이 크다.

이는 음식, 안식처에 대한 우리의 욕구처럼 기본적인 실존 욕구인 소속감과 관련 있다. 우리는 진화적 유산으로 모두가 소속감을 느끼고 무언가의 일부가 되고자 하는 내재적 욕구가 있다. 인간은 사회적 동물이다. 우리는 가족, 친구, 동료, 종교 또는 다른 어떤 집단에 소속되기를 원한다. 진화심리학 관점에서 소속 욕구는 우리 자신을 보호하고 정의하는 데 도움이 되었다. 구석기 시대 인간에게 공동체의 일원이 된다는 것은 항상 존재하는 위험에서 자신을 보호하는 것이었다. 다른 사람에게 가치 있고, 필요하며, 받아들여진다고 느낄 때, 즉 연결감을 경험할 때, 더 큰 공동체의 일원이 되었다는 느낌은 동기부여, 건강, 행복을 향상시킨다.

이 사실은 성인 발달에 관한 유명한 하버드 종단 연구(이런 종류 연구 중 가장 긴 연구)에서 잘 묘사되고 있다. 연구자들은 사람들의 번영하는 삶과 가족, 친구, 공동체와의 관계 사이에 강력한 상관관계가 있음을 발견했다.[2] 인간관계에서 얼마나 행복한지는 건강에 매우 강력한 영향을 미친다. 인간관계를 돌보는 것은 자기 관리의 중요한 형태가 된다. 다시 말해 우리는 단순히 기분이 좋기 위해 '상대방'이 필요한 경우가 많이 있다. 우리는 '상대방'이 무언가를 고쳐주거나 특별히 무언가를 해주기를 바라지 않으며, 단지 우리가 보살핌과 지지를 받고 있다는 느낌을 받기 원한다.

통제력 control은 우리 자신의 삶과 일의 방향을 결정할 수 있는 필요를 말한다. 충분히 동기부여 되려면 우리가 무엇을, 언제, 누구와 함께 할지 스스로 결정할 수 있어야 한다. 자기 효능감 self-efficacy은 다양한 상황[3]에서 성공할 수 있는 능력, 즉 우리 삶을 지배하는 힘을 통제할 수 있다고 믿

---

[2] https://news.harvard.edu/gazette/story/2017/04/over-nearly-80-years-harvard-study-has-been-showing-how-to-live-a-healthy-and-happy-life/

[3] Bandura, A. (1994). Self-efficacy. In V. S. Ramachaudran (Ed.), *Encyclopedia of Human Behavior* (Vol. 4, pp. 71-81). New York: Academic Press.

는 정도, 자신의 행동이 다양한 상황의 결과에 영향을 미칠 것이라는 신뢰 정도, 선택권이 있다고 믿는 정도를 의미한다. 그러나 우리 삶에 대한 통제력, 즉 우리에게 닥쳐오는 어떤 어려움도 극복할 수 있다는 자신감을 찾는 것은 끝없는 도전 과제이다. 그러나 우리가 그것을 관리한다면 우리는 안전하다고 느낄 뿐만 아니라 선택권이 있다고 느낄 것이다. 애석하게도 내 관찰에 따르면 많은 사람이 통제력이 충분하지 않다는 오랜 두려움을 안고 살아간다. 특히 인생의 동반자를 선택하거나 직장을 선택할 때 자신이 올바른 선택을 했는지 궁금해한다.

역량competence이란 '나는 할 수 있다!'라는 느낌과 인식을 바탕으로 일을 성공적이고 효율적으로 해내는 능력이다. 역량이 있다고 느낄 때 우리는 자신에게 닥친 어떤 일과 도전도 해결할 수 있다고 자신을 인식하게 된다. 유능감sense of competence은 또한 지속적인 개인 성장과 개발, 탐구 능력, 비판적 피드백을 처리할 수 있는 능력을 키우는 것을 의미한다. 개인적 유능감은 도전에 직면했을 때 인내할 수 있도록 도와주며, 이는 긍정적인 자존감을 형성하는 데 중요한 요소이다.

리더 개발을 위한 내 노력에서 항상 도전 과제는 이러한 중요한 주제를 발전시키는 것이었다. 2장에서 우리의 모습으로 지내도록 하는 중요한 성격적 패턴인 7C를 언급했는데 여기에 의미 찾기, 소속감 획득, 통제력 가지기 및 역량을 추가하고 싶다. 나는 고객들에게 꿈과 현실의 차이는 행동이라고 말한다. 손 놓고 앉아 무언가 나타나길 기다린다면 아무것도 얻지 못할 것이다. 때때로 환상으로 보일 수도 있지만 자신의 삶은 자신에게 달려 있다고 믿는 것이 중요하다.

인생을 살아가다 보면 두들겨 맞고 부러진 듯한 느낌을 받는 순간이 있을 것이다. 이럴 때 자신에게 말해야 할 것은 부러진 부위가 치유되면 훨씬 더 강해진다는 사실이다. 때로는 자신에게 일어난 나쁜 일들이 더 나은 결과를 낳기도 한다. 이런 순간을 진실의 순간, 진정으로 배우는 순간이라고 부를 수 있다. 우리의 도전 과제는 이런 순간을 배움의 기회로 보고 이를 활용하는 것이다. 사실 그렇게 하는 것은 우리의 책임이다.

내 학계 경력 초기의 개인적인 사례를 들어보겠다. 하버드 비즈니스 스쿨에서 객원 교수로 재직할 때 내 꿈은 이 학교의 정교수 자리를 제안받는 것이었고, 공석이 생겼을 때 정식으로 지원했다. 당시 가르치는 것을 매우 중요시 여기는 하버드 경영대학원에서 나는 가장 높은 강의 평가를 받고 있었으므로 자부심을 느꼈고 정교수 지원에 자신감을 더할 수 있었다. 내 지도 교수였던 에이브러햄 잘레즈닉Abraham Zaleznik은 하버드 비즈니스 스쿨 교수진의 시니어이자 정신분석가였는데, 인간 행동에 대한 분과 차원의 접근 방식에 아쉬운 점이 많다고 생각하여 조직행동 학과에서 '분리'되어 나온 분이었다. 돌이켜보면 내가 학계 내 정치에 관해 매우 순진했다는 것을 깨달았다. 조직행동 학과 교수진은 잘레즈닉의 제자를 환영하지 않았을 것이다. 기본적으로 나는 잘못된 말 등에 올라탄 격이었다. 그들은 나를 거절했는데 주된 이유 가운데 하나는 학과의 '선구적인' 선배 한 명이 내가 '절대 글을 쓰지 않을 것'으로 생각했다는 것이었는데, 그 말은 지금까지도 내 마음에 남아있다. 그때 나는 이 좌절을 심각한 나르시시즘적 상처로 경험했다. 맞을 수 있는 이야기였지만 당시에 나는 그 결정이 매우 불공평하다고 느꼈다. 그렇지만 많은 해가 지난 지금 궁금한 점은 내가 그 교수직에 합격했다면 인생이 어떻게 달라졌을까? 매우 독립적으로 일할 기회가 똑같이 주어졌을까? 자아실현을 할 수 있었을까? 그 특정 교수의 비판에 도전 받은 이후에 내가 그렇게 많은 책과 논문을 쓰게 되었을까? 유럽 그리고 유럽의 문화적 다양성에 대한 내 애착을 생각하면 미국 생활이 정말 즐거웠을까? 나는 이 질문들에 대해 답할 수 없다. 그렇지만 내가 아는 것은 이 좌절이 많은 일을 하도록 동기를 부여했다는 것이다. 정신분석가가 되기로 결심했고, 그 결정이 내 일을 더 효과적으로 만들었고, 글쓰기에 많은 시간을 할애할 수 있게 되었다. 또 성공에 대처하는 것은 쉽지만 실패에 대처하는 방식이 진정한 성격을 보여준다는 것을 깨닫게 되었다. 그때 내가 겪은 이러한 극적인 좌절은 인생의 변덕스러움에 대처할 때 더욱 철학적인 태도를 갖게 했다. 또 이 경험이 나를 더 나은 심리치료사이자 코치로 만들어 주었다. 그리고 인간 본성에 대해 더 현실적으로 생각하게 되었다.

 심리치료사, 코치로서 나는 사람들이 자신의 질문에 대한 답을 찾도록 돕는 방법을 배웠다. 그렇지만 내 한계에 대해서도 많이 알게 되었다. 내가 할 수 있는 일은 많지 않다. 은유적으로 말하면 나는 고객에게 문을 열어줄 수는 있지만 그 문을 통과하는 것은 고객이 스스로 선택해야 한다. 부처님의 말을 빌리자면 "우리 자신 외에는 아무도 우리를 구원하지 못한다. 아무도 할 수 없고 누구에게도 허락되지 않는다. 우리 스스로 그 길을 걸어야 한다." 자아실현을 이룬 사람들이 완벽하지는 않지만 항상 완벽하고자 나아갈 수는 있다. 인생의 어느 지점에 있든, 어떤 성격을 가졌든, 우리는 항상 진행 중이다.

6장
스토리텔링의 힘

> 우리는 살기 위해 자신에게 이야기한다.
>
> — 조안 디디온 Joan Didion

> 우리 인간species은 이야기에 중독되어 있다. 몸은 잠들어도 마음은 밤을 새우며 이야기한다.
>
> — 조나단 고트샬 Jonathan Gottschall

옛날 옛적, 머나먼 옛날, 땅 깊은 산속 작은 마을에 도자기 명인이 살고 있었다. 그의 솜씨는 널리 알려졌다. 그 땅의 누구도 그와 같이 도자기를 만들 수 없었다. 지금까지 이런 예술적 천재성을 가진 사람은 없었다. 그는 살아있는 보물이 되었다. 그의 뛰어난 솜씨 덕분에 작업장은 점점 더 커져 멀리서 온 방문객들을 끌어들였다. 그러나 새로운 걸작을 만들어야 한다는 끊임없는 압박으로 인해 도예가는 점점 더 스트레스를 받게 되었다. 그의 에너지는 약해지고 있었다. 그가 받고 있던 지속적인 압력이 나타나기 시작했다. 그리고 관절염으로 도예가의 손가락이 구부러지면서 진흙으로 모양을 빚기가 점점 더 어려워졌다. 건강이 나빠지면서 그의 창의력은 줄어들기 시작했다. 그는 지상에서의 시간이 끝나가고 있음을 깨닫고 얼마나 더 이전처럼 계속할 수 있을지 궁금했다. 그가 더는 거기에 없으면 어떻게 될까? 자녀들이 그의 일을 계속할 수 있을까? 그들 가운데 후계자가 될 만큼 훌륭한 사람이 있을까?

도예가에게는 두 아들과 딸 세 자녀가 있었다. 아들들은 그의 눈동자와 같았다. 그는 그들이 분별 있는 젊은이라고 생각했다. 그러나 딸은 약간 얼간이로 여겼다. 도예가의 아내도 남편처럼 분별 있는 아들들을 무척 사랑했다. 그녀는 아들들을 위해 최선을 다했고 삶의 모든 좋은 것을 주었다. 반대로 그녀는 딸에게 거의 관심을 기울이지 않았다. 그녀에게 누더기를 입히고 모든 힘든 일을 시키고 식탁에서 먹다 남은 음식만 그녀에게 주곤 했다.

도예가는 죽음이 가까워지자 세 자녀를 불러 이렇게 말했다. "크고 넓은 세상으로 나가라. 다른 예술가들을 찾아 배워라. 이 지식과 나에게서 배운 것을 사용하여 기예를 완성하라. 너희 가운데 가장 창의적인 작품을 내게 가져온 사람이 내 후계자가 될 것이다." 아버지의 축복을 받은 아이들은 최고의 도자기 작품을 만드는 데 도움을 줄 또 다른 장인을 찾기 위해 지구 반대편으로 여행을 떠났다.

이것은 동화를 시작하는 고전적인 방법이다. 그것은 나중에 무엇이 올 것인지에 대한 우리의 기대를 설정한다. 아이들이 과제를 어떻게 수행해 나갈지, 어떤 종류의 과제가 될지, 그들이 직면한 도전과 여정 가운데 극복할 장애물이 무엇일지 기대한다. 그리고 우리는 동화에 꽤 익숙하기에 가장 좋아하는 두 아들과 학대받는 딸의 이야기는 신데렐라 유형의 설정이라는 것을 안다. 많은 동화에서 가장 덜 선호되던 사람이 보통 제일 우위를 점하고 이후에는 모두 행복하게 살게 된다.

다음에 무슨 일이 일어나는지 보자.

도예가의 세 자녀는 곧 두 개의 표지판이 있는 교차로에 이르렀다. 하나는 '정말 대단한 나라Ever Ever Land'이고 다른 하나는 '절대 절대 안 되는 나라Never Never Land'이었다. 두 아들은 첫 번째가 더 좋고 쉬운 선택이라고 판단했다. 그들은 누이에게 함께 가지 말고 다른 길로 가라고 말했다. 그녀가 길을 잃거나 심지어 야수에게 먹히기를 바랐다. 그래서 그들은 헤어졌다. 얼마 지나지 않아 두 소년은 음식을 구걸하는 늙고 불구가 된 여성을 만났다. 그러나 두 소년은 "왜 거지에게 좋은 음식을 주느냐?"라며 비웃었다. 그러자 노파는 트롤troll로 변해 그들을 지하 감옥에 가두었다.

한편 소녀는 두 번째 나라로 향한 길을 따라갔다. 덤불 사이에서 오랜 고생을 한 끝에 그녀도 먹을 것을 구하는 늙은 절름발이 여자를 만났다. 소녀는 자신에게 빵 껍질 밖에 없지만 작은 빵을 나눌 수 있어 매우 기쁘다고 말했다. 등에 메고 있던 가방을 풀었을 때 낡은 빵 껍질 대신 파이, 맛있는 구운 고기, 좋은 와인 한 병을 발견했다. 노파는 그녀의 친절 덕분에 소녀가 이제 가장 상상력이 풍부한 도자기를 만드는 데 도움이 될 요술 배낭을 갖게 되었다고 설명했다. 노파는 또한 형제들에게 일어난 일을 말했다. 소녀는 그들의 슬픈 운명을 듣고 울며 노파에게 그들의 무례함을 용서하고 풀어 달라 간청했다. 노파는 그다지 좋은 생각이 아니라고 경고했는데도 동의했다. 그러나 두 형제는 풀려났고 누이가 자루에서 아름다운 도자기를 꺼낸 것을 보고 질투했다. 다음에 일어난 일은 또 다른 이야기이다.

도예가 이야기가 너무 낯익지 않은가? 이것은 실제로 두 가지 변형transfigurations에 관한 이야기이다. 인간적인 것과 사업적인 것에 관한 내용으로 성장, 쇠퇴 및 다시 젊게 될 가능성에 관한 이야기이다. 그러나 이야기에는 모두가 다루어야 하는 것, 나이가 들고 능력이 감소한다는 사실을 포함해 다른 많은 주제가 있다. 형제 간 경쟁sibling rivalry, 질투, 시기 이야기이기도 하다. 또 부모와 자식의 관계에 관한 이야기이다. 도예가와 아내는 자녀 양육에 얼마나 효과적이었나? 자녀의 능력을 제대로 평가했나? 그들은 왜 두 소년을 딸과 그렇게 다르게 대했나?

단순해 보이지만 딸이 아버지의 후계자가 될 것이라고 장담해도 무방하다. 그러나 이것이 우리 동화의 다른 사람들에게 어떤 영향을 미칠까? 결국 형제 간 경쟁과 부모-자식 갈등은 극도로 해로울 수 있다. 언뜻 보기에 아주 단순한 동화처럼 보일 수 있는 것이 사실은 매우 복잡한 인간관계 미로의 시작이다. 그리고 이야기를 읽으면서 많은 연상이 마음에 스쳐 지나갔고 이러한 주제 가운데 많은 부분이 마음에 와닿았을 것이라고 확신한다.

스토리텔링은 오랜 역사를 가지고 있다. 최초의 증거는 프랑스 피레네 산맥에서 발견된 라스코 동굴Lascaux caves로 거슬러 올라간다. 기원전 1만 7,000~1만 5,000년에 제작된 600점의 대부분 동물 그림은 역사가들이 '사냥 마법' - 선사 시대 사람들이 마술처럼 성공적인 사냥을 예언하는 의식에서 영감을 받은 것으로 믿고 있다. 예술 작품은 스토리텔링의 가장 초기 형태였을 것이다. 가장 오래된 우리의 신화, 전설, 원형, 전통, 상징은 구석기 시대 조상들이 불 주변에서 들려준 이야기에 뿌리를 두고 있을 가능성이 크다.

이야기를 함으로써 호모 사피엔스는 배움과 지식을 물려줄 수 있었고, 이야기는 우리가 사는 세상을 이해하고 인식하는 방식이 되었다. 이야기는 우리를 더 큰 자기self와 보편적 진실과 연결한다. 이야기는 세상을 바라보는 다양한 방식을 이해하기 위한 시작점이다. 또 이야기를 통해 모두가 가진 고유한 기억의 보고인 개인적 기억을 잃지 않을 것이다. 우리의 삶은 일시적이지만 이야기는 영속성의 환상을 만든다. 풍부한 내러티브는 우리의 호기심curiosity, 정서emotions, 상상력imagination을 끌어들이기 때문에 이야기를 통해 우리가 누구인지 이해할 수 있다. 이야기는 우리의 열정, 슬픔, 고난, 기쁨을 공유함으로써 우리를 다른 사람들과 연결해준다. 일반적으로 우리의 이야기를 공유하면 삶의 문제를 더 효과적으로 처리할 수 있다.

우리가 이야기를 하거나 경험을 이야기할 때 혼자가 아니라는 것을 깨닫게 될 것이다. 다른 사람들도 비슷한 경험을 했다는 것과 이들은 삶에 직면한 도전을 극복해 왔다는 것을 깨닫게 된다. 스토리텔링을 통해 우리는 사물이 어떻게 작동하는지, 우리가 어떻게 결정을 내리는지, 우리의 결정을 어떻게 정당화하는지, 다른 사람을 어떻게 설득하는지, 그리고 세상에서 우리의 위치가 어디인지 이해한다. 또 우리 삶의 이야기를 해달라고 요청을 받을 때 우리가 누구인지 반영할 가능성이 더 크다. 이야기는 우리 정체성을 확고히 하는 데 도움이 된다. 매우 많은 이야기를 들어본 결과, 누군가의 이야기가 청중의 관심을 끌고 거기에 동참하게 되면 이러한 경험을 통해 자신의 이야기를 좀 더 이해하기 쉽게 풀어내게 된다는 것을 발견했다.

신경학적 미러링

스토리텔링은 우리 뇌의 진화와 관련이 있다. 스토리텔링은 신경학적 측면과 연계되어 있으므로 우리는 스토리텔링을 선천적으로 타고났다고 말할 수 있다. 이야기를 들려주거나 소리 내어 읽을 때 그것을 들으면 우리 뇌의 특정 부분이 활성화하고 상상력을 자극한다. 따라서 이야기를 들을 때마다 신경 활동이 증가한다고 말하는 것이 타당하다. 마치 우리 마음의 스위치가 켜져 미러링 프로세스가 시작되는 것과 같다.

미러링은 서로의 행동을 모방하는 원숭이를 대상으로 한 연구에서 처음 관찰되었다. 이러한 미러링 행동에 대한 설명으로 우리의 정서 반응을 담당하는 뇌 부위에 불을 붙이는 '거울 뉴런mirror neuron'의 존재가 가설로 제시되었다. 거울 뉴런 시스템은 말의 이해, 다른 사람 행동의 의미 이해, 다른 사람의 마음 이해와 같은 다양한 과정에 관여한다. 이 이론에 따르면 우리가 타인과 빠르게 관계를 형성하는 이유와 타인의 행동을 관찰하여 공감하는 방법을 신경생물학적 구성을 바탕으로 설명할 수 있다. 우리는 다른 사람의 움직임과 정신 상태를 자동으로 내면화한다. 이는 현생 인류의 선조들이 집단생활을 할 때 끊임없이 위협하는 포식자에 대한 경계심을 높이는 데 이런 미러링 과정이 도움이 되었기 때문에 진화한 것으로 생각한다.[1]

---

1) L. Carr, M. Iacoboni, M. C. Dubeau, J. C. Mazziotta and G. L. Lenzi (2003). Neural mechanisms of empathy in humans: a relay from neural systems for imitation to limbic areas, *Proceedings National Academy of Science U S A, 100(9), 5497–502*; M. Iacoboni (2009). *Mirroring People: The Science of Empathy and How We Connect with Others* (1st ed.). New York, NY: Picador; Christian Keysers (2011), The Empathic Brain. Social Brain Press.

흥미롭게도 상상의 경험은 실제 경험과 비슷한 방식으로 처리되는 것 같다. 이야기를 듣는 것만으로도 상상하는 과정이 시작되어 창의력과 자기 발견에 기여한다. 이러한 거울 뉴런의 존재로 인해 이야기를 들을 때 뇌의 화학 작용이 변화하여 우리의 신념, 태도, 행동에 영향을 주게 되므로 결국 이야기는 우리 뇌에 영향을 미치는 것과 같다. 개인적이고 정서적으로 설득력 있는 스토리는 우리 뇌에 더 큰 영향을 미친다. 사실보다 스토리가 기억에 훨씬 더 오래 남는다는 것을 우리 모두 경험하지 않았나? 사실 좋은 이야기를 대체할 수 있는 유일한 것은 또 다른 좋은 이야기인 것 같다. 이것이 바로 풍부하고 설득력 있는 내러티브가 강력한 영향력을 발휘하는 이유이다.

거울 뉴런 시스템은 이야기하는 사람과 동일시되는 우리의 능력을 설명하는 데 도움이 된다. 우리 뇌에서 일어나는 복잡한 과정은 우리가 낯선 사람의 이야기를 듣고 그들이 어디에서 왔는지, 무엇을 하는지, 어떤 공통점이 있는지 등을 파악하여 관계를 형성하는 방법을 설명한다. 특히 드라마틱한 이야기는 신경 네트워크에 대한 일종의 신경학적 미세 수술과 같이 공감과 협력을 촉진하는 놀라운 능력이 있다. 인간과 같은 사회적 동물에게 이 진화적 재능은 매우 강력한데, 이를 통해 상대방이 화가 났는지, 친절한지, 위험한지, 안전한지, 친구 또는 적인지 빠르게 판단할 수 있기 때문이다.

미러링 과정이 상상력에 미치는 영향은 우리가 이야기의 구경꾼일 뿐만 아니라 청취자로서 적극적 참여자라는 것을 의미한다. 이 장의 서두에 나온 동화처럼 이야기의 다양한 주제를 분류하고, 우리의 뇌가 경험을 이해하려고 노력하는 동안 우리는 교훈을 찾기도 한다. 우리는 좋아하는 등장

인물이 화를 내면 화를 낸다. 그들이 슬퍼할 때 우리는 슬퍼한다. 그들이 행복하면 우리도 행복해진다. 어떤 형태의 스토리텔링을 사용하든 우리의 뇌 네트워크는 활성화하여 이야기하는 사람의 의도, 동기, 신념, 정서, 행동에 공명하게 된다. 또 우리 자신의 개인적 이야기를 들려줌으로써 타인들이 우리 입장이 되어 볼 수 있으며, 이는 공감을 불러일으키고 다른 사람들을 돕도록 동기를 부여하는 대인관계적 역동성이기도 한다.

옥시토신

생화학적 수준에서 볼 때 이야기를 듣는 동안 우리 뇌는 옥시토신Oxytocin이라는 신경 화학 물질을 합성하여 공감 반응을 가능하게 한다.[2] 옥시토신은 정서적 애착에 기여하고 주변의 사회적 신호에 더 민감하게 반응하게 하므로 '사랑의 약물'이라고도 한다. 그것이 존재할 때 더 사교적이 되며, 결핍될 때 더 고립감을 느낀다. 따라서 뇌에서 옥시토신이 합성되면 사람들은 더 신뢰할 수 있고 관대하며 자선적이고 동정심을 갖게 된다. 실제로 특정 시간에 뇌에서 분비되는 옥시토신의 양으로 사람들이 다른 사람을 기꺼이 돕는 정도를 예측할 수 있는 것으로 보인다.

예상대로 사람들이 매우 정서적인 이야기를 들을 때 더 높은 수준의 옥시토신이 분비된다. 이야기하는 사람과 이야기를 듣는 사람의 뇌 세포가 서로를 미러링하면서 옥시토신 분비를 자극한다는 가설을 세울 수 있

---

[2] https://www.frontiersin.org/articles/10.3389/fnins.2018.00512/full

다. 이러한 거울 뉴런과 옥시토신의 상호작용은 우리가 이야기를 자신의 경험과 연관시키게 되는 이유를 설명한다. 이 상호작용에서 섬피질insular cortex이라는 뇌 영역이 중요한 역할을 한다. 섬피질은 통증 지각, 사회적 참여, 공감, 정서 및 기타 여러 가지 중요한 기능을 담당한다. 신경학자들은 뇌 화학 반응을 변화시킴으로써 행동을 바꿀 수 있다고 말하는데, 즉 뇌의 신경생물학이 모든 변화 과정에서 중요한 역할을 한다.

정서적 공명

고객과 함께 일할 때 스토리텔링을 사용하기 시작하면서 이야기하는 사람과 듣는 사람 사이의 공명이 얼마나 강력한지, 이야기가 어떻게 치료 효과를 가져올 수 있는지, 이야기 과정이 정신 건강에 얼마나 긍정적인 영향을 미칠 수 있는지를 깨달았다. 나는 '인생 사례연구life case study' 방법론이 심리적 성장을 촉진하고 심리적 문제를 초월하는 데 얼마나 도움이 되는지 알게 되었다. 스토리텔링 접근 방식을 통해 발표하는 사람과 듣는 사람이 자신의 문제를 진정으로 다루고 자신에게 의미 있는 것을 추구하게 되는 것을 볼 수 있었다. 그들은 자기 삶의 상황을 변화시킬 방법을 찾게 되었다.

그룹 '인생 사례연구' 방법론은 카타르시스를 경험할 수 있는 맥락을 제공한다. 나는 이것을 통해 임원들이 마음속에 있는 것들을 털어 내는 것 - 즉 억압된 감정, 두려움, 은밀한 갈등을 표면 위로 끌어올리고, 자신이 어떤 일을 왜 하는지 그 이유를 더 잘 이해할 수 있도록 돕는다는 것을 경험했다. 또 임원들의 인생 이야기와 도전 과제에 귀를 기울이면서 다른 참가자들은 이러한 혼란을 겪는 사람이 자기 혼자가 아니라는 사실을 깨닫는 것을 보았다. 특정 문제에 대한 상호 인식은 팀을 하나로 모으는 데 도움이 된다. 이는 더 복잡한 삶의 문제를 처리하는 더 효과적인 방법을 공동으로 논의할 수 있는 기회를 제공한다. 오래된 상호작용 패턴의 '이유'를 이해하면 역기능적 행동을 분석하여 변화 가능성을 높일 수 있다. 이러한 성찰은 다른 방식으로 일을 처리하는 실험에 대한 의지로 이어질 수 있으며, 이러한 실험을 통해 미래를 위한 새로운 시나리오를 만들 수 있다. 그룹 환경은 여러 가지 면에서 대리 학습vicarious learning 기회를 제공한다. 참가자들은 대화에 직접 참여하는 것뿐만 아니라 다른 사람의 이야기를 관찰하고 경청하는 것을 통해서도 학습이 가능하다는 사실을 깨닫는다. 그룹 코칭 과정을 통해 참가자들은 진정한 공동체가 된다. 나는 이러한 사회적 소속감이 변화를 위한 매우 강력한 촉매제가 된다는 사실을 반복해서 관찰해왔다. 그룹 환경은 집단 학습의 기회이기도 하다. 설명explanation, 직면confrontation, 명확화clarification, 심지어 더 나은 방법에 대한 직접적 조언direct advice을 통해 불안감을 줄이고 골치 아픈 문제에 대한 통제감을 확립할 수 있다. 임원들은 자신의 풍부한 경험을 바탕으로 인생의 주요 문제에 대한 정보를 공유하고 다양한 접근 방식을 추천할 수 있다. 마지막으로 나는 이타적인 동기altruistic motive가 변화에 매우 긍정적인 힘이 될 수 있다는 것을 보았다. 제시된 이야기는 같은 처지에 놓인 다른 사람들의 도움을 이끌어낸다. 가능한 경우 각자가 직면한 도전 과제에 대처하기 위한 가이드와 격려를 제공한다. 진화론적 관점에서 볼 때 우리는 협력하려는 본능이 있다. 이타적인 동기는 항상 존재하며 지원, 안심, 통찰을 제공함으로써 다른 사람을 돕고자 하는 욕구는 치료 효과를 가져와 각자의 자존감과 웰빙 수준 향상에 기여한다. 그런 점에서 볼 때 역설적이게도 이타주의altruism는 이를 통해 오히려 자신이 치료되는 상당히 이기적인 측면이 포함되어 있다.

7장
스토리 '다시 쓰기'

> 스토리는 공동체를 만들고 타인의 눈을 통해 볼 수 있게 하며 타인의 주장에 개 방적이 되도록 한다.
>
> – 피터 포브스 Peter Forbes

내가 고객의 개인 여정을 안내할 때 그러한 프로세스에 어떤 구조를 도입하는 것을 목표로 삼는다. 그들이 자신의 이야기를 할 때 삶의 내면적 차원을 탐구하도록 격려하는데, 정서, 동기, 신념, 태도, 의사결정 방식, 목표 설정 방식에 관해 이야기하길 바란다. 또 우리는 모두 사회적 존재라는 점, 즉 많은 문제가 타인과의 상호작용과 관련이 있다는 점을 강조하며 삶의 대인관계 차원에 대해 성찰하길 바란다. 또 발달 측면에 관심을 기울이길 원한다. 출생에서 죽음까지의 여정, 많은 봉우리와 계곡이 있는 여정 상에 우리가 있다는 사실을 더 잘 인식하길 바란다. 발달 여정에 있던 몇몇 주요 사건에 대해 성찰하길 바란다. 마지막으로 세상 속에 존재하는 자신을 파악하는 것처럼 실존적 차원, 즉 우리와 타인의 존재의 한계에 대한 인식에 관해 생각하길 바란다. 무엇이 삶의 의미를 부여하는지 자문하도록 한다. 그러나 자신의 행동을 통해 자신이 누구이고 무엇인지를 결정하는 것은 각자에게 달려 있다. 자유의지, 선택, 개인 책임을 고려하여 삶의 의미를 되새기길 바란다. 그들은 정말로 목적을 가지고 살고 있을까, 그렇다면 그 목적은 그들 자신의 것일까, 아니면 다른 사람에 의해 그들에게 넘겨진 것일까?

'인생 사례연구' 스토리텔링 접근법이라는 방법론이 비즈니스 스쿨에서 사용되는 전통적 사례연구 방법과 비교했을 때 매우 강력한 이유는 참가자들 스스로 공유한 이야기에서 벌어지는 문제들에 대해 실제 사례자에게 질문할 수 있다는 사실이다. 그 뒤 이야기한 사람들은 저마다 다른 사람들과 함께 자신의 발표 내용을 성찰하고 참가자들의 격려를 받은 뒤, 변화를 향한 성공적인 첫걸음을 내딛을 용기를 얻는다. 그들은 자신에 관한 새로운 이야기, 즉 새로운 이야기를 쓰는 법을 배운다. 그들은 자신에 관한 새로운 이야기를 만들지 않을 경우 결국 선택하게 되는 대안은 절망일 뿐이라는 것을 깨닫는다. 그것은 희망이 없을 뿐이다.

또 그들은 혼자서 많은 행동 패턴을 바꿀 수 없다는 것을 깨닫는다. 그들은 자기 이야기 가운데 일부를 '다시 쓰기' 위해 타인들의 도움이 필요하다. 다른 사람에게 도움을 받는 것은 자신이 어떤 행동을 왜 했는지 살펴보고 그들이 처한 어려운 상황에 대처할 수 있는 다른 방법을 찾는 데 매우 효과적인 방법이다. 이 '다시 쓰기' 과정에서 그들은 또한 집단의 압력이 변화를 위한 매우 강력한 도구가 될 수 있음을 발견한다. 다른 사람들에 의한 이야기의 '편집'은 이야기하는 사람이 세상을 바라보는 시각을 바꾸는 데 매우 유용한 자극제가 된다. 그리고 내가 이 내러티브 개입 기법에 능숙해지면서 이 그룹 또는 팀 코칭 방법론이 개인적, 사회적으로 긍정적 변화를 달성하는 데 놀랍도록 강력하다는 것을 알 수 있었다.

  (3장에서 자세히 설명한) 임상 패러다임 개념을 적용해 얽히고설킨 문제를 해독하는 것은 사람들이 어떤 행동을 왜 하는지를 알아내는 연결고리를 발견하는 데 매우 유용했다. 발표자와 듣는 사람들은 비이성적으로 보이는 행동 패턴 원인이 원가족 이슈를 재연하는 것과 얼마나 자주 연관되어 있는지 알아차릴 수 있었다. 나는 고객이 이러한 내러티브의 주요 주제를 더 잘 이해하도록 도우면서 무의식이 행동, 창의성, 발달에 미치는 중대한 영향을 언급하고는 했다. 고객들에게 더 깊은 동기와 변화 저항을 더 잘 이해하려면 단순히 표면적인 현상만 다루기보다는 역기능의 뿌리에 주의를 기울여야 한다고 말했다. 이 지점에 도달하도록 돕기 위해 나는 그들과 함께 과거 경험이 현재의 행동에 어떻게 기여하는지, 한때는 생존을 위해 중요했지만 현재 삶의 단계에서 매우 역기능적 행동 패턴을 반복하는 경향이 얼마나 있는지 탐구했다. 또 자신의 정서, 갈등, 사각지대를 더 잘 인식하게 될 때 훨씬 풍요로운 삶을 살 수 있다는 것을 알려주었다. 나는 참가자들이 삶을 구성하는 오래된 역기능적 패턴의 매듭을 풀도록 돕는 동안에도 항상 그것들이 작동하는 시스템적 맥락을 염두에 두었다.

고난의 시간

물론 그룹 개입 기법group interventions이 모두에게 적합한 것은 아니다. 어떤 이들의 경우에는 일대일 개입 기법one-to-one interventions이 더 효과적이다. 예를 들어, 현실 검증에 문제가 있거나 정체성 문제가 있거나 원시적 방어 메커니즘에 의존하는 사람들은 이러한 성찰 프로그램에 적합하지 않을 수 있다. 따라서 이러한 프로그램에 참여할 임원을 선정할 때 가장 중요한 질문은 심리적 준비 상태였다. 도전적인 여정을 수행할 준비가 되어 있는가? 그렇게 할 수 있을 만큼 용기가 있는가? 나는 지원자들을 파악하기 위해 몇 가지 간단한 질문을 던졌다. 이 특별 프로그램에 지원한 이유는 무엇인가? 이 프로그램이 자신에게 도움이 될 것이라고 생각한 이유는 무엇인가? 프로그램에 대해 어떤 종류의 '환상'을 가지고 있는가? 이 프로그램을 통해 무엇을 얻고 싶은가?

내가 일하면서 만난 많은 임원은 자신의 리더십 스타일에 변화를 주고 싶어 했다. 그들은 변화하는 사회와 업계 환경을 고려할 때 자신의 리더십이 얼마나 효과적인지 궁금해했다. 그들이 상대해야 하는 사람들을 더 잘 관리할 방법은 없을까? 고성과 팀이나 문화를 만들려면 어떻게 해야 할까? 그들 가운데 일부는 조직의 '핵심 승계자'였지만, 기다리던 리더가 된 뒤에 얼마나 잘할 수 있을까? 그들이 잘 해낼 수 있을까? 조직의 최고 자리에 오르는 것을 두려워하는 것일까? 많은 참가자가 자신을 재창조할 뿐만 아니라 조직을 변화시킬 방법을 찾고 있었다. 어떻게 하면 더 나은 일터를 만들 수 있을까? 고위 임원 가운데 일부는 자신의 일에 대한 지루함을 인정하기도 했다. 분명히 지루함은 임원들과 조직 모두에 위험한 결과를 초래할 수 있다. 그것은 위험한 의사결정으로 이어질 수 있다. 다른 임원들은 자신의 커리어가 어디까지 왔는지 고민하고 있었다. 삶의 궤적과 커리어의 궤적이 더는 일치하지 않는 것 같았고, 이에 대해 무언가를 하고 싶어 했다. 그들은 무엇을 다르게 할 수 있을까? 다음에 무엇을 할 수 있을까? 그들은 자신이 잘못된 선택을 했다는 두려움을 피하고 싶어 했다.

일부 임원은 더 나은 삶의 균형을 목표로 한다고 말했다. 좀 더 자세히 설명해 달라고 요청하면 우선순위를 더 효과적으로 설정하고 싶다고 말하곤 했다. 분명한 것은 거절하는 것이 그들의 강점이 아니라는 것이었다. 많은 사람이 열심히 일하는 것과 현명하게 일하는 것의 차이를 모르는 것 같았다. 그들은 중요한 활동, 즉 실제로 가치를 더할 수 있는 활동을 식별하는 방법을 알지 못했다. 끝없이 쏟아지는 정보를 처리하느라 스트레스를 많이 받았다. 그들은 무엇을 하든 항상 허덕거리고 있었다. 해야 할 모든 일을 완수하기에는 시간이 부족했다. 그들이 겪는 스트레스를 고려할 때, 그들이 가장 원하는 것은 삶을 사는 것이었다. 그들은 기분이 더 좋아지기를 원했다. 항상 가면을 착용할 필요 없이 좀 더 진정한 자신을 느끼고 싶어 했다. 또 그들 가운데 일부는 T. S. 엘리엇Eliot의 프루프록Prufrock처럼 '커피 숟가락으로 그들의 삶을 측정'하는 일상에 갇혀 있다고 느꼈다. 많은 사람이 삶에서 더 큰 흥분을 느끼고, 자신의 다른 모습을 보여주고, 노는 법을 배우기를 원했다.

많은 임원이 자신의 어두운 면에 더 잘 대처하기 위해 노력하고 있다고 솔직하게 말할 수 있었지만, 그 어두운 면이 어떻게 생겼는지 설명하기는 어려웠다. 나는 그들이 원하는 방식으로 발전을 방해하는 내면의 '악마'

를 언급하고 있다고 추론했다. 일부는 악의, 시기, 복수심과 같은 파괴적인 힘이 자기 행동의 많은 부분에 포함되어 있다고 '고백'했다. 그러나 그들은 또한 이러한 부정적인 감정이 삶을 더 편하게 하지 않는다는 것을 깨달았다. 이 사람들에게 용서는 그들의 레퍼토리에 포함되지 않았다. 그들의 삶은 흑과 백으로 극명하게 나뉘어져 있었고 그 사이에는 아무것도 없었다. 그들은 사람들을 분류하여 상자에 넣었다. 이로 인해 그들은 매우 비판적으로 행동했다. 특히 공감 능력이 부족했다. 이들은 모두 정서 지능emotional intelligence을 개발해야 했다.

주요 관심사는 자녀, 배우자, 기타 가족 구성원을 어떻게 대할 것인가 하는 것이었다. 특히 자녀들이 그들의 나이 때에 자신들이 겪었던 것과 같은 문제를 겪게 될까 봐 걱정했다. 이러한 불행한 세대 간 대물림을 막을 수 있을까? 참가자의 상당수가 빈 둥지 증후군empty nest syndrome을 겪는 것처럼 보였고, 결혼 생활에 새로운 활력을 불어넣는 방법에 대해 고민하는 이들이 많았다.

많은 임원에게 의미 찾기는 매우 중요한 문제였다. 대부분 삶에 필요한 것 이상의 재산을 보유하고 있었지만, 정작 중요한 순간에 이르러서 삶의 이유가 거의 없는 것처럼 보였다. 그들 가운데 일부는 이제야 의미가 자신에게 중요하다는 것을 깨닫기 시작했다. 무슨 일을 하든 의미를 찾으면 더 살아있다는 느낌이 들었고, 더 완전하다고 느꼈다. 그러나 그들 가운데 일부는 의미가 끊임없이 변화하는 목표라는 것을 이해했다. 그런데도 특히 나이가 들어가고 시간이 얼마 남지 않았기 때문에 무언가를 해야 했다. 그들은 늦은 감이 있다는 것을 깨달았지만 여전히 변화를 만들고 싶어 했다. 물론 4장에서 설명한 것처럼 죽음 불안death anxiety이 그들을 괴롭히고 있었다. 젊음에서 오는 불멸의 감각은 사라진 지 오래 되었다. 더 나이든 세대가 사라지고 동년배 일부가 세상을 떠나면서 죽음이 현실로 다가왔다.

임원들과 함께 일하는 것은 흔히 어려운 일이었다. 사람들의 행동을 변화시키는 것은 매우 힘든 일이며, 실망스러운 일도 있었다. 사람들의 성격 무장character armor, 즉 뿌리 깊게 자리 잡은 행동 패턴을 해결해야 했다. 우리 가운데 많은 사람은 자신이 선택한 방어 방식에 매우 집착한다. 때로는 고객과 함께 일을 진행하는 것이 마치 모래밭을 밟는 것처럼 느껴질 때가 있었다. 이 임원들이 나를 찾아왔던 원래의 문제가 시간이 지남에 따라 전혀 다른 문제로 변해버려서 상황을 파악하기가 어려웠다. 겉으로 드러난 문제 뒤에 숨어 있는 여러 가지 이슈가 나를 혼란스럽게 만드는 경우가 너무 많았다. 그렇지만 이 황혼기에 작업을 했던 내 경험을 통해 의식적이든 무의식적이든 우리는 모두 우리의 기원origins과 운명destiny, 그리고 무엇이 의미를 가져다주는지what brings meaning에 대한 답을 찾고 있다는 사실을 분명히 깨달았다.

중요하고 의미 있는 삶을 사는 것에 관해 생각해 보면, 삶의 가치는 명성이나 돈이나 자원이 아니라 사람에 대한 것이고 타인들의 삶을 좋게 하는 방법에 있다는 것을 깨달을 것이다. 이제 나도 나이가 들면서 살아온 것만으로는 충분하지 않고 무언가를 위해 살아야 한다는 것을 알게 되었다. 내게는 고객의 인생 여정을 돕는 일이 매우 의미 있는 노력이 되었다. 나를 기꺼이 신뢰하는 고객들의 모습은 나에게 큰 영감을 주었다.

결국 많은 고객이 자신의 성공을 개인적인 이익이 아닌 더 큰 공익에 기여한 것으로 판단함으로써 웰빙을 향상할 수 있다는 사실을 깨달았다. 다른 사람을 도울 때 당신은 자신 또한 도울 수 있고 이는 더 나은 정신 건강을 위한 매우 성공적인 처방이다. 달라이 라마Dalai Lama는 이를 매우 간결하게 표현했다. "이 삶에서 우리의 주된 목적은 다른 사람을 돕는 것이다. 그리고 그들을 도울 수 없다면 적어도 그들을 해치지는 말아야 한다."

이타적 동기는 매우 강력할 수 있다. 이타주의altruism는 뇌의 보상 중추를 활성화한다. 신경생물학자들이 밝혀낸 바에 따르면 이타적인 행동을 할 때 뇌의 쾌락 중추가 활성화된다.[1] 역설적이게도 앞서 언급했듯이 다른 사람을 도울 때 자신에게도 도움이 되는 것 같다. 개인적으로 내 인생에서 가장 보람을 느꼈던 순간은 다른 사람을 도왔을 때, 내가 변화를 일으키고 있다고 느꼈을 때였다. 다른 사람들과 마찬가지로 친사회적 행동과 이러한 '이기심'은 나를 기분 좋게 한다. 나는 사람들이 서로를 돌보지 않는 세상에서 살고 싶지 않기 때문에 내가 하는 일을 한다. 나 역시 낯선 사람의 친절한 행동으로 도움을 받은 적이 있으므로 나와 가까운 사람에 대한 것만 말하는 것이 아니라 도움의 손길이 필요한 모든 사람을 말한다. 나 자신만을 위한 행동은 내가 죽으면 함께 사라지지만 타인과 세상을 위해 한 행동은 남게 된다.

---

1) Megan M. Filkowski, R. Nick Cochran and Brian W. Haas (2016). Altruistic behavior: mapping responses in the brain, *Neuroscience and Neuroeconomics*, 5, 65-75.

8장
우리의 내면 극장

> 행복한 자는 내면 세계를 구축한다. 반면 불행한 자는 외부 세계를 비난한다.
>
> – 중국 속담

> 우리 각자는 내면의 우주에 수많은 '캐릭터'를 품고 있다. 이것은 우리 일부로서 흔히 완전히 모순되어 의식적 자아에 갈등과 정신적 고통을 유발하는데, 이는 우리가 이 숨겨진 플레이어와 그 역할에 상대적으로 익숙하지 않기 때문이다. 원하든 원하지 않든 내면 캐릭터들은 비극과 희극을 연기할 무대를 끊임없이 찾고 있다.
>
> – 조이스 맥두걸Joyce McDougall

"존John, 무엇이 매일 아침 잠자리에서 당신을 일으켜 세우는지 말해 주실 수 있나요? 무엇이 당신을 살아있다고 느끼게 하나요? 무엇이 당신을 움직이게 하나요?" 이 상당히 거슬리는 질문 뒤에는 긴 침묵이 흘렀다. 분명히 존은 대답하기가 어려웠다. 결국 몇 번 대답을 청하고 나서 그는 다소 진부한 답변을 많이 늘어놓았다. 그러나 내면의 동인inner drivers이 무엇인지는 미스터리로 남아 있었다. 그의 다소 난해한 반응을 보며 그가 자신이 어떠한 사람인지 아는지가 궁금해졌다. 그는 자신에게 이방인 같은 사람이었을까? 인생에서 직면한 어려움에 대해 생각할 시간을 자신에게 주었을까? 아니면 불쾌한 일은 제쳐 두고 모르는 척했을까? 그를 더 잘 이해하려고 팀원들을 만났을 때 존을 어떻게 생각하는지 물었다. 그를 어떻게 묘사했을까? 무엇이 그를 이끌고 있다고 생각했을까? 머뭇거리는 대답을 볼 때 그들도 잘 모른다는 것을 알 수 있었다. 그를 정말로 이해하지 못하는 것 같았다. 그들에게 존은 빈 페이지처럼 보였다. 분명히 그는 거리를 유지하는 사람이었다. 왜 그런지 궁금했다. 왜 그렇게 다가가기 어려웠을까? 왜 타인들에게 그렇게 수수께끼 같은 존재였을까? 동시에 사람들이 그에 대해 이야기를 하지 못하도록 하는 무언가가 있는지 궁금했다. 그의 부하 직원들은 자기 생각을 말하기가 두려웠던 것일까? 결국 그들 가운데 한 명은 존이 매우 내성적이지만 관심의 중심이 되는 것을 꺼리지는 않는다고 말했다. 그 역시 이목을 끌려고 할 때가 있었다. 그녀에게 자세히 설명해 달라고 했을 때 그녀의 대답은 모호했다. 그렇지만 존이 관심을 필요로 했다는 그녀의 관찰이 내 마음에 남았다. 그와의 짧은 대화에서 나 역시 무뚝뚝함standoffishness과 자기중심성self-centeredness의 상반된 힘을 발견했다. 대체로 그는 쉽게 따뜻함을 느낄 수 있는 사람은 아니었다.

일반적으로 우리 자신과 다른 사람들에게서 최상의 것을 얻고 싶다면 지금 하는 일을 왜 하는지, 특정 선택을 하게 되는 동기가 무엇인지 이해해야 한다. 사람들이 따르는 '각본scripts'을 어떻게 설명할 수 있을까? 나는 항상 내 첫 번째 정신분석가이자 나중에 친구가 된 조이스 맥두걸Joyce McDougal이 제시한 내면 극장inner theater 개념을 좋아했다. 그녀는 자신의 책에 다음과 같이 썼다. "우리 각자는 펼쳐지는 인생 드라마life drama 속으로 이끌려 가는데 그 줄거리가 기이할 정도로 반복적이다."[1] 조이스 맥두걸에 따르면 상대를 이해하려면 내면 각본inner scripts을 이해해야 한다.

그녀와 함께 수행한 많은 세션에서 조이스가 매우 분명히 밝힌 요점은 '정신분석가의 역할은 저마다 자신의 진실을 찾도록 돕는 것'이라는 믿음이었다.[2] 제2차 세계대전에서 바탄 죽음의 행군Bataan death march과 일본군 포로 생활에서 살아남은 예술가이자 정신분석가인 남편의 그림으로 가득한 사무실에 앉아 그녀가 이 말을 했던 것을 기억한다. 조이스는 포로들의 극심한 고통을 설명한 것으로 극찬을 받았던 남편의 회고록 『저희에게 이 날을 주소서Give Us This Day』를 내게 건넸다.[3] 인간이 겪는 고통 상황에 관한 이 책은 내게 깊은 인상을 남겼다. 수년이 지난 지금 나는 그 세션이 매우 그립다는 것을 고백한다. 첫 번째 분석을 하고 몇 년 뒤 그녀가 내 정신분석가 수퍼바이저supervisor가 되었을 때, 내 고객과 나 자신을 더 잘 이해할 수 있도록 해주었을 뿐만 아니라 정신분석 역사와 삶 전반을 살아가는 방법에 관한 많은 통찰을 주었다.

조이스는 내가 사람들의 내면 극장에 더 민감해지고, 주요 '각본'을 파악할 수 있도록 도와주었으며 이런 각본을 찾는 것은 어렵다는 점을 나에게 분명히 알려주었다. 호모 사피엔스는 매우 복잡한 동물이다. 존과 같

---

1) http://www.academyanalyticarts.org/mcdougall-prologue
2) https://www.cairn.info/revue-le-carnet-psy-2001-7-page-20.htm#
3) Sidney Stewart (1999). *Give us this day*. New York: W.W. Norton

은 사람을 이해하는 것이 항상 쉬운 일이 아니다. 존과 같이 삶의 동인을 묻는 질문에 답하기 어려워하는 사람들이 많기 때문에 약간의 도움을 주기 위해 자녀들에게 어떤 가치values를 전하고 싶은지 물어본다. 어떤 사람을 존경하는지와 그 이유가 무엇인지도 묻는다. 그 사람들이 그들에게 특별한 이유가 무엇인지 묻는다. 그들의 가치와 관련해 어떤 행동을 용납할 수 없는지 묻는다. 직장을 그만두게 할 수도 있는 허용 한계선이 있는지와 그 이유를 묻는다.

이러한 질문에 대한 답변은 사람들이 자신에게 정말 중요한 것이 무엇인지 파악하도록 격려하므로 도움이 된다고 생각한다. 또 때때로 그들 삶에서 주요 '각본 작성자scriptwriters'가 누구인지 묻는다. 자신의 삶에 중대한 영향을 미친 사람은 누구인가? 왜 그렇다고 생각하는가? 당연히 마지막 질문을 할 때 가장 흔한 대답은 부모, 조부모, 형제 자매, 삼촌과 숙모, 교사, 배우자 또는 파트너, 심지어는 상사와의 친밀한 관계이다. 그러나 때때로 개인적이지 않은 역할 모델role models을 선택하기도 한다. 역사적 인물 또는 현대의 인물일 수도 있다. 나는 때때로 그들이 어떤 종류의 '고슴도치hedgehog'인지 물어보기도 한다. 요점은 그들 대답에서 그들이 사람들에게 얼마나 가까이 갈 수 있는지 파악하는 것이다. 이 질문에 대한 반응을 보면 성장사developmental history를 이해할 수 있다.

애착 행동

고슴도치가 어떻게 접근하는지 물어볼 수 있다. 이런 상상을 해보자. 매우 추운 겨울날, 몇 마리의 고슴도치가 따뜻하게 지내려고 함께 모일 다른 고슴도치들을 찾고 있다. 그러나 가시 때문에 선택을 해야 한다. 가까이 가서 몸을 따뜻하게 하되 가시에 찔리든지 또는 멀리서 안전하지만 춥게 지내는 것이다. 가시 덩어리로 인한 고통은 고슴도치들을 분리시키고 추위는 그들을 다시 합치게 했다. 그래서 그들은 따뜻함과 편안함을 위한 적정 거리를 찾을 때까지 앞뒤로 계속 움직인다. 물론 이 이야기는 인간적 친밀함human intimacy의 어려움에 관한 은유이다. 이것은 우리 모두가 연결을 갈망하지만 동시에 경계하므로 직면하는 딜레마를 설명하고 있다. 긴밀한 호혜적 관계를 형성하려 하지만 오래된 과거 사연들로 인해 그렇게 되지 않을 수 있다.

고슴도치 딜레마hedgehog dilemma는 1851년 독일 철학자 아서 쇼펜하우어Arthur Schopenhauer가 처음 설명했는데, 그는 고슴도치들이 '서로 약간 거리를 유지하는 것이 최선이라는 것을 발견했다'라고 결론지었다.[4] 즉 고슴도치들은 가까이 있고 싶어도 서로에게 상처를 주지 않는 유일한 방법은 너무 가까워지지 않는 것임을 깨달았다. 그러나 친밀도degree of closeness는 경우에 따라 다르다. 그것은 모두 당신이 편안하게 느끼는 애착 유형attachment pattern의 종류에 달려 있다.

애착 유형은 우리 내면 세계를 정의하는 각본과 각본 작성자의 핵심 주제임이 밝혀졌다. 인간 사이의 유대감 성향은 양육되는 동안 부모가 우리의 필요에 어떻게 반응하느냐에 크게 좌우된다. 우리가 접하는 교류의 유형이 평생 깊은 영향을 미친다. 다행스럽게도 애착 이론attachment theory은 초

---

4) Arthur Schopenhauer (1851). *Parerga und Paralipomena*, Volume II, Chapter XXXI, Section 396, London: Oxford University Press, 1974.

기 부모-자녀 관계가 어떻게 발생하는지, 그것이 후속 발달에 어떤 영향을 미치는지 설명하는 데 도움이 된다.[5] 여기서 우리 초기 삶의 경험에 기반을 둔 애착 유형은 배우자 또는 직장에서 인간관계를 관리, 유지하는 데 사용하는 방식이다. 성인의 애착 유형이 유아기의 애착과 정확히 일치하지 않을 수도 있지만, 양육자와의 초기 관계가 그 결과에 중요한 역할을 한다는 데에는 의심의 여지가 없다. 우리의 애착 유형을 더 잘 이해함으로써 인생에서 초기의 애착이 모든 성인 관계에 어떻게 근본적인 영향을 미치는지 더 잘 이해할 수 있다.

안정secure, 불안정anxious, 회피avoidant라는 세 가지 애착 유형attachment styles이 있다. 일반적으로 안정 애착의 사람들은 건강한 어린 시절을 보냈기 때문에 친밀한 관계를 더 잘 다룰 수 있다. 그러나 불안하거나 회피적 사람들에게 친밀감은 힘겨운 일struggle에 가까운데 주된 이유는 방치neglect, 열악한 양육poor parenting, 학대적 관계abusive relationships 같은 어린 시절의 힘든 경험 때문이다. 이러한 애착 유형을 다음과 같이 요약할 수 있다.

회피: 나는 다른 사람들과 가까워지는 것이 그다지 편하지 않다. 대개 타인들은 내가 받아들일 준비가 된 것보다 더욱 가까워지기 바란다.

안정: 나는 다른 사람들과 가까워지는 것이 아주 쉽다. 나는 사람들이 나에게 의존하거나 내가 그들에게 의존하는 것이 편하다.

불안정: 나는 다른 사람들이 내가 원하는 만큼 가까이 다가가는 것을 꺼

---

5) John Bowlby (1969). *Attachment. Attachment and loss: Vol. 1. Loss*. New York: Basic Books; Mary D. S. Ainsworth, (1991). Attachments and other affectional bonds across the life cycle. In C. M. Parkes, J. Stevenson-Hinde, & P. Marris (Eds.), *Attachment across the life cycle* (pp. 33–51). London: Routledge.

린다는 사실을 받아들이기 어렵다. 불행히도 사람들에게 더 가까이 다가가려는 내 욕구가 때때로 그들을 두렵게 한다.

안전 애착 유형은 사람들 중 대략 절반에서 발견된다. 다른 유형들은 더 문제가 많다. 그러나 관계 문제에 대해 부모를 비난하기 전에 그들도 당신처럼 자신의 부모와 문제가 있는 평범한 인간일 뿐이라는 점을 명심하라. 또 어린 시절에 형성된 애착 유형이 이후 삶에 나타나는 유형과 반드시 동일하지는 않다는 점을 기억하라. 유아기와 성인기 사이에 많은 일이 발생할 수 있으므로 그 사이에 있는 경험도 성인 애착 유형 생성에 큰 역할을 한다.

애착 유형과 라이프 앵커

다양한 애착 유형에 대한 이 간단한 설명에서 존이 회피 애착 가능성이 있음을 알 수 있다. 이것은 그가 다른 사람들과 어떻게 관계를 맺는지를 설명하는 데 도움이 되지만, 라이프 앵커life anchors로 파악하는 가치values, 신념beliefs, 태도attitudes 같은 내면 극장의 다른 측면을 이해하는 것 역시 도움이 된다. 자신의 라이프 앵커를 이해하면 무엇이 우리를 움직이는지, 우리가 어떤 일을 왜 하는지, 다른 사람들과 어떻게 상호작용하는지에 관한 더 큰 통찰을 얻을 수 있다. 그것은 우리 자신을 더 이해할 수 있게 한다.

추상적이고 일반적인 생각들과 원칙들의 집합인 **가치**values는 라이프 앵커의 핵심이다. 일반적으로 가치는 우리 판단의 기초가 되며 사회, 정치,

종교 문제에 대한 의견의 방향을 제시한다. 그것은 우리의 믿음beliefs, 태도attitudes, 행동behavior의 기초이다. 예를 들어, 내가 사는 프랑스에서는 모든 정부 건물에 '자유liberty, 평등equality, 박애fraternity'라는 단어가 새겨져 있는 것을 볼 수 있다. 이러한 원칙들은 프랑스인의 삶에서 무엇이 중요하다고 생각하는지에 영향을 미치고 행동 기준을 형성하고 행동을 안내한다. 그것들은 삶에서 일관되게 사용하려 노력하는 도덕적 선택으로 정의될 수 있다.

대조적으로 **신념**beliefs은 확고한 사실과 경험적 증거로 뒷받침되는지에 관계없이 일반적으로 진실이라고 여기는 생각들이다. 우리 믿음은 우리가 보고, 듣고, 경험하고, 읽고, 생각하는 것에서 형성되며 세상에 대한 가정assumptions을 만든다. 그것들은 우리가 일상에서 경험하는 성공과 실패에 의해 형성되므로 가치에 비해 더욱 구체적이다.

태도attitudes는 특정 문제에 대한 마음, 감정, 성향의 상태이다. 우리 태도는 특정 상황이나 사물이 좋은지, 가치 있는지, 소중한지 또는 나쁜지 판단한다. 따라서 우리가 누군가 또는 무언가를 '좋아'하거나 '싫어'할 때 우리는 태도를 표현한다. 그러나 가치, 신념과 같이 태도는 정신적 구성물mental constructs이라는 점을 강조해야 한다. 그것들은 우리 말이나 행동에서 추론하게 된다.

배경을 제공하는 애착 유형과 함께 라이프 앵커는 내면 극장을 위한 무대를 설정한다. 내면 극장은 우리가 자라며 부모와 다른 주요 인물들significant figures에게 배운 것들로 채색된다. 이 내면 극장이 우리 생각에 영향을 미치는 한에서는 외부로 드러나는 결과는 없다. 그러나 각본이 어떤 형태의 행동을 요구할 때 그러한 행동은 미묘할 수 있지만 그 결과가 나타난다.

라이프 앵커는 우리가 누구인지, 우리 자신을 어떻게 보고 다른 사람을 인식하는지 이해하는 데 도움이 되는 지름길이 될 수 있다. 그것은 모든 대인관계와 라이프스타일을 선택하는 기반이 된다. 그것은 우리 행동을 촉진하고 우리의 인생 계획과 디자인에 의미를 부여한다. 그러나 라이프 앵커를 찾는 것은 어려울 수 있고 항상 혼자 하는 것은 아니다. 다른 사람의 도움이 필요할 수도 있다. 그리고 이 과정을 돕기 위해 나는 주요 동기부여 테마motivational themes 파악을 위한 도구인 내면 극장 진단항목The Inner Theater Inventory(ITI™)을 개발했다.[6] 이 진단 도구에서 우리 인생의 가장 지배적 동인을 나타내는 22가지 라이프 앵커를 설명한다. 의미meaning, 성취achievement, 인정recognition, 권력power, 돈money, 복수vengeance, 학습/탐구learning/exploration, 라이프스타일 수준lifestyle quality이 더 일반적이다.[7]

의미meaning. 의미는 우리의 주요 실존적 관심사가 될 것이며 핵심적인 라이프 앵커이다. 나는 목적purpose이 있다고 느낄 때만 진정으로 살아있다고 느끼는 많은 임원을 만났다. 그들은 자신보다 더 큰 무언가와 연결되기를 원했다. 하는 일에서 의미를 찾지 못하면 삶은 공허empty해지며 지루함boredom, 분열dissociation 심지어 소외감alienation으로 귀결된다.

성취achievement. 이 라이프 앵커가 중요한 사람들은 항상 명확히 정의된 탁월함의 기준을 충족하거나 초과하려고 노력한다. 도전적 목표challenging goals를 설정하고 계산된 위험calculated risks을 감수하며 결과results를 얻는 것을

---

6) M. F. R. Kets de Vries (2009). *Inner Theatre Inventory: Instruction Manual*, INSEAD; https://www.kdvi.com/tools/18-inner-theater-inventory.
7) For a full list of the various life anchors, I recommend that you test the ITI™ for yourself.

좋아한다. 아마도 발달적 관점에서 그들은 성취를 강조하는 부모에 의해 양육되었을 것이다. 열심히 일하는 것이 부모의 인정을 받는 방법이었다.

인정recognition. 이 라이프 앵커가 중요한 사람들은 눈에 띄고 존경받기를 원한다. 어린 시절부터 그들의 자기감sense of self은 자신의 존재에 대한 긍정적 인식과 인정에 의해 형성된다. 청소년기의 대인관계가 자극 부족이든 과잉 자극이든 결과적으로 그들은 관심attention을 열망하게 되었다. 예를 들어, 인정은 존의 라이프 앵커였다. 그것은 그의 자기중심성과 자기애적 성향을 설명하였고, 여기에 그의 회피 애착 유형이 복합적으로 더해졌다.

권력power. 이 라이프 앵커가 중요한 사람들에게 권력은 그들의 자존감self-esteem을 위해 필수적인 요소이다. 그러나 권력에 대한 필요 수준은 인격 원형 형성기formative years(역자 주: 0세~만 5,6세 전후) 기간 중 권위와 통제에 대한 경험에 따라 달라진다. 어떤 이들은 자신의 부족함inadequacy을 보상하려고 다른 사람의 삶을 통제하려는 강한 충동을 느낄 수 있다. 일부 권력 추구자들은 좀 더 건설적인 관점을 가질 수도 있다. 그러나 권력에 집착하면 그 결말은 자신에게도 남에게도 비참하게 되는 경향이 있다.

돈money. 돈이 부족한 가정에서 자라면 불안감anxiety, 무력감helplessness, 의존성dependency이 생길 수 있다. 어떤 사람들에게 돈을 버는 것은 불행에서 해방, 무력감에 대한 승리, 암울한 현실에서 탈출, 독립과 안전으로 가는 길, 자존감 향상을 나타낸다. 예상할 수 있듯 이 라이프 앵커가 가장 중요한 때는 이면이 존재한다. 한계 없는 부유함wealth에 대한 집착은 만족을 주는 대신 공허감과 심지어 우울 반응으로 이어질 수도 있다.

복수vengeance. 중국 속담에 "복수를 원하는 자는 두 개의 무덤을 파야 한다. 하나는 적의 무덤이고 다른 하나는 자신의 무덤이다."라는 말이 있다. 상해, 모욕에 대한 대가로 처벌을 가하려는 욕구는 인간의 자연스러운 경향이며 부당하다고 느끼는 것에 대한 방어의 한 형태이다. 그러나 어떤 사람들에게는 얻고자 하는 것이 주요 라이프 앵커가 되기까지 한다. 보복심과 복수심에 대한 환상이 개인의 온전함integrity을 회복하고 무력감, 폭력, 불의injustice의 감정에서 회복하려는 욕구에서 비롯되는 경우가 많다. 복수에 눈 먼 이들의 도전 과제는 마음을 다스려 계속 나아가는 것이다. 용서forgiveness와 배상을 받는 것reparation이 삶을 훨씬 더 유익한 방식으로 바라보는 초석이다.

학습/탐구learning/exploration. 학습의 즐거움을 평생에 걸쳐 강하게 추구한다. 이 라이프 앵커가 중요한 사람들은 이해의 즐거움, '해내려는' 충동, 탐구와 조사 필요성에 휩싸여 새로운 도전 과제들에 맞설 때만 진정으로 살아 있음을 느낀다. 너무나 빠른 속도로, 시도했거나 이미 검증된 것을 지루해하며 흔히 겉보기에 미친 아이디어를 차례로 추구하는데, 머스크 기업 집단을 소유한 기업가이자 혁신가인 일론 머스크Elon Musk를 예로 들 수 있다.

라이프 스타일 수준lifestyle quality. 라이프 스타일 수준이 라이프 앵커일 때 이들 임원들은 직장, 친구, 가족 사이의 만족스러운 균형을 찾는 것을 우선시한다. 흔히 이것은 그들이 언제, 어디서, 어떻게 일하는지에 대한 통제력을 갖는 것을 의미한다. 성장기의 가족 삶의 경험, 즉 바쁜 부모가 중요한 행사에 참석하지 않은 경험으로 인해 자신과 자녀의 삶은 그렇게 살지 않을 것이라고 결정했을 가능성이 크다.

당신이 살아있다고 느끼게 하는 것은 무엇인가?

최상위 라이프 앵커를 찾는 자기 탐색 여정에서 자신의 충동impulses, 욕구desires, 의견opinions, 주관적 반응subjective reactions을 더 잘 이해하는 것은 항상 어려운 일이다. 내면 극장의 숨겨진 각본에 더 익숙해질 때만 전체 가치, 신념 체계와 일치하는 방식으로 행동하기 시작한다. 자신의 라이프 앵커를 더 잘 이해하면 자신에 대한 타인들의 인식과 자기 삶의 동인을 타인들이 더 잘 이해하게 하는 방식을 알게 된다. 내면과 주변에서 일어나는 일 – 즉 내면 세계가 외부 세계에 어떤 영향을 미치는지 더 잘 알게 된다. 당신의 행동과 활동을 더 의식하게 된다. 또 내면 세계와 외부 세계 사이의 인지 부조화cognitive dissonance를 인식할 때 그 격차를 좁히려는 동기가 부여될 수 있다.

자신과 타인의 라이프 앵커에 주의를 기울일 때, 당신이 상대하는 사람들의 내적 삶의 풍요로움을 깨달을 수도 있다. 남들도 다 나처럼 생각한다는 착각에서 벗어나야 한다. 여러 측면에서 유사성이 있지만 모든 사람의 이야기는 독특하다. 더 깊이 파고들려는 노력을 기울이지 않으면 다른 사람들에 대한 당신의 인식이 완전히 틀렸음을 알게 될 것이다. 그리고 그들을 더 잘 알게 되더라도 당신은 그들이 정말로 누구인지에 관해 표면적인 이해만 하는 것이다. 이 관찰은 아일랜드 시인 존 오도노휴John O'Donohue의 다음 말을 상기시킨다. "우리는 저마다 우리 내면 세계의 관리인이다. 지금 타인들은 [외부 표현]에서 그것을 엿볼 수 있다. 그렇지만 당신 외에는 아무도 내면 세계가 실제로 어떤지 알지 못하며, 당신이 실제로 그들에게 말할 때까지 아무도 당신에게 그것을 드러내도록 강요할 수 없다."

내면-외부 축

애착 유형과 라이프 앵커를 파악하면 내면 세계를 더 잘 이해하는 데 도움이 된다. 외부 세계를 바꾸기 위해 조급한 마음이 들 수 있지만 내면 세계를 더 잘 이해하면 사물을 더 큰 관점에서 보는 데 도움이 된다. 애착 유형과 라이프 앵커는 내면 극장, 타인들과 관계, 타인들과 일하는 방식, 주의를 기울이지 않으면 그렇게 하는 동안 무엇이 잘못될 수 있는지를 파악하는 데 도움이 된다. 그러나 내면 극장의 복잡성을 더 잘 이해하고 있는 동안에도 내면 세계는 항상 진행 중인 작업이며, 내면이 변화하면 주변도 변할 것이라는 점을 명심해야 한다.

업무적 관점에서 자신과 다른 사람의 내면 극장을 이해하면 대인관계와 팀 이끌기가 더 효율적으로 이루어져서 모든 사람이 최상의 상태라고 느끼는 기업 문화를 만드는 데 도움이 된다. 결국, 조직 리더의 주요 도전 과제는 인재 및 문화 관리이다. 이는 무엇이 사람들을 '움직이게' 하는지 이해하고 사람들에게 최상의 모습이 될 기회를 제공한다. 또 다른 사람에게 동기를 부여하는 것이 무엇인지 파악하는 데 더 효과적이다. 이 접근 방식의 활용 여부가 평범한 조직과 고성과 조직을 구별한다.

9장
구매자 주의 원칙

가짜 지식을 조심하라. 그것은 무지보다 더 위험하다.
– 조지 버나드 쇼George Bernard Shaw

나는 어떤 '구루'가 주장하는 신념을 전적으로 받아들일 수 없었으므로 아무리 파생적인 것이라 해도 나 자신에게 의지해야 했다.
– 안토니 스토르Anthony Storr

이 책 전체에서 강조하듯 내면 극장을 이해하기 위한 여정은 혼자서 쉽게 수행할 수 없다. 어느 정도의 안내가 필요한데 이를 위해서는 정말 도움이 되고 올바른 방향으로 인도할 안내자가 필요하다. 그러나 불행히 그것도 쉽지 않다. 그리스 철학자 에픽테토스Epictetus는 "안내인은 길을 잃은 사람을 찾아 올바른 길로 인도한다. 그는 상대를 놀리거나 야유하지 않고 안내가 끝나면 혼자서 떠난다. 이 배우지 않은 자에게 진실을 보여준다면 그가 따라오고 있는 것을 볼 것이다. 그러나 그에게 진실을 보여주지 않는다면 그를 조롱하지 말고 오히려 자신의 무능함을 느껴야 한다."라고 말했다. 당신이 도움을 청하게 되는 사람을 항상 조심하라. 즉 **구매자 주의 원칙**Caveat Emptor, 도움을 요청하는 사람이 주의해야만 한다.

나는 인생의 큰 변화를 맞이한 사람들을 자주 안내하지만 빠른 해결책을 약속하지는 않는다. 물론 그러고 싶지 않은 것은 아니다. 그럴 수 있다면 정말 좋을 것이다. 그렇지만 나는 내가 할 수 있는 일에 대한 환상이 없으며 마술사가 되는 것은 내가 하는 작업 내용이 아니다. 경험을 통해 서점의 자기 계발서에서 기적적인 변화를 약속하는 빠른 해결책은 해결책이 아닌 경우가 많다는 것을 배웠다. 그 대신 나는 고객들에게 다음과 같이 말한다. 직장과 가정의 대인관계 측면에서 더 효과적이 되도록 자기 자신을 알고자 한다면 내가 도움이 될 수 있다. 그렇지만 기적을 원한다면 나는 적절하지 않다. 나는 마술 지팡이를 가지고 있지 않기 때문이다.

그렇지만 안타깝게도 항상 내가 요점 전달에 성공하는 것은 아니다. 도움과 위로를 구하는 사람들은 항상 '이상화 전이'idealizing transference'라고 불리는 것에 취약하다.[1] 그 이유를 설명하기 위해 우리는 어린 시절의 경험으로 돌아가야 한다. 넘어져 다쳤을 때 부모에게 달려가 위로를 구한 적이 얼마나 자주 있었나? 보호받으려고 어른에게 달려간 적이 얼마나 자주 있었나? 위로와 보호를 받고자 하는 타인에 대한 이러한 탐색은 성인이 되어서도 계속된다. 우리는 특히 스스로 위로할 수 없을 때 우리를 돌봐주고 차분하게 진정시켜줄 사람과 관계를 맺고 싶어 한다. 따라서 내가

---

1) Heinz Kohut (1971), *The Analysis of the Self*. New York: International Universities Press.

조금도 원하지 않더라도 고객들이 심리적 조력자로서 나를 과대평가할 경향성이 항상 존재한다. 그리고 이러한 존경심에 기분이 좋을 수는 있지만 나는 결코 그들의 과장된 기대에 부응할 수 없다는 것도 알고 있다. 나는 인간 조건의 일부인 이러한 전이적 패턴을 인식하고 있으므로 타인들의 이상화된 투사idealized projections가 내 머릿속에 들어차지 않도록 항상 경계한다.

마술 지팡이는 없지만 여전히 상대하는 사람들이 변화하도록 도울 수는 있다. 그렇지만 현실적인 기대치를 설정하려고 노력한다. 내가 반복해서 알게 되었듯이 대부분 변화는 점진적으로 이루어진다. 또 냉소적으로 들릴지 모르지만 조직에서 일하면서 '사람을 변화시키는 것보다 사람을 교체하는 것이 훨씬 쉽다'는 사실을 알게 되었다. 변화는 힘든 일이며 고통스러울 수 있다. 나는 사람들에게 변화할 준비가 되어 있다면 그것은 내면 작업을 의미하는 것이라는 점을 인식해야 한다고 말한다. 자신 안에서 일어나는 일을 바꾸지 않는 한 우리 주변에서 일어나는 일을 바꿀 수 없다. 그리고 우리 내면에서 아무것도 바꾸지 않는다면 아무것도 바뀌지 않는다. 우리가 변화되기를 원해야 한다. 나는 촉진자 역할만 할 수 있다.

그런데도 삶의 여러 측면을 바꾸고 싶다고 말하는 많은 사람이 지름길을 찾고 있어 안타깝게 생각한다. 지름길은 우리에게 결핍을 남긴다. 사람들에게 내가 빠른 해결책을 제공하는 사람이 아니라고 말하면 싫어한다. 변화는 고통스럽고 엄청난 헌신과 시간, 에너지, 노력이 필요하다는 사실을 받아들이기 어렵기 때문이다.

호모 미라빌리스 Homo Mirabilis : 미라클 워커의 등장

노력을 하지 않으려 한다는 점이 많은 사람이 변화에 실패하는 이유이다. 또 자기 계발 산업이 그토록 견고하게 유지되는 이유이기도 하다. 또 한 가지 방법이 효과가 없으면 시도해 볼 다른 방법이 있다고 생각하는 우리의 순진함 때문이기도 하다. 당연히 빠른 자기 계발이 효과가 있다면 왜 자기 계발 서적이 끝없이 쏟아져 나오는 걸까? 만약 마법의 공식 같은 것이 있다면, 어딘가에 아주 아주 부유하고 메시아적인 사람이 그 수익금으로 호화로운 삶을 살고 있어야 하지 않을까?

경험을 뛰어넘는 희망의 승리

지금 보듯이 이러한 큰 사업은 다양한 마법의 '치료법'을 복용하면 무한히 부유해지고 행복해질 수 있다는 신화에 기반을 두고 있다. 그리고 강한 믿음으로 인해 사람들이 자기 계발 산업의 선지자들 주머니를 영원히 계속 채우게 될까 두렵다. '노력하지 않고도 원하는 모든 것을 가질 수 있다'는 생각을 버리기는 어렵다. 백만 달러를 벌고, 미친 듯이 사랑에 빠지고, 놀라운 섹스를 하고, 영화 배우처럼 보이고, 매일 행복으로 가득 찬 하루를 보낼 수 있다는 생각을 버리는 것은 어렵다. 극도로 성공하고, 행복하고, 부자가 되고, 날씬하고, 섹시하고, 사랑받는다는 환상을 포기하기는 어렵다. 이러한 생각에 매달리는 대가는 현실을 포기하는 것이다. 특히 신화가 우리 기대에 부합할 경우 희망적 생각에 빠지는 것이 훨씬 더 즐겁다.

수많은 자기 계발 서적만 아니라 수많은 코치, 그리고 자칭 미라클 워커라고 자처하며 원하는 것을 쉽게 얻을 수 있다고 말하는 조력 직업 종사자들도 많이 있다. 사람들은 다른 사람들이 어떻게 기적적인 변화를 이루었는지에 대한 설득력 있는 이야기를 듣고 그들의 서비스에 등록한다. 듣기 좋고 이해하기 쉬우면 그것이 사실일 것으로 기대하는 것이 우리 기본 입장이다. 이것이 확실한 사실이 존재하는데도 많은 잘못된 믿음이 지속하는 이유이다. 우리는 기존의 믿음을 뒷받침하는 모호한 정보를 찾을 준비가 되어 있지 않기 때문에 감정이 사실보다 우선한다.[2] 정서적 건강을 다룰 때 우리의 순진함은 과장된 약속을 남발하는 치료사, 코치, 컨설턴트가 끝없이 공급된다고 설명한다. 솔직히 말해 나는 이러한 많은 자기 계발 구루, 코치들의 솔직하지 않고 정직하지 못한 태도와 그들이 서비스 및 제품으로 제공하는 헛소리에 놀랐다.

'사이킥' 서커스

흔히 괴물 같은 자아에 이끌린 사이비 전문가 가운데 상당수는 매우 설득력이 있다. 이들은 이상화 전이를 사용하는 데 매우 재능이 있다. 이들은 고객이 비현실적인 기대를 하더라도 반발하지 않는다. 반대로 이상화를 부추기며 그들을 미라클 워커로 인식하기를 원한다.

---

2) Carol Tavris and Eliot Aronson (2015). *Mistakes Were Made (but Not by Me): Why We Justify Foolish Beliefs, Bad Decisions, and Hurtful Acts*. New York: Mariner Books.

그들은 또한 사람들의 정신적 평형을 깨뜨리는 방법도 안다. 나는 동기부여 자기 계발 구루, 코치들이 개입할 때 록 콘서트, 컬트 기술을 사용해 (고객이 아닌) 피해자의 감각을 공격하는 방식을 본 적이 있다. 이들은 순진한 대상자를 속이기 위해 드럼 연주, 춤, 점프, 소리 지르기 등 '사이킥'(역자 주: 심령술) 광경을 연출한다. 그렇지만 하이파이브를 하거나 포옹을 하거나 불길 위를 걷거나 줄타기를 한다고 해서 그들의 심리적 문제가 해결되지는 않는다. 정신 건강에 도움이 되지 않는다. 그 대신에 위대한 쇼맨이자 서커스 단장이었던 바넘P.T. Barnum의 '매 순간 바보가 태어난다'는 말을 생각해 보는 것이 좋다.

힐러여, 네 자신을 치유하라

이러한 유형의 정신 건강 구루와 코치에게 매료되는 많은 사람은 비판적 추론 능력이 부족하다. 그들은 순진하고 빠르게 유혹에 빠진다. 이런 종류의 충격 치료shock treatment를 받으면 자신이 혁신적인 변화를 경험하고 있다고 믿을 수 있지만 나중에 자신이 이끌린 과시주의적exhibitionist 행동을 후회할 것이다.

내가 본 바로는 이러한 심리적 미라클 워커들 가운데 상당수는 인간이라는 동물의 엄청난 복잡성을 인식하지 못한다. 나는 그들이 과학적 증거를 제시하지 않고도 고객에게 무엇이 잘못되었는지 알고 있으며 모든 해답을 가지고 있다고 주장하는 것을 자주 보았다. 심리학, 정신의학, 심리치료에 대한 정규 교육을 받은 적이 없는 상담사들도 전문가처럼 보이기 위해 사이비 과학적 접근법에 의존한다. 사실, 이들은 심리치료가 무엇인지 거의 알지 못하는데, 이는 진정으로 효과적인 조력 전문직이 되는 데 필수 조건인 개인 치료를 받아본 적이 없기 때문이다. 그들은 '다른 쪽', 즉 내담자의 삶이 어떤지 전혀 모른다. 그들은 다른 사람과 완전히 공감하기 위해서는 자신의 신경증을 감추기 위해 고객들을 이용하는 것이 아니라 먼저 자신과 공감하는 것이 필수적이라는 것을 모른다.

서커스 워크숍이 고객의 기분을 적어도 일시적으로 좋게 할 수 있다는 점은 인정한다. 그렇지만 장기적으로 그것으로 인해 고객의 기분이 좋아질까? 최고의 자기best self가 되고, 최고의 삶을 살고, 자신의 진실을 받아들이는 데 제약이 없다는 말은 매우 매력적이지만 순진한 생각이기도 하다.

또 역설적이게도 이런 '조력자' 가운데 상당수가 자신이 전파하는 것을 실천하지 못한다는 사실도 발견했다. 나는 자칭 '건강' 코치 또는 라이프 코치라고 하면서 음식, 운동, 자기 신체 이미지와 건강하지 않은 관계를 맺고 있는 사람들을 많이 보았다. 슬픈 사실은 이러한 코치들 가운데 상당수가 다소 공허한 삶을 산다는 것이다. 많은 '대인관계 코치'는 외롭고 친밀감을 두려워하는 것으로 밝혀졌다. 많은 능력 있는 컨설턴트는 자신의 개를 훈련시키지 못한다. '의사여, 네 자신을 치료하라'라는 모토가 떠오른다. 많은 '조력자'는 다른 사람의 모범anchor이 되려고 노력하면서도 실제로 자신이 매우 힘들다는 것을 인식하지 못한다. 그들은 어떻게 살아야 하는지에 대한 온갖 조언을 하는 대신 심리치료사의 도움으로 자신을 치료하거나 자신을 코칭해야 할 것이다. 비우호적으로 들릴지 모르지만 이 분야의 많은 사람은 자신을 이해하지 못하기 때문에 결국 다른 사람을 이해하지 못한다. 그러나 그들은 훨씬 더 깊은 수준의 문제를 가진 고객에게 지나치게 단순한 임시방편적인 해결책을 제공함으로써 현실과 허구의 경계를 모호하게 만드는 데 매우 능숙하다.

기적을 약속하는 것은 일시적으로 '최고의 기분'을 선사할 수 있다. 그렇지만 이 '최고의 기분'에 도달한 이후에는 어떻게 될까? 얼마나 많은 '빠른 해결' 구루들이 후속 조치를 취하는 데 신경을 쓰고 있을까? 행복감이 가라앉은 뒤 고객들은 어떤 기분을 느낄까? 실패, 거절, 외로움, 부적절함을 느끼는 것에 대한 간단한 해결책은 없다. 자신을 제한하는 신념은 쉽게 바꿀 수 없다. 원하는 변화가 무엇이든 불안한 감정적 짐, 뿌리 깊은 습관부터 현상 유지 강화, 변화에 저항하는 환경적 힘에 이르기까지 우리 여정에는 많은 장애물이 있다는 사실을 받아들여야 한다. 지그문트 프로이트는 "오류에 오류를 거듭할수록 우리는 전체적인 진실을 발견하게 된다."라고 말했다.

10장
프로이트와 정신분석학 역사

> 돌 대신 모욕을 던진 최초의 인간은 문명의 창시자였다.
> – 지그문트 프로이트 Sigmund Freud

자칭 미라클 워커들에 대한 회의적인 시각은 조력 전문직 종사자들이 전혀 도움이 되지 않는다는 뜻은 아니다. 오히려 마법적 측면에 휘둘리지 않는 조력 전문가는 고객들에게 매우 큰 도움을 줄 수 있다. 나는 개인적인 경험을 통해 삶을 변화시키고 싶다면 항상 혼자서 하지 않는 것이 더 낫다는 것을 안다. 잘 훈련된 치료사, 코치, 컨설턴트 등의 조력자는 가이드를 제공하고 우리의 여정을 크게 촉진할 수 있다. 그렇지만 경영자 코칭, 심리치료 및 정신분석적 개입은 많은 사람에게 알려지지 않았으므로 도움을 청하는 데 큰 결심이 필요한 점도 잘 알고 있다.

많은 사람이 자신이 그렇게 잘할 수 없다는 것을 인정할 수밖에 없는 시점에 이르러 도움을 청하기로 결심한다. 그 이유는 다양하다. 잠을 잘 수 없거나, 반복되는 악몽을 꾸거나, 신체적 원인이 없는 것으로 보이는 설명할 수 없는 신체 증상 때문일 수도 있다. 무엇이든 자신을 괴롭히는 것은 모두 머릿속의 문제인 것 같다. 성적인 문제가 있거나 기괴하고 방해가 되는 생각에 시달릴 수 있다. 직장에서 자기 파괴적 행동을 보일 수도 있다. 정상적인 생활 방식에 이러한 문제 또는 이와 유사한 장애가 발생하면 무언가 매우 잘못되고 있다는 것을 깨닫게 된다.

그렇지만 자신에게 문제가 있다는 것을 인지하고 있는데도 도움 요청하기를 꺼리는 사람들이 있다. 영화계의 거물 새뮤얼 골드윈Samuel Goldwyn처럼 그들은 "정신과 의사에게 가는 사람은 머리를 검사해야 한다."라고 생각한다. 결국, 그들이 경험하는 불안한 심리적 침해는 너무 파괴적이어서 어떤 형태의 행동을 취하지 않을 수 없게 된다.

이차적 이득

정신분석가, 심리치료사, 경영자 코치, 컨설턴트로 일하며 나 같은 사람에게 도움을 요청하는 것이 많은 사람에게 매우 두렵다는 것을 잘 안다. 인간은 미지의 세계에 대한 본능적인 두려움이 있다. 그렇기 때문에 고객 입장에서는 모르는 사람에게 속마음을 털어놓는 것을 매우 꺼릴 수 있다. 그 사람이 공감해줄지, 나를 판단할지, 완전히 미쳤다고 생각할지 궁금할 수 있다. 이런 생각은 별로 도움이 되지 않는다. 인정하지 않을 수 있지만 도움 요청을 꺼리는 것은 문제를 진정으로 해결하고 싶지 않다는 의미일 수 있다. 자신의 마음을 깊이 파고드는 것은 매우 무서운 생각이다. 그곳에 무엇이 묻혀 있을지 누가 알 수 있을까? 발견한 것을 직면하는 것을 견딜 수 있을까? 자신이 무의식적인 힘에 의해 통제되고 있다는 사실을 알게 되면 깜짝 놀랄 수도 있다. 심지어 자기애적 상처의 한 형태로 인해 자신이 어떤 행동을 왜 하고 있는지 모르고 있었다는 것을 경험할 수도 있다. 또 용기를 내어 누군가를 만나더라도 다른 사람들이 '진짜' 나를 알게 되면 거부하지 않을까 하는 생각도 들 수 있다. 그들은 겁을 먹지 않을까? 내가 진짜 누구인지, 내가 어떤 일을 왜 하는지 알아내려고 이 모든 것을 파헤치는 것이 무슨 소용이 있을까? 차라리 그냥 내버려 두는 것이 낫지 않을까? 또는 아주 다른 관점으로 생각해보면 자신의 신경증을 좋아한다면 어떻게 될까? 이상하게 들릴지 모르지만 불편함이 오히려 즐거움을 준다면 어떨까? 이 아이디어는 이상하게 들릴 수 있지만 심리학자들은 이를 '이차적 이득'이라고 설명한다.[1]

이차적 이득은 명시된 또는 실제 문제에 대해 부수적으로 발생하는 이득으로 정의할 수 있다. 이는 특정 증상을 겪음으로써 얻을 수 있는 역설적인 심리적 이득을 말한다. 이차적 이득은 많은 사람이 역기능적 행동 패턴에 갇혀 있고 행동을 바꾸지 않는 이유일 수 있다. 고객 가운데 한 명인 리사Lisa를 예로 들어보겠다. 상담하는 동안 나는 그녀에게 많은 격려와 배려의 말을 건넸다. 그러나 리사는 나에게서 받은 공감 어린 관심에 자극받아 계속 괴로운 상태를 유지하려고 할 수 있다. 그녀가 이러한 현상을 의식적으로 인식하지 못할 경우, 기분이 좋아지므로 앞으로 나아가는

---

1) David A. Fishbain (1994). Secondary gain concept: Definition problems and its abuse in medical prac- tice, *APS Journal*, 3 (4), 264-273.

대신 계속 괴로워함으로써 지속해서 내게 도움을 요청할 이유를 만들게 된다. 코치, 심리치료사로서 이런 역동을 잘 알고 있어야 한다. 그렇지 않으면 관계가 끝없이 이어질 수 있기 때문이다. 이차적 이득은 사람이 의식적으로 인식하는 것이 아니라는 점을 강조해야 한다. 일반적으로 이차적 이득을 자신에게 유리하게 사용하는 사람들은 의식적으로 조작하거나 속이는 것은 아니다. 즉 이차적 이득을 활용하고 있더라도 그들의 고통이나 장애는 진짜라는 의미이다.

이차적 이득을 제외하더라도 많은 사람에게 자신을 공개하고 취약해지는 것은 부담스러운 일이다. 그렇지만 누군가에게는 중대한 결정이 될 수 있는 이것을 하기로 정했다면 혼자가 아니라는 점을 명심해야 한다. 많은 사람이 먼저 이 여정을 걸어왔다. 이렇게 말하지만 나는 많은 문화권에서 조력 전문가의 도움을 구하는 것이 여전히 금기시되고 있다는 사실을 잘 안다. 심리치료, 코칭을 말도 안 되는 이야기라고 콧방귀를 뀌는 경향이 있다. 도움을 요청하는 사람들과 도움을 주는 사람들은 자주 놀림의 대상이 되는 경우가 많다. 그렇지만 우리는 모두 때때로 도움이 필요하다. 우리는 그저 인간일 뿐이다. 그리고 우리 가운데 많은 사람이 인생의 어느 시점에 조력 전문가를 방문하게 될 것이다(서구에서는 10~30%에 이르는 것으로 추산됨).[2]

특히 정신분석가는 조롱의 대상이 되어 왔다. 할리우드에서 조폭을 '치료해 달라'는 요청을 받은 수염 난 정신분석가를 조롱하는 영화 '애널라이즈 디스Analyze This'를 생각해 보자. 영화는 관객의 몰입을 유지하기 위해

---

[2] https://www.mentalhealth.org.uk/statistics/mental-health-statistics-people-seeking-help
https://www.who.int/whr/2001/media_centre/press_release/en/

드라마와 갈등이 필요하기 때문에 이러한 시나리오는 예상할 수 있는 일이라고 생각한다. 또 정신 건강 문제가 있는 사람들의 행동이 미디어에서 흔히 그렇게 극단적인 방식으로 표현되는 이유도 설명할 수 있다. 문제는 이로 인해 대중 영화에서 보이는 것과 실제로 일어나는 일 사이에 신뢰성에 큰 차이가 생긴다는 점이다. 안타까운 점은 정신 건강 문제를 다룬 너무 많은 영화가 우리의 편견을 자극하는 경우가 많다는 것이다.

미디어에서 정신분석가는 수염이 덥수룩하고 비엔나 억양에 이상하고 냉담한 태도를 보이며 '흠' 이상의 말을 하지 못하는 복고풍 인물로 묘사되는 경우가 많다. 그 사이 고객들은 방치된 듯 소파에서 꿈틀거린다. 안타깝게도 이런 캐릭터 묘사는 일반 대중이 치료 또는 코칭 상황에서 실제로 어떤 일이 일어나는지 이해하는 데 거의 도움이 되지 않는다. 그렇지만 9장에서 설명한 속전속결을 추구하는 미라클 워커들의 과잉 홍보와는 전혀 다르다는 것을 나는 확신한다. 이러한 조력 전문가들의 작업은 인간 발달에 관한 방대한 연구에 기반을 두고 있다.

프로이트의 문제 의식

정신분석학의 창시자인 지그문트 프로이트는 정신 건강 개입 분야에서 시행하는 작업의 토대를 마련했다. 정신 기능에 관한 독창적 아이디어가 놀랍지만 성sexuality과 공격성aggression에 대한 그의 불편한 생각들로 인해 많은 사람에게 논란의 여지가 있는 인물로 남아있다. 프로이트의 주장에 대한 부정적 편견으로 인해 그의 아이디어가 서구 문명에 끼친 놀라운 영향이 폄하되고 있다. 프로이트 이외 누구도 더 나은 자기 이해와 더 큰 행복을 위해 자기 성찰에 시간을 투자하도록 독려한 사람은 없다. 프로이트 이외 누구도 우리가 충만하고 만족스러운 삶을 영위하는 데 방해가 되는 내면의 악마가 존재한다는 사실을 지적하기 위해 노력한 사람은 없다.

프로이트는 환자들의 이야기를 주의 깊게 들으며 의식적인 생각은 빙산의 일각에 불과하다는 사실을 발견했다. 그는 겉모습이 얼마나 우리를 극단적으로 속일 수 있는지를 지적하고 내면에 있는 거대한 정신적 구조를 알게 해주었다. 그에 따르면 이성rationality은 원시적인 성적, 공격적 욕구와 모순으로 가득 찬 커다란 펄펄 끓는 가마솥을 덮고 있는 단순한 겉치레에 불과한 경우가 너무 많았다. 또 프로이트는 인간의 활동 대부분이 무의식적 수준에서 이루어진다고 설명하면서 무의식이 의식적 활동에 강력한 영향을 미친다고 주장했다.[3] 또 우울증, 불안과 같은 정서적, 심리적 문제는 의식과 무의식 사이의 갈등에 뿌리를 두는 경우가 많다고 주장하기도 했다. 이러한 복잡한 심리적 역동으로 인해 우리 가운데 많은 사람이 자신에 관해 잘 알지 못한다.[4] 프로이트는 또한 우리가 특정 활동에 참여하는 '합리적' 이유를 항상 찾을 수 있지만, 합리적 의사결정은 실제로는 환상이라고 주장했다. 그렇지만 그 이유를 알아내기 위해서는 진지한 탐색 작업이 필요하다.

이런 통찰로 충분히 문제를 제기했다고 생각하지 않았는지 프로이트는

---

3) Sigmund Freud (1933). New Introductory Lectures on Psycho-Analysis *and* Other Works, Volume XXII, *The Standard Edition of the Complete Psychological Works of Sigmund Freud*, London: Hogarth Press and the Institute of Psychoanalysis.
4) Timothy D. Wilson (2004). *Strangers to Ourselves: Discovering the Adaptive Unconscious*. Cambridge, MA: Harvard University Press.

유아기 성infantile sexualities, '새로운 성애neo-sexualities'(도착증의 다른 말), 사랑과 증오의 힘, 즉 삶과 죽음의 본능의 영향 등 많은 사람이 의식에서 밀어내고 싶어 하는 다른 문제들에 대해서도 목소리를 냈다. 심리 성적 단계, 방어 구조, 전이 과정, 꿈의 상징에 대한 그의 이론은 문제가 많았다. 그러나 프로이트는 성격이 아동기 초기early childhood의 사건에 의해 크게 영향을 받는다는 사실을 최초로 밝혀냈으며, 지금은 우리가 당연하게 여기고 있는 어린 시절 경험이 성인 행동에 막대한 영향을 미친다는 사실을 밝혀냈다. 프로이트는 성격 발달 연구를 통해 리더가 자신의 욕구, 나르시시즘 성향, 만연한 신경증을 잘 살펴보라고 말했다. 그는 리더를 잘못된 길로 이끄는 수많은 내면의 힘을 지적했다. 그는 또한 같은 실수를 계속 반복하려는 이상한 충동, 즉 반복 강박repetition compulsion이라는 심리적 현상을 발견했는데 이는 사람들이 어떤 사건이나 상황을 반복하는 것이다. 반복 강박을 겪는 사람들은 익숙하고 예측 가능한 것에서 위안을 찾는데 이로 인해 심지어 자멸적 상황 또는 정서, 신체적 학대를 하는 사람을 찾는 경우도 있다. 이 사람들은 결과를 바꾸고 싶어 해서 자신의 역사를 다시 쓰려고 노력하면서 이번에는 제대로 할 수 있을 것이라고 스스로 말하곤 한다. 프로이트는 이런 상황을 제시함으로써 역기능적 행동이 어떻게 합리화되는지, 그리고 표면 아래에서 발생해 우리가 앞으로 나아가지 못하게 하는 심리적 역동 때문에 우리가 역기능적 활동에 갇혀 있다는 것을 지적하였다.

세상과 단절된 발전 추구

정신분석가들이 사람들의 기분이 나아지도록 하는 데 많은 도움을 줄 수 있었는데도 그들은 홍보 능력이 매우 부족했다. 그들은 흔히 자신들을 최악의 적으로 만들기도 했다. 이론적 '순수성'에 집착한 나머지 너무 많은 정신분석가가 다른 개입 방법을 무시해왔던 것이다. 이들은 오랜 훈련 기간으로 인해 자신들을 매우 배타적 집단의 일원으로 묘사하는 경향이 있으며 다른 조력 전문직 종사자들보다 자신들이 우월하다고 보는 경우가 많다. 프로이트는 1930년 에세이 「문명과 그 불만Civilization and Its Discontents」에서 '서로 인접한 영역에서 상이한 작업 방식으로 서로 연관될 뿐만 아니라 끊임없이 불화를 일으키고 서로를 조롱하는 공동체'라고 묘사했다.[5] 서로가 너무 많이 닮았다는 불편한 진실은 항상 존재한다. 이러한 나르시시즘에 대한 상처를 완화하기 위해 우리는 타인과 유사성은 경시하고 차이점을 강조하는 경향이 있으며, 이는 겉으로 보기에 해결되지 않는 의견 불일치로 이어질 수 있다.

많은 정신분석 훈련이 전문 기관에서 이루어지기 때문에 많은 정신분석가가 자신들이 특별하다고 느끼게 된다. 이 분야에 대한 더 많은 통제권을 갖기를 원했던 정신분석학 리더들은 그들의 교육 프로그램을 대학 밖으로 옮기기로 결정했다. 그렇지만 이 불행한 결정으로 인해 많은 정신분석가가 더 광범위한 지적 환경에서 단절되었다. 정신분석 치료가 매우 집중

---

5) Sigmund Freud (1930). Civilization and its Discontents, James Strachey (ed.), *The Standard Edition of the Complete Psychological Works of Sigmund Freud*, Volume XXI, London: The Hogarth Press and the Institute of Psycho-analysis.

적, 장기적 경향이 있다는 점도 정신분석의 이미지에 부정적 영향을 미쳤는데, 사람들(그리고 보험 회사)이 점점 더 단기적 해결책을 찾는 오늘 시대에는 그다지 매력적이지 않다. 특히 미국 심리학자들은 인간 본성에 대한 비관적 견해가 있는 정신분석을 수용하는 것이 더욱 어려웠다. 정신분석은 긍정심리학과는 거리가 멀다. 프로이트는 정신분석의 목표는 '신경증적 불행을 일반적 불행으로 바꾸는 것'이라는 유명한 말을 남겼다.

정신분석의 현대적 의의

프로이트의 명제 가운데 일부는 시대에 뒤떨어졌다는 말도 있다. 당연히 신경과학과 인지심리학, 발달심리학, 진화심리학 발전으로 프로이트의 여러 개념에서 벗어난 인간 발달에 대한 이론이 발전했다. 그러나 이러한 비평가들은 사람들에게 큰 충격을 주었던 명제 가운데 일부는 프로이트가 살았던 시대의 색채를 많이 띠고 있었다는 점에 주목해야 한다. 수많은 후속 연구에 따르면 프로이트의 많은 아이디어가 현대 사회에서도 여전히 유효하다는 사실이 밝혀졌다. 신경과학 연구에 관한 최근의 검토에 따르면 프로이트의 독창적인 관찰, 특히 우리의 사고 과정에 무의식적 과정이 미치는 광범위한 영향과 정서의 조직화 기능이 실험실 연구를 통해 확인되었다.[6] 이러한 연구는 또한 정신분석적 치료의 상당한 효능을 입증했다. 정신분석적 심리치료는 다른 형태의 심리치료와 마찬가지로 효

---

[6] https://psycnet.apa.org/buy/2006-05420-001; Mark Solms (2018). The scientific standing of psycho- analysis, *British Journal of Psychiatry International*, 15 (1), 5-8.

과적이다. 또 치료가 끝난 뒤에도 효과가 더 오래 지속하고 심지어 증가한다는 증거도 많다.[7]

더 고전적 방식의 정신분석 치료psychoanalytic treatment는 쇠퇴했지만 이것이 정신역동 관점psychodynamic perspective이 효용을 다했다는 것을 의미하지는 않는다. 많은 비판이 있지만 정신분석 개념은 과학으로서 심리학의 전반적 발전에 중요한 역할을 해왔다. 심리학 저작물과 현대 교과서 대부분에서 프로이트 이론을 명시적으로 언급하지 않지만 그의 많은 아이디어를 내용에 포함하고 있는 것이 아이러니하다. 많은 비판이 있지만 프로이트의 아이디어는 정신 건강 문제 치료에 대한 우리의 접근 방식에 계속 영향을 미치고 있으며 여전히 심리학에 매우 중요한 영향을 주고 있다. 일부 심리학과에서는 정신분석을 그저 역사적 유물로 취급하지만 예술, 문학, 역사 및 보편적 인문학 학자들은 이를 지속적이고 관련성 있는 연구 주제로 가르치는 경향이 더 높다는 점이 흥미롭다.

내가 이야기를 되풀이해서 방어적으로 들릴 수도 있지만 프로이트의 치료법은 그가 살던 시대를 생각하면 혁명적이었으며 이는 많은 비평가가 잊고 싶어 하는 부분이다. 정신 질환이 치료될 수 있고 문제에 대한 이야기를 나누며 완화를 이끈다는 그의 제안은 정말 선구적이었다. 정신분

---

7) S. de Maat, F. de Jonghe, R. Schoevers, et al. (2009) The effectiveness of long-term psychoanalytic therapy: a systematic review of empirical studies. *Harvard Review of Psychiatry*, 17, 11-23; J. Shedler, (2010) The efficacy of psychodynamic psychotherapy. *American Psychologist*, 65, 98-109; Steinert, C., Munder, T., Rabung, S., Hoyer, J., & Leichsenring, F. (2017). Psychodynamic Therapy: As Efficacious as Other Empirically Supported Treatments? A Meta-Analysis Testing Equivalence of Outcomes. *American Journal of Psychiatry*, https://doi.org/10.1176/appi.ajp.2017.17010057

석은 전문가와 문제에 대해 이야기를 나눔으로써 심리적 고통 증상을 완화하는 데 도움이 될 수 있다는, 정신 질환에 대한 새로운 시각을 개척했다. 결국 이 치료법은 '대화 치료talking cure'라고 불렸다. 이야기는 매우 강력한 도구가 될 수 있다. 이야기를 들려줌으로써 삶을 변화시킬 수 있다. 정신분석 과정에서 사용되는 자기 성찰 기법이 장기적인 정서적 성장에 기여할 수 있다는 사실을 많은 조력 전문직 종사자가 깨닫게 되었다.

너 자신을 알라

정신분석 역사와 여러 분파에 대한 짧은 개괄을 통해 내가 주장하는 바는 많은 사람이 조력 전문직 종사자들이 정신 건강을 개선하는 데 얼마나 도움이 될 수 있는지 다시 한번 살펴보았으면 좋겠다는 것이다. 9장의 구매자 주의 원칙caveat emptor이라는 내용을 염두에 두더라도 많은 사람이 도움을 요청함으로써 이익을 얻을 수 있다. 정신분석가, 심리치료사, 코치로서 편견을 가질 수밖에 없지만 내 작업을 통해 배운 진실은 도움을 청할 용기를 가진 사람들에게 이것이 자신에게 주는 가장 큰 선물이 될 수 있다는 사실이다. 델포이의 아폴로 신전에 새겨진 '너 자신을 알라'라는 격언은 고대와 마찬가지로 오늘날에도 유효하다. 우리 삶의 이야기를 풀어내고 개인적인 여정을 시작하는 것은 자존감 문제, 지속된 불안 문제, 스트레스 증상, 성기능 장애, 우울감, 시기, 질투, 목적 의식 결여뿐만 아니라 인생의 여러 단계에서 우리를 괴롭히는 다른 많은 문제를 해결하는 데 매우 효과적인 방법이 될 수 있다.

심리치료와 임원 코칭은 이전의 트라우마와 불행을 떠올리게 하는 과거의 악마를 깨울 수 있지만 그 과정에서 큰 힘을 얻을 수도 있다. 숙련된 전문가의 가이드를 통해 골치 아픈 문제에 대한 더 큰 통찰력을 얻고, 어려운 삶의 상황을 바꾸고, 미래의 도전 과제에 대비할 수 있다. 이러한 종류의 개입은 또한 창의적인 과정을 촉진하고, 심리적 위험을 감수하도록 격려하며, 더 깊은 수준의 정서지능을 개발하도록 돕고, 인생의 우여곡절에 대한 현실감을 더 향상하는 데 도움을 받을 수 있다.

나는 가끔 고객들에게 다음 질문을 하곤 한다. 자기 삶을 어떤 형태로든 통제하는 것과 알 수 없는 힘에 의해 통제당하는 것 가운데 무엇을 선호하는가? 수동적인 자세로 상황이 어떻게 전개되는지 지켜보는 것을 선호할까 또는 자신이 선택한 결과를 만들어낼 수 있는 행동을 취하는 것을 선호할까? 당연히 대부분 사람은 전자를 선호한다고 답했다. 진정한 자유는 자기 삶을 스스로 통제하는 것이다. 그렇지 않다면 다른 누군가가 대신할 것이다.

11장
변화의 롤러코스터 타기

두 번째 태어난 사람은 영혼이 반쯤 살았던 삶의 구름을 뚫고 고개를 내밀 때 주의를 기울인다. 선택이든 재난이든, 두 번째 태어난 사람은 숲 속으로 들어가, 길을 잃고, 실수를 저지르고, 상실을 겪고, 더 진실하고 빛나는 삶을 살기 위해 자신의 내면에서 변화해야 할 것과 마주한다.

— 윌리엄 제임스 William James

누구나 세상을 바꾸겠다고 생각하지만 아무도 자신을 바꾸겠다고 생각하지 않는다.

— 레오 톨스토이 Leo Tolstoy

로마 신화에서 야누스Janus는 라티움Latium(이탈리아 중부 지역) 왕으로 티베르Tiber 강 서쪽 기슭의 언덕 야니쿨룸Janiculum에 궁전을 가지고 있었다. 그는 그리스 판테온pantheon에서 유래한 신이 아닌 로마 고유의 신으로 자랑스럽게 추앙받았다. 로마인들은 그가 두 개의 얼굴이 있어서 하나는 앞을 보고 다른 하나는 뒤를 보는 것으로 묘사했으며 두 방향을 동시에 볼 수 있었다. 고대의 모든 신들은 특정한 목적을 가지고 있었는데, 야누스는 문지방 또는 문의 신이었다(야누스라는 이름은 어원적으로 문을 뜻하는 라틴어 이아누아ianua와 관련이 있다). 야누스 자신은 하늘의 문지기였다. 그는 시작과 끝, 입구와 출구 및 통로 등 모든 형태의 전환transition을 감시했다. 오른손에는 지팡이를 들고 여행자를 올바른 길로 안내하고 왼손에는 열쇠를 들고 문을 열었다. 그의 임무는 집, 건물, 신전, 학교, 궁정 마당 등 출입구나 문이 있는 곳이면 어디든 악한 영혼을 쫓아내는 것이었다. 로마인들은 매일 잠깐씩 야누스에게 기도하며 악한 것으로부터 집을 안전하게 지켜준 데에 감사했다.

야누스는 평화와 전쟁 사이의 전환과도 관련이 있다. 종교적 경건함으로 유명한 로마의 전설적인 2대 왕 누마Numa는 원로원 의사당과 가까운 로마 광장에 야누스 게미누스Janus Geminus('양면') 신전을 세웠다고 전해진다. 이 신전은 크고 화려한 문인 야누스의 문Gates of Janus으로 유명했다. 누마 왕은 이 신전이 평화와 전쟁의 상징이 되기를 바랐다. 로마가 전쟁 중일 때는 문이 열리고 평화로울 때는 문이 닫혔다. 지도자에게 문을 닫았다고 말할 수 있다는 것은 중요한 업적이었다. 누마 왕 치하에서 야누스의 문은 43년 동안 닫혀 있었다고 한다. 그렇지만 그 이후에는 문이 닫힌 적이 거의 없었다.

전환기에 대처하고 어떤 형태의 갈등 해결에 도달하는 능력은 리더의 필수 특성이다. 또 이것은 조력 전문직 종사자들에게도 필수적이다. 고객에게 마음의 평화를 주고 전환기를 극복할 수 있도록 돕는 능력은 이들의 주요 관심사이다. 야누스처럼 그들은 어떤 형태이든 악한 것에서 고객을 보호하려고 노력한다.

그렇지만 프로이트가 지적했듯 전환기를 겪는 사람들을 돕는 것, 즉 그들이 변화하도록 하는 것은 결코 쉬운 일이 아니다. 변화는 매우 혼란스러운 과정이므로 야누스와 같은 자질이 필요할 수도 있다. 호모 사피엔스는 골치 아프고 역동적이며 완성되지 않은 불완전한 생명체이므로 변화하기로 결심하면 막막한 날이 많을 것이다. 기분이 가라앉고 지금 하고 있는 일을 왜 하는지 의문이 들 때가 많을 것이다. 변화를 가능하게 하려면 앞뒤를 모두 살펴야 할 수도 있다.

변화하고 싶은 이유는 여러 가지가 있을 수 있다. 예를 들어 가까운 사람들과 관계에 마찰이 있을 수 있다. 직장에서 문제가 있을 수 있다. 자녀가 원하는 대로 자라지 않을 수 있다. 연인, 부부 사이에 갈등이 있을 수 있다. 설명할 수 없는 신체적 문제가 생길 수 있다. 이러한 문제들은 우리 정신 상태에 영향을 미친다. 자신을 무가치하다고 느끼고 냉담하게 할 수 있다. 결국 인생은 절망적이고 무력감을 느끼고 차라리 포기하는 것이 낫다고 자신에게 말할 수 있다. 또는 이런 식으로 계속 살 수는 없다고 말할 수도 있다. 뭔가 조치를 취해야 한다. 내 삶을 통제해야 한다. 야누스의 문을 닫아야 한다.

개인적 변화를 진지하게 고민할 때 변화를 위해 무엇을 할지 선택하는 것은 우리 몫이다. 그렇지만 성격은 오랜 세월에 걸쳐 형성된 것이므로 쉽게 뚫을 수 있는 갑옷이 아니다. 어린 시절에는 꽤 융통성이 있었을지라도 성인이 되면서 자기 방식이 매우 잘 정립된다. 성인이 되면 뇌는 더욱 완고하게 되는 것이다. 일상의 스트레스와 긴장에 대처하는 매우 구체적이고 습관적인 방법을 터득하게 되고, 더 패턴화된 방식으로 일을 처리하게 된다. 그렇지만 예전만큼 유연하지 않다고 해서 더는 변화할 수 없다는 의미가 아니다. 살아있다는 사실만으로도 자신도 모르는 사이에 끊임없이 변화하고 있다는 것을 의미한다.

점진적 또는 급격한 변화?

물론 이러한 관찰에는 항상 예외가 있다. 변화는 때때로 훨씬 더 극적인 형태로 나타날 수 있다. 나는 보통 점진적 변화와 급진적 변화 두 가지 형태로 변화를 구분한다. 대부분 변화는 점진적이고 선형적이지만, 비록 작은 변화라도 시간이 지나며 꾸준히 누적될 경우 매우 큰 변화로 합쳐질 수 있다. 이것은 마치 우리가 스스로 큰 변화를 발견한 것 같은 모습이다. 즉 외부에서 극적인 변화처럼 보이는 것이 사실은 일련의 작은 개선 사항들의 누적된 연장선 상에 있는 결과일 수 있다.

점진적 변화가 기본적인 변화 방식이지만 나는 또한 변화가 훨씬 더 불연속적이고 비선형적인 방식으로 일어날 수 있다는 것도 목격했다. 이런 종류의 변화를 희망적인 생각 또는 지나가는 망상으로 치부해서는 안 된다. 우리 가운데 일부는 갑작스러운 개인적 변화를 경험하면서 급격한 변화의 주체가 된 상황에 처한 적이 있을 것이다. 이러한 경우 비교적 짧은 시간 내에 극적인 변화가 일어날 수 있으며, 가치관, 감정, 태도, 행동이 크게 변화하는 것이 특징이다. 어떤 고객은 이 과정을 '하늘에서 뚝 떨어진 화살' 또는 '빛을 본 것'이라는 표현으로 설명하기도 한다. 그렇지만 대부분 이런 극적인 변화는 트라우마 사건이나 인생의 중대한 도전 과제가 누군가의 세계관을 뒤흔들었을 때 발생한다. 나는 이런 변화가 일어나기 전에 어떤 종류의 격변, 즉 알고 있는 맥락의 파열 또는 일반적 인식 패턴의 불일치가 선행되는 것을 발견했다. 의식적이든 무의식적이든 그러한 변화를 겪은 사람은 삶을 지속할 수 있는 다른 방법을 찾게 된다.

두 번 태어나기

내 경험에 따르면 이런 갑작스러운 변화, 즉 급격한 변화는 생명을 위협하는 경험을 한 사람들, 즉 유명한 심리학자 윌리엄 제임스William James의 말을 빌리자면 '두 번 태어난' 사람들에게 일어난다.[1] 사실 제임스는 이 현상을 설명하는 데서 한 걸음 더 나아갔다. 그는 신비로운 종교적 체험과 이러한 급격한 변화가 어느 정도 겹친다는 사실을 발견했다. 그러나 종교를 제외하면 대부분 '두 번 태어난' 사람들은 죽음, 질병, 사고 등 비극적인 사건이나 다른 비정상적인 경험을 겪은 뒤 강한 거듭남을 경험한다. 나는 어떤 도전과 비극 그리고 그것을 이해해야 할 필요성이 어떤 사람들에게는 더 의미 있는 삶에 도달하도록 자극하는 도구가 되는 것을 보았다. 그들은 개인적인 경험을 통해 삶의 연약함과 우리 존재의 비극적인 덧없음에 대해 더 깊이 인식하게 된다. 어떤 좌절을 겪었든 그들은 이 세상의 시간이 한정되어 있다는 사실을 깨닫게 된다. 그들이 성취할 수 있는 것은 한정되어 있다. 어린 시절 믿었던 무한한 힘과 발전에 대한 환상

---

1) William James (2013). *The Varieties of Religious Experience*, Full Text of 1901 Edition. Amazon Kindle.

은 산산이 부서진다. 그러나 이러한 위안을 주는 환상은 트라우마나 생명을 위협하는 경험을 겪으면 사라진다. 우리 자신의 죽음이 임박했다는 것보다 더 강력하게 우리 존재의 유한성을 직시하게 하는 것은 없다.

이러한 인식으로 사람들은 시간을 낭비하지 않게 된다. 그들은 더 큰 절박감sense of urgency을 느끼게 된다. 그리고 남은 시간을 최대한 활용하기로 결심한다. 시간이 얼마 남지 않았다는 느낌을 받으면 더 많은 위험을 감수하고 미지의 영역에 발을 내딛으려 한다. 더는 만족스럽지 않은 삶의 부분을 바꾸려 한다. 이러한 유한성으로 인해 무슨 일을 하든 의미를 창출하고자 한다.

고객 가운데 한 명인 알랭Alain은 급격한 변화를 경험한 사례를 보여준다. 알랭은 대기업의 수석 부사장이었다. 그는 아프리카의 모 레스토랑에서 저녁 식사 중 자살 폭탄 테러범이 저지른 폭탄 테러를 경험했다. 이 청년이 자살폭탄 조끼를 터뜨린 뒤 식당에 있던 사람들 대부분이 사망했다. '운이 좋았다'라고 표현하는 것이 적절할지 모르겠지만 수개월에 걸친 회복 수술 끝에 그는 살아났다. 사고 뒤 그는 인생관이 완전히 달라졌다고 말했다. 다시 일어서서 회사의 예전 직책으로 복귀해 달라는 제안을 받았을 때 그는 거절했다. 그는 직장을 그만두기로 했다. 그는 이데올로기에 휩쓸린 청년들과 함께 하는 데 평생을 바치고 싶었다. 그는 인생에서 두 번째 기회가 주어졌다고 느꼈고, 그 기회를 가장 의미 있는 방식으로 사용하고 싶다고 말했다.

그런 경험을 한 사람들의 이야기를 들어보면 그들은 갑자기 자신이 좌우할 수 있는 활용하지 않은 잠재력을 깨닫게 된다. 알랭처럼 가치관이나 목표의 변화로 이어질 수도 있지만, 건강에 해로운 행동으로부터의 자유,

더 큰 내면의 평화로 이어지는 변화를 의미할 수도 있다. 알랭은 끔찍한 경험을 한 뒤 삶에 대해 훨씬 더 낙관적인 시각을 갖게 되었다. 그는 과거에 일어났던 일들에 대해 더는 우는 소리를 하지 않았다. 이전에는 새로운 업무를 맡는 것을 꺼렸지만 이제 그는 이를 담당하는 것을 즐겼다. 그는 현재가 자신에게 제공하는 것을 소중히 여겼다. 그는 "내가 바꿀 수 없거나 바꿀 의지가 없는 것에 대해 왜 불평할까요?"라고 말했다. 카르페 디엠Carpe diem, 즉 눈 앞의 기회를 놓치지 말라는 말은 알랭의 인생에서 중요한 삶의 주제가 되었다. 마치 새롭고 의미 있는 현실을 발견한 것 같았고 마치 중요한 진실을 발견한 것 같았다. 여담이지만, 알랭은 인생에 큰 변화를 가져오는 것도 두렵지만, 그보다 더 무서운 것은 무언가를 하지 않고 나중에 후회할 가능성이라고 말했다.

이에 대한 내 나름의 관점이 있다. 10여 년 전, 나는 시베리아의 캄차카 산맥에서 지구상에서 야생이 가장 잘 보존된 곳에 속하는 이곳에 가서 지역에 서식하는 거대한 불곰을 찾고 있었다. 스노모빌 운전기사가 갑자기 나에게 서둘러 뒷좌석에 빨리 올라타라고 소리쳤다. 그는 곰 한 마리가 옆 산등성이로 올라가는 것을 보았고 완전히 흥분한 상태였다. 그는 곰을 더 가까이서 보고 싶어 했고, 우리는 곰을 따라 전속력으로 달렸다. 목표물에 집중한 나머지 운전자는 눈에 있는 깊은 균열을 발견하지 못했다. 충돌 뒤 그는 긁힌 자국 하나 없었지만 내게는 인생의 전환점이 된 사고였다. 의식을 잃고 얼마 지나지 않아 깨어나서 가장 먼저 들었던 말은 "괜찮아요. 항생제 먹으면 돼요."라고 그가 한 말이었다. 그렇지만 항생제는 척추 골절로 판명된 나에게 해답이 될 수 없었다. 진통제 없이 썰매를 타고 얼음 언덕을 내려오는 것은 인생에서 가장 혹독한 경험이었다. 지구 반대편에서 파리로 돌아오는 것은 또 다른 극심한 고통이었다. 몇 번의 척추 수술로 인해 수개월 동안 움직이지 못하고 침대에 누워 있어야 했던 것은 또 다른 인내의 시험이었다. 그 기간에 나는 평생 마비될 가능성에 컸기 때문에 알랭처럼 '운이 좋았다'는 말을 반복해서 들었다. 아마도 '운이 좋았던' 부분은 이 경험을 통해 삶의 소중함, 즉 삶을 최대한 살아야 할 필요성에 대해 더 크게 인식하게 되었다는 점일 것이다. 또 병원 침대에 똑바로 누워 비참하게 지내던 나는 낯선 사람들의 친절에 대해 배울 수 있었다. 그로 인해 작은 몸짓이 얼마나 큰 힘을 발휘할 수 있는지 깨닫게 되었다. 그 이후로 나는 비슷한 작은 몸짓을 적극적으로 실천하고 있다. 끔찍한 사고를 긍정적으로 바꾸어 생각해보면, 내 경험 덕분에 조력 전문가로서 더욱 효과적일 수 있었다고 생각한다. 변화된 사람이 사람들을 변화시킨다는 말에는 진실이 있다.

앞서 말했듯이 그리고 내 개인적 경험이 있지만 급격한 변화는 드물다. 우리는 대부분 의식적으로는 좋은 의도를 가지고 있더라도 우리 무의식에서는 변화의 역동을 매우 다르게 바라본다. 이러한 무의식적 저항은 우리가 흔히 변화를 시도하는 것을 꺼리는 이유를 설명한다. 우리는 변화를 원한다고 말하지만 무의식은 전혀 다른 말을 한다. 미지에 대한 두려움 때문에 과거에는 매우 효과적이었는지 모르지만 현재는 역기능이 된 현상 유지 행동에 집착하는 경우가 너무 많다. 우리는 숨겨진 힘에 의해 막혀 있는 것 같다. 변화에 저항할 때 우리는 무엇을 얻을 수 있는지가 아니라 무엇을 포기해야 하는지에 더 집중한다. 이상하게도 우리는 우리의 신경증neuroses에 너무 집착하고 있는지도 모른다. 특정 행동 패턴에 익숙해져 있는 우리는 자신에게 가장 이익이 되는 일을 하지 않을 핑계를 찾는

데 매우 능숙하다. 이는 우리의 변화 수용과 변화 과정에 많은 용기가 필요한 이유를 알려준다.[2]

오직 당신만이 인생을 바꿀 수 있다Only You Can Change Your Life. 좋든 싫든 인생은 변화의 연속이다. 때때로 우리는 변화가 일어나리라는 것을 알지만 때로는 변화가 갑작스럽고 예기치 않게 찾아오기도 한다. 우리는 모두 직장과 인간관계의 전환, 신체적 정신적 건강의 변화, 지역 사회와 더 넓은 세상에서 새로운 사건들을 경험하게 된다. 일부 변화는 피할 수 없는 신체적 노화의 결과이며 자연스러운 순환이나 질서의 일부이다. 다른 변화는 우리가 어느 정도 통제할 수 있는데 가족, 친구, 동료, 기타 친밀한 사람들과 만남의 결과이다. 알랭의 경험이나 캄차카 지역에서의 내 운명적 사건처럼 또 다른 변화는 우연의 결과이다. 그렇지만 상황이 어떻든 변화해야 할 필요가 생기기 전에 스스로 변화하는 것이 훨씬 현명하다.

이 책 전체에서 강조했듯 현재 모습에서 되고 싶은 모습으로 변화하는 과정은 힘들 수도 있지만 매우 보람찬 과정이기도 하다. 그리고 목적지를 즉시 바꿀 수는 없지만 방향을 바꾸기 위해 많은 일을 할 수 있다. 이 변화의 과정이 어떤 모습으로 나타날지는 우리 시각에 따라 크게 달라진다. 그러나 한 가지 확실한 것은 결국 변화가 우리에게 압력을 행사할 것이므로 변화하지 않을 핑계를 찾는 데 시간과 에너지를 소비하는 것은 정답이 아니라는 것이다. 사실, 낡은 것에 집착하는 것은 자멸적 전략이 될 수 있으며 새로운 것에 기반을 두고 자신을 방해하는 숨겨진 힘을 찾는 것이

---

[2] Robert Kegan and Lisa Laskow (2009). *Immunity to Change: How to Overcome It and Unlock the Potential in Yourself and Your Organization*. Boston, MA: Harvard Business Review Press.

훨씬 더 건설적 전략이다. 요컨대 변화에 대처하는 가장 효과적인 방법은 변화를 수용하는 것이다. 우리가 마음을 일평생 바꾸지 않을 것이라면 굳이 마음을 가지고 있을 필요가 없다는 말이 있지 않은가?

인간의 본성이 그렇듯이 내 일이 그렇게 복잡하지 않았으면 좋겠다는 생각이 들 때가 있다. 사람들이 자신의 안전 지대에서 벗어나도록 돕는 것은 힘든 일이다. 악순환의 고리에 갇힌 사람들을 돕는 것은 어렵다. 사람들이 죽은 말을 때리고 있을 때 이제 그만 내려야 할 때라고 말해야 하는 것은 어렵다. 우리는 고치지 않는 것을 반복할 가능성이 크다는 것을 기억해야 한다. 그러나 긍정적인 측면을 생각해보면 나쁜 일은 누구에게나 일어나고, 과거를 바꿀 수는 없지만 그것을 평생 반복할 필요는 없다. 따라서 과거를 잊는 것은 어려울 수 있지만, 과거를 바탕으로 새로운 미래를 만들 수 있다. 나는 가끔 고객들에게 "지금까지 해온 것이 당신이 지금 하는 것의 전부라면, 앞으로 얻을 것은 당신이 지금까지 얻은 것이 전부일 것이다."라는 텍사스 속담을 상기시킨다.

만약 당신이 내 고객이라면 새로운 미래를 창조하는 열쇠는 자신에게 일어난 일을 직시하고, 어떤 것은 바꿀 수 없음을 인정하고 앞으로 나아가야 한다고 말하고 싶다. 통제할 수 없는 것에 대해 걱정하는 대신 통제할 수 있는 것에 에너지를 집중하라. 또 두려움에 이끌려 움직이지 말고 희망에 이끌려 움직여라. 많은 경우 오래된 문을 닫고 앞으로 나아갈 수 있으면 새로운 문이 열리고 더 나은 기회가 찾아올 수 있다. 우리는 흔히 가장 어두운 순간에 우리의 가장 큰 강점을 발견한다.

어디로 가고 싶은가?

삶의 일부를 바꾸고 싶다면 자신이 진정으로 원하는 것이 무엇인지 명확히 하는 것이 중요하다. 당신은 무엇을 성취하고 싶은가? 당연한 말처럼 들릴 수 있지만 원하는 것을 명확히 알지 못하면 원하는 것을 얻을 희망은 그다지 없다. 목표를 명확히 하는 것이 중요하므로 눈을 감고 가능한 최고의 모습을 상상해보라. 자신이 원하는 삶을 시각화해보라. 그리고 그것이 정말로 자신이 되고 싶은 모습이라면, 그것을 믿지 않는 부분은 과감히 버려라. 그러한 부정적인 목소리에 귀를 기울여보라.

내 경험으로는 대부분 사람이 실제로 이런 종류의 일을 하는 데 시간을 할애하지 않는다는 것을 안다. 그들은 자신이 원하는 삶을 그려보지 않는다. 생각이 작동하는 방식 때문에 이것이 그들의 방식이 되었다. 또 현재 상황에 불만이 있더라도 왜 새로운 형태의 삶을 위해 노력하지 않는지 자문하지 않는다. 그렇지만 자신이 진정으로 원하는 것을 명확히 알 수 있다면 더 큰 목적 의식을 갖고 그것을 향해 노력할 수 있다. 그러므로 목표를 명확히 하는 것이 매우 중요하다. 습관보다 의도에 따라 사는 것이 더 중요하다는 말이 있다.

결말 또는 시작?

당신의 인생 여정에서 현재 어디에 있는지 파악하고 싶을 수 있다. 당신은 지금 시작, 중간, 아니면 끝에 있는가? 어쩌면 끝이 진짜 끝이 아닐 수도 있다. 더 혼란스러운 것은 당신이 시작이라고 생각하는 순간이 끝일 수도 있다는 것이다. 또 시작이 나쁘다고 해서 좋은 결말로 이어지지 않는 것도 아니다. 따라서 과거로 돌아가 시작을 바꿀 수는 없지만 현재 위치에서 시작하여 결말을 바꿀 수는 있다. 그렇지만 한 가지 확실한 사실은 여전히 똑같이 변하지 않는 모습으로 계속 시작한다면 결코 새로운 결말을 얻을 수 없다는 것이다. 과거가 당신이 원하는 방향이 아니었다고 해서 미래가 상상했던 것보다 더 나아지지 않는다는 의미는 아니다.

당신이 인생이라는 여정을 떠나는 동안 그 길이 항상 순탄하거나 명확하게 표시되어 있는 것은 아니라는 점을 기억하라. 때로는 이상한 우회로가 있을 수도 있다. 그렇지만 이렇게 길을 벗어난 여행을 하는 동안에는 여행을 즐기도록 노력하라. 또 때때로 멈춰 서서 지금 있는 곳에서 경치를 감상하는 것도 좋다. 그리고 실수를 해도 괜찮고 모든 것을 잘하지 못해도 괜찮다는 것을 깨달아라. 그렇지만 당신의 진정한 패기를 보여줄 수 있는 것은 넘어진 뒤에 일어서는 능력이다. 할 수 없는 것이 할 수 있는 것을 방해하지 않도록 하라. 그리고 타인의 잣대로 자신의 진행도를 측정하지 마라. 자기 자신의 삶을 주도하라.

12장
CEO 위스퍼러의 춤

> 당신 주변을 둘러보라. 세상은 움직일 수 없는 불가항력적인 곳처럼 보일 수 있다. 그렇지 않다. 적재적소에 살짝만 밀어 넣으면 기울어질 수 있다.
>
> – 말콤 글래드웰 Malcom Gladwell

이제 내 인생에서 가장 중요한 역할은 고객이 삶을 변화시키기로 할 때 안내하는 것임이 분명해졌다. 그리고 그런 변화가 더 나은 방향으로의 변화이기를 바란다. 나는 함께 일했던 사람들이 막혀 있던 것을 풀고 변화할 준비가 된 결정적인 순간, 즉 티핑 포인트에 도달하도록 돕는 행운을 여러 번 누렸다. 그래서인지 고객 가운데 일부는 나를 'CEO 위스퍼러 whisperer'라고 부르기도 한다. 1998년 영화 「호스 위스퍼러 Horse Whisperer」가 개봉한 직후 고객 가운데 한 명이 나에게 처음 이 별명을 붙여주었을 때 웃었던 기억이 난다. 동명의 소설을 원작으로 한 이 영화에서 로버트 레드포드Robert Redford는 말과 소통하는 방법을 깊이 있게 이해하는 호스 위스퍼러로 출연했다.

이 영화는 겨울 아침 승마를 하러 나간 두 십대의 이야기를 다룬다. 즐겁게 이야기를 나누다가 갑자기 말이 빙판길에서 발을 헛디뎌 도로를 가로질러 미끄러지고 트럭에 치여 소녀 가운데 한 명과 그의 말이 죽게 된다. 다른 한 명은 오른쪽 다리가 절단되었다. 기적적으로 살아남은 말 역시 트라우마를 입어 회복이 불가능해 보였다. 딸과 말에게 닥친 재앙에 대처하기 위해 도움이 절실했던 소녀의 엄마는 말과 소통하는 카우보이 호스 위스퍼러 이야기를 들었다. 사람들의 말에 따르면 이 사람은 사고나 학대를 당한 말을 재교육하여 정상으로 돌려놓는다고 했다. 엄마는 딸과 말을 호스 위스퍼러에게 데려가 트라우마를 해결해 달라고 요청하기로 했다. 그는 인내심이 뛰어난 사람이었고, 엄마와 아이, 말이 절실히 필요로 하는 상황에서 말을 치유하고 소녀의 정신적 트라우마를 해소하며 엄마가 일 중독에서 벗어날 수 있도록 도와주었다. 호스 위스퍼러는 실제 존재한다. 그들은 말의 심리에 대한 깊은 이해를 바탕으로 말의 신체 언어를 해석하고 말의 협력을 끌어낼 수 있다.

영화를 본 뒤 나는 고객의 말을 이해했다. 그렇지만 나는 말에게 속삭이는 대신, 많은 임원에게 속삭인다. 그들은 모든 성공을 이루었지만, 그로 인해 역기능적인 행동 패턴을 갖게 된 사람들이다. 강박증, 자기애, 조울증에 이르기까지 다양한 역기능적 행동 패턴을 극복하도록 돕는 것이 내 임무라고 생각한다. 내 업무를 효과적으로 수행하려면 고객의 언어적, 비언어적 의사소통을 해석할 수 있어야 한다.

작업 동맹

까다로운 최고 경영진과 마주할 때 나는 위스퍼러의 '춤'를 추기 시작한다. 이 '춤'을 성공시키기 위해서는 몇 가지 단계를 거쳐야 한다. 첫 번째는 작업 또는 치료 동맹을 구축하는 것이다.[1] 이것은 변화의 역동dynamics of change과 변화에 시간이 걸리는 이유를 설명하는 데 도움이 되는 중요한 임상적 개념clinical concept이다.

작업 동맹working alliance이란 무엇일까? 이것은 기본적으로 내가 각 고객과 연결하고, 행동하고, 참여하는 방식이다. 이는 나와 고객 사이의 신뢰감과 관련이 있으며, 이를 통해 효과적으로 함께 일할 수 있다. 작업 동맹은 상호 존중mutual respect, 즉 양 당사자가 진정으로 이해받고 가치 있다고 느끼는 신뢰가 특징이지만, 효과적인 작업 동맹에는 목표, 내 역할, 고객이 달성하고자 하는 것에 대한 합의도 포함된다. 중요한 점은 나와 고객 사이의 목적 의식이 있는 협력 관계가 긍정적인 작업 진행과 상관이 있다는 것이다. 따라서 당신이 고객이라면 치료, 코칭 등 특정 지향성에 대한 선호도보다 작업 동맹이 얼마나 잘 맺어졌는가 하는 것이 개입의 효과를 훨씬 더 잘 예측할 수 있다는 점을 항상 명심해야 한다.

신뢰가 중요 요소인 작업 동맹을 구축할 때는 각 고객의 고유 특성에 주의를 기울여야 한다. 더 복잡한 요소는 위스퍼러의 춤은 결코 진공 상태에서 펼쳐지는 것이 아니라 특정한 맥락 속에서 펼쳐진다는 점이다. 예측할 수 있듯이 개개인의 성격이 다양하기 때문에 당연히 관계가 잘 맞지

---

1) Ralph R. Greenson (1967). *The Technique and Practice of Psychoanalysis*. New York: International Universities Press.

앉거나 춤을 멈추게 되는 상황이 발생할 수 있다. 때때로 나는 특정 고객에게 적합한 사람이 아닐 수도 있다.

까다로운 경영진과 작업 동맹을 구축하는 비결은 내가 그들에게 속삭이는 것뿐만 아니라 그에 못지않게 중요한 것은 그들이 내게 속삭이는 것을 듣는 방식에 달려 있다는 것을 알게 되었다. CEO 위스퍼러에게 깊은 적극적 경청은 고객이 제시하는 언어적, 비언어적 단서를 해독할 수 있는 필수 요건이다. 말하는 것뿐만 아니라 말하지 않는 것까지 주의 깊게 들어야 한다. 또 모른다는 것, 그리고 모른다는 것을 받아들일 준비가 되어 있어야 하는 것이 위스퍼러의 도전 과제 가운데 하나이다. 이것이 답답하긴 하지만 대부분 사람처럼 나도 어떤 형태의 폐쇄성을 선호하므로 내 무지를 용인할 수 있어야 하는데 이는 쉽지 않은 일이다.

역전이

공감, 감수성 능력은 위스퍼러로서 내 일의 근간이다. 공감은 다른 사람이 경험하는 것을 경험하지만 이 경험을 자신이 아닌 상대방에게 놓아둘 수 있는 능력을 말한다. 우뇌 대 우뇌 또는 무의식 대 무의식과 같이 고객과 감정적으로 관계를 맺는 방식이 이러한 애착 유대감을 형성하는 데 필수적이다. 고객의 초기 감정 패턴을 인식하고 나 자신과 분리된 것으로 의식할 수 있어야 이 정보를 효과적으로 사용할 수 있다.

이것이 역전이countertransference 개념이 의미하는 바인데, 고객에 대한 내 감정의 방향이 전환되는 것을 말한다. 다시 말해 고객과의 개인적인 정서적 얽힘, 즉 고객의 말에 대한 내 정서적 반응을 풀어야 한다. 무의식적으로 내 감정을 고객에게 투사하는 방식을 풀어야 한다는 의미이다. 고객이 무엇을 표현하려 하는지, 고객이 제시한 내용에 내가 어떻게 반응하고 싶어 하는지 알아챈 다음, 우리 모두가 평소의 각본대로 행동하지 않고 새롭고 건강한 결과를 만들 수 있도록 도와야 한다. 나는 이 과정을 '나를 도구로 사용하는 것'이라고 표현한다.[2] 고객의 각본에 있는 특정 대사가 내 각본과 공명할 수 있지만 압력을 느끼며 이를 묵인하거나 고객의 대본을 그대로 믿고 수용해서는 안 된다. 이러한 상황에서 내가 설계해야 하는 것은 재연이지만 예상 밖의 반전을 가미한 재연이다. 그 결과가 달라야 한다.

역전이는 민감한 대인관계의 측정 지표barometer이자 사회적 상호작용 영역에서 정교하게 조율된 도구 역할을 한다. 그렇지만 나와 고객 사이 역동에서 역전이를 사용하는 방식에 따라 상호작용이 도움이 될 수도 있고 문제가 될 수도 있다. 상대방의 감정을 이해하는 것은 항상 매우 어렵다. 내 감정을 상대방에게 투사하지 않도록 극도로 조심해야 한다는 뜻이다.

또 역전이는 중요한 자료의 원천이지만 늘 확실한 증거의 원천인 것은 아니다. 더 나은 이해에 도움이 되는 정보는 상호작용 과정에서 신중히 분류되어야 한다. 이 분류 과정을 복잡하게 만드는 것은 내가 두 가지 수준에서 번갈아 가며 작업해야 한다는 사실이다. 즉 고객의 생각, 감정에 대한 객관적 관찰자인 동시에 주관적 수용자 역할을 해야 한다. '나에 대한 것me'과 '내가 아닌 것not-me'을 구분해야 한다. 그리고 이 두 가지 수준

---

2) Manfred. F. R. Kets de Vries (2009). *Reflections on Character and Leadership: On the Couch with Manfred Kets de Vries*. San Francisco: Jossey-Bass.

을 능숙하게 다루어야 하며 경우에 따라서는 내 주관적인 정서적 삶을 능동적, 직접적으로 상호 공유하며 활용하기도 해야 한다.

모든 춤과 마찬가지로 시작 단계가 중요하다. 나는 오랜 경험을 통해 고객과의 첫 만남이 항상 가장 까다롭다는 것을 안다. 이것은 우리가 함께 일할 수 있을지를 결정하는 상호 평가의 순간이다. 잠재 고객이 몰입감을 느끼지 못하거나 나와 어떤 종류의 관계를 구축할 수 있다고 생각하지 않는다면, 작업 동맹이 형성될 가능성은 거의 없다.

전환 공간 transitional space

고객과 함께 춤을 추기 위해서는 고객의 곤경을 어느 정도 이해하는 모습을 보이는 것이 중요하다. 고객이 편안함을 느끼게 하는 것이 작업 동맹을 구축하는 첫 번째 단계이다. 또 우리 관계가 잘 이루어지려면 우리가 모두 원하는 변화를 탐색할 수 있는 안전한 공간, 즉 '놀이'를 할 수 있는 전환 공간을 만들어야 한다.[3] 전환 공간은 환상과 현실이 겹치는 내면과 외부 세계 사이의 중간 경험 영역으로 우리가 함께 만들어내는 공간이다. 낯설고 혼란스러운 공간일 수 있지만 창의력을 발휘할 수 있는 큰 잠재력의 공간이기도 하다.

그렇지만 '놀이'를 위해서는 고객이 안전하며, 받아들여지고, 존중을 받으며, 편안함을 느껴야 한다. 조롱이나 판단에 대한 두려움 없이 나와

---

3) Donald W. Winnicott. (1951) 'Transitional objects and transitional phenomena', in *Collected Papers: Through Pediatrics to Psycho-analysis* (1984), London: Karnac, pp. 229-242.

대화할 수 있어야 한다. 많은 사람이 코칭이나 컨설팅을 받으러 올 때 '경계를 늦추는 것'을 두려워한다. 그들은 자신이 제시하는 문제에 대해 비웃음을 사거나 조롱을 당할까 봐 두려워할 수 있다. 이들의 방어적 태도가 열정적 참여로 전환되는 데는 많은 시간이 걸리지 않는다. 만약 그들이 마음을 열지 못하면 상호작용에서 많은 것을 얻을 수 없다. 좋은 개입은 고객이 자신의 안전 지대에서 벗어나 새롭고 낯설고 처음에는 무서울 수도 있는 일을 기꺼이 시도하는 상황이다.

나는 안전한 공간을 만들면서 조심하려고 노력한다. 나는 고객과 코치 또는 심리치료사 사이의 협력이 얼마나 쉽게 무너지는지 봐왔다. 무심코 던진 말이 위협적인 것으로 인식되어 작업 동맹을 위태롭게 할 수 있다. 판단받는다고 느끼는 고객은 정보를 숨기게 되고, 이는 작업의 진전을 방해한다. 상호 존중하는 분위기를 조성하는 것은 내 개방성, 따뜻함의 정도, 고객 관점에서 사물을 보려는 간절한 열망에 따라 크게 달라진다. 고객들은 목표가 무엇이든 목표를 달성하는 데 내 도움을 원한다. 강력한 작업 동맹을 구축하려면 이들에게 안심감을 주고, 공감을 표시하고, 특이한 점에 대한 관용을 보여줘야 한다. 이를 위해서는 나와 매우 다른 고객의 가치와 신념에 대해서도 편견 없는 태도를 보여야 한다.

CEO 위스퍼러로서 나는 고객의 문제에 대해 어느 정도의 객관성을 보여줄 뿐만 아니라 이해도 보여줘야 한다. 춤의 첫 동작에서 나는 주로 지지하는 역할을 하고 해석은 거의 하지 않는다. 고객이 가장 원하지 않는 것은 자신이 가르침을 받고 통제당하고 있다는 느낌을 받는 것이다. 나는 적절하다면 유머가 양자 사이의 유대감을 형성하는 데 매우 효과적인 도구가 될 수 있다는 사실을 발견했다.

춤이 진행됨에 따라 내 도전 과제는 속삭이고 있는 고객에게 집중하고, 호기심을 불러일으키고, 부드럽게 도전하고, 향후 관계를 위한 프레임워크framework를 만드는 것이다. 그러기 위해 나와 함께 작업하고 싶은 사람들에게 스트레스 요인, 좌절감, 불만족에 대해 이야기하도록 독려한다. 내 입장에서는 그들의 기대에 부응하고 우리 관계를 통해 달성하고자 하는 목표가 무엇인지 공식화해야 한다.

이러한 모든 우려를 염두에 두고 나는 항상 고객이 나와 함께 일하는 것에 대해 어떻게 느끼는지 물어보면서 작업을 마무리하는 것이 유용하다고 생각한다. 이렇게 하면 고객이 안전하다고 느끼는지, 진정으로 이야기를 들어주는지, 진지하게 대하며 보살펴준다고 느끼는지 등 작업의 초기 영향도에 대한 피드백을 얻을 수 있다. 물론 성공적인 결과를 기대하는 희망이 항상 배경에 자리 잡고 있다.

첫 인터뷰에서는 고객의 생각과 욕구를 끌어내기 위해 여러 가지 질문을 한다. 예를 들면 다음과 같다. 나를 만나러 온 이유는 무엇인가? 현재 일과 개인 생활에서 무엇이 잘못되었다고 생각하는가? 해결하고 싶은 문제는 무엇인가? 자신을 어떠하다고 말할 수 있는가? 여러분의 삶에서 무엇이 달라졌으면 좋겠는가? 또 나는 그들이 수정 구슬을 들여다보고 있다고 상상하면서 미래에 대한 환상을 말해달라고 요청한다. 다시 말해, 공동 작업을 통해 기대하는 가장 좋은 결과는 무엇인가? 춤의 첫 단계 세부 사항이 끝난 뒤 나는 이 질문들에 대한 답을 찾는 데 집중한다. 기본적으로 나는 고객이 원하는 미래를 상상하고 발전에 초점을 맞춘 사고방식을 갖도록 요청한다.

고객의 내면 극장을 더 잘 이해하기 위해, 그리고 무엇이 고객을 '움직이게' 만드는지 더 잘 이해하기 위해 나는 고객에게 어린 시절 경험, 교육, 대인관계 특성(애착 패턴을 염두), 현재 생활 상황, 커리어 이력 등 개인사에 대해 이야기해 달라고도 요청한다. 나는 또한 고객의 라이프 앵커 life anchors를 어느 정도 파악하는 것을 좋아한다. 그렇지만 나는 고객에게 민감한 부분에 대해 질문할 때는 항상 매우 신중하다. 성적 욕망, 친밀한 관계, 어린 시절, 직장 생활에 관해 솔직하게 이야기할 수도 있지만, 이러한 이야기를 언제, 어떻게, 누구와 나누고 싶은지 스스로 결정할 수 있어야 한다. 코칭이나 심리치료 관계에서 이러한 문제 가운데 일부가 드러나기까지는 다소 시간이 걸릴 수 있다.

일반적으로 나는 개방형 질문을 선호하고 구조화되지 않은 개방형 대화를 선호한다. 이 과정에서 나는 항상 대화에서 고객의 경험을 대표하는 반복되는 주제들 recurrent themes을 찾는다. 나는 고객의 감정과 인식을 과거 경험과 연결하려고 노력한다. 고객이 받아들일 수 없다고 느끼는 감정에 주의를 기울이고, 적절한 시점이 되면 그 감정을 회피하는 방식을 언급한다. 나는 고객과의 현재 관계에 집중하여 고객과의 관계를 고객의 과거 및 현재 다른 관계와 연결하고 비교한다(이것은 전이 transference 개념이며, 14장에서 더 자세히 설명한다).

위스퍼러의 춤을 추는 동안에는 효과가 있는 것과 없는 것, 공명이 일어나는 것과 그렇지 않은 것을 인식하여 이에 적응하고, 즉각적으로 반응하려는 충동과 그것을 자제하는 것 사이의 균형을 맞추는 것이 가장 중요하다. 따라서 고객이 말이 안 되는 말을 하더라도 내 반응을 조절한다. 무심코 고객이 미처 직면할 준비가 되지 않은 문제를 제기하지 않도록 고객의 견해에 도전하기 전에 두 번 생각한다. 처음부터 불쾌한 것에 너무 집중하면 작업이 진전되지 않는다. 따라서 내 일반적인 목표는 '쇠가 차가울 때 두드리는 것'이므로 고객이 구체적인 관찰을 소화할 준비가 되어 있어야 한다. 고객이 얼마나 많은 진실을 감당할 수 있는지 평가하고 방어기제를 과도하게 발휘하지 않도록 해야 한다. 이는 필요하다면 내 입을 다물어야 한다는 뜻이기도 하다. 해석할 때는 고객이 내가 속삭이는 내용을 들을 준비가 되어 있는지 확인하는 것이 좋다. 동시에 쉽게 칭찬하거나 거짓 확신을 심어주는 것도 자제한다. 고객이 자신의 삶을 더 나은 방향으로 바꿀 수 있고 바꿀 것이라는 희망을 제시하는 것이 더 중요하다.

일단 작업 동맹이 맺어지면 나는 고객이 어떤 문제에 대해 생각하도록 조심스럽게 도전하거나 고객이 어떻게 반응하는지 시험적으로 관찰 및 해석하면서 그들의 호기심과 관심을 불러일으키려고 노력한다. 여기서 명확화하거나 직면하는 과정이 중요해지지만 상대방이 어떻게 인식하는가에 따라 내 질문을 첫 번째 질문 또는 두 번째 질문으로 분류할지 항상 혼란스러울 수 있다. 나도 가끔 '분석가의 섣부른 해석wild analysis'을 하고는 한다. 때때로 나 역시 심리치료적 요령을 신경 쓰지 않은 채 결론을 내려 버리거나, 고객의 삶에서 발견한 증거 사례에 기반을 두지 않은 주장으로 고객의 정신적 삶을 해석한다는 비난을 받을 수 있다는 것을 인정한다. 일종의 요령일 수도 있지만 진지한 리더 위스퍼링을 하려면 고객의 불편하고 어렵고 취약한 측면을 파고들어야 한다고 생각한다. 지나치게 성급한 판단은 저항과 방어를 유발할 위험이 있지만, 고객이 시험적 관찰, 해석에 어떻게 반응하는지 보는 것은 작업이 얼마나 잘 진행될지 평가하는 데 도움이 된다.

코치, 치료자의 성격 구성character make-up이 작업의 발전 방식에 주요 역할을 한다는 것은 놀라운 일이 아니다. 동료들의 작업을 수퍼비전하면서 나는 임원 코치나 치료사가 너무 경직되거나, 불확실하거나, 착취적이거나, 비판적이거나, 거리를 두거나, 긴장하거나, 냉담하거나, 산만할 때 그들의 개인 특성이 어떻게 작업 동맹에 부정적인 영향을 미칠 수 있는지 보았다. 또 개입을 과도 또는 과소하게 구조화하거나, 코치의 과도한 자기 공개, 부적절한 전이 해석(무의식적인 행동 패턴을 부적절한 시기에 의식화하려는 시도)과 같은 일부 유형의 개입 역시 작업 동맹에 부정적인 영향을 미칠 수 있다.

지나치게 방어적이거나, 극도로 경계심이 많거나, 조용하거나, 개입을 통해 무엇을 얻고 싶은지 전혀 모르는 고객과는 작업 동맹을 구축하기가 더 어려울 수 있다. 고객이 변화의 노력에 기꺼이 참여해야 한다. 사람들이 자신에 대해 호기심이 없다면 작업이 잘 진행되지 않을 수 있다. 또 우울증, 조울증, 경계성 장애, 편집증, 자기애, 소시오패스, 싸이코패스 성격과 같은 특정 심리적 문제를 가진 고객은 작업 과정에 어려움을 겪을 수 있다.

심리학자 메리 스미스Mary Smith와 진 글래스Gene Glass는 다양한 유형의 심리치료 효과에 관한 연구를 수행했다.[4] 약 400건의 심리치료, 상담에 관한 통제된 평가 결과를 취합해 통계적으로 합쳤다. 일반적으로 연구 결과는 심리치료 효과에 대한 설득력 있는 증거를 제공했다. 연구진은 평균적으로 심리치료를 받은 고객이 심리치료를 받지 않은 75%보다 더 나아졌다고 결론지었다. 더 흥미로운 점은 고객이 받은 치료 유형이 치료 성공률에 미치는 영향에 제한적이라는 점이었다. 이들의 결론은 고객과 치료

---

4) https://psycnet.apa.org/record/1978-10341-001

사 사이의 관계가 성공적인 결과를 결정하는 요인이라는 생각을 뒷받침한다.

변화의 리듬

고객에 대한 내 개입interventions에는 리듬이 있다. 고객들은 자신의 감정, 생각, 행동 패턴에 대해 점점 더 많이 알게 된다. 극적인 '아하!'의 순간을 만들어낼 수는 없지만, 어떤 종류의 변혁에 도움이 되는 환경을 조성할 수는 있다. 그들이 원하는 목표에 도달하는 데는 특정한 경로가 있는 경향이 있다.

첫째, 고객 스스로 현재 상황에 대한 우려를 느껴야 한다. 변화의 과정을 시작하려면 일반적으로 변화에 대한 저항을 형성하는 이차적 이익(동정심, 관심)에 끌리기보다 더 큰 고통, 불편함의 형태로 강력한 유인이 필요하다. 가족 사이의 갈등, 건강 문제, 부정적인 사회적 제재, 사고, 무력감과 불안감으로 이어지는 고립감, 문제 행동, 가까운 사람에게 일어난 괴로운 사건, 또는 단순히 일상의 번거로움과 좌절감 등이 유발 요인이 될 수 있다. 단 한 번의 불만스러운 사건이 지속적인 불행의 패턴이 되면 무언가 잘못되었다는 사실을 부정하기 어려워진다. 이러한 감정은 역기능적 행동이 계속되면 심각한 부정적 결과가 초래될 수 있다는 신호이다. 이러한 감정은 마침내 현상 유지를 깨뜨릴 준비, 즉 작은 변화가 큰 영향을 초래할 수 있는 전환점tipping point을 위한 환경을 조성한다.

과감한 조치가 필요하다는 통찰 자체가 누군가 자동으로 행동하도록 하지는 않지만, 대안적 시나리오를 시각화하는 정신적 과정을 시작할 수 있다. 현실을 부정하는 단계에서 모든 것이 좋지만은 않다는 것을 깨닫는 단계로 전환한 사람은 현실 재평가 과정을 준비할 수 있는 상태로 넘어갈 수 있다. 시간이 지나더라도 또는 사소한 행동 변화가 있더라도 그들의 상황이 나아지지 않는다는 것을 깨닫는 시점에 도달할 수 있으며, 실제로 실질적인 조치가 취해지지 않으면 상황이 더욱 악화할 가능성이 크다.

명품 회사의 소유주 엘리스Elise에게 오랜 세월 함께한 남편과의 이혼은 인생의 중요한 사건이 되었다. 이혼은 비교적 편안했던 그녀의 삶을 무너뜨리고 자신의 라이프 스타일을 재평가하게 하는 계기가 되었다. 그녀는 아이들과 더 많은 시간을 보내기로 하고 자신이 정말 좋아하는 여가 활동에 참여하는 등 가정 생활에서 변화를 가져왔다. 그렇지만 이혼은 직장에서도 변화를 촉발했다. 억눌려 있던 여러 가지 감정이 표면으로 드러나면서 그녀는 자신이 직장에서 상당히 불행하다는 것을 깨달았다. 그 결과 그녀의 회사는 정체되어 있었다. 그녀는 자동 조종 장치에 의존하며 자신의 창의성을 억누르고 있었다. 이혼은 그녀의 불만을 명확히 드러나게 했고 변화의 원동력이 되어 그녀의 조직을 새로운 방향으로 이끄는 데 도움이 되었다.

개인 변화 과정의 세 번째 단계는 일종의 공개적 의도 선언public declaration of intent인데, 연구에 따르면 이는 변화에 대한 높은 수준의 의지를 가진 사람을 나타내는 좋은 지표라고 한다. 변화의 언어를 인식하는 것이 중요하다. 다른 사람들에게 어느 정도 사회적 맥락에서 자신이 무엇을 할 계획인지 이야기하는 것은 그 사람이 자신의 문제를 어느 정도 받아들였다는 것을 나타낸다. 이는 분열, 억압, 부정, 투사, 합리화 같은 전통적 방어기제 메커니즘이 대체로 그 역할을 다했음을 보여준다. 나는 많은 워크숍에서 공개적 약속을 하는 것이 얼마나 중요한지 보았는데, 왜냐하면 약속을 하는 사람만 아니라 그 사람의 환경에 있는 사람들에게도 영향을 미치기 때문에 추진력이 배가되기 때문이다. 더 많은 통찰을 얻을 수 있는 대화가 시작되고, 다른 사람들은 참가자가 약속을 지키도록 압력을 가할 것이다. 예를 들어, 누군가가 술을 안 마시겠다는 의사를 밝힌 경우, 그 결정을 지지하는 지인들은 술을 권할 가능성이 작고 술을 마시면 그 약속을 얘기할 것이다. 공개적인 의사 표명은 더 취약한 입장을 취하고 문제를 사적인 단계에서 공적인 단계로 옮기겠다는 의지를 의미한다. 공개적 선언을 하는 사람은 다른 행동 방식을 확립하고 이전의 덜 바람직했던 자신과 거리를 두고 싶다는 의사를 표현하는 것이다.

결국 고객은 행동할 준비가 될 수 있다. 변화에 대한 저항력이 약해지기 시작한다. 그들의 습관적 저항 체계가 작동을 멈춘다. 자신의 상황에 대한 새로운 통찰을 얻고 새로운 가능성을 보게 될 수도 있다. 무력감과 절망감 대신 그들의 정서적 에너지는 역기능적 행동 패턴의 원인이 된 과거에 대한 걱정에서 현재와 미래에 대한 관심으로 옮겨진다. 마치 무거운 짐을 내려놓은 것처럼 느낄 수 있다. 정신적으로는 더 건설적인 미래를 향해 나아갈 준비가 된 것이다. 또 성공적인 개인 변화의 여러 단계를 거치면서 기존의 정체성과 역할을 포기하고 새로운 정체성과 역할을 받아들이는 능력이 향상될 수 있다. 이들은 자신이 살고 있는 세상을 의미 있는 방식으로 재구성하기 시작한다. 인생의 목표와 의미를 재평가하고 낡은 것을 버리고 새로운 것을 받아들인다.

나는 사람들이 안전지대를 벗어나도록 돕는다. 나는 사람들의 행동을 욕구와 일치시키려고 노력한다. 나는 사람들이 자신이 존중과 사랑을 받을 만한 가치가 있다는 것을 인식하도록 돕는다. 나는 사람들이 삶에서 거짓을 없애고 더 진실하게 살 수 있도록 돕는다. 나는 그들이 인간에게 함께 오는 정신 이상insanity을 받아들이도록 한다. 나는 그들의 사회적 기술을 향상시키려 한다. 그리고 나는 다른 사람에게 베풀게 함으로써 이타적인 동기를 자극하려고 한다.

코치이자 심리치료사로서 나는 또한 그들의 평탄치 않은 단계와 변화, 안정과 불안정, 진보와 퇴보, 반복과 새로움, 흔히 상당한 불확실성에 대해 이러한 상호작용의 흐름에서 그 패턴을 추적하려 노력한다. 여러 가지 생각, 환상, 표상, 관계 패턴, 감정은 모두 시간이 지남에 따라 서로 합쳐지고 변화하고 변형되며 그것들의 상호 관계도 변화한다. 나는 사소한 변화도 끊임없이 인식하고 적절히 보정해야 한다. 고객이 앞으로 나아가게 넛지nudge 해야 한다.

리더 위스퍼러leaser whisperer로서 나는 고객들이 자신의 능력을 발휘하고 진정한 잠재력을 활용할 수 있도록 돕기 위해 자신의 삶을 돌아보도록 유도한다. 그렇지만 너무 많은 사람이 삶의 목적지destination 또는 목적purpose에 대한 성찰 없이 지속되는 삶을 산다. 나는 성찰 없이는 이 사람들은 어둠 속에서 비틀거리며 어두운 방에서 검은 고양이를 더듬는 것과 같다고 굳게 믿는다. 바로 이곳에서 리더 위스퍼러는 고객이 원하는 대로가 아닌 있는 그대로를 볼 수 있도록 도와주며 진정한 변화를 만들어낼 수 있다.

13장
'아하!' 경험 만들기

어쩌면 깨달음을 향한 여정은 보이지 않는 꾸준한 이해의 과정일지도 모른다. 금고에 비유하면 정확한 조합으로 다이얼을 돌리는 동안에는 진행 상황을 눈으로 확인할 수 없다.

— 크리스 마타카스 Chris Matakas

창의성과 통찰력은 거의 항상 예리한 패턴 인식 경험, 즉 이질적인 개념이나 아이디어 사이의 상호 연관성을 인식하여 새로운 것을 발견하는 유레카의 순간을 포함한다.

— 제이슨 실바 Jason Silva

퇴행regression은 무의식적, 정서적 방어 메커니즘으로 우리의 발달 초기 단계에서 사용했던 행동 방식으로 되돌아가는 것을 말한다. 대처 메커니즘coping mechanism으로서 퇴행은 현재 상태보다 더 안전하다고 느꼈던 시기로 돌아가려는 시도이다. 우리는 돌봄을 받고 있었으므로 안전하다고 느꼈다. 퇴행은 무해하고 미묘할 수도 있지만, 문제가 되거나 노골적으로 드러날 수도 있다. 스트레스 수준이 높을수록 더 극적인 형태의 퇴행이 나타날 수 있다. 일반적으로 트라우마 사건, 스트레스, 좌절감으로 인해 퇴행적인 행동을 보이는 아이들이 많다. 그렇지만 그렇다고 해서 성인이 걱정, 공포, 짜증, 불확실성을 유발하는 상황에 반응하여 퇴행하지 않는다는 의미는 아니다.

자아를 위한 퇴행

정신분석가 에른스트 크리스Ernst Kris는 내담자와 치료사 사이의 만남에서 발생할 수 있는 퇴행을 두 가지 유형으로 구분했다. 첫 번째 유형인 단순 퇴행은 내담자가 나이에 맞는 적절한 대처 전략을 포기하고 더 이전의 유치한 행동 패턴을 선호할 때 나타난다. 두 번째 유형, 즉 크리스가 자아를 위한 퇴행이라고 부르는 퇴행은 훨씬 더 건설적인 형태를 취한다. 이런 상황에서는 무의식적 내용이 의식으로 올라와 개인 성장과 창의성을 위해 사용된다. 크리스에 따르면 예술가와 다른 창의적인 사람들은 특히 더 창의적 형태의 퇴행에 의존하지만, 나는 임원들과 함께 일하며 이런 퇴행 패턴이 창의적 예술가들만의 전유물이 아니라는 것을 볼 수 있었다. 우리는 모두 더 건설적 방식으로 퇴행할 수 있는 능력이 있다. 무의식에서 파생된 정신적 이미지를 사용하면 생각, 감정, 행동 측면에서 기존과는 다른 접근 방식을 발견할 수 있다.

얼마 전 한 에너지 회사의 재무 담당 부사장인 루이즈Louise가 전날 밤 꾼 꿈을 내게 들려주었다. 꿈속에서 그녀는 깊은 계곡을 따라 좁은 시골길을 달리는 택시에 앉아 있었다. 도로 가에는 눈이 쌓여 있었고 도로 역시 얼어 있었다. 운전사는 속도를 줄여 달라는 그녀의 간청을 무시한 채 속도를 높이고 있었다. 그가 계속 속도를 내자 그녀는 차가 도로에서 미끄러져 계곡으로 떨어질까 봐 점점 더 불안해졌다. 그녀는 무력감을 느꼈고 동시에 매우 화도 났다. 갑자기 꿈의 풍경이 바뀌었다. 루이즈는 낯설지만 어딘가 익숙한 집에서 의자에 앉아 있는 자신을 발견했다. 그녀는 비명을 지르는 아기를 진정시키려고 아기 침대를 흔들고 있었다. 놀랍게도 그녀는 아기를 진정시킬 수 있었고 잠에서 깨어났다.

독려를 조금 받고 나서 루이즈는 본인 꿈에 대한 의식의 흐름을 서술하기 시작했다. 서서히 떠오른 주제는 통제력을 잃고 통제력을 얻고자 하는 것, 즉 택시 기사를 통제하지 못하는 것과 우는 아기를 진정시키는 데 성공하는 것이었다. 흥미롭게도 루이즈는 택시 기사와 아기의 이미지를 보며 남편을 떠올렸다. 그녀의 남편은 통제 불능인 꿈속의 택시 기사와 닮았기 때문이었다. 그녀는 아기처럼 그를 돌보고 있다고 느꼈지만 남편이 통제할 수 없는 존재라고도 생각했다. 친한 친구들이 남편이 바람을 피운다고 말했지만 그들이 보여준 많은 증거에도 루이즈는 어떤 말도 듣고 싶지 않았다. 그녀에게 더 많은 말을 하도록 권유하자 그녀는 남편에게 정서적 지원을 의존하고 있어 남편과 직면하는 것이 두렵다고 말했다. 그렇지만 그 말을 하자마자 루이즈는 울기 시작했고, 저에게 그만하면 충분하다고 말했다. 그녀가 궁금해했던 아기는 누구였을까? 자신을 이용하고 아기처럼 돌봄받기를 좋아했던 남편일까, 아니면 루이스 자신일까? 어쨌든 그녀는 충분히 참았다. 그녀는 더는 이 상황을 용납할 수 없었다. 두렵기는 했지만 이제 감당해야 할 때였다. 그녀는 그렇게 할 경우 남편과의 관계가 어떻게 될지 상당히 걱정된다고 고백했다. 그렇지만 그녀는 자신이 남편보다 훨씬 더 성공적인 직업이 있는 것과 같은 유리한 점이 많다는 사실을 깨달았다. 사실 그녀는 가족의 실질적인 생계를 책임지고 있었다. 또 대부분 친구는 그녀를 좋아했지만 남편에 대해서는 별로 관심이 없었다. 이런 성찰을 통해 그녀는 자신의 삶을 더 잘 통제할 때가 되었다는 것을 깨달았다. 더는 아기처럼 굴지 말아야 할 때가 된 것이었다.

돌이켜보니 그녀의 꿈은 '아하!' 하는 깨달음의 순간이었다. 꿈을 꾸기 전 루이즈는 남편과 이혼하면 심각한 우울증에 걸릴까 봐 남편을 떠난다는 생각을 두려워했다. 혼자라는 생각은 그녀를 두렵게 했다. 그녀는 울음을 멈출 수 없을까 두려웠다. 그러나 꿈에서 그녀는 아기를 진정시킬 힘이 있었고 울음을 멈췄다. 분명히 그녀는 꿈과의 연관성을 통해 자신의 삶을 변화시킬 때가 되었다는 것을 분명히 알 수 있었다. 그녀는 예전처럼 계속 살 수 없었다. 그녀는 현재 상황이 지속 가능하지 않다는 것을 깨달았다. 루이즈는 꿈 이미지를 통해 남편이 자신을 이용하는 모습을 더는 보고 싶지 않으며 현실을 외면하는 행동을 끝낼 용기를 얻었다. 수동적, 의존적인 방식을 지속하지 않고 그녀는 행동하기로 결심했다. 그녀는 남편과 진지한 대화를 나누며 이혼을 원한다고 말했다. 아기가 퇴행의 대상으로 주요 역할로 등장했던 그녀의 꿈이 인생의 전환점이 되었다.

'아하' 순간과 편도체

당연히 신경과학자들은 이러한 변화의 순간에 대한 신경학적 근거를 알아내기 위해 노력해왔다. 이런 순간이 오면 뇌에서는 어떤 일이 일어나고 있을까? 어떤 신경 활동이 이러한 특정 유형의 빠른 학습 및 통찰력과 관련이 있을까? 다행히도 기능적 자기공명영상fMRI 연구를 통해 마음이 방황할 때 경험하는 자발적이고 비교적 제약이 없는 생각이 뇌에서 어떻게 생성되는지 이해할 수 있게 되었다.[1]

신경학적 관점에서 볼 때, 정서적인 '아하!'의 깨달음은 우뇌에 속하는 뇌 현상으로 무의식에 접근할 수 있게 해주는 직관적이고 자발적이며 정서적이고 시각적인 마음의 측면이다. '아하!' 순간을 경험하면 뇌의 프로세스가 이성적인 사고 과정을 우회하여 뇌의 다른 부분에 접근하여 답을 찾는다. 따라서 갑자기 수수께끼에 대한 답을 얻거나 문제의 해결책을 이해할 때, 우리는 실제로 머릿속에서 전구가 켜지는 것을 느낄 수 있다.

신경과학자들은 뇌의 우반구가 기존의 인지적 레퍼토리에 있는 규칙이나 전략이 쉽게 적용되지 않는 새로운 인지적 상황을 탐색적으로 처리

---

1) E. M. Bowden, M. Jung-Beeman (2003). Aha! Insight experience correlates with solution activation in the right hemisphere. *Psychonomic Bulletin and Review*, 10, 730–737; K. Christoff, A. M. Gordon, J. Smallwood, R. Smith, J. W. Schooler (2009). Experience sampling during fMRI reveals default network and executive system contributions to mind wandering. *Proceedings of the National Academy of Sciences of the United States of America*, 106, 8719–8724; G. Claxton (1997). *Hare Brain, Tortoise Mind: How Intelligence Increases When You Think Less*. New York, NY: Harper Collins; A. Dietrich and R. Kanso (2010). A review of EEG, ERP and neuroimaging studies of creativity and insight. *Psychological Bulletin*, 136, 822–848.

하는 데 중요하다고 강조했다. 반면, 뇌의 좌반구는 기존의 표상 및 루틴이 된 인지적 전략을 기반으로 처리하는 데 매우 중요하다. 문제를 논리적으로 '해결'하려는 좌뇌의 욕구에 의존하지 않고 우뇌가 문제를 해결하도록 허용하고 그 기능을 신뢰할 수 있다면 이러한 통찰에 도달할 가능성이 더 커진다. 정서를 관장한다고 알려진 아몬드 모양 뇌 구조인 편도체amygdala는 생존에 중요한 사건들에 대한 우리의 모든 반응을 조절한다. 편도체는 정서 관리의 중심 역할을 하는 만큼 '아하!' 순간에 중요한 역할을 한다. 신경과학자들이 밝혀낸 바에 따르면 이런 통찰의 순간에 뇌의 편도체 부분이 활발히 활동한다. 이는 다른 피질 영역에 중요한 신경 재구성 사건이 일어났다는 신호를 보내고, 이를 통해 이러한 통찰의 순간을 장기 기억에 통합한다. 편도체의 도움으로 '아하!' 순간을 경험하고 문제를 해결하는 다른 방법을 깨닫거나 어떤 작업을 더 빠르고 효과적으로 수행하는 방법을 이해하면 그 통찰력을 잊어버리지 않는다. 편도체의 도움으로 사물을 바라보는 새로운 방식이 우리 뇌에 영향을 미쳐 내면의 세계를 재구성하는 데 기여한다. 과거의 생각, 감정, 행동 패턴이 사라진다. 태도와 행동의 변화는 자기the self의 재정의, 나아가 재창조로 이어진다.

연상의 주기적 변화

정신분석가들은 특정 개입interventions을 내담자와 분석가 모두 더 생산적이라고 느낀다는 사실을 오랫동안 알고 있었지만 이러한 순간을 체계적으로 조사한 것은 크리스Kris가 처음이었다. 그는 자아를 위해 퇴행하는 경우, 우리가 새로운 기억을 찾기 위해 노력하지 않는다는 점을 지적했다. 루이즈의 경험에서 알 수 있듯 이러한 기억은 무의식적으로 나오는 것처럼 보인다. 그것들은 그냥 흘러나온다. 그리고 더 중요한 것은 새로운 기억을 발견하는 능력이 발견된 것의 중요성을 이해하는 능력과 일치한다는 점이다. 이런 '좋은 개입'을 통해 연상associations이 맥락에 맞게 나타나는데 주요 사건을 상징화하고 심리 구조를 재구성하는 데 도움이 된다. 루이즈의 경우 새로운 연상을 발견하는 능력은 발견한 것의 중요성을 파악하는 능력과 일치했다.

크리스는 치료 상황에서 이러한 개입이 일반적으로 환자가 최근의 사건을 이야기하는 것으로 시작한다고 언급했다. 어떤 일이 있었는지 이야기하는 동안 내담자는 다소 불안한 모습을 보이거나 부정적 행동을 보이기도 했다. 그러나 대화가 진행되는 동안 특정 지점에서 눈에 띄는 변화가 일어난다. 한때 혼란스럽던 패턴이 점점 더 명확하게 되었다. 만남이 진행되면서 모든 것이 이해되기 시작했다. 어떤 내용이 표면에 떠오르든 그것을 연상하는 데 저항이 거의 없거나 또는 전혀 없었다. 새로운 기억과 연상을 쉽게 이해할 수 있게 되었다.

루이스와 함께 작업할 때 한두 가지 질문만 던져도 다양한 해석을 이끌어내는 연상들이 눈더미처럼 쏟아져 나왔다. 갑자기 그녀는 모든 것이 이해가 되는 것 같았다. 다른 경우에는 내용을 제시하는 것을 주저했지만, 이 특별한 꿈 이야기를 할 때는 기꺼이 그 꿈과 관련된 연상을 할 준비가 되어 있었다. 그렇게 하면서 새로운 통찰력이 떠올랐다. 그녀는 자신의 상황을 매우 명확하게 보게 되었다. 그리고 이 '아하!' 경험을 통해 그녀는 큰 안도감을 느끼게 되었다.

루이스의 통찰은 내가 제안한 것이 아니었다. '아하!' 경험을 만들어내는 상호작용인 '좋은 개입'의 흥미로운 점은 고객이 주도권을 가지고 있어서 행동할 가능성이 훨씬 더 크다는 것이다. 물론 CEO 위스퍼러로서 나는 흔히 이를 실현하는 촉매제 역할을 한다. 즉 연상이 표면화되도록 하여 '아하!' 순간을 만들어지도록 돕는다. 그렇지만 그러한 지점에 도달하기 전에 흔히 저항이 커지고 고객이 막혀 있는 것처럼 보일 수 있다. 이때가 바로 고객과 나 사이의 작업이 매우 무거운 짐을 지는 것처럼 느껴지기 시작하는 교류의 시점이다. 나는 보통 이런 상황이 올 것을 예상한다. 변화에 대한 이런 저항에 대처하는 방법을 아는 것은 이를 극복하는데 필수적이다. CEO 위스퍼러로서 나는 이러한 어려운 반응을 포용하고 대처할 수 있어야 한다.

아무런 일도 일어나지 않는 것일까?

고객이 저항하고 막히게 되면 때때로 아무런 일도 일어나지 않는 것처럼 느껴지지만 실제로는 그렇지 않다.[2] 아무런 일도 일어나지 않는 것은 없다. 오직 뇌사 상태일 때만 아무런 일도 일어나지 않는다. 이러한 정체 상태는 자아를 위한 퇴행 과정의 일부로 설명하는 것이 좋다. 아무것도 하지 않는 것처럼 보일 때 흔히 훨씬 더 심오한 일이 일어난다. 많은 사람이 일을 덜 하고 더 많이 성찰할 때 더 나아질 수 있다고 나는 굳게 믿는다.

2) Manfred F.R. Kets de Vries (2015). Doing nothing and nothing to do: The hidden value of empty time and boredom, *Organizational Dynamics*, 44, 169-175.

닉센Niksen은 아무것도 하지 않는 시간을 뜻하는 네덜란드어이다. 이상하게 들릴지 모르지만 닉센 모드가 복잡한 문제를 처리하는 가장 좋은 방법일 수도 있다.

르네상스 조각가이자 화가인 미켈란젤로Michelangelo의 유명한 이야기가 이를 잘 설명해준다. 1466년 아고스티노 디 두치오Agostino di Duccio라는 조각가가 피렌체 대성당에 다비드상을 조각해 달라는 의뢰를 받았다. 그는 토스카니Tuscany에 있는 카라라Carrara의 유명한 채석장에서 가져온 대형 대리석으로 작업을 시작했지만 다리, 발, 휘장의 모양만 표시한 채로 작업을 포기했고 그 이유는 아직 명확하게 밝혀지지 않았다. 그 뒤 25년 동안 이 대리석 덩어리는 성당 작업장 안뜰에서 외부 날씨에 노출된 채 방치되어 있었다. 미켈란젤로에게 이 포기한 작업을 다시 시작해 달라고 요청했다. 대리석 상태가 나빠졌지만 미켈란젤로는 이 작업을 수락했다. 이야기에 따르면 얼마 지나지 않아 미켈란젤로가 거의 작업을 하지 않는다는 소문이 돌기 시작했다고 한다. 그는 몇 시간 동안 아무것도 하지 않고 대리석만 쳐다보고 있었다고 한다. 한 친구가 미켈란젤로를 보고 "무엇을 하고 있나?"라고 뻔한 질문을 했을 때 미켈란젤로는 "작업 중이야."라고 대답했다. 몇 년 뒤 대리석 덩어리가 거대한 다비드상이 된 뒤 그는 "대리석에서 천사를 보았고 그가 자유롭게 되도록 조각했다."라고 말했다.

프랑스 수학자 앙리 푸앵카레Henri Poincaré의 이야기는 아무것도 하지 않는 창의적 인간에 대한 또 다른 일화이다. 그는 이렇게 설명했다:

[…] 나는 광산 학교의 후원으로 지질학 여행을 가기 위해 살고 있던 캉Caen을 떠났다. 여행이라는 사건은 수학 작업을 잊게 했다. 쿠탕스Coutances에 도착한 우리

는 어딘가로 가기 위해 마차에 들어갔다. 계단에 발을 내딛는 순간, 이전에 생각했던 어떤 것도 그 길을 닦아 놓은 것 같지 않은데도 내가 푹시안Fuchsian 함수 정의에 사용한 변환이 비유클리드non-Eculidian 기하학 변환과 동일하다는 아이디어가 떠올랐다. 마차 자리에 앉자마자 이미 시작된 대화를 이어갔기 때문에 그 생각을 검증할 시간이 없었지만, 나는 완벽한 확신을 느꼈다. 마음에 거리낌이 없도록 캉으로 돌아와 느긋하게 결과를 확인했다.[3]

안타깝게 매우 많은 사람이 일을 적게 하는 것이 아니라 너무 많은 일을 하려 한다. 바쁘게 지내는 것은 항상 매우 효과적인 방어 메커니즘으로, 많은 경우 불안한 생각과 감정을 차단하기 위해 사용되었다. 그렇지만 바쁘게 지내려고 노력하다 보면 자신이 실제 어떻게 느끼는지, 무엇이 자신을 괴롭히는지를 보지 못하게 된다. 바쁘다는 이유로 방해받지 않고 자유 연상적 사고, 창의성, 통찰을 발휘할 시간을 마련하지 못한다. 바쁜 사람들은 무의식적인 사고 과정이 밖으로 드러나는 것이 문제 해결에 몰두하는 것보다 더 생산적일 수 있다는 사실을 깨닫지 못한다.

많은 경우 아무것도 하지 않는 것처럼 보이는 것이 사실은 무의식적인 사고 과정을 자극하는 마음의 방식이라는 것을 발견했다. 나는 내면이 공허해 보이는 사람들, 즉 아무런 흥미가 없어 보이거나 정신적 공허감에 시달리거나 무신경하거나 사물에 흥미를 느끼지 못하는 사람들을 변명하는 것이 아니다. 이런 사람들은 여러 가지 이유로 우울증이나 다른 형태의 정신적 무능력으로 인해 방해를 받는다. 그렇지만 우리는 대부분 풍부

---

[3] Jacques Hadamard (1945). *Essay on The Psychology of Invention in the Mathematical Field*. Princeton, NJ: Princeton University Press, p. 13.

한 내면을 가지고 있다. 질문은 우리가 내면의 이미지를 창의적으로 사용하는가, 그렇다면 이 내면의 이미지가 우리에게 무엇을 말하는지 이해할 수 있는가이다.

우리 모두 알다시피 무의식은 광범위한 지식 데이터베이스에서 연관 검색을 수행하여 정보를 통합하고 연관시키는 데 탁월하다. 이 과정을 거치는 동안 우리는 의식적으로 문제 해결에 집중하려 애쓸 때보다 기존의 연상에 제약을 덜 받을 때 새로운 아이디어를 떠올릴 가능성이 훨씬 크다. 그러나 이러한 탐색 과정의 결과가 항상 즉각적으로 의식에 떠오르는 것은 아니어서 좌절감을 느낄 수도 있다. 창의적 해결책은 떠올리는 데 시간이 걸린다. 그 동안 우리는 미켈란젤로의 사례를 기억해야 한다. 나는 항상 활동과 고독, 소음과 고요함 사이에서 균형을 잡는 고객들의 능력이 내면의 창의적 자원을 활용하는 좋은 방법이라고 생각했다. 이는 고객들이 가진 창의적인 불꽃을 키우는 데 매우 유용할 수 있다. 한 발짝 물러서서 항상 바쁘게 지내야 한다는 강박에서 의식적으로 플러그를 뽑고, 특정 감정에서 자신을 보호하는 습관에서 벗어나고, 일상의 소음을 낮추는 것은 매우 유익할 수 있다. 이렇게 하면 평소에 바쁘다는 이유로 피하던 마음의 영역에 도달할 수 있다. 그렇지만 바로 이곳에서 새로운 아이디어가 떠오를 가능성이 더 크다. 아무것도 하지 않는 것처럼 보이는 성찰을 통해 무의식적인 사고를 유도함으로써 복잡한 문제에 대한 혁신적 해결책을 찾는 행위의 본질을 바꿀 수 있다. 아무것도 하지 않는 것처럼 보이는 것이 난해한 문제를 해결하는 가장 좋은 방법일 수도 있다는 것이다. 물론 말처럼 쉬운 일은 아니다. 많은 업무 상황이 이러한 접근 방식에 적합하지 않은데 바빠 보일 필요가 있기 때문이다.

고객 가운데 한 명(마이클Michael이라 부르겠다)은 소비재 회사 CEO로서 지나치게 피곤하고 심지어 지치고 우울하다고 말했다. 나는 그가 빠르게 변화하는 환경에서 일하는 만큼 높은 수준의 스트레스와 불안은 피할 수 없는 일이라고 생각했다. 수많은 직속 상사의 끊임없는 요구와 끝없이 쏟아지는 이메일과 음성 메시지로 인해 그는 스스로 다음과 같은 질문을 계속 던지게 되었다. 왜 이 일을 하고 있는가? 그의 삶을 살 수 있는 다른 방법은 없을까? 매일 출근하면서 마이클은 자신이 처리해야 할 수많은 책임에 압도당하곤 했다. 그는 회사에 도착했을 때면 자주 밖으로 폭발할 준비가 되어 있었다고 말했다(또는 안으로 붕괴되었던 것일까?). 사무실에서 그는 자신이 얼마나 자신의 직업을 싫어하는지 생각하게 되었다. 일은 그에게 즐거움을 거의 또는 전혀 주지 못했다.

마이클에게 그를 살아있다고 느끼게 하는 것이 있는지 물었다. 그에게 활력을 주는 무엇인가가 있었을까? 그는 이러한 질문에 즉각적으로 대답하지 못했다. 그는 자신에게 정말 중요한 주제를 분별할 수 없었다. 조증적manic 행동은 그를 너무 짙은 안개 속에 빠뜨렸다. 그는 연결고리를 볼 수 없었다. 그 대신 그는 자신의 삶을 모래사장에 빠져 허우적대는 것에 비유했다. 매우 바쁘게 지내는 것이 그의 탈출 방법이었다.

마이클의 이야기를 들으면서 그가 피해 의식을 극복해야 한다고 생각했다. 불평을 그만두고 자기 운명의 주인이 되어야 한다고 생각했다. 우선 마이클이 어떤 행동을 왜 했는지 더 잘 인식할 수 있도록 해야 하겠다고 결심했다. 그가 어떤 행동을 하도록 하는 계기는 무엇이었을까? 나는 그가 자신의 생각, 느낌, 감정에 대해 더 친밀해지기를 바랐다.

처음에 내가 한 질문은 마이클의 혼란만 가중시켰다. 무슨 말을 하든 마이클은 아무것도 이해하지 못했다. 내 의견은 밑 빠진 독에 물 붓기 같았다. 결국 우리는 어떠한 작업 동맹working alliance을 구축하고 그의 내면 극장 인벤토리(도구의 상세 내용은 9장 참조) 결과를 활용해 진입 지점을 마련했다. 그 결과 마이클은 방어 모드와 안전 지대에서 벗어났다. 나는 인벤토리에서 제기된 몇 가지 문제로 그를 압박했다. 그가 자녀에게 바라는 것은 무엇인가? 자녀들이 어떤 가치를 받아들이길 원했나? 그가 제시한 롤모델을 자녀들도 원하나? 자신의 행동이 자녀에게 어떻게 영향을 미친다고 생각했나? 질문에 답하며 자신에게 정말 중요한 문제를 해결하고자 하는 의지를 갖게 되었다. 그는 스스로 생각할 시간을 갖기 위해 의식적으로 노력했다. 그리고 예상했던 대로 그는 자신의 모습이 마음에 들지 않았다. 그는 부모님과의 관계와 부모님이 자신에게 어떻게 영향을 미쳤는지 되돌아보기 시작했다. 그는 반복되는 패턴과 자신이 부모와 비슷한 방식으로 행동하고 있다는 것을 인식하기 시작했다. 이로 인해 그는 이런 행동 패턴이 자녀에게 대물림되는 것을 두려워했다. 그는 자신이 틀에 박힌 생활을 하고 있다고 깨달았다. 이 통찰은 우리 관계의 전환점이 되었고 '아하!' 경험을 하게 되었다.

그때부터 마이클은 자신에게 떠오르는 생각을 이해하는 법을 배웠고 호기심 어린 태도로 떠오르는 이미지를 관찰했다. 그는 폭발 또는 붕괴 느낌을 유발하는 계기를 더 잘 인식하게 되었다. 이후 미팅에서 마이클은 자신의 업무와 사생활에 관한 내용을 점점 더 많이 다루었다. 마치 댐이 무너진 것 같았다. 이전에 억눌려 있던 많은 기억이 표면으로 떠오르며 우리 대화는 진정성 있게 흘러갔다. 나는 그의 감정, 과거 경험, 인생에 대한 자신의 이론에 주의를 기울이며 그가 제시하는 연관성을 관찰했다. 나는 교훈적으로 되거나 그를 가르치지 않으려고 노력했다.

이 기간에 내 과제는 마이클이 자신과 자신의 삶, 감정에 대한 진실을 발견하도록 돕고 그가 더 만족스럽게 기능하는 데 필요한 변화를 만들 수 있도록 돕는 것이었다. 이러한 '아하!' 경험을 얻은 지 얼마 지나지 않아 그는 삶을 변화시키는 여러 가지 창의적인 조치를 취했다. 표면적인 변화를 넘어섰다. 그는 자신의 안전 지대에서 벗어나 불평을 멈추고 행동하기로 결심했다.

마이클은 가족 사업을 매각했다. 이제 재정적으로 안정된 그는 대학에 복학하여 중단했던 고고학 공부를 다시 시작하기로 했다. 그는 고고학이 자신의 진정한 관심 분야라는 것을 깨달았다. 자기 삶을 구성하는 모든 퍼즐 조각이 제자리에 맞춰지는 순간이었다. 그는 또한 자녀와의 관계에도 열심히 노력했다. 이러한 조치를 하면서 우울한 생각의 추는 절망에서 희망으로 바뀌었다.

코칭과 치료 분야에서 '아하!' 순간이 발생하면 특정 행동 패턴이 조명되고 동시에 이런 패턴을 변경하는 방법이 더 명확해진다. 고객에게 눈에 띄는 변화가 일어난다. 마치 전등 스위치를 켜는 것과 비슷하게 뇌가 연결되고 통찰이 등록되는 것 같다. 이 찰나의 순간에 나는 흔히 고객이 자신의 개인적 자아, 어려움을 겪고 있는 문제, 다른 사람에게 미치는 영향에 대해 새로운 관점과 이해를 얻는 것을 관찰할 수 있었다. '아하!' 순간은 훌륭한 학습 경험이다.

아는 것이 힘이며 대부분 사람은 자신이 직면한 개인적 문제를 완전히 인식하지 못하기 때문에 행동 변화나 자기 성장이 일어나기 전에 먼저 인식이 되어야 한다. '아하!' 하는 통찰의 순간이 오기 전에 많은 사전 작업이 필요하다. 즉흥적이고 극적으로 보일 수 있는 것은 사실 그 이면에서 진행된 모든 작업의 결과이다. 이미 100여 년 전에 위대한 과학자 루이 파스퇴르Louis Pasteur는 "기회는 준비된 자에게 유리하다."라고 말했다. 그는 갑작스러운 통찰력은 갑자기 떠오르는 것이 아니라 오랜 기간 준비의 산물이라는 것을 알고 있었다. 그리고 극적인 변화의 순간에 다다를 때, 나는 사람들의 자기 제한적 신념과 부정적 조건화가 어떻게 사라지는지 여러 차례 보았다. 사람들이 삶을 최대한으로 살지 못하게 하는 자동적 사고와 행동 패턴이 사라지는 것을 목격했다. 이 시점을 지나 그 사람은 새로운 희망과 꿈을 기꺼이 고려하고 더 진정성 있고 목적이 있는 삶을 살 준비를 할 것이다.

이러한 '반짝임'의 순간은 중대한 변화에 기여할 수 있는 어떤 것의 본질이나 의미가 갑자기 드러나는 깨달음에 비유할 수 있다. 불현듯 떠오르는 어떤 것의 실체나 본질적인 의미에 대한 직관적인 인식이나 통찰은 깊고 지속적인 치유를 실현할 수 있는 진정한 가능성이 될 수 있다.

고객들이 자신의 문제를 이해하더라도 이전의 행동 패턴을 극복하기 위해서는 더 많은 도움이 필요할 수 있다. 통찰력만으로는 충분하지 않다. 그들은 부적응적 행동을 더 건설적인 행동으로 바꾸는 방법을 배워야 한다. 특히 문제를 일으키는 역기능적 행동의 사이클에 갇혀 있다면 자신이 어떤 행동을 왜 하는지 알게 되었더라도 계속해서 도움을 구하는 것이 현명하다. 나는 위스퍼러로서 그들이 앞으로 나아갈 수 있도록 계속 도움을 주고 있다. 그리고 일하는 동안 위스퍼링은 모두 고객에 관한 것임을 항상 명심하고 있다. 고객의 선택을 돕는 것, 즉 그들이 삶에서 자신에게 던져진 모든 것을 수동적으로 받아들이는 존재가 아니라는 것을 깨닫게 하는 것이다. 놀랍게도 능동적인 입장을 취하고 자신의 행복에 대한 선택권이 있다는 것을 알게 되면 많은 사람이 눈을 뜨게 된다. 그리고 이런 일이 가능하다는 사실을 받아들이면 스트레스를 줄이는 데 강력한 효과를 발휘한다. 나는 미묘한 가이드를 통해 고객이 자아를 위해 이러한 형태의 퇴행에 참여하도록 계속 유도하는 동시에 아무것도 하지 않는 것의 가치에 대해서도 감사할 수 있기를 바란다.

14장
당신은 착시 현상에 사로잡혀 있나?

전이는… 인간 환경에서 마주하는 관계 전체를 지배한다.
– 지그문트 프로이트 Sigmund Freud

자신의 어둠을 아는 것이 타인들의 어둠을 다루는 가장 좋은 방법이다.
– 칼 융 Carl Jung, 켄디그 B. 컬리에게 보낸 편지, 1931년 9월 25일; 편지 1권(1973)

내 사무실의 편한 의자에 앉은 더크Dirk는 방금 일어난 일 때문에 당황스럽다고 말했다. 그는 최근 채용한 고위 임원 낸시Nancy에게 사무실로 와서 향후 업무 관계를 논의하자고 요청했을 뿐이었다. 그가 낸시에게 회사의 고객들을 좀 더 적극적으로 상대하길 원한다고 말하자, 그녀는 갑자기 화를 내며 울기 시작하더니 사무실을 뛰쳐나갔다. 그는 자신이 무슨 짓을 했기에 그런 급격한 반응이 생겼는지 궁금해했다. 낸시는 전문 지식이 풍부한 매우 소중한 직원이었다. 그녀를 채용하는 데 상당한 노력이 필요했다. 하지만 그녀의 이상하고 부적절한 행동을 보면서 더크는 과연 생산적인 업무 관계를 구축할 수 있을지 의문이 들었다.

그는 낸시와 점심을 먹은 인사팀 이사에게서 낸시가 그 사건 이후 완전히 혼란스러운 것 같다는 이야기를 들었다. 그녀는 점심 식사 내내 궁금해했다고 한다. 그녀는 왜 그런 반응을 보였을까? 무슨 일이 있었던 걸까? 보통 낸시는 감정을 잘 조절했다. 그렇지만 이번에는 더 잘할 수 있을 거라는 더크의 말이 어떠한 위험 신호로 느껴졌다. 그가 그녀에게 말한 방식은 그녀 마음속에서 뭔가를 자극했고 그녀 자신을 통제할 수 없었다. 이제 그녀는 자신의 정서적 발작에 대해 당황했고, 무엇이 이런 일을 일으켰는지 혼란스러워했다. 이 설명할 수 없는 반응의 원인을 이해할 수만 있었으면 했다.

착시 현상

더크와 낸시 사이에 벌어진 잘못된 일을 착시 현상이라고 생각해 보라. 착시 현상은 실제로 존재하지 않더라도 그저 우리가 무언가를 볼 것으로 기대할 때 우리 뇌를 속이는 것이 얼마나 쉬운지를 보여준다. 우리가 이전에 접해보지 못한 그림이나 사물을 볼 때, 우리 뇌는 퍼즐 조각처럼 모양과 기호를 조합하여 그것을 이해하려고 한다. 그리고 우리가 그림, 사물을 잘 이해하지 못하면, 우리 눈은 뇌에 정보를 보내 실제와 일치하지 않는 것을 보도록 한다. 이렇게 존재하지 않는 것을 보는 것을 착시라고 한다. 우리 뇌는 세상이 실제로 어떠한지보다 세상이 어떠해야 된다고 가정하는지를 따르며 지름길을 택하게 된다. 이에 대한 흥미로운 예로 독일 심리학자 월터 에렌슈타인Walter Ehrenstein이 고안한 에렌슈타인 착시 현상을 들 수 있다([그림 14.1] 참조).[1]

네 개의 선은 중앙에 완전히 가상의 원을 만든다. 이 그림을 보면 뇌는 과거에 접했던 비슷한 동그란 도형을 바탕으로 자발적으로 그림을 만들어 내어 그림을 이해하려고 한다. 요컨대, 뇌는 일종의 패턴 매칭, 패턴 생성 기계로 작동하며 사물이 예상 패턴을 따르지 않을 경우 과거 익숙한 모양에 맞춰 눈에 보이는 것을 이해하려 한다. 컴퓨터 프로그램처럼 우리의 이전 경험은 새로운 정보를 이해하고 해석하는 지름길로 사용된다. 새로운 데이터와 이전 데이터 사이에 일치하는 부분을 찾을 수 있다면, 저장된 지식을 새로운 상황에 적용하는 것이 두뇌가 모든 것을 다시 파악하는 것보다 훨씬 적은 '비용'(에너지)을 사용하므로 이런 방식이 납득이 된다.

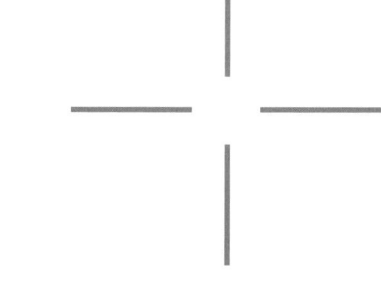

[그림 14.1] 에렌슈타인 착시 현상 The Ehrenstein illusion

---

1) Ehrenstein Illusion (http://www.newworldencyclopedia.org/entry/Ehrenstein_illusion).

다른 사람과의 관계에서도 같은 종류의 이해 과정이 적용된다. 뇌는 과거 관계 데이터 저장소를 바탕으로 무의식적으로 새로운 경험을 익숙한 관계에 맞도록 구성한다. 따라서 잘 모르지만 이전에 알던 사람을 떠올리게 하는 누군가를 이해하려 할 때, 우리 뇌는 이 사람이 과거 익숙한 다른 사람과 비슷한 행동을 할 것으로 가정하도록 속인다. 사랑하는 사람을 떠올리게 하는 사람을 보면 기분이 좋아지고, 인생에서 고통을 준 사람을 떠올리게 하는 사람을 보면 뇌에 경고음이 울린다. 이런 식으로 우리는 흔히 생각 없이 자동으로 실제로 존재하지 않는 특성을 사람들에게 부여한다. 우리는 사람들을 좋은 사람, 나쁜 사람, 무관심하게 만드는 사람 등으로 구분하는 경향이 있다.

전이 프로세스

낸시의 경험을 살펴보면 그녀를 자주 비판하고 그녀와 자주 싸웠던 다소 권위적인 아버지가 있었다고 상상할 수 있다. 만약 낸시에게 이런 과거가 있고 더크가 낸시에게 아버지를 떠올리게 했다면 낸시는 더크의 비판에 대해 과거 아버지에게 느꼈던 것과 비슷한 감정적 폭발로 반응할 것이다. 우리가 착시 현상에 속는 이유를 설명하는 것과 같은 종류의 패턴 매칭이 여기서도 작용한다. 과거의 경험을 바탕으로 현재의 사람들을 인식하고 반응한다.

이러한 오류 기반 대인관계는 지그문트 프로이트가 그의 유명한 도라 Dora 사례연구에서 처음 설명했다. 프로이트는 이를 전이 transference라고 불렀다.[2] 프로이트는 도라에 대한 치료적 개입이 실패한 이유가 도라의 과거와 관련된 감정이 프로이트 자신에게 투사되는 것을 인식하지 못했기 때문이라고 이해했다. 그 뒤 프로이트는 뒤늦게 사람들의 전이 반응이 말로 표현할 수 있는 것보다 훨씬 더 많은 것을 드러낸다는 것을 이해했다. 프로이트는 전이가 치료의 중요한 도구로 사용될 수 있다는 것을 깨달았다. 다른 많은 정신역동 중심의 치료사, 코치, 컨설턴트들과 마찬가지로 나도 전이 문제를 내가 하는 일의 핵심으로 생각한다. 전이 반응은 다른 인간의 근본적인 프로세스와 마찬가지로 이러한 감정을 표현하는 당사자에게도 숨겨져 있던 동기와 생각을 드러내고 비춰준다. 그렇지만 이런 전이적 반응은 고객이 원하는 것과 피하고 싶은 것을 파악할 수 있게 한다. 전이는 흔히 고객들이 알지 못하거나 보고 싶지 않은 동기를 밝혀준다. 은밀한 편견secret prejudices과 이루지 못한 소망unfulfilled wishes을 드러내기도 한다. 그리고 나는 전이에 대해 잘 알고 있으므로 타인에 대해 짜증이 날 때 이 모든 것이 나 자신에 대해 뭔가를 말해주고 있다는 점을 항상 명심한다. 소설가 헤르만 헤세Hermann Hesse의 말처럼 "어떤 사람을 미워한다면, 그것은 그 사람 내면에 있는 자신의 일부를 미워하는 것이다. 우리 자신의 일부가 아닌 것은 우리를 방해하지 않는다."

본질에서 전이는 한 사람으로부터 다른 사람에게 무의식적으로 감정의 방향이 바뀌는 심리적 현상이다. 전이는 뇌가 세상을 이해하려고 할 때 뇌 내부에서 생성되는 정말로 해석이자 착각이다. 이는 보편적이고 대인관계적 현상이며, 일종의 반복 현상으로 볼 수 있는 특별한 형태의 전치

---

2) http://staferla.free.fr/Freud/Freud%20complete%20Works.pdf.

displacement이다. 이 반복은 과거를 정확히 복제할 수도 있고, 변형되거나 왜곡된 버전으로 바뀔 수도 있다. 그러나 전이에 사로잡힌 사람들은 (이를 인식할 수 있는데도) 자신이 무엇을 하는지 인식하지 못한다.

전이 반응은 과거를 재체험reliving the past하는 것이므로 낸시의 사례처럼 현재의 맥락에서 부적절하고 심지어 기괴한 반응을 나타내는 경우가 자주 있다. 물론 전이 반응의 근원적 원천은 어린 시절의 중요한 사람들이다. 이들은 보통 부모, 다른 보호자, 형제자매, 그 외 가까운 가족 구성원으로 사랑, 위로, 처벌의 전달자들이다. 우리 내면 극장에서 그들이 수행하는 중요한 역할로 인해 전이 반응이 원래 부모가 수행하던 역할과 유사한 역할을 하는 사람들에게 향하는 경향이 있다는 것은 놀라운 일이 아니다. 의사, 교사, 연기자, 유명인, 그리고 일반적으로 권위 있는 인물에 대해 특히 전이 반응이 활성화되는 경향이 있다. 남을 돕는 전문가 역할로 인해 내가 전이 반응의 대상이 되기 쉽다는 것을 잘 안다. '나를 도구로 사용한다'는 표현으로 돌아와서 이것은 내 레퍼토리에서 가장 중요한 '도구'이다. 고객을 대하는 다양한 역할에서 가장 큰 도구는 바로 나 자신이다.

한때 강렬한 관계를 가졌던 사람을 떠올리게 하는 사람과 첫눈에 사랑에 빠지는 것은 전이이다. 과거에 신뢰하던 인물을 떠올리게 한다는 사실을 깨닫지 못한 채 즉시 그를 신뢰하는 것은 전이이다. 당신을 격려하고 지지해 주었던 할아버지를 닮은 정치인에게 매료되는 것은 전이이다. 매너, 외모, 품행 측면에서 가족 내 골칫덩이를 닮았다는 이유로 즉시 그를 불신하는 것은 전이이다. 또 완전히 낯선 사람을 소개받을 때 그 사람이 강압적인 어머니나 비판적인 아버지를 떠올리게 할 수 있어서 즉각적인 '부정적' 전이 반응을 보일 수도 있다. 따라서 모든 현재의 대인관계 만남에는 현실과 환상 속에 있는 많은 사람이 존재한다. 상대가 있을 뿐만 아니라 그 배후에 과거의 중요한 사람들에 대한 기억이 어렴풋이 나타나고 있어 상대에 대한 우리 인식을 왜곡한다. 사실 지각 관점에서 보면 두 사람이 만나는 모든 자리에는 두 사람이 아닌 여섯 사람이 있는데 각자는 자신이 누구인지, 자신을 어떤 사람이라고 생각하는지, 그리고 각자는 상대를 어떤 사람이라고 생각하는지 안다. 이러한 이유로 대인관계는 매우 복잡할 수 있다.

전이 반응은 매우 매혹적일 수 있다. 고객은 자신이 상상하는 것보다 더 크고 강력한 누군가와 연결되어 있다는 마법적인 특성을 나에게 투영함으로써 자신이 변화되기를 희망한다. 이는 자존감과 웰빙을 높이는 데 도움이 된다. 이것이 9장에서 언급한 이상화 전이 idealizing transference이다. 내 도전 과제는 이런 사람들을 현실로 돌아오게 하는 것이다. 그들의 환상을 그대로 받아들이면 나에게 만족하겠지만 고객들은 계속 위축될 것이다. 즉 나 자신의 역전이 반응 countertransference reactions에 예리한 주의를 기울여야 한다. 고객이 나에게 전이하는 것을 멈추고, 그것을 이해하고, 그것에 유혹되지 않아야 한다. 아주 강력한 투사가 진행되더라도 내 정신을 차려야 한다.

전이 인식하기

우리는 모두 부적절성(현재 상황에 맞지 않음), 강도(격렬한 감정 반응이 특징임), 양가성(상반된 감정이 동시에 나타남), 변덕스러움(불규칙하고 변덕스럽고 엉뚱한 측면), 집착(융통성 없이 집착함) 등으로 인한 전이 반응을 인식할 수 있어야 한다. 그러나 가장 두드러진 전이 반응의 특징은 그것이 완전히 부적절하다는 것이다.

전이 반응은 항상 일어나며 적당히 일어나면 걱정할 필요가 없다. 그렇지만 전이 반응이 과도해지면서 개인적이든 직장이든 우리 삶에 큰 영향을 미칠 수 있는 사람과 적절한 관계를 맺지 못하게 되면 문제가 생길 수 있다. 그리고 반복적이고 과도한 전이 반응 경향이 있다면 이는 더 깊은 문제나 과거의 미완성된 일로 괴로워한다는 신호이다.

무의식적인 전이 반응은 쉽게 길을 잃게 만들 수 있지만, 이를 알아차리면 숨겨진 동기를 더 잘 인식하고 실수를 피하거나 반복하지 않도록 도와주어 자신의 삶을 더 잘 통제할 수 있다. 이러한 알아차림 없이 전이 반응을 확인하지 않는다면 중요한 직업적 관계에 쉽게 큰 혼란을 일으킬 수 있다. 낸시의 경우, 그녀의 강하고 부적절한 반응에 영향받은 더크의 대응으로 인해 두 사람은 모두 실시간 상호작용과 성격에 기반을 둔 건전한 업무 관계를 구축하기 어려웠다.

알아차림 강화하기

무의식적 부분을 더 많이 의식함으로써 자신의 전이 반응을 더 잘 알아차릴 수 있는 방법에는 여러 가지가 있다. 다음은 더 나은 이해에 도움이 되는 두 가지 제안이다.

- 문제를 일으켰던 행동 패턴과 반복적으로 판단력이 부족하다고 느꼈던 행동 패턴을 생각해 보라. 이러한 자기 분석을 돕기 위해 다음 질문을 스스로에게 해보라. 어떤 유형의 사람들이 나를 화나게, 슬프게, 나쁘게, 기쁘게 하는가? 나는 이 사람들의 어떤 점을 좋아하거나 싫어하는가? 이 사람들은 과거 누구를 떠올리게 하는가? 어떤 면에서 비슷하거나 다른가?
- 전이 반응을 인식하는 데 도움을 줄 심리적으로 기민한 임원 코치나 치료사를 찾아보라. 나는 항상 고객 자신이 평소 관계를 다루는 방식을 상담 공간으로 가져와서 내게 전달한다는 것을 안다. 이런 반응을 올바르게 처리하면 전이 해석transference interpretations을 통해 고객은 우리가 작업하는 안전한 상담 공간에서 어린 시절의 갈등을 재경험할 수 있다. 드러나는 관계 패턴 작업을 통해 고객이 내게 화를 내는 이유가 강압적인 아버지를 연상했기 때문에 또는 많은 사랑을 베풀어 주었던 할머니를 떠올려 나를 이상화하고 있기 때문이라는 것을 파악할 수 있다. 이 같은 해석을 통해 이러한 과거의 갈등은 만족스러운 결론에 도달할 수 있다.

간단히 말하면 전이적 반응을 인식하는 것은 나뿐만 아니라 복잡한 대인관계를 다루는 모든 사람이 더 효과적이 되는 데 도움이 된다. 고객 입장에서 과거와 현재를 분리하여 과거의 망령ghosts과 각인imprints이 더는 현재의 삶을 방해하지 않도록 하는 것도 매우 도움이 된다. 반복적이고 부적절한 행동이 발생하는 이유를 알게 됨으로써 오래된 위험에 대처하는 새로운 방법, 즉 오래된 불안을 뒤늦게 숙달하는 방법을 찾도록 격려할 수 있다. 지그문트 프로이트의 말을 빌리면, "우리의 취약성vulnerabilities에서 강함이 나온다."

15장
리더의 외로움

> 그 과정에서 만난 모든 사람을 잊어버리고 성공에 기여한 그들의 공헌을 인정하지 않는다면 정상은 외로운 곳일 뿐이다.
> – 하비 맥케이 Harvey Mackay

> 사람들은 정상에 오르면 외롭다고 말하지만 나는 그 경치가 정말 마음에 든다.
> – 찰리 쉰 Charlie Sheen

최근 한 대기업 CFO 패트리샤Patricia가 나를 만나자고 요청했다. 나는 그녀를 만나 점심 식사를 하기로 했는데, 그녀는 식사 내내 CEO에 대해 끊임없이 불평을 늘어놓았다. 그녀는 CEO가 임기 초에는 최고 경영진과 정기적으로 회의를 열었지만 지금은 그런 회의가 거의 없다고 설명했다. 패트리샤에 따르면 그녀의 상사는 이제 대부분 시간을 그의 사무실에서 보냈다. 회의 중 변덕스러운 그의 행동으로 인해 조직의 사기가 떨어졌다. 그는 자주 집중력을 잃고 화를 내며 회의에 참석한 사람들을 괴롭히곤 했다. 당연히 직원들을 대하는 CEO의 변덕스러운 방식은 회사의 미래에 좋지 않은 영향을 미쳤다. 수치가 이를 증명했다. 매출은 급격히 감소하고 있었다. 회사의 암울한 재무 상황을 고려할 때, 일부 부하 직원은 심지어 CEO가 눈앞에서 무너지는 것이 아닌가 하는 의구심을 품기도 했다. 패트리샤는 자신이 할 수 있는 일이 없는지 내게 묻고 싶어 했다.

정상의 자리는 외롭다는 말은 진부한 표현이지만, 많은 최고 경영진에게 이는 진정한 사실이다. 리더십 위치에 있다는 것은 상당히 고립될 수 있다. CEO의 책임에는 불면의 밤, 촉박한 마감일, 올바른 결정을 내렸는지에 대한 끊임없는 고민 등 고유한 어려움이 수반된다. 흔히 최고 경영진은 대부분 직원이 경험하지 못하는 정서적 압박을 받는 경우가 많다. 이러한 고립감sense of isolation은 냉담하고 거리감이 느껴지는 리더의 분위기를 조성함으로써 조직 내에서 효율적으로 일하기 더욱 어렵게 만들 수 있다.

나는 수년간의 과도한 업무로 인한 끊임없는 스트레스가 CEO 번아웃의 진정한 위협을 초래한다는 사실을 수없이 관찰해 왔는데, 특히 이러한 압박을 견딜 지원 환경이 없는 경우 더욱 그러했다. 흔히 CEO가 고민을 나눌 사람이 없는 경우가 많았다. 특히 남성은 (전통적 문화권에서는 가족과 친구를 당연하게 여기는 경향이 강하기 때문에) 직업적 야망에 비해 인간관계를 뒷전으로 미루게 된다. 그러나 이러한 관계를 계속 소홀히 하면 힘든 시기에 의지할 사람이 아무도 없는 상황에 처할 수 있다. 그리고 비극적으로 그들의 외로움에 대처하기 위해 불륜과 같은 임시방편적인 해결책에 의지하거나 술과 마약에 의존할 수 있다.

리더의 외로움loneliness of command은 매우 심각한 문제인데도 솔직하게 다루어지는 경우가 드문 문제이다. 많은 최고 경영진이 이 문제에 관심을 기울이는 대신 슈퍼맨이나 슈퍼우먼의 모습을 유지하기 위해 영웅적인 노력을 기울이는 것을 보았다. 물론 혼자서 내려야 하는 결정은 항상 있을 것이다. 그렇지만 당신은 얼마나 외로울 수 있는가? 동료가 있다는 게 뭐가 그리 나쁜가? 그러나 너무 많은 최고 경영진이 흔들리지 않는 자신감의 외관을 유지하기 위해 많은 노력을 기울이며 불안감이나 불안의 징후를 필사적으로 숨긴다. 어쩌면 그렇게 해야 할지도 모른다. 어쩌면 그들은 이런 식으로 행동할 수밖에 없을지도 모른다. 누가 불안해하는 CEO가 기업을 운영하기를 원하겠는가? 다른 사람에게 자신감을 불어넣으려면 자신감이 필요하지 않을까? 고대 왕들은 약한 기미가 보이면 자주 살해당하지 않았나?

이 경영진들은 이런 종류의 가식이 그들에게 엄청난 부담을 준다는 사실을 깨닫지 못하는 것 같다. 항상 강해 보여야 한다는 것은 매우 지칠 수 있다. 안타깝게도 많은 최고 경영진은 성공과 권력을 추구하기 위해 지불하는 대가가 얼마나 큰지 인식하지 못한다. CEO의 평균 재임 기간이 급격히 줄어든 것에서 알 수 있듯이, 이러한 외형적 통제, 즉 독단주의적 lone ranger 리더십은 결국 개인, 팀, 조직의 성과에 부정적인 영향을 미치게 된다.[1]

임상 패러다임에서 가져온 개념은 최고 경영진과 관련하여 작용하는 심리 역동들을 이해하는 데 도움이 될 수 있다. 먼저, 이러한 위치에 있는 사람들은 자신이 최고 자리에 오르게 되면 권력적 거리 power distance가 형성되어 아무에게나 취약하고 솔직하게 말하기가 훨씬 더 어려워진다는 사

---

[1] https://www.equilar.com/blogs/351-ceo-tenure-drops-to-five-years.html;
https://corpgov.law.harvard.edu/2018/02/12/ceo-tenure-rates/

실을 깨달아야 한다. 한때는 복잡한 상호 관계망으로 이루어져 도전과 좌절의 부담을 덜어줄 수 있었던 대인관계 네트워크는 임원이 최고 위치에 오르면 극적으로 변한다. 리더는 다른 사람들에 대한 책임의 무게를 짊어지기 시작하며, 흔히 혼자서 많은 결정을 내려야 한다.

새로 승진한 임원은 최고 자리에 올랐다는 불안감을 느낄 뿐만 아니라, 이전 동료들도 새로운 상사를 대할 때 나름의 불안감을 느낀다. CEO가 이러한 권력 거리를 줄이기 위해 아무리 선의의 노력을 기울여도 부하 직원들은 상사가 자신의 커리어에 큰 영향을 미칠 수 있는 결정, 즉 승진이나 연봉 인상과 같은 결정을 내릴 수 있다는 점을 항상 인식하게 된다. 양측이 모두 불편함을 느끼는 상황에서 거리두기는 불안한 상황에 대한 합리적 대응책이 된다. 이러한 상황에서 나는 많은 CEO가 부하 직원들을 이해할 수 있을 만큼 가까이 있으면서도 동기를 부여할 수 있을 만큼 멀리 떨어져 있어야 하는 미묘한 춤을 추는 것을 보아왔다. 너무 가까워지면 편애한다는 비난을 받을 수 있다. 반대로 너무 멀리 떨어져 있으면 차갑고 냉담하다는 평가를 받을 수 있다. 상사가 무엇을 하든 어느 정도 비판을 받는다.

복잡한 심리적 요인이 작용한다는 점을 고려할 때, CEO는 최고 경영자 자리에 오를 때 여러 가지 사항에 주의를 기울이는 것이 현명하다.

적대적이고 시기하는 감정의 목표물

리더의 외로움을 유발하는 요인 가운데 하나는 이런 경영진이 '적절한 거리 두기containment'를 하는 방식, 즉 다른 사람들이 자신에게 전달하는 여러 가지 부정적인 감정을 받아들이는 방식이다. 시기심envy이 흔하게 나타나는 감정인데 분명 최고 경영진은 다른 사람들이 갖고 싶어 하는 많은 특권을 가지고 있다. 시기심은 인간의 정신에 깊이 뿌리내리고 있으며, 실제로 시기심은 인류의 진화에 중요한 역할을 해왔다. 시기심은 경쟁 우위의 토대가 되며, 다른 사람이 가진 것을 얻기 위해 또는 심지어 그것을 뛰어넘기 위해 노력하도록 동기를 부여한다.

시기심은 어디에나 존재하므로 상급자는 시기심이 부하 직원이 권위자와 관계를 맺는 방식에 어떤 영향을 미치는지 주의 깊게 살펴봐야 한다. 상사와 부하 직원 간의 비교가 일부 사람들에게 불안감을 준다는 사실을 인정해야 한다. 상급자에 대한 불안감은 시기의 경쟁심을 불러일으킬 뿐만 아니라 상대방을 무너뜨리고 싶은 욕구를 불러일으킬 수 있다. 이러한 파괴적인 대인관계의 역동 관계는 높은 리더 위치에 있는 사람들이 흔히 분개하는 이유 가운데 하나이며, 그들이 적대감과 비현실적인 비판의 대상이 되기 쉬운 이유이기도 하다.

시기심과 적대적인 감정의 표적이 되는 것은 최고 자리에 있는 사람에게 많은 부담을 준다. 나는 이러한 감정을 관리하기 위해 자신의 능력을 경시하고 마비되어 의사결정을 내리지 못하는 최고 경영진을 여러 명 만나본 적이 있다. 조직 내 2인자로는 효과적이었는지 모르지만 정상에 오르는 것은 감당하기 힘든 일이다. 이들은 다른 사람들보다 눈에 띄는 것이 거부, 비판, 심지어 배척ostracism의 위험에 처할 수 있다는 무의식적 두려움을 가지고 있다. 이런 무의식적 압력subliminal pressure을 억제하는 데 어려움을 겪는 것이 고립감의 원인이 된다.

반향실에서 살아가기

최고 경영진이 직면하는 또 다른 현상은 조직 정보에서 차단되는 위험이다. 나는 CEO가 회사 운영, 직원, 고객에 대한 제한적이고 걸러진 정보를 제공받는 상황을 많이 경험했다. 안타깝게도 이런 종류의 필터링은 감지하기 어려운 교묘한 과정이다. 이는 권력과 권한에 대한 부하 직원의 양가 감정에서 비롯된다. 나는 많은 최고 경영진에게 자신에게 보고하는 사람들이 자신의 의견과 완전히 다른 경우에도 동의하는 경향이 있다는 점을 인식해야 한다고 조언해 왔다. 많은 경우에 그들은 상사를 만족시키기 위해 무엇이든 할 것이다. 또 많은 CEO가 자신을 친근하게 대하도록 하고 부하 직원들과 공감하며 솔직한 피드백을 구하려는 영웅적인 시도를 하는데도, 많은 부하 직원이 여전히 그렇게 하는 것에 대해 매우 불편해하고 불안해하는 것을 보았다. 그들은 실제로는 안전하다고 느끼지 못하고, 잘못된 말을 하는 것을 두려워하며, 뒤따를 수 있는 잠재적인 결과와 보복을 두려워한다.

안타깝게도 최고 경영진은 부하 직원이 자신들이 듣고 싶어 하는 말만 해 줄 가능성이 크다는 사실을 깨달아야 한다. 최고 경영진이 되는 순간 거짓말하는 사람들에게 둘러 쌓일 가능성이 크다는 것은 진리가 되었다. 이런 종류의 반향실echo chamber에 갇힌 결과, 많은 최고 경영진은 자신의 인식을 테스트할 사람이 없는 현실에서 점점 더 고립되는 자신을 발견하게 된다. 솔직한 피드백 없이는 자신이 얼마나 잘하고 있는지 알 수 없다.

편집증적 사고

무엇이 진실이고 누가 신뢰할 수 있는지 리더가 확신할 수 없을 때, 편집증paranoia은 당연히 어느 정도까지는 쉽게 나타날 수 있다. CEO는 명백하거나 숨겨진 많은 실제 위협에 직면하기 때문이다. 어느 조직에서나 자신이 밟혔다고 느끼면서 이에 대해 보복하기를 꿈꾸거나 또는 직접 실행에 옮기려는 사람들은 항상 존재한다. 리더의 권력을 부러워하고 스스로 그 권력을 가지려고 음모를 꾸미는 사람들은 항상 존재한다.

  좋든 싫든 조직에서 최고 직책을 맡고 있다면 인기 없는 어려운 결정을 내려야 한다. 때로는 좋아하는 사람에게 거절해야 할 때도 있다. 사람들을 잘못된 길로 이끌 수도 있다. 여러 번 말했듯이 당신이 그저 사랑받고 싶다면 아이스크림을 파는 것이 낫다. 리더로서는 어쩔 수 없이 치과 의사 역할을 하며 고통을 줄 수밖에 없는 상황과 때가 있을 것이다. 따라서 많은 최고 경영진에게 피소감feelings of persecution은 현실의 적과 상상의 적으로 가득 찬 세상에 대한 이성적 반응이다. 위험이 감지되거나 감지될 가능성이 있는 상황에서 경계를 늦추지 않는 것은 생존을 위한 노력의 연장선일 뿐이다. 그러나 현실 감각을 바탕으로 한 건전한 의심이 본격적인 편집증으로 변질될 수 있는 위험은 항상 존재한다.

무엇을 해야 할까?

최고 경영진에 대한 이러한 모든 압박을 고려할 때, 최고 경영진의 외로움을 완화하기 위해 무엇을 할 수 있을까? 리더의 탈선을 방지하기 위해 무엇을 할 수 있을까? 그리고 어떻게 하면 최고 경영진이 자신에게 쏟아지는 '부정적 감정과 반응'에서 거리를 두도록 도울 수 있을까?

먼저, 최고 경영진은 독단주의자lone ranger 역할을 하는 것이 건강에 해로울 수 있다는 점을 인식해야 한다. 최고 경영자로서 모든 일과 모든 사람들로부터 회사 내 '쓰레기통' 또는 정서적인 '배설구'가 되는 것은 매우 스트레스가 될 수 있다. 육체적으로는 혼자가 아닐지 몰라도 정신적으로는 아무도 보이지 않는다. 실제로 조직원들이 아무리 원해도 어떤 CEO라도 슈퍼맨이나 슈퍼우먼 같을 수는 없다. 그들은 모두 자신의 지위와 관련된 스트레스를 털어놓을 누군가가 필요하다. 공감과 조언을 얻을 수 있는 일종의 '수용적인 환경holding environment'을 제공할 수 있는 사람이 필요하다.

일부 최고 경영진은 운이 좋게도 속 이야기를 털어놓을 수 있는 중요한 상대가 있다. 그렇지만 너무 많은 CEO가 업무에 대한 지속적인 대화로 관계가 소진될까 봐, 또는 사랑하는 사람이 자신의 어려움을 공감해줄 경험이 없다는 이유로 가까운 사람에게 털어놓기를 꺼려한다. 다른 최고 경영진은 자신에게 중요한 사람이 매우 자기중심적인 사람이거나 그들 자신의 문제를 처리하기에 바쁘다고 결론내릴 수도 있다.

어떤 상황이든 나는 리더라면 자신과 조직에 대한 책임감을 가지고 소통의 외로움이 자신의 업무 효과성에 방해가 되지 않도록 해야 한다고 굳게 믿는다. 리더십 피라미드의 정점에 올랐다고 해서 갑자기 모든 해답을 갖게 되는 것은 아니며, 다른 사람들이 그렇게 기대하는 것은 무리한 요구이다. 누구나 도움이 필요하다. 아무리 유능한 리더라도 맹점blind spots이 있다. 따라서 최고 경영진은 그들의 어려움에 대해 공감하고 기밀을 유지하면서 조언을 제공할 지원 그룹support group을 개발하는 것이 필수적이다. 이들이 취할 수 있는 조치는 여러 가지가 있다.

1. 많은 예비 CEO는 최고 경영자 직책을 맡기 전에 더 많은 준비가 필요하다. 나는 이 직책에 따르는 외로움에 대한 준비가 되어 있지 않은 임원들을 너무 많이 보아왔다. 그들은 새로운 직책에 따르는 집중적인 정신적 노동을 깨닫지 못한다. 투자자, 재무 고문, 대중, 언론, 정치인, 규제 당국 등 모든 이해관계자에게 책임을 져야 한다는 사실을 아는 것은 매우 벅찬 제안이다. 따라서 직책을 맡기 전에 온보딩 준비가 필요하다. 같은 상황에 처했던 사람들에게 조언을 구하는 것은 당연하고 현명한 첫 단계이다.
2. 고립되지 않으려면 최고 경영진이 직접 나서서 다양한 의견을 구할 것을 강력히 권장한다. 이는 전략적인 이유만 아니라 정서적인 이유에서도 필수적이다. 이 직책을 맡았다면 의식적으로 그리고 신중하게 신뢰할 수 있는 조언자와 동료들로 구성된 지원 환경support system을 구축해야 한다. 그렇지 않으면 사람들이 당신이 듣고 싶어 하는 말만 해주는 반향실echo chamber 속에 갇힐 위험이 있다.

리더의 외로움을 해소하는 방법에는 여러 가지가 있다. 예를 들어, 내가 매년 인시아드 대학에서 진행하는 CEO 세미나(1장 참조)가 성공적인 이유는 세미나에서 많은 리더가 리더의 외로움을 극복할 좋은 기회이기 때문이다. 혼자가 아니라는 사실을 깨닫는 것은 매우 강력한 사회적 지원 네트워크를 만드는 데 도움이 된다. 함께 보내는 시간 동안 리더는 자신의 고민을 공유할 수 있는 관리 체계 밖의 집단과 깊은 관계를 형성한다. 그리고 서로를 지속적인 지원 네트워크로 계속 활용한다. 젊은 사장단Young Presidents' Organization(YPO) 같은 단체에서도 상호 지원 네트워크를 활용할 기회를 제공한다.

지원 네트워크를 구축하는 또 다른 방법은 스트레스 수준을 낮추고 정신 건강을 유지하기 위해 리더의 어려움을 논의할 안전한 공간을 제공해줄 컨설턴트나 임원 코치를 찾는 것이다. 물론 중요한 것은 리더가 이런 도움을 받을 준비가 되어 있는지이다.

경영 코치 또는 치료사로서 내가 하는 일의 상당 부분은 (가끔 전략 및 인적 자본 결정에 대한 조언을 제공하는 것을 제외하면) 경영자의 외로운 마음을 달래주는 서비스에 해당하는 것 같다. 내 고객들은 좋은 반응자sounding board가 될 수 있는 사람을 찾고 있다. 내 경우 그들 시스템 외부에 있는 장점은 솔직한 피드백을 줄 수 있다는 것인데, 이는 고객이 반향실에서 벗어날 수 있도록 도와준다. 또 셰익스피어의 「리어 왕King Lear」에 나오는 바보처럼 권력에 맞서 진실을 말하는 현명한 바보의 의미에서 바보 역할을 할 수도 있다. 나는 흔히 고객들이 거울을 자세히 들여다보도록 유도하는 역할을 해왔다. 때때로 나는 내가 상대하는 임원들에게 최악의 상황은 자신의 머릿속이라는 점을 분명히 알려야 할 때가 있다. 너무 많은 것을 혼자만 알고 있는 사람들은 자신의 어려움을 이해할 수 있는 사람들과 대화할 기회를 갖기 어렵다는 점이 실질적 리스크가 된다.

나는 또한 최고 경영진이 직면한 리더십 과제에 대한 피드백을 받을 수 있는 기회를 제공하는 여러 가지 360도 리더십 평가 도구를 개발했다.[2]

---

2) https://www.kdvi.com/tools.

이러한 설문조사 결과를 다른 경영진과 논의하는 것도 고립감에 대응하는 또 다른 방법이다. 이것은 어려운 문제를 더 쉽게 논의할 수 있게 해줄 뿐만 아니라 리더의 외로움을 해소하는 데도 도움이 된다.

조직 외부에서 업무 이외의 활동을 함께할 친구를 사귀는 것은 사회적 고립을 예방하기 위해 당연한 해야 할 것이다. 인생이 오로지 일만 하고 놀이가 없는 모습라면 경영진은 균형 감각을 잃을 위험에 처할 수 있다. 지나친 업무 윤리 work ethic 는 지루함을 유발하고 번아웃을 불러올 수 있다.

고립 과정을 늦추는 매우 발전적인 방법은 자신이 상호작용하는 사람들에게 감사를 표현하는 것이다. 아주 간단하게 잘해준 일에 대해 감사하는 것이다. 실제로 변화를 만들어 낸 일에 대한 감사 표현하기는 모든 종류의 환경에서 웰빙을 향상하는 매우 강력한 도구가 될 수 있다. 인정, 즉 가치 있다고 느끼는 것은 뇌를 선순환에 참여시키므로 사람들의 삶에 엄청난 영향을 미친다. 인정은 신뢰 trust, 관대함 generosity, 애정 affection 과 같은 친사회적 행동 prosocial behaviors 을 촉진하는 옥시토신을 분비하는 데 도움이 된다. 감사를 진정성 있게 표현하면 조직을 변화시킬 수 있다. 관대한 리더는 모든 직원이 연결된 일부라고 느끼게 하고 소속감을 느끼게 한다. 리더는 모든 역할이 회사의 목적에 어떻게 기여하는지 인정하고 축하함으로써 부하 직원이 소외감 또는 주변부에 있다는 느낌을 가지지 않도록 돕는다. 이를 일반적인 관행으로 만들면 직원들이 리더에 대한 '건전한 피드백 의식'을 갖고 적절한 경우 동의하지 않을 용기를 낼 수 있는 문화를 조성할 수 있으며, 이는 반향실 속에 갇혀 사는 데에 대한 처방이 될 수 있다.

우리는 혼자 태어나고 혼자 살다가 혼자 죽는다는 말이 있다. 그렇지만 이 말을 우리의 신조로 삼아야 할까? 그게 인생의 전부일까? 우리는 모두 혼자라는 것이 얼마나 큰 스트레스가 될 수 있는지, 외로움이 가장 큰 두려움일 뿐만 아니라 궁극적인 박탈감이 될 수 있는지 경험해 보았을 것이다. 외로움을 견딜 수 있는 사람은 거의 없다. 그렇지만 혼자라는 느낌이 든다면 무언가 변화가 필요하다는 신호로 받아들여야 한다. 결국 인간의 가장 큰 실존적 욕구 가운데 하나는 인간적 연결성human connectedness이다. 특히 최고 경영진은 이러한 경고 신호에 주의를 기울이고 외로움에 대한 해독제는 공동체community라는 사실을 깨닫는 것이 좋다.

16장
이카루스 증후군

발뒤꿈치를 잊은 영웅 아킬레스처럼, 태양에 가까이 날아가다가 자신의 날개가 밀랍으로 만들어졌다는 사실을 잊은 이카루스처럼, 승리의 생각이 절대적으로 견고해 보일 때는 그것의 몰락을 예견할 수 있는 이유가 더 많아지므로 우리는 경계해야 한다.

― 드와이트 롱네커 Dwight Longenecker

네 추락을 결코 후회하지 마라. 오, 두려움 없는 비행의 이카루스여, 가장 큰 비극은 불타는 빛을 느끼지 못한 것이다.

― 오스카 와일드 Oscar Wilde

데이비드David에 대해 말해 보겠다. 오랫동안 그는 꽤 높은 자리에 있었다. 그의 모든 행동은 그가 성공의 냄새를 좋아하고 특히 관심의 중심이 되는 것을 좋아한다는 것을 보여주었다. 그가 올해의 사업가로 선정되어 얼마나 기뻤는지 내게 말했던 것이 기억난다. 그러나 그를 대중의 눈에 띄게

한 것은 그의 사진이 국내 주요 비즈니스 잡지의 표지에 실렸을 때였다. 또 그는 일반 관심사 TV 프로그램에서 정기 해설자로 활동하면서 명성이 더욱 높아졌다. 데이비드는 존경받고 인정받는 것을 좋아했다. 인정은 그의 내면 극장에서 항상 주요한 주제였다. 모두가 그가 나르시시즘이 있다는 것을 알고 있었다. 그리고 언론은 그가 특별하다는 느낌을 더욱 강화했다. 많은 기사에서 그를 '업계를 재편'한 인물로 묘사했다. 수많은 성공에 힘입어 그는 가장 큰 경쟁사를 인수하는 대담한 결단을 내렸다.

그렇지만 행운의 수레바퀴는 방향을 바꾸었다. 한 업계 애널리스트가 새로 인수한 회사에 너무 많은 돈을 지불했다고 언급하면서 문제가 시작되었다. 한때 골든 보이라고 불렸던 데이비드는 점점 더 많은 비판과 공격을 받았다. 그의 신용 한도에 신경을 곤두세운 은행의 요구로 그의 어려움은 더욱 가중되었다. 데이비드는 이러한 은행원들의 어리석음을 탓하며 "좋은 거래를 보면 알 수 있어야지."라고 말하곤 했다. 그렇지만 데이비드가 정말 화가 난 것은 "정말 많은 놀라운 성공을 거둔 뒤에 자기 파괴를 하는 모습을 지켜보는 것이 고통스럽다."라며 신문들이 이 싸움에 가세했을 때였다. 데이비드에 따르면 이 발언은 노골적으로 불공평하며 다음과 같은 또 다른 씹어 대는 발언도 마찬가지였다. "그의 최근 인수는 실수였을 뿐만 아니라 런던의 고급 스타 레스토랑과 연계된 케이터링 사업, 축구 클럽 후원, 개인 병원에 대한 자금 조달 등 끝없는 기타 벤처 사업으로 인해 회사의 자원을 너무 많이 소모한 것 같다."

데이비드에 따르면 언론이 사실을 왜곡하고 있다고 했다. 그렇지만 옳든 그르든 피해는 막심했다. 한때 수많은 잡지에서 기업가 정신의 대표 인물로 그를 환호했지만, 이번에는 너무 높이 날아오른 사람의 사례로 소개되며 1면 톱 뉴스를 장식했다. 나는 데이비드의 "우월감, 타인의 의견을 무시하는 태도, 새로운 인수에 대한 끝없는 추구가 그의 추락을 피할 수 없게 만들었다."라는 한 비즈니스 애널리스트의 논평을 읽었던 기억이 난다. 이 기사는 "그의 몰락은 수천 명의 일자리를 잃는 엄청난 대가를 치렀다."라고 덧붙였다.

밀랍과 날개

그리스 신화에서 이카루스Icarus와 그의 아버지 다이달로스Daedalus는 미노스왕King Minos에 의해 크레타Crete 섬에 갇혔다. 탈출을 위해 다이달로스는 자신과 아들을 위해 밀랍과 깃털로 만든 두 개의 날개를 만들었다. 다이달로스는 이카루스에게 밀랍이 녹을 수 있으니 태양에 너무 가까이 날지 말고, 깃털이 바닷물에 젖을 수 있으니 너무 낮게 날지 말라고 경고했다. 그렇지만 이카루스는 하늘을 나는 신나는 경험에 도취되어 아버지의 충고를 무시했다. 그는 경험에 취해 점점 더 높이 날아올랐고 태양에 점점 가까이 다가갔다. 태양에 너무 가까이 다가가자 날개의 밀랍이 녹아내렸다. 그는 바다로 떨어져 익사하고 말았다. 이카루스와 그의 운명은 인간의 힘과 능력에 대한 무모함과 과대평가의 대명사가 되었다.

나는 이카루스 증후군 증상을 많이 보아왔다. 이카루스 증후군은 성공의 유혹에 빠진 리더가 지나치게 야심 찬 프로젝트에 착수했다가 실패하고 자신과 타인에게 해를 끼칠 때 발생하는 현상이다. 야망에 부풀어 있는 이들은 잘못된 열정을 자제하지 못해 재앙을 맞이한다. 이 증후군은 인정과 박수에 대한 만족할 줄 모르는 욕망을 가진 리더들을 괴롭힌다. 임원들 사이에서 드물지 않은 나르시시즘이 그들의 머릿속을 점령한다. 이들은 자신에 대해 지나치게 충만해진다. 이러한 리더의 과대주의적 자기 중요성grandiose sense of self-importance과 특권 의식feelings of entitlement은 궁극적으로 자기 자신을 해치게 된다.[1] 잠깐은 날아다닐지 모르지만 결국 현실에 부딪혀 땅으로 추락하게 된다. 안타깝게도 많은 경우 이러한 추락은 그 영역에 속한 모든 사람에게 뒤따르는 심각한 피해를 끼치게 된다.

많은 사람이 성공적인 리더십을 카리스마, 매력, 영감을 주는 능력, 설득력, 넓은 시야, 위험 감수 의지, 원대한 포부, 대담한 자신감과 연관시킨다. 그렇지만 이러한 특성들의 이면에는 단점도 있다. 자기 판단에 대한 과도한 자신감과 그에 따른 전능감omnipotence으로 인해 무모하고 불안정한 행동을 하거나, 타인의 조언과 비판을 경멸하고, 자기 행동으로 인한 실용성 저하, 비용 및 손해 발생을 무시할 수 있다. 이카루스 증후군과 관련된 오만함은 자신의 눈을 가릴 수 있다. 이카루스 증후군은 자신의 지식, 선견지명, 능력을 과대평가하여 너무 원대한 계획을 세웠다가 비참하게 실패한 많은 경영진을 몰락시켰다.

허먼 멜빌Herman Melville의 모비딕Moby Dick에 등장하는 아합Ahab 선장이나 존 밀턴John Milton의 실낙원Paradise Lost에 등장하는 사탄처럼 민담, 성경, 세계 문학에는 이카루스 증후군의 희생양이 된 사람들에 대한 묘사가 가득하다. 이 모든 이야기에는 교만, 허영, 야망, 권력, 무례, 경멸, 반항, 분노, 보복이라는 어두운 주제가 곳곳에 등장한다.

---

[1] Manfred F. R. Kets de Vries (2016). *You Will Meet a Tall, Dark Stranger: Executive Coaching Challenges*. New York: Palgrave Macmillan.

우리는 모두 태양에 너무 가까이 날아갔거나 날아가고 있는 많은 현대 정치 및 비즈니스 리더의 사례를 인용할 수 있다. 사우디아라비아Saudi Arabia 왕세자 모하메드 빈 살만Mohammed bin Salman, 르노-닛산-미쓰비시 얼라이언스의 전 회장인 카를로스 곤Carlos Ghosn, 페이스북 회장 겸 CEO 마크 저커버그Mark Zuckerberg가 대표적인 예이다. 빈 살만의 사례는 그 자체로 시사하는 바가 크다. 예멘Yemen에서 벌어진 끔찍한 전쟁, 캐나다와의 갈등, 언론인 자말 카쇼기Jamal Khashoggi 살해 연루 혐의 등으로 인해 중동을 재편하려는 그의 과제가 심각한 위험에 처했다. 곤의 경우 닛산Nissan(그가 한때 부흥을 도왔던 일본 자동차 제조업체)은 기업 자산의 사적 사용 및 그가 받은 보상 규모 등으로 인한 중대한 재정적 위법 행위에 대해 그를 돌연 고발했다. 레바논Lebanon으로의 대담한 탈출이 그의 은퇴 전 최후의 작품swan song이 될 수도 있다. 마크 저커버그에 대해서는 아직 배심원단의 판결이 나오지 않았지만, 그의 사례는 자기 전능감에는 분명한 한계가 있다는 것을 보여준다. 많은 언론 매체는 저커버그를 오만한 기업 엘리트의 일원일 뿐만 아니라 회사가 일으킨 수많은 데이터 정보보호 문제에 직면하기를 꺼려하는 겁쟁이로 묘사했다.

긍정적 자기상positive self-image을 가지는 것은 심리적으로 건강한 것이며, 자신감self-confidence, 적절한 야망proper ambition, 진정한 자부심authentic pride은 모든 성공적인 리더에게 필요한 자질이다. 그렇지만 안타깝게도 이런 다양한 사례에서 알 수 있듯 이런 자질이 과도해지면 타인에 대한 경멸로 바뀔 수 있다. 고대 그리스인들은 영웅들이 신을 거역해 재앙을 불러일으키는 과신overconfidence, 과욕overambition, 거만arrogance, 오만pride의 위험한 혼합물을 휴브리스hubris라고 불렀다. 이것에 빠진 리더는 자기 능력에 대해 부풀려진 시각을 가지며, 자신과 타인이 감수해야 하는 명백한 위험을 간과하며 자신을 끔찍한 위험에 노출시킨다.

다양한 세부 사항은 제외하더라도, 이러한 리더들의 모습을 보면 우리 모두 이카루스 증후군을 경계해야 한다는 것을 알 수 있다. 그렇지만 현실과 동떨어진 채 화려한 거품 속에 너무 오래 머물러 있는 많은 리더는 그렇게 하지 못한다.

예방 조치

백만 달러짜리 질문은 이카루스 증후군과 이로 인해 향후 발생할 수 있는 피해를 예방하는 방법이다. 예방적 관리가 가능할까? 안타깝게도 내가 직접 관찰한 바에 따르면 이카루스 증후군은 많은 비즈니스 리더와 고위 정치인에게 직업적 위험으로 여전히 남아 있다. 그렇지만 이카루스 증후군은 권력을 갈망하는 사람들의 피할 수 없는 측면일까, 아니면 나르시시즘 스펙트럼 위에 있는 정상적 행동의 극단적인 표현일까?

정신 건강을 위해 우리는 모두 건강한 수준의 자신감이 필요하다. 그렇지만 이러한 자신감이 지나치게 부풀려지면 무절제한 나르시시즘 unrestrained narcissism 으로 변할 수 있다. 이러한 위험 요소와 이카루스 증후군의 매우 부정적인 영향을 고려할 때, 모든 경영진은 문제 징후를 인식하는 것이 좋다. 예를 들어, 내가 임원들과 함께 일하며 자주 발견한 이카루스 증후군의 한 가지 지표는 임원들이 자기 판단에 대해 지나친 자신감을 갖는 것이다. 또 다른 지표는 임원이 성취할 수 있는 것에 대한 과장되거나 비현실적인 자기 믿음이다. 다른 사람과 상의하지 않고 혼자서 모든 결정을 내리는 리더도 문제를 일으킬 수 있다. 독단적인 성과는 잘못된 의사결정으로 이어져 조직을 위험에 빠뜨릴 수 있다. 또 다른 위험 신호는 부하 직원이 리더의 과도한 의견에 주저 없이 동의하는 경우로, 이는 리더가 나쁜 소식 금지 문화no-bad-news culture를 만들었음을 나타낸다. 부하 직원들은 의견 충돌에 대한 리더의 반응에 두려워하는 법을 배운다. 리더는 이러한 방식으로 행동함으로써 팀의 사기를 떨어뜨리고 권한을 박탈하여 심리적 몰입감 저하psychological disengagement를 유발할 수 있다. 이러한 행동의 결과 가운데 하나는 가장 유능한 직원이 회사를 떠나는 것이다. 이카루스 증후군의 영향을 받은 사람들은 연기가 만들어낸 안개를 걷어내고, 그들이 만들어 낸 것을 있는 그대로 비춰주는 솔직함candor이 이 증후군을 정화하는 작용을 할 수 있다는 점을 받아들이지 않으려는 것 같다.

이카루스 증후군에 대한 효과적인 대응책은 다양성을 지향하는 것이다. 나는 리더십 팀 멤버가 이카루스 성향이 있는 경우 리더십 팀의 다양성이 집단사고groupthink를 방지하는 데 매우 효과적인 방법, 즉 경계 설정에 도움이 되는 것을 여러 차례 보았다.[2] 공통된 배경과 관점을 가진 경영진이 더 빠른 의사결정을 내리는 것은 사실이지만, 이것이 곧 양질의 의사결정을 내리는 것을 의미하지는 않는다. 오히려 너무 획일적인 팀의 빠른 의사결정은 그들의 선입견에 맞지 않는 데이터를 걸러내어 생각해 볼 가치가 있는 대안을 간과할 가능성을 높인다. 지나친 집단사고가 발생할 수 있다. 이러한 의사결정 패턴은 다양성이 있는 팀에서는 발생 가

---

[2] Irving L. Janis (1982). *Groupthink: Psychological Studies of Policy Decisions and Fiascoes*. Boston: Cengage Learning.

능성이 작다.[3] 이카루스 증후군을 예방하려면 궁극적으로 사람들이 리더에게 불편한 진실을 말할 수 있는 문화, 즉 사람들이 보복에 대한 두려움 없이 리더의 의견에 동의하지 않을 환경이 조성되어야 한다. 이를 위해서는 사람들이 안전하다고 느끼고, 두려움은 최소한으로만 느끼는 문화가 필요하다.

이사회의 사외이사는 여기서 권한을 행사할 수 있다. 이카루스 증후군의 초기 징후에 직면했을 때 사외이사는 문제를 해결하고 어떤 형태로든 개입을 제안할 수 있는 권한이 있다. 그러나 기업 거버넌스가 있다고 해서 사외이사들이 행동할 것이라고 낙관해서는 안 된다. 일반적으로 이러한 감시 기관이 대응 조치를 취하기 위해서는 엄청난 드라마가 필요하며, 대개는 상황이 이미 너무 많이 진행된 뒤에야 조치가 이루어진다. 이카루스 증후군의 피해자와 주변 사람들 모두 리더의 유혹적인 행동에 매료되어 상황이 걷잡을 수 없이 커지고 있다는 사실을 인지하지 못하는 경우가 더 많다.

이러한 임원들의 이카루스 증후군 경향에 대해 경고하는 다음과 같은 이야기가 있다.

> 옛날 옛적 겨울을 나기 위해 남쪽으로 날아가야 한다는 말을 들은 새 한 마리가 있었다. 그렇지만 이 새는 자신이 더 잘 안다고 생각했고 다른 새들의 경고에도 서두를 필요가 없다고 판단했다. 다른 새들이 떠났을 때, 그 새는 그대로 있었다. 그러자 새들이 경고한 대로 날씨가 추워졌다. 차가운 바람을 맞은 작은 새

---

[3] Manfred F. R. Kets de Vries (2011). *The Hedgehog Effect: The Secret of building High Performance Teams*. San Francisco: Jossey-Bass.

는 얼어붙어 땅에 떨어졌다. 새가 땅에 누워 있을 때 소 한 마리가 지나가다가 새에게 똥을 떨어뜨렸다. 따뜻한 똥이 새의 몸을 녹여주자 새는 따뜻하고 행복한 기분이 들었고, 기쁨의 노래를 부르기 시작했다. 지나가던 여우가 새의 노래를 듣고 찾으러 왔다. 분뇨를 치운 후에 여우는 작은 새를 발견했고 새를 잡아먹어 버렸다.

안타깝게도 이러한 결말은 이카루스 증후군에 걸리기 쉬운 사람들의 전형적인 모습이다. 많은 이가 과신, 자만심, 자랑 또는 이른바 휴브리스로 인해 불명예스러운 몰락을 겪는다. 모든 최고 경영진은 성공의 달콤한 냄새가 쉽게 독이 될 수 있다는 사실을 기억해야 한다. 최고 위치에 있는 사람들에게 과도한 나르시시즘은 항상 직업적 위험이 될 수 있으며, 거만함arrogance은 자신의 정신 건강을 위해 급격히 무엇인가를 해야 한다는 신호일 수 있다.

17장
당신은 얼마나 탐욕스러운가?

> 탐욕은 바닥 없는 구덩이이며 만족에 이르지 못한 채 욕구를 채우기 위해 끝없이 노력하도록 사람을 지치게 한다.
>
> — 에리히 프롬 Erich Fromm

인류의 역사는 탐욕이 가져온 비참한 결과에 관한 이야기로 가득하다. 그렇지만 이렇게 경고하는 이야기를 하는데도 탐욕스러운 행동에 대해 우리는 결코 교훈을 배우지 못하는 것 같다. 우리는 항상 우리 안에 숨어 있는 탐욕을 통제하는 데 능숙하지 않다. 우리는 왜 이렇게 행동할까? 우리는 탐욕의 악순환을 끊을 수 있을까? 가장 중요한 것은 탐욕스러운 사람들이 자신과 타인 및 사회 전체에 어떤 영향을 끼칠까?

기본 결함

탐욕greed을 대처 메커니즘coping mechanism에 불과한 것으로 볼 수 있을까? 비록 역기능적일지라도 정신 건강 문제를 해결하는 방법일까? 탐욕스러운 사람들은 무엇이 문제일까? 그들은 왜 그렇게 터무니없이 행동할까? 돈 말고도 그들이 이야기할 수 있는 다른 주제가 있을까? 여기에 부합하는 고객에게 자신을 설명해달라고 넌지시 물어봐도 별다른 반응을 얻지 못한다. 아마도 그들의 탐욕은 해결되지 않은 내적 공허감inner emptiness, 즉 무언가 결핍된 느낌과 관련이 있을 것이다. 그렇다면 이런 느낌은 어디에서 오는 것일까?

성장기의 효과적이지 않은 역할 모델은 심리적 기능 장애의 많은 사례와 마찬가지로 탐욕이 생겨 나는 데 중요한 요인으로 작용하는 것으로 보인다. 탐욕스러운 사람들이 내게 들려준 많은 이야기에서 낮은 자존감의 발판이 되었던 어린 시절의 부정적인 부모 경험의 특징을 발견할 수 있었으며, 이는 일종의 '기본 결함basic fault', 즉 어떤 형태로든 만족감을 줄 수 있는 '결핍된 것'을 평생 동안 찾게 만들었다.[1]

정신분석가 마이클 발린트Michael Balint는 기본 결함이라는 개념을 도입하고, 이러한 결함이 아이와 양육자 사이의 왜곡된 관계, 다른 사람과의 불만족스러운 관계로 이어지고, 강렬하고 압도적인 불안에 기여하며, 스트레스를 받을 때 퇴행적 행동을 유발하는 트라우마의 결과로 나타난다고 보았다. 결과적으로 아동 발달 초기 단계에서 자신의 심리생물학적 욕구

---

1) Michael Balint (1992). *The Basic Fault: Therapeutic Aspects of Regression*. Evanston, IL: Northwestern University Press.

와 결함 있는 환경에서 제공되는 보살핌 사이의 상당한 불일치에 대처하기 위해 나중에 강박compulsions으로 변하는 행동 패턴을 채택하게 된다. 요컨대, 발린트의 기본적 결함 개념은 영아의 니즈에 대한 양육자의 부적절한 대응으로 인해 발생한 극초기의 근본적인 심리적 손상을 의미한다. 이러한 실패는 분열split을 초래하여 참 자기true self와 거짓 자기false self를 구분하게 만든다.

참 자기와 대비한 거짓 자기의 개념은 소아과 의사이자 정신분석가인 도널드 위니컷Donal Winnicott에 의해 도입되었다.[2] 위니컷에 따르면 우리는 모두 다양한 대인관계 상황에서 생존하고 적절하게 상호작용할 수 있도록 가면을 쓰고 있으며, 필요에 따라 다양한 모습을 보여줄 수 있다. 이러한 다양한 사회적 가면은 우리가 균형 잡히고 통합된 방식으로 삶을 관리하도록 도와주며, 응집력 있는 통합 정체성을 개발할 수 있게 해준다. 그렇지만 정서적 욕구가 충족되지 않거나 불안정하게 충족되면 우리는 환경을 신뢰하지 않거나 자신을 신뢰하지 않는 법을 배운다. 우리의 자연스러운 유아기 자발성spontaneity은 부모의 바람과 기대에 부응해야 할 필요성으로 침해당할 위험에 처하게 된다. 이러한 상호작용 방식은 적응적일 수 있지만, 유지하기 힘든 방어적 모습 형태의 거짓 자아를 형성할 수 있다. 타인에 대한 방어적 태도를 계속 유지하면 기력이 고갈되고 지치고 감정적으로 무감각해질 수 있다. 반대로 자신의 참 자기를 자연스럽게 드러낼 수 있다면 우리는 더욱 진정으로 살아있다고 느낄 수 있다. 그러나 자아

---

2) Donald W. Winnicott (1960). "Ego Distortion in Terms of True and False Self," in *The Maturational Process and the Facilitating Environment: Studies in the Theory of Emotional Development*. New York: International UP Inc., 1965, pp. 140-152.

에 분열이 있거나 그것의 다양한 부분들을 통합할 수 없다면, 우리는 내면에 필수적 무언가 빠져 있다는 주관적 경험을 하게 된다. 이것이 바로 기본 결함을 느끼게 하는 느낌이다.

물이 새는 양동이

내가 본 바로는 많은 탐욕스러운 사람이 내면의 결핍을 채우기 위해 강박적으로 부를 추구한다. 한 사람은 "마음속 깊은 곳에서는 결코 채울 수 없는 물이 새는 양동이 같은 느낌이 든다."라고 설명하며 이러한 느낌을 생생하게 묘사했다. 이 사람은 완전하다는 착각을 일으키기 위해 탐욕스러운 추구를 계속해야 한다는 강박에 사로잡혀 있는 것 같았다. 부의 획득을 통해 그는 일시적으로 자신의 내면이 더 나아지고 동료들보다 더 나은 사람이 되었다고 느끼기를 바랐다. 그렇지만 그는 탐욕이 치르는 대가를 잊었다. 탐욕이 삶을 피폐하게 하고, 진정성 없는 느낌을 주며, 자신의 역기능을 악화시킬 수 있다는 사실을 잊은 것이다.

나르시시즘 성격 장애narcissistic disorder와 탐욕은 가까운 관계로 깊은 자기 의심이 두 증상의 근간을 형성한다. 두 경우 모두 사람들은 자신의 중요성, 의미, 가치를 의심한다. 그러나 삶을 대하는 이 두 가지 역기능적 방식을 구분할 때, 나르시시즘 성격 장애는 정서적인 자기 과시와 더 관련이 있는 반면, 탐욕은 물질주의적 자기 과시의 한 형태라고 할 수 있다. 어떤 방식으로 구분하든 둘 다 만족스러운 삶을 영위하는 데는 좋지 않은 선택이다.[3]

탐욕스러운 사람들은 정서적 불편함을 해소하기 위해 물질적 추구를 이용한다. 이러한 행동은 약물 남용으로 고통받는 사람들과 비교할 수 있다. 그러나 이러한 중독자들과 마찬가지로, 그들이 찾은 안도감은 일시적일 뿐이다. 내면의 공허함을 물질로 채우려는 시도는 문제를 악화할 뿐, 결코 충분하지 않을 것이다. 마약 중독자처럼 그들은 곧 또 다른 해결책을 필요로 할 것이다. 자신도 모르는 사이에 탐욕이 커질수록 자기 파괴적 성향이 강해지고 기분이 더 안 좋아질 것이다. 그들의 끝없는 물욕은 마음 깊은 곳에서 자신이 충분하지 않다는 근본적인 느낌을 개선하지 못할 것이다. 그것은 불가능한 일이다.

탐욕스러운 사람들은 의식적이든 무의식적이든 자기 가치를 금전적 가치와 연결시킨다. 이것이 그들이 점수를 매기는 주요 방법이다. 그렇지만 탐욕은 사실 금전적인 문제가 아니라 마음이 불안한 데서 비롯된다. 탐욕스러운 사람은 자신에게 손해를 끼칠 뿐만 아니라 다른 사람에게도 상당한 피해를 입힌다. 지나치게 경쟁적이고 공격적인 이들은 어떤 대가를 치르더라도 수익을 올릴 수 있는 모든 기회를 무자비하게 이용한다.

진화론적, 사회적 고려 사항

그렇지만 잠시 악마의 변호인 역할을 해보자면, 탐욕이 정말 그렇게 나쁜 것일까? 왜 우리는 부의 축적에 대해 그렇게 부정적이어야 할까? 진화론

---

3) Manfred F. R. Kets de Vries (2007). *The Happiness Equation: Meditations on Happiness and Success*. IUniverse.

을 믿는다면 희소한 자원을 차지하기 위한 경쟁은 인간의 기본적인 특성이다. 진화론적 관점에서 보면 탐욕은 인간 생존에 필수적인 요소일 수 있다. 탐욕은 우리가 물건을 축적하도록 부추기고, 부는 지위를 나타내는 중요한 지표이므로 많은 소유물을 갖는 것이 그렇게 나쁜 것은 아니다. 배우자를 원하는 것은 매우 효과적인 전략이다. 결국, 짝을 갖는 것은 우리의 유전자 코드를 영속시키는 데 도움이 된다. 그렇다면 탐욕은 순전히 생물학적 본능에 지나지 않는 것 아닐까? 어쩌면 고든 게코Gordon Gekko가 탐욕이 우리 유전자에 프로그래밍되어 있다고 말한 것이 맞을지도 모른다.

탐욕의 이점에 대한 진화론적, 이기적 유전자의 주장에는 사회적, 실존적 고려가 수반된다. 어떤 사람들은 탐욕이 없으면 개인, 공동체 또는 사회가 앞으로 나아갈 동기가 부족할 수 있다고 생각한다. 탐욕 없이 우리가 무엇인가를 성취할 수 있을까? 다른 사람의 탐욕으로부터 자신을 방어할 수 있을까? 약간의 탐욕이 없다면 우리는 너무 취약해지지 않을까?

어떤 사람들은 탐욕이 호모 사피엔스가 실존적 불안에 대처하는 방법이자 죽음을 초월하는 방법이라고 주장하기도 한다. 물건의 획득은 영생에 대한 환상을 만들어낸다. 우리는 죽을지 모르지만 우리가 획득한 것은 계속 살아 있을 것이다. 탐욕은 삶의 사실이며, 우리는 탐욕과 싸울 것이 아니라 그것을 받아들여야 한다. 태초부터 탐욕은 문명의 원동력이었다.

사실 탐욕은 많은 성공적인 사회의 주요 원동력이며 경제를 움직이는 연료이다. 탐욕스러운 행동을 견제하거나 제거하기 위해 고안된 정치 시스템이 항상 처참한 실패로 끝났다고 주장하는 사람들도 있다. 탐욕이 사회 구조에 내재하여 있지 않다면 사회는 금방 빈곤과 혼란에 빠질 것이기 때문이다. 그렇지만 인생의 대부분 일이 그렇듯이 모든 것은 균형의 문제라고 생각한다. 우리는 모두 자신의 이익에 대한 무절제한 추구가 어떻게 자신과 타인에게 문제를 일으키는지 알 수 있다. 또 우리 가운데 일부는 정당한 몫보다 더 많은 것을 가져갈 때 다른 사람들이 분개한다는 사실을 뼈저리게 배웠다. 탐욕은 잠재적으로 파괴적인 인간의 모든 욕구와 마찬가지로 사회적 규범에 의해 절제될 필요가 있다. 탐욕이 왜곡되면 사회적 불안으로 이어진다.

따라서 탐욕은 경제 발전에 중요한 역할을 하지만, 통제되지 않은 탐욕은 경제 쇠퇴의 원인이 된다. 소유욕과 탐욕은 거대한 암처럼 인류의 영혼을 파괴하고 사회 전체로 전이된다. 그리고 우리의 소비 문화, 즉 눈에 띄는 소비 성향이 어떻게 심각한 피해를 입히는지 멀리서 찾아볼 필요가 없다. 2008년의 금융 위기가 대표적인 예로 우리는 금융공학자들이 사회에 끼칠 수 있는 피해를 목격했다. 과도한 탐욕도 부패의 원인이 된다. 코로나 바이러스 팬데믹에 대한 선견지명이 부족했던 것도, 여기에 필요한 투자가 부족했던 것도 탐욕에 기인한 것일 수 있다. 나는 연민compassion에 대한 탐욕의 승리가 우리 문명의 몰락으로 이어질 수도 있다고 말하고 싶다.

파우스트적 협정

탐욕 중독자는 큰 해를 끼칠 수 있다. 강박적으로 부를 추구하다 보면 다른 사람의 니즈와 감정에 무감각해지는 경우가 많다. 그리고 과도한 나르시시즘이 탐욕 방정식의 일부이기 때문에 공감 능력이 극도로 부족해질 것이다. 이런 사람들은 돈에 관심이 있고 그저 거기에만 관심이 있을 뿐이다. 이들은 자신이 가진 것에 결코 만족하지 않아서 소유가 늘어날수록 욕망만 커진다. 탐욕스러운 사람들은 이성, 연민, 사랑은 뒷전이다. 이들에게 삶의 풍요로움과 복잡성은 자신이 원하는 것을 최대한 많이 축적하고 쌓아두는 것에 지나지 않는다.

그러나 탐욕에 집착하는 사람들은 자신이 악마와 계약을 맺었을지도 모른다는 사실을 깨닫지 못하는데, 이는 기본 결함의 개념으로 우리가 되돌아가서 사라지지 않는 공허함과 무의미함에 괴로워하는 것이다. 탐욕이 스트레스, 피로, 불안, 우울, 절망과 같은 부정적인 감정 상태와 도박, 빼앗기, 비축, 사기, 절도와 같은 부적응적이고 비윤리적인 행동 패턴과 연결되는 것은 당연한 일이다. 탐욕을 추구하다 보면 가족과 공동체의 유대가 약화할 수 있다. 사람들이 니즈와 탐욕을 구분하지 못하면 탐욕은 사회와 문명의 기반이 되는 가치를 훼손할 수 있다.

희망이 있나?

직업적 관점에서 볼 때 탐욕스러운 사람들을 상대하는 것이 쉽지 않다는 것을 인정해야 한다. 그리고 이런 경험은 나 혼자만의 것이 아니다. 조력 전문직에 종사하는 많은 동료도 탐욕스러운 사람들을 대하는 것을 경계하는데, 그럴 만한 이유가 있다. 탐욕스러운 사람들은 자신이 원하는 모든 것을 다 가지고 있으므로(또는 어쩌면 그 때문에) 자신이 진정으로 원하는 것에 맞추어 재구성하지 못하는 경우가 많다. 그들은 자신이 불완전하다고 느끼는 이유와 돈에 집착하는 이유를 설명하기 어렵다.

이러한 고객과 함께 일할 때 또 다른 어려움은 그들이 추구하는 부에는 끝이 보이지 않는다는 점이다. 그들에게는 '충분하다'는 개념이 없다. 돈을 버는 것만이 그들에게 만족감을 주는 유일한 일이며, 일시적인 안도감을 가져오는 유일한 치료제인 것처럼 보인다. 부를 축적하는 과정 자체가 목적이 되어 버린 것이다. 그렇지만 거래를 성사시키거나, 수익을 올리거나, '살인'을 할 때마다 화학적 '고조'(즉, 도파민 방출)를 얻는 것 이상의 것이 인생 목표가 되어야 하는 것은 아닐까? 그러나 다른 형태의 중독과 마찬가지로 그들은 복용량에 대한 더 큰 내성이 생기면서 이전 최고치가 더 이상 동일 수준의 만족감을 제공하지 않게 되어 지속해서 복용량을 늘려야 하는 것일까? 탐욕스러운 사람들은 적어도 일시적으로 자신에 대해 기분이 좋아지기 위해 점점 더 큰 살인을 저질러야 한다. 그렇지만 안타깝게도 그들이 자신에 대해 가진 내재된 의심은 사라지지 않는다.

탐욕스러운 사람들을 치료하기가 어려운 이유는 상당수 사람이 탐욕과 그와 관련된 특성을 잠재적 정신 건강 문제가 아니라 바람직한 것으로 보기 때문이다. 당연히 그들은 야망, 성공 같은 탐욕의 일부 파생물을 매력적이라 여긴다. 탐욕 문제에 대한 사회의 양면성 때문에, 많은 탐욕스러운 사람은 자신이 처한 어려움조차 인식하지 못한다. 그들은 자신의 행동이 자신과 타인에게 해롭다는 사실을 인정할 준비가 되어 있지 않다.

도전 과제는 물질적 부보다 관대함generosity이 더 큰 가치를 지니고 있다는 점을 어떻게 명확히 하고, 다른 사람을 돕는 것이 더 큰 성취감을 느끼게 해준다는 점을 어떻게 설명하며, 관대한 사람이 삶에 대한 만족도가 더 높다는 점을 어떻게 설득할 수 있느냐 하는 것이다. 탐욕은 강박이라는 것을 이해하고 이를 해결하기 위해 노력할지를 결정해야 한다. 자신의 삶을 누가 책임질지, 즉 내면의 악마가 책임질지 아니면 자신이 책임질지 선택할 의향이 있을까?

나는 매우 성공한 투자 은행가 가운데 한 명을 기억한다. 아르노Arnault라고 부르겠다. 그는 이혼이 임박해 내게 도움을 청하러 왔다. 그의 아내는 남편과의 생활에 지쳤다며 "내 삶을 살고 싶다."라고 말했다. 아내는 자기중심적인 남편의 욕구를 충족시켜주고 치어리더 역할만 하는 것에 지쳤다. 그녀는 그가 너무 싸구려이고 자신이 쓸 돈의 양을 통제하는 것에 많이 지쳤다. 아르노는 또한 장성한 자녀들도 자신을 좋아하지 않는다고 말했다. 그는 항상 돈을 벌기 바빴으므로 아이들에게 많은 관심을 기울이지 않았다고 고백했다. 이제 성인이 된 자녀들은 크리스마스 때만 그를 방문했다. 그들의 관계는 꽤 소원했다. 아르노에게 거래 외에 다른 일을 하냐고 물었지만 즉각적인 대답을 듣지 못했다. 결국 그는 거래 성사가 자신에게 항상 중요한 일이었다고 인정했다. 거래는 그가 살아있다고 느끼게 해주는 유일한 활동이었다. 그의 주요 라이프 앵커Life Anchor가 무엇인지 알아내는 것은 어렵지 않았다. 그에게 다른 관심사가 있냐고 물었을 때, 나는 그의 바위처럼 딱딱하고 긴 침묵에 직면했다. 마지막으로 아르노는 항상 일해야 한다는 강박감을 느꼈다고 대답했다. 그는 돈을 벌어야 했고, 이제 아내에게 지급해야 할 상당한 위자료를 생각하면 더 많은 돈을 벌어야 했다. 아르노에게 왜 그렇게 돈을 벌고 싶어 하는지 이유를 말해달라고 하자, 그는 어렸을 때 사업가였던 아버지가 여러 번 파산한 적이 있다고 말했다. 그는 가족들이 채권자들을 피하기 위해 집안의 불을 끄고 숨어 지냈을 때 얼마나 곤란했는지 기억했다. 그는 또한 이웃집 아이들이 가족의 어려운 재정 상황을 알고 그를 놀려댔던 일도 회상했다. 그는 부모님이 자신이 필요할 때 정서적 지원을 많이 해주지 않았다고 덧붙이며, 부모님이 자신을 무너뜨렸던 여러 사건을 회상했다. 그 때문에 그는 자신에게만 의지하기로 결심했다(그의 애착 패턴을 파악하는 것도 어렵지 않았다).

나는 아르노가 자신이 이룬 성취에 만족해야 한다고 말했다. 더는 재정적 걱정 없이 독립적으로 부자가 되었기 때문에 이제 하고 싶은 일은 무엇이든 할 수 있게 되었다. 이제 아르노에게는 선택의 폭이 넓어졌다. 부를 쌓았기 때문에 단순히 거래를 하는 것 외에도 더 많은 선택지가 생겼다. 그렇지만 아르노의 즉각적인 반응은 여전히 재정적으로 충분히 안전하지 않다는 것이었다. 이로 인해 그가 여전히 재정적으로 어려움을 겪을 수 있는 여러 가지 이유가 생겼다. 나는 그의 방어적인 합리화를 넘어가려고 노력하며 아르노에게 "정말 다른 선택지가 없습니까?"라고 다시 물었다. 나는 그가 자기 니즈의 강도와 근본적인 두려움이 마음을 사로잡아 한 발 물러서서 다른 일을 할 수 있는 능력을 무시하고 있다는 점을 알려주려 노력했다. 나는 그가 마음속에서 탐욕의 순환이 어떻게 작동하고 있는지 이해하도록 도와주려고 노력했다. 그러나 그의 혼란스러운 반응은 그가 자신의 선택에 대해 얼마나 인식하고 있는지에 대해 궁금하게 했다. 그는 그가 또 다른 거래를 계속 찾게 만드는 근본적인 갈망을 이해하고 있었을까?

그의 수많은 합리화에 대해서 계속 돈을 벌려는 강박적인 노력이 합리적이지 않다는 것을 아르노에게 알려주는 것이 얼마나 힘들었는지 기억한다. 나는 그가 다른 사람들이 가진 것을 얻기 위해 너무 오랫동안 노력한 나머지 자신이 이미 모든 것을 가지고 있다는 사실조차 깨닫지 못하고 있다는 점을 지적하려고 노력했다. 나는 그가 여러 가지 것을 무한정 가지고 있는 것 같고 더 많이 축적하려고 노력하지만, 다른 사람들과 마찬가지로 건강이나 가족과의 시간 같은 다른 것들은 한정되어 있다고 말했다. 무제한으로 가진 것의 양을 늘리기 위해 한정된 것의 양을 위험에 빠뜨리는 이유는 무엇일까? 그는 돈, 건강, 가족 중 무엇을 더 중요하게 생각했을까? 나는 돈이 성공의 유일한 척도였다면, 돈이 그가 가진 전부인 것으로 밝혀져도 놀라지 말아야 한다고 덧붙였다. 그의 집요한 돈 추구는 애착 회피 행동과 결합되어 결국 찰스 디킨스Charles Dickens의 에베네저 스크루지Ebenezer Scrooge처럼 매우 외로운 사람이 될 것이라고 말했다. 또 돈은 친밀한 관계에 비해 매우 차가운 화폐라는 점도 지적했다. 그의 탐욕은 그가 원하는 모든 것을 얻을 수 없기 때문에 항상 불만족스러울 것이라는 것을 의미했다. 나는 탐욕은 결코 자신이 충분하다고 생각할 수 없게 만든다고 지적했다. 탐욕은 결국 더 많은 것을 위해 더 열심히 노력하게 함으로써 당신을 파괴할 것이다.

한 번은 그에게 얼마면 충분할지 물어봤다. 그가 나에게 수치를 알려줄 수 있었을까? 필요한 소득 수준을 알려줄 수 있었을까? 이 질문으로 아르노는 충분하다는 것은 결코 존재하지 않는다는 것을 깨닫기 시작했다. 당장은 아니었지만 서서히 자신의 행동이 얼마나 비논리적이고 파괴적이었는지, 자신이 가진 것에 더 많은 주의를 기울여야 한다는 사실을 깨닫기 시작했다. 나는 그에게 그런 것들을 즐기는 법을 배워야 한다고 제안했다. 나는 인생은 단순히 물건을 구입하기 위해 체크박스에 체크한 다음 목록의 다음 항목으로 넘어가는 것이 아니라고 설명했다. 인생에는 목록을 작성하는 것 이상의 것이 있다.

나는 아르노와 꽤 많은 시간을 보내며 그의 탐욕 이면에 있는 문제를 다루었다. 나는 그가 그토록 두려워하는 '결핍', 즉 이 '기본 결함'을 만들어낸 복잡한 대인관계의 역동을 파악하도록 도왔다. 우리는 함께 이러한 불안과 탐욕에 기반을 둔 그의 행동 사이의 연관성을 탐구했다. 그의 배경에 관해 이야기하면서 나는 그가 어떤 행동을 왜 하는지 더 의식하게 해주었다. 가족사에 대한 이러한 탐구가 그를 심리적 노예의 사슬에서 해방시키는 데 도움이 되었다고 생각한다. 점차 아르노는 놀랍게도 자신의 진짜 집착은 부유함이 아니라는 사실을 깨닫게 되었다. 그에게 진정으로 필요한 것은 더 큰 정서적 친밀감이었다. 강박적으로 부를 추구하는 이면에는 풍부하고 만족스러운 관계에 대한 그의 욕구가 있었다. 나는 그가 강박의 포로가 될 필요가 없다는 것, 즉 선택의 여지가 있다는 것을 이해하도록 도왔다.

탐욕스러운 사람들에게 가장 어려운 과제는 다른 방식으로 이기적으로 행동하는 법을 배우는 것이다. 즉 그들은 자신의 내면에 더 주의를 기울여야 한다. 아르노의 사례에서 알 수 있듯이 이는 쉽지 않은 일이다. 끈기, 인내, 겸손, 용기, 헌신이 필요하다. 그러나 박탈감에 대한 균형추 역할을 하는 자기the self에 대한 장기적인 투자는 탐욕, 폭식, 욕망 및 기타 형태의 중독에 대한 강력한 해독제가 될 수 있다. 아르노는 원하는 것이 적을수록 더 행복해진다는 사실을 깨닫지 못했다. 정말 필요한 것만 가질 때 인생에서 진정으로 성공했다고 말하는 것은 어쩌면 진리일지도 모른다. 반대로 욕망이 많으면 많을수록 욕심은 더 커질 것이다. 부처의 말씀을 빌리면 "식사는 적은 듯, 욕망은 적당히, 필요는 최소화하라. 그리하여 산만한 욕망 없이 삼가하며 살면 만족을 찾을 수 있다."

18장
지나간 일에 후회하지 마라

> 내 인생에서 한 가지 후회되는 것은 내가 다른 사람이 아니라는 것이다.
> – 우디 앨런 Woody Allen

조력 전문가로서 나는 흔히 후회regret라는 주제를 다뤄야 한다. 나는 항상 마무리되지 않는 상황이 있다는 것을 알고는 있지만 그런데도 앞으로 나아가는 것이 더 낫다. 후회하며 뒤돌아보는 것보다 희망을 품고 앞으로 나아가는 것이 더 낫다. 그러나 어떤 사람들에게는 자신들이 선택하지 못한 기회가 유일한 후회가 된다. 우리가 후회해야 할 것은 우리가 한 일과 하지 않은 일 중 무엇일까? 나는 사람들이 과거를 후회하지 않고 그로부터 배우기를 바란다. 그런데 당신은 살지 않았던 과거의 삶을 후회하는가? 어떤 사람들의 경우에는 결말을 애석하게 여기더라도 그 여정을 매우 즐긴다. 과거에 당신이 하던 일이 정확히 하고 싶었던 일이었다면 후회할 이유가 있을까?

프랑스의 유명한 가수이자 작곡가, 극장 공연가였던 에디트 피아프Edith Piaf의 가장 유명한 노래 가운데 한 곡이 '후회는 없다Non, je ne regrette rien'이었다. 그녀는 이 곡을 직접 작곡하지는 않았지만, 이 곡이 연주되자마자 자신의 최고 히트곡이 될 것을 알아차렸다. 이 노래의 성공이 가수에 대한 대중의 바람 때문인지, 피아프 자신이 그 메시지를 공유했기 때문인지 궁금해진다. 결국, 그녀는 힘들고 불행한 어린 시절과 청소년기를 보냈고, 이후 삶과 경력에서 많은 도전과 비극을 겪었다. 이 노래는 그녀에게 일어난 모든 일들을 포용하고, 그러한 일들이 지금의 그녀를 만들었다는 것을 인정하면서 일종의 결심을 불러 일으켰을까? 그래서 이 노래가 그녀에게 그토록 호소력이 있었을까? 피아프가 이 노래와 그 정서를 홍보한 것이 삶을 긍정하는 것이었는지 아니면 망상이었는지는 확신할 수 없다. 그녀의 마지막 유언은 "우리가 이 세상에서 하는 모든 짓은 우리가 그 결과를 받게 되는 거야."였다고 한다.

내 많은 고객이 후회 문제를 제기한다. 분명 후회를 다루는 것은 인간의 보편적인 경험이다. 우리 가운데 많은 사람이 자신이 처했던 과거 상황을 기억하며 '내가 무슨 생각을 하고 있었지?'라고 자문하거나, '그렇게 했어야 했는데'라고 다른 시나리오를 떠올리곤 한다. 우리 가운데 많은 사람이 '이럴 수도 있었을 텐데'라는 실망과 슬픔을 경험하지만, 나중에 후회하는 잘못되거나 어리석은 선택을 하기도 한다. 후회는 우리가 유감스러운 결정을 내렸음을 상기시켜줄 뿐만 아니라, 훨씬 더 잘할 수 있었다는 것을 알려준다. 그렇지만 우리가 가장 크게 후회하는 것은 대부분 무엇인가를 하지 않은 것 때문이다.

나는 고객들이 교육, 커리어, 연애(불륜), 결혼, 육아, 일 등 인생의 주요 선택과 관련해 가장 큰 후회를 한다는 것을 알게 되었다. 이 영역의 결정들은 장기적이고 때로는 돌이킬 수 없는 결과를 초래하는 경향이 있으므로 당연하다. 고객의 이야기를 들으면서 자주 듣는 다른 후회로는 돈, 건강, 우정, 자선, 외로움, 여행, (지나친) 걱정, 심지어는 너무 평범한 삶을 살았던 것에 대한 후회도 있다.

그렇지만 후회하는 일에 대해 물었을 때, 많은 사람이 일종의 경직된 반응을 보이며 아무런 후회가 없다고 말한다. 그뿐만 아니라 과거의 삶, 행동, 결정을 성찰하는 작업을 불편하게 느끼며 거부하기도 한다. 때로는 후회가 없다고 부정하는 것이 자신의 어두운 면을 마주하는 것에 대한 실존적 두려움에서 비롯된 것은 아닌지 궁금해지기도 한다. 동시에 그것은 그들의 현재 마음 상태를 보여주는 것일 수도 있다.

내 생각에 후회스러운 일들에 관한 이야기를 하기가 어려운 이유는 슬픔, 수치심, 당혹감, 우울증, 슬픔, 짜증, 분노, 죄책감 등 부정적 경험과 감정이 떠오르는 경우가 많기 때문이다. 어떤 사람들에게는 과거의 행동이 무의식적으로 현재 삶의 질에 영향을 미치게 되므로 이를 떠올리게 하는 것은 무례한 회상 방식이라고 할 수 있다. 또 후회스러운 일들을 성찰하면서 자신과 타인에게 상처를 입히고 커리어, 관계, 평판을 손상시켜 선택의 폭을 제한했다는 사실을 깨닫게 될 수도 있다.

안타깝게도 나는 후회에 대해 반복적, 부정적, 자기중심적인 성찰적 사고를 하게 되면 부적응적maladaptive이 되고 자책과 우울한 반응까지 유발할 수 있다는 사실을 알게 되었다. 이는 자기 충족적 예언이 될 수 있다. 강한 후회감은 심각한 정서적, 인지적, 심지어 신경생리학적 영향을 미칠 수 있다. 후회로 괴로워하면 개인의 성장과 발전이 저해되고 정신 건강 문제를 일으킬 수도 있다.

후회를 얼마나 강하게 느끼는지는 나르시시즘 균형에 따라 크게 달라진다. 나는 자존감 문제가 있는 경우 후회에 더 취약한 경향이 있으며, 이로 인해 자존감이 더욱 떨어질 수 있다는 것을 발견했다. 후회를 마주하려는 의지는 칭찬할 만하지만, 후회를 어떻게 극복하는지는 전혀 다른 문제이다. 지나친 성찰은 위험을 회피하고 또 다른 잘못된 결정을 내릴까 두려워하게 할 수도 있다. 과거에 대한 후회와 미래에 대한 두려움 사이에 갇혀 있는 것은 그리 좋은 자세가 아니다.

나는 사람의 자존감과 후회 사이에 연관성이 있다고 생각할 뿐만 아니라, 나이가 드는 것이 후회스러운 감정을 다루는 방식에도 영향을 미친다고 생각한다. 개인적인 경험을 통해 나이가 들어 시간이 얼마 남지 않았다는 것을 깨닫게 되면 과거를 성찰하고 인생을 돌아보며 삶의 여정에서 저지른 실수를 정리하려고 노력할 가능성이 커진다는 것을 안다. 이 시기는 변화할 기회들이 빠르게 사라지고 있다는 사실을 깨닫고 자신이 해온 일들에 대해 현실적인 평가를 내리는 데 더 개방적으로 된다. 인생에서 배운 교훈이 미래의 후회를 예방하는 데 사용될 수 있다는 것을 더 잘 알게 된다. 즉 우리는 대부분 잘 살기 위해 노력한다.

어떤 사람들에게는 이런 인생 성찰이 자기 한계에 대한 체념을 불러일으켜 후회의 감정을 완화해주기도 한다. 다른 사람들은 잃어버린 기회들을 슬퍼하고, 이루지 못한 꿈과 야망을 처리하려 노력하며, 잘못된 선택을 후회하며, 바뀔 수 없는 과거와 자신을 화해시키기도 한다. 예상되는 삶의 우여곡절을 받아들이는 것은 참을 수 없는 후회의 황무지에서 현재와 미래를 구하고, 삶에 대한 새로운 강렬함을 만들어 낼 것이다. 그러나 후회에 빠진 사람들은 절망과 씁쓸함의 우울한 위기로 이어지게 된다.

회고의 힘

그렇지만 진화론적 관점에서 후회는 생존을 위한 기능도 가지고 있을 수 있다는 점을 덧붙이고 싶다. 이러한 관점에서 후회 경험은 의사결정, 대처, 학습과 관련된 심리적 구성 요소로 간주할 수 있다. 후회는 자신이 왜 그런 식으로 생각하거나 행동했는지 그 이유를 이해하기 위해 회고적 분석retrospective analysis을 하게 한다. 이런 종류의 회고는 나를 나 답게 만들고, 무의식적으로 계속 나에게 영향을 미치는 특정 패턴이나 행동, 즉 안전 지대에서 벗어나거나 더 나은 삶을 살지 못하게 하는 행동을 파악하는 데 도움이 된다. 후회를 분석하고 과거를 극복함으로써 자신이 어떤 행동을 왜 하는지 이해하고, 역기능적 행동 패턴을 발견하고, 개선 조치를 취할 수 있다. 후회는 상처를 회복하고, 재건하며, 새로운 건설적인 결심을 찾아 인생에서 앞으로 나아갈 수 있는 긍정적인 원동력이 될 수 있다. 따라서 후회를 다룬다는 것은 여러 가지 의미에서 뇌가 자신의 선택을 다시 한번 살펴보고, 일부 행동이 매우 부정적인 결과를 초래했음을 알게 하고, 미래에는 다른 방식으로 행동하라는 신호를 보내는 것일 수 있다.

안타깝게도 내가 보기에 후회는 삶의 지침이 되는 중요한 메커니즘인데도 대부분 사람이 후회에 충분한 주의를 기울이지 않는다. 일반적으로 우리는 스트레스 수준을 관리하고, 커리어 목표를 명확히 하고, 식단을 조절하고, 돈을 관리하는 등 거의 모든 것을 관리하기 위해 노력하지만, 후회를 관리하는 데는 소극적이다. 그렇지만 후회를 관리할 수 있다면 세상을 이해하는 데 도움이 되고, 자신에 대한 통찰력을 키우며, 미래의 역기능 시나리오를 피하고, 의사결정 능력을 향상하는 데 도움이 될 것이다.

후회를 다룰 때 우리의 도전 과제는 과거를 바꾸려고 노력하는 것이 아니라 현재를 조명하는 것임을 명심하는 것이 좋다. 이미 일어난 일은 바꿀 수 없지만, 앞으로 어떻게 반응하고 어떻게 살아갈지는 바꿀 수 있다. 자기 평가와 건전한 성찰은 자신의 단점을 분석하고 반복적인 역기능 행동을 예방하는 데 도움이 될 수 있다. 실수에서 배우면 이러한 학습 경험을 이후의 결정과 행동에 통합할 수 있다. '만약에'라는 생각에 갇힐 가능성이 줄어든다. 선택할 자유를 가지면서도 올바른 선택을 했는지 고민하는 것은 항상 실존적 딜레마이다.

그렇지만 후회스러운 일에 주의를 기울이면 또 다른 미래의 기회를 더 명확하게 고려하는 데 도움이 된다. 그렇지 않았다면 놓쳤을 기회를 잡는 데 도움이 될 것이다. 상처를 준 사람에게 보상하는 등 일종의 보상적 행동을 취할 수도 있다. 또 일부 사례나 사건이 우리가 완전히 통제할 수 없는 상황이었다는 사실을 더 쉽게 받아들일 수 있다.

내 메시지는 후회를 피하는 대신 이런 감정에 솔직하게 대처하는 것이 훨씬 현명하다는 것이다. 에디트 피아프의 유명한 노래는 아무것도 후회하지 말고 과거를 잊으라고 말한다. 물론 과거의 후회가 남은 인생의 상황을 좌우하게 해서는 안 되겠지만, 후회를 그냥 지워버리는 것이 아니라 건설적으로 활용하는 것이 현명할 것이다. 자신이 한 일에 대해 스스로 용서하는 방법을 찾고, 가능하다면 자신의 행동을 개선하고 다음에는 다르게 행동하기로 결심해야 한다. 모든 것이 끝나면 어제를 후회하는 삶을 사는 것이 아니라 오늘을 후회하지 않도록 삶을 사는 것이 가장 좋다. 또 다른 한 유명 가수의 말을 빌리자면, "후회는 몇 번 해봤지만 다시 언급하기에는 너무 적다."

19장
실망 관리하기

우리를 죽이지 못한 것은 우리를 더 강하게 한다.
- 프리드리히 니체Friedrich Nietzsche

모든 냉소주의자의 내면에는 실망한 이상주의자가 있다.
- 조지 칼린George Carlin

로버트Robert에게 안부를 물었을 때 그의 즉각적인 대답은 화가 났다는 것이었다. 그는 현재 상황에 대해 어떻게 생각해야 할지 몰랐다. 그는 여전히 실망감을 추스르려고 애쓰고 있었다. 그에게 어떻게 이런 일이 일어날 수 있었을까? 그는 어떻게 상황을 그렇게 잘못 판단할 수 있었을까? 그는 분노, 슬픔, 배신감을 느꼈다. 무엇보다도 그는 자신을 실망시킨 사람들에게 깊은 실망을 느꼈다.

내가 이해하기로 실망스러운 경험은 로버트에게 새로운 것은 아니었다. 수년 동안 그가 실망감을 느낀 적이 여러 번 있었다. 그 가운데 하나는 몇 년 전에 그가 시작한 신기술 개발 프로젝트였다. 이 혁신적인 하이테크 프로젝트는 시작은 미미했지만 수익성이 매우 높은 벤처 기업이 되었다. 그렇지만 그의 후임자는 금을 납으로 바꾸어 버렸다. 그녀는 프로젝트를 다음 단계로 전환할 능력이 없었다. 팀에서 가장 유능한 인재들이 그녀가 부임하자마자 떠났고 프로젝트는 표류하기 시작했다. 그들의 공통된 불만은 그녀가 너무 까다롭다는 것이었다.

현재 진행 중인 프로젝트에서도 똑같은 일이 벌어지고 있었다. 어떻게 그가 또다시 그런 곤경에 처하게 되었을까? 그는 이 새로운 프로젝트를 성공시키기 위해 모든 것을 쏟아 부었는데, 이제 프로젝트가 실패로 향해 가는 것을 지켜보고 있었다.

로버트는 은퇴를 앞두고 있었으므로 벤처를 이어갈 후계자를 신중하게 준비해왔다고 말했다. 회사의 주요 의사결정권자들은 그의 선택에 동의한다고 확신을 주었다. 그렇지만 막상 상황이 닥치자 그들은 그가 선택한 후보를 거부했다. 그 대신 그들은 성공적인 프로젝트 완수에 필요한 자질을 갖추지 못했다고 그가 말했던 다른 사람을 리더로 임명했다. 이때 로버트는 자신이 조직 정치를 얼마나 과소평가했는지 깨달았다. 그렇지만 이 예상치 못한 결정의 이유가 무엇이든 그는 오로지 자신을 탓할 수밖에 없었다. 그는 너무 순진했다. 사람들에 대한 그의 기대치가 항상 너무 높았던 것이다. 안타깝게도 이 사건으로 그는 앞으로 어떻게 해야 할지 막막함을 느꼈다. 그는 완전히 당황했고, 의욕이 떨어졌으며, 일에 집중할 수 없었고, 인정하기를 꺼렸지만 우울증에 시달렸다.

많은 사람이 실망을 극복하는 데 성공한다. 그들은 어떻게 하든 자신에게 일어난 일을 돌아보고, 그 사건에서 배우고, 앞으로 나아갈 힘이 있다. 그들은 그러한 실망에서 더 강해진다. 사실 실망에 건설적으로 대처하는 것은 개인의 성장과 회복력 향상에 기여하는 자기 치유 과정이 될 수 있다. 이런 사람들은 인생에서 피할 수 없는 실망을 극복한 뒤에 진정한 가치를 발휘한다.

윈스턴 처칠Winston Churchill은 이러한 발달적 진전의 예를 보여준다. 처칠은 자신에게 닥친 여러 가지 실망을 극복한 정치 지도자였다. 제1차 세계대전에서 처칠이 지휘했던 비참한 갈리폴리Gallipoli의 군사 작전 후 야망이 컸던 그가 해군 총사령관직을 사임하고 커리어를 중단해야 한다는 것은 매우 힘든 일이었을 것이다. 그러나 이러한 좌절은 처칠을 훨씬 더 회복력 있게 만들었던 것 같다. 갈리폴리의 재난과 그에 따른 굴욕 이후 처칠은 관심과 에너지를 자신에게 다시 집중했다. 그는 자신에게 일어난 일과 그 일이 자신에게 무엇을 가르쳐 주었는지 탐구하는 시간을 보냈다. 그의 영혼 탐색은 자신과 세상, 그리고 다른 사람들에 대한 새로운 정보를 제공했고, 미래의 도전에 대처하는 방법에 대한 교훈이 되었다. 그 결과 제2차 세계대전 중 처칠은 진정으로 변화를 일으킨 혁신적 리더로 부상했다. 처칠에게 실망감을 극복하는 일은 촉매제가 된 사건이었던 것 같다. 내가 이해하는 한 그는 자기 성찰 과정을 통해 부정적 경험을 긍정적 경험으로 바꾸고 세계 무대에서 계속해서 중요한 역할을 하기로 했다. 그가 어떻게 자신을 재창조할 수 있었는지는 1941년 10월 29일 모교 해로우Harrow에서 한 연설에서 엿볼 수 있다. "절대 굴복하지 마십시오. 절대 굴복하지 마세요. 크든 작든, 많든 적든, 명예와 선의에 대한 신념에 굴복하는 것 이외에는 절대로, 절대로, 절대로, 절대로 굴복하지 마세요." 이 놀랍도록 짧은 연설은 깊은 개인적 경험의 결과임에 틀림없다.

기대 관리하기

실망은 우리의 희망이나 기대가 충족되지 않아 생기는 감정이다. 우리는 모두 한 번쯤 실망을 경험한 적이 있다. 우리는 이를 인생 여정의 일부로 받아들여야 한다. 승진에서 탈락했을 수도 있고, (하버드 비즈니스 스쿨에서의 내 실망스러운 경험과 같이) 정말 원했던 일자리를 얻지 못했을 수도 있으며, 상사, 동료, 부하 직원이 실망시켰을 수도 있고, 심지어 낭만적인 실망을 경험했을 수도 있다. 이런 실망 가운데 일부는 인생에 큰 변화를 가져오지는 않겠지만 인생의 방향을 바꿀 수 있는 실망도 있다.

윌리엄 셰익스피어William Shakespeare는 "흔히 기대는 실패한다. 그리고 대부분 그곳은 가장 가능성이 컸던 곳이다."라고 썼다. 그는 우리 생각과 기대가 현실과 일치하지 않을 때 우리가 실망을 경험한다고 인식했다. 실망은 마지막 순간의 느낌과 함께한다. 원하는 것을 얻지 못했다는 사실, 현실이 기대했던 것과 매우 다르다는 사실을 인정해야 하기 때문이다. 실망감을 복잡하고 혼란스러운 감정으로 만드는 것은 우리의 욕망 가운데 많은 부분이 무의식적이고 잠재되어 있으며 흔히 모순적이기 때문이다.

역설적이게도 원하는 것을 얻었을 때 실망할 수도 있다. 예를 들어, 지그문트 프로이트는 1916년 에세이 '정신분석 작업에서 만난 몇 가지 성격 유형'[1)]에서 실패의 결과가 아닌 성공으로 인해 우울해지는 '성공에 의해 망가진' 사람들의 역설을 탐구했다. 프로이트는 "사람들은 때때로 뿌리 깊고 오랫동안 간절히 바라던 소원이 이루어졌을 때 정확히 병에 걸린다."라는 사실을 관찰했다. 그는 '양심의 힘forces of conscience', 즉 대개 죄책감이 성공의 결과로 질병을 유발한다고 결론지었다. 이런 사람들은 무의식적으로 성공이 정당하지 않다고 믿는다. 그들은 자신이 사기꾼imposters이라고 생각한다. 따라서 원하는 것을 얻더라도 그토록 간절히 원했던 것이 기대했던 행복을 주지 않는다는 것을 알게 될 수 있다. 따라서 어떤 경험도 실망에서 완전히 자유로울 수 없다는 것을 받아들이는 법을 배우는 것이 좋다.

발달 과정

알다시피 사물을 바라보는 방식은 우리의 발달 과정에 따라 많은 영향을 받는다. 초기 아동기에는 많은 각인이 일어나는 중요한 시기이다. 성장하면서 부모의 지나친 자극이나 과소 자극에 노출되거나 일관되지 않고 예측할 수 없는 어린 시절의 경험을 겪은 사람도 있을 것이다. 이러한 각각의 다른 발달 과정은 취약한 자기감의 발달에 영향을 주고 다른 형태의 자기애적 상처를 유발할 수 있다.[2] 때로 부모가 우리에게 실망스럽다는 메시지를 보낼지라도 부모의 자극에 대한 우리의 반응은 그 이미지를 수

---

1) Freud, S. (1916). Some Character-Types Met with in Psycho-Analytic Work. *The Standard Edition of the Complete Psychological Works of Sigmund Freud*, Volume XIV. London: The Hogarth Press and the Institute of Psychoanalysis.
2) Heinz Kohut (2009). *The Analysis of the Self: A Systematic Approach to the Psychoanalytic Treatment of Narcissistic Personality Disorders*. Chicago: University of Chicago Press.

용하는 것이다. 이 경우 실망은 자기 충족적 예언이 된다. 다른 상황에서는 부모, 초기 양육자가 틀렸음을 증명하기 위해 모든 것을 하는 것이 우리의 인생 과제가 될 수 있다. 자존감이 얼마나 안정적이거나 취약한지에 따라 실망에 직면했을 때 취하는 방어 행동의 종류가 결정된다.

발달 경험에 따라 성취도가 낮은 사람이 될 수도 있다. 실망스러운 경험과 관련해 불안한 기억이 있는 경우, 자신이나 다른 사람이 실망하지 않도록 무의식적으로 기준을 낮게 설정하고 위험을 감수하지 않으려고 노력할 수 있다. 무의식적으로 어떤 것에 대해 큰 기대를 하지 않는 것이 최선의 전략이라고 판단할 수도 있다. 아무것도 기대하지 않으면 실망할 일이 없다. 이러한 행동은 자기 보호의 한 형태가 된다. 그러나 이는 또한 평범함과 성취감 없는 삶으로 이어질 수 있다. 자신을 포함한 모든 사람을 실망시킬 수 있다.

또 매우 다른 방식의 나르시시즘적 발달 과정을 통해 사람들이 과한 성취를 추구하여 실망을 피하려는 경우를 본다. 완벽에 대한 그들의 기대가 적절하고 현실적이라고 스스로 말하지만 우리의 설명이 틀리지 않았다. 성취하고자 하는 목표를 달성하기에 기준이 너무 높게 설정되어 있다. 완벽주의가 완벽함, 만족으로 이어지는 경우는 드물고 오히려 실망으로 이어지는 경우가 많다는 사실을 그들은 잊고 있다.

충분히 좋은 상태

'충분히 좋은' 양육 개념은 소아과 의사이자 정신분석가인 도널드 위니컷

Donald Winnicott이 처음 사용했다.[3] '충분히 좋은' 양육은 완벽을 추구하는 육아 방식이 매우 비현실적이란 점을 염두에 두고 자녀의 요구를 적절히 충족시키는 부모를 의미한다. 완벽은 평범한 인간의 손 안에 있지 않다. 불완전함은 인간 조건의 일부이다. 우리가 원하는 만큼 자녀에 대해 늘 성공적이지는 못하다는 것을 인식하는 것이 좋다. 그렇기 때문에 자신의 불완전함을 용서할 수 있어야 한다.

자녀가 완벽한 사람이 되기를 기대해서는 안 된다. 부모로서 우리가 할 수 있는 최선은 만족스러운 어린 시절을 보내는 데 필요한 조건을 제공하고 안전한 환경을 제공하는 것이다. 충분히 좋은 부모는 실수와 실패가 학습의 불가피한 요소라는 것을 알기에 자녀가 실수와 실패를 할 수 있도록 허용한다. 이들은 자녀를 위한 안전한 기반을 조성하는데 이를 통해 자녀들은 통제보다는 지지받는다고 느끼고 또한 놀고, 탐구하고, 배우고, 인생의 여정에서 겪게 될 불가피한 좌절에 건설적으로 대처할 수 있는 내면의 힘을 기를 수 있다.

대처 방식

실망에 직면했을 때 어떻게 대처할 것인가라는 질문은 많은 이에게 결정적 순간이다. 로버트의 사례로 돌아와 나는 그가 어떻게 감정의 롤러코스터에 갇혔는지 주목했다. 나는 그가 실망, 자기 의심, 무관심, 짜증, 낙담,

---

3) Donald W. Winnicott (1973). *The Child, the Family, and the Outside World*. London: Penguin.

버림받은 느낌에 빠져 있는지를 보았다.

　나는 실망스러운 상황에 직면했을 때 부정적인 삶의 사건을 자신의 개인적 실패 탓으로 돌리는 경향을 보이는 사람들을 너무 많이 만났다. 이들은 이상적인 자기 모습에 미치지 못한다는 수치심이나 굴욕감을 느끼며 강박적인 자기 비난에 의존한다. 그 결과 분노를 자신에게 향하게 되고 우울한 반응을 일으킨다. 그들은 "나는 이런 일을 당해도 된다." 또는 "나는 충분하지 않다."라고 말할 수 있다. 그리고 다른 유형의 사람들은 자신의 기대를 충족시키지 못한 다른 사람들을 향해 분노를 표출한다. 그렇지만 이렇게 하면 악감정, 복수심, 괴로움만 남게 된다. 안타깝지만 두 가지 감정 반응 모두 사람들을 실망의 그물망에 갇히게 한다.

　계속 실망하는 사람들은 정서적 또는 신체적 어려움, 또는 두 가지 모두에서 위험이 더 크다. 좌절감, 당혹감, 걱정, 분노, 질투, 죄책감, 혼란, 거부감, 절망감, 무력감 등 다양한 정서적 반응이 나타나기 쉽다. 또 많은 경우 실망은 상실감, 실망감, 심지어 배신감 같은 오래 이어지는 슬픔으로 바뀔 수 있다. 특히 깊이 신뢰했던 사람에게 실망을 당한 경우에는 더욱 그렇다. 또 신경 생리학적 관점에서 볼 때 실망감은 뇌의 정상적인 세로토닌 수치를 방해할 수 있다. 스트레스 반응으로 세로토닌 수치가 방해받으면 슬픔, 불안, 우울감을 느끼기 시작한다. 이러한 화학적/신경학적 불균형은 위장 문제, 수면 장애 및 기타 신체 기능 장애의 원인이 된다.

실망 극복하기

실망은 불쾌할 수 있지만, 우리는 언제나 실망에서 무언가를 배울 수 있다. 우리의 성장 과정이 어떠하든, 실망은 우리 자신과 타인에 대한 믿음, 그리고 무엇이 우리를 행복하게 만드는지에 대한 귀중한 정보를 제공할 수 있다.

그렇다면 내가 어떻게 로버트를 도울 수 있을까? 먼저 실망에 건설적으로 대처하기 위해서는 무슨 일이 일어났는지 이해할 필요가 있다고 말했다. 그의 현실 검증은 더 효과적이어야 했다. 그의 기대는 합리적이었나? 그의 기대가 비현실적이었다면 그것을 다시 조정할 수 있을까? 실망이 그의 인생 전반에 걸친 주제였다고 밝힌 만큼, 나는 그에게 이러한 인식의 근원이 역기능적 또는 비합리적 사고의 결과인지 재평가하는 것이 긍정적인 조치가 될 것이라고 제안했다. 나는 그에게 다양한 상황에서 자신의 인식과 행동의 기저에 무엇이 있는지 자신에게 솔직해지라고 권유했다.

기대 수준을 너무 높게 설정하는 사람들의 경우, 실망을 건설적으로 받아들이는 것이 기대치 수정에 도움이 될 수 있다. 완벽주의적 기준에서 벗어나 '이 정도면 충분하다'고 만족하는 법을 배울 수 있다. 실망스러운 경험으로 인해 기준을 너무 낮게 설정한 다른 사람들은 '희망이 없다' 또는 '나에게 효과가 있는 것은 아무것도 없다'와 같은 잘못된 믿음에 매달리는 것을 멈춰야 한다. 실망을 피하는 것은 인생의 도전에 대처하는 건설적인 방법이 아니라는 것을 배워야 할지도 모른다.

더 효과적으로 대처하기 위해서는 목표를 너무 높게 잡거나 또는 너무 낮게 설정하고 있지는 않은지 자신에게 물어볼 필요가 있다. 우리 마음가

짐이 어떠하든 실망을 불러일으키고 있지는 않은가? 다른 사람에게 기대하는 바를 좀 더 명확하게 전달했어야 하지 않았나? 자신에게 기대하는 바가 무엇인지 잘 알고 있는가? 다른 사람의 말에 귀를 기울이고 있는가? 다른 결과를 얻기 위해 다른 행동을 할 수는 없었을까? 또 자신에 대해 알고 있는 것을 바탕으로 지금부터 어떻게 기대치를 더 효과적으로 조정할 수 있을까? 실망감을 관리하는 데 도움이 되는 활용할 수 있는 지원support과 자원resources은 어떤 것이 있을까?

또 일부 실망스러운 상황은 예측 가능하고 예방할 수 있지만, 피할 수 없고 통제할 수 없는 상황도 있을 수 있다는 점을 인정해야 한다. 예를 들어, 우리 가운데 누구도 정치적 재난, 경제, 고용 시장 또는 이러한 종류의 기타 문제를 통제할 수 없다. 전 세계적인 코로나19 팬데믹으로 인한 봉쇄는 아무도 예측할 수 없었다. 따라서 실망감을 관리할 때는 자신이 통제할 수 있는 상황과 통제할 수 없는 요인을 구분해야 한다. 그 차이를 인식할 수 있다면 좌절감을 더 적절하게 대처하는 데 도움이 될 것이다.

실망감에 건설적으로 대처하는 비결은 무관심apathy과 우울증depression으로 악화하지 않도록 하는 것이다. 지속적인 부정적 생각은 변화를 위한 처방전이 아니다. 나쁜 소식에 사로잡히면 자신의 삶과 주변 세계에서 무엇이 옳은지를 놓치게 된다. 슬픔과 분노의 감정을 내면화하게 된다. 이러한 감정에 매달리다 보면 무의식적으로 이러한 감정을 자기 정체성의 일부로 만들 수 있다.

나는 로버트에게 부정적으로 생각하는 자신을 발견하고 긍정적 해결책으로 에너지와 집중력을 돌리라고 권유했다. 실망스러운 경험에 매달리는 것은 장기적으로 해로울 수 있다. 초기 벤처 사업의 실패와 같은 실망스러운 상황에 집착하는 것은 불필요한 스트레스를 유발했다. 실망스러운 상황을 앞으로 더 잘 대처할 수 있는 학습 경험으로 재구성하고, 실망감을 개인적인 성장의 촉매제로 활용하는 것이 훨씬 더 건설적일 것이다.

실망이 우리를 무너뜨리기 위한 것이 아니라는 사실을 기억하라. 차분히 받아들인다면 실망은 우리를 더욱 강하게 만들고 더 나은 사람이 되게 할 수 있다. 실망은 정서적으로 큰 충격을 주지만, 더 큰 통찰과 지혜를 얻기 위한 여정이라고 생각할 수도 있다. 그렇지만 이러한 자기 성찰과 재평가의 여정을 의미 있게 만들려면 표면 아래를 들여다볼 필요가 있다. 실망에 영향을 미치는 심리적 역동은 대부분 무의식적이다. 이러한 숨겨진 정신적 과정에 주의를 기울여야만 상실을 애도mourn하고 초월transcend할 수 있다. 고통스러운 연상painful associations을 통과해야만 그로부터 자유로워질 수 있다. 앞으로 실망스러운 경험을 하겠지만, 이때 우리의 도전 과제는 괴로움이 뿌리를 내리지 못하게 하는 것이다. 실망은 피할 수 없는 것이지만 낙담하는 것은 선택의 문제라고 자신에게 말하라.

20장
A급 인재 또는 B급 인재?

일류 인재가 일류 인재를 고용하고, 이류 인재는 삼류 인재를 고용한다.

― 레오 로스텐 Leo Rosten

우리 각자가 우리보다 작은 사람을 고용한다면 우리는 난쟁이들의 회사가 될 것이다. 그러나 우리 각자가 우리보다 큰 사람을 고용한다면 우리는 거인들의 회사가 될 것이다.

― 데이비드 오길비 David Ogilvy

B가 A를 이긴다

다음은 조언을 구하러 온 한 임원이 들려준 이야기이다. XYZ 회사에 새로운 영업 이사 공석이 생겼다. 헤드헌팅 회사의 도움을 받아 후보자 수가 두 명으로 좁혀졌다. 회사의 야심 찬 확장 계획을 염두에 두고 최종 후보자 두 명을 만난 대부분 사람은 후보자 A가 훨씬 더 나은 선택이라고 확신했다. 후보자의 풍부한 영업 경험(XYZ 주요 경쟁사 근무 경력이 있음)을 생각할 때 면접을 본 임원은 대부분 이 후보자가 계획한 성장 목표 달성에 필요한 혁신적 영업관리 기법을 도입할 수 있을 것으로 확신했다. 그러나 놀랍게도 영업/마케팅 부사장은 후보자 B를 선택하기로 결정했다. 후보자 B의 전통적 영업 경험으로 인해 모든 사람은 그가 회사의 미래 요구에 부응할 수 있는 적임자가 아니라고 강하게 믿었다. 그가 보유한 스킬이 교체 대상자의 것과 너무 유사하다고 생각했기 때문이다. 부사장의 선택은 모두를 놀라게 했다.

개인 어젠다 또는 회사 어젠다?

이 장 첫머리에 나오는 인용문에서 A급 인재는 A급 인재를 고용하고 B급 인재는 C급 인재를 고용한다고 말했다. 물론 사람은 이 문장에서 설명하는 것보다 훨씬 더 복잡하다. 사람들은 A, B, C 등급으로 깔끔하게 구분되지 않는다. 그렇지만 이러한 종류의 등급은 사람들에 대한 평가를 단순화하기 위해 활용하는 기본적인 차별화 방식이다.

시기심이라는 치명적인 죄

역량 수준에 자신이 없는 일부 B급 인재가 결국 최고 인재 채용에 실패하는 것은 조직 생활에서 흔히 볼 수 있는 현상이다. 이들은 개인적인 불안감과 누군가 자신을 능가하거나 심지어 대체할 수 있다는 생각에 너무 큰 위협을 느낀다. 이 사람들은 모든 인간관계에 작용하는 보편적 행동 패턴인 시기심이라는 '치명적인 죄'에 빠질 수 있으며 이는 이미 15장에서 설명한 바 있다. 시기심은 많은 사람이 악의적spiteful, 보복적vindictive 행동을 하는 이유를 설명해 준다. 다른 사람이 가진 것을 탐내거나 다른 사람의 능력에 위협을 느끼기 때문에 시기심은 매우 파괴적일 수 있다.[1] 시기심에 수반된 사회적 비교social comparisons는 시기하는 사람의 자기상self-image을 위협하여 결핍감deficiency, 부적절감inadequacy, 열등감inferiority으로 이어진다. 결국 이러한 감정은 돈, 권력, 지위, 아름다움, 행운 또는 단순히 행복의 측면에서 더 성공적이라고 인식되는 다른 사람들에 대한 분노를 유발한다. 이런 일이 발생하면 시기하는 사람은 불행에 굴복할 뿐만 아니라 다양한 방법으로 시기를 받는 대상에게 상처를 주고 싶어 하는 악의가 생긴다. 시기하는 사람은 주지 않으려 하는 모습이 되고 대개 도와주는 것을 꺼려한다. 의식적이든 무의식적이든 이런 B급 인재는 부당한 대우를 받았다고 느끼며 자신이 경험한 부당함이 자기 행동을 정당화한다고 생각한다.

A, B, C급 인재?

시기심에 시달리는 일부 B급 인재가 자신만큼 유능한 사람을 고용하지 않고 결국 C급 인재를 고용하는 것은 놀라운 일이 아니다. 흥미롭게도 그들은 자주 그런 것을 교묘히 수행한다. 결국 누구도 자신을 A, B, C 등급이

---

1) Peter Salovey (1991) *The Psychology of Jealousy and Envy*. New York: Guilford Press; Joseph Epstein (2003). E*nvy: The Seven Deadly Sins*. New York: Oxford University Press.

라고 명확히 표시를 하고 다니지는 않는다. 이런 결정이 B급 인재의 개인 어젠다에 부합할 수는 있겠지만 조직 입장에서는 최선의 이익이 아니다.

소개한 사례는 모든 채용 결정에서 채용 담당자가 조직의 이익을 위해 자신의 수준보다 높다고 인식되는 사람을 채용할지 아니면 조직에 손해를 끼치더라도 자신의 위상을 높이고 직책에 안정감을 줄 덜 유능한 사람을 채용할지에 대한 질문에 직면하게 된다는 것을 의미한다. 대부분의 경우 채용 프로세스가 작동하는 방식은 채용하는 사람의 정서적 안정감 수준, 즉 자존감self-esteem의 취약성에 따라 달라진다. 자존감이 안정된 사람이라면 잘못된 채용 결정을 내릴 가능성이 적다.

내 경험에 따르면 다양한 심리역동적 원인 때문에 불안정한 B급 인재는 A급 인재를 겁내는 경향이 있다. 그들은 잘나가는 사람들이 자신을 나쁘게 보이게 할까 봐 걱정하고 의식적이든 무의식적이든 자신들을 대체할까 봐 두려워한다. 불안정한 많은 B급 인재가 상대적으로 자신을 돋보이게 하는 이들과 어울리는 것을 선호하는 것은 당연하다. 심지어 어떤 사람들은 중요한 정보를 숨기거나 무의미한 계층적 절차를 따르도록 고집하는 등 다른 B급 인재의 야망을 억누르고 이들을 C급 인재로 만들기 위해 조직 내 정치를 이용하는 경향(반드시 의식적 결정은 아니지만)을 보이기도 하는데 이는 모두 다른 사람들을 제지하기 위한 전술이다. 안타깝게도 이런 행동은 B급 인재에게 잘못된 형태의 안정감을 제공하지만 진정으로 원하는 안정감을 주지는 못한다. 이 두 결과 모두 만족스럽지 못하다. 조직 생활을 승자와 패자만 있는 제로섬 게임으로 보는 것은 조직이 앞으로 나아가는 것을 막고 조직을 쇠퇴하게 하는 토대가 된다. 이러한 태도가 만연하면 아무도 이기지 못하고 모두가 패배한다. 조직에 평범한 사람이 너무 많을 때 발생 가능성이 가장 큰 시나리오는 직장 분위기가 악화하고 생산성이 하락하며 업무 전문성이 줄어들며 회사가 적자에 빠진다. 그 결과 최고의 인재들은 소외감을 느끼고 심지어 회사를 떠나게 되는데 결국 "적당히 좋은 것은 최고를 추구하는 것의 적이다."라는 말은 사실이 된다.

B급 인재가 선발되는 이유에 대한 다소 덜 마키아벨리적 해석은 일부 B급 인재들의 경우 A급 인재의 역량 수준을 알아볼 수 있는 안목이 없기 때문이라는 설명이다. 그들은 인재 평가talent assessment에 능숙하지 않다. 선발 절차에 영향을 주는 또 다른 요인은 일부 A급 인재는 거만하게 보인다는 점이다. 이들은 모든 것을 아는 사람처럼 행동하여 B급 인재를 잘못된 방향으로 몰아붙이고 그들의 시기심을 악화시켜 결국 채용이 되지 않는다.

사람들의 평가와 다른 새로운 영업 이사를 채용한 XYZ 회사 사례로 돌아가면 많은 이의 우려가 현실이 되었다. 고객의 설명에 따르면 그리 오랜 시간이 걸리지 않아 선택한 후보자가 기대에 미치지 못한다는 것을 알게 되었다. 새로운 영업 기법에 대한 지식이 부족했던 그는 경쟁사의 도전에 제대로 대응하지 못했다. 이후에 그는 매출 감소에 대한 책임을 지게 되었을 뿐만 아니라 평범한 성과로 인해 그의 채용을 결정한 부사장의 평판에도 부정적인 영향을 미쳤고 결국 모든 책임을 져야 했다. 부사장은 통제할 수 없는 외부 요인 탓이라고 변명했지만 그의 궁색한 변명은 아무도 믿지 않았다. 만약 그가 자신보다 더 유능한 사람을 고용하는 것이 현명한 결정이라는 것을 깨달았다면 조직 내에서 그의 입지가 더 안정적이었을지도 모른다는 아이러니한 생각이 들었다.

이 우울한 이야기를 마무리하자면, 회사의 시장 지위가 악화하자 CEO

는 부사장에게 자신이 택한 후보를 해고하라고 지시했고 얼마 지나지 않아 영업 실패로 인해 부사장도 퇴사 요청을 받았다. CEO는 자신이 직접 나서서 피해를 최소화하는 것 외에 다른 선택의 여지가 없다고 생각한 것 같았다. 그는 잘못된 사람을 고용하는 것이 회사를 망치는 가장 빠른 방법이라는 것을 뼈아픈 경험을 통해 배웠다. 이 사건 이후 CEO는 고위직 채용에 훨씬 더 관여하고 피해 최소화가 아닌 인재 관리를 최우선 과제로 삼기로 결정했다.

다양한 시나리오

A급 인재와 B급 인재에 대한 질문으로 돌아가 실제로 많은 A급 인재가 다른 A급 인재들과 함께 일하는 것의 이점을 인식하는지 알게 되었다. 이들은 재능 있는 인재를 두려워하지 않으며 오히려 자신의 커리어에 대한 관심으로 인해 함께 일하는 사람들을 개발하도록 동기부여된다. 이들은 함께 일하는 사람들이 조직의 성공을 결정하고 자신의 개인적 성공을 지원한다는 것을 이해한다. 유능한 인재로 가득한 조직이 더 많은 성장과 발전의 여지를 제공한다는 것을 안다. 이 모든 것은 자신보다 더 뛰어난 사람을 채용할 준비가 되어 있다는 것을 의미한다. 이는 부하 직원의 스킬 수준을 자신보다 낮게 유지하는 것을 선호하는 B급 인재와는 매우 다른 사고방식이다. 이러한 사람들은 다른 사람들의 리더십 개발과 커리어 발전에 우선순위를 두지 않는다.

좀 더 정치적인 관점에서 보면 치열한 경쟁 의식을 가진 일부 A급 인재는 항상 B급과 C급으로 가득 찬 회사에서 일하기를 선호하며 이를 빠른 승진의 기회로 여긴다. 따라서 이들은 자신에게 유리하도록 채용 프로세스를 방해할 수 있다. 덜 냉혹한 시나리오는 A급 인재가 자신이 입사한 회사에 B급 또는 심지어 C급 인재가 가득하다는 사실을 너무 늦게 깨닫는 경우이다. 이런 일이 벌어질 것을 예상하지 못한 그들은 환멸을 느끼며 B, C급 인재가 자신을 그들 수준으로 끌어내릴까 걱정한다. 이는 그들의 향후 발전에 도움이 되지 않는다. B급 인재가 그들을 위협으로 인식하고 그들이 하는 모든 일을 방해한다면 상황은 악화한다. 심지어 일부 고성과자는 조직에서 퇴출당하는 복잡한 심리 게임의 표적이 될 수도 있다. 좀 더 낙관적으로 보면 건설적인 시각을 가진 일부 A급 인재는 이러한 조직이 제공하는 도전에 응하여 조직을 더 나은 곳으로 바꾸려고 노력할 것이다. 그러나 현실적으로 이런 사람들은 힘든 싸움에 지쳐 조직을 떠나기로 결정할 가능성이 더 크다.

물론 한 조직에 A급 인재가 너무 많을 수도 있다. 여기서 제시한 여러 시나리오를 보면 A급 인재로 가득 찬 조직이 가장 일하기 좋은 곳처럼 들릴 수도 있다. 그렇지만 안타깝게도 그렇게 많은 우수 인재를 관리하고 유지하는 것은 매우 힘든 일이 될 수 있다. A급 인재가 너무 많으면 조직이 지나치게 흔들릴 수 있고 이들은 불안감으로 인해 항상 다른 곳에서 더 좋은 자리를 찾아 헤매게 된다. 또 야망 있는 A급 인재가 너무 많으면 조직 문화가 지나치게 경쟁적으로 적자생존 기반의 불편한 다원주의 시나리오가 발생할 가능성이 커진다.

물론 모든 사람이 성의 왕이나 왕비가 되기를 열망하는 것은 아니며 모든 사람이 같은 동기를 가지고 있는 것도 아니다. 어떤 사람들은 매우 성취 지향적achievement-oriented인 반면 어떤 사람들은 더 균형 잡힌 라이프 스타일을 선호한다. A와 B급 인재가 어느 정도 섞여 있는 것이 이상적이지만 각자에게는 몇 명이 너무 많은 것인지에 대한 의문이 항상 생긴다.

기업의 장기적 성과, 심지어 기업의 생존은 내적 안정성이 탄탄한 B급 인재들의 보이지 않는 헌신과 공헌의 결과인 경우가 많다. 이들은 흔히 조직에 안정을 주는 일꾼으로 조직을 불안정하게 만드는 위험한 행동을 하는 A급 인재와 균형을 맞추는 역할을 한다. 더 안정감 높은 B급 인재는 조직 내 게임에는 관심이 없고 그저 업무에만 집중한다.

자주 접하는 또 다른 시나리오는 A급 인재가 다수인 조직에 상당수의 B급 인재가 존재하는 경우이다. 이 시나리오가 제공하는 잠재적인 학습 기회에 대해 기뻐하는 B급 인재도 있지만, 다른 B급 인재에게는 A급 인재로 인해 자신의 삶이 편하지 않아서 경험이 덜 긍정적일 수 있다. 이 엘리트 그룹의 역량에 매료된 많은 불안정한 B급 인재들은 이들과 맞서기 어려울 수 있다. 일부 A급 인재는 '멍청하다' 또는 '무능하다'라고 평가한 B급 인재로 구성된 팀을 대하는 데 어려움을 겪을 수도 있다. 그들은 자신들에게는 너무 당연해 보이는 아이디어를 전달하는 데에 지루함을 느낄 수도 있다. 물론 이러한 마찰은 좋은 업무 환경을 만들지 못한다.

A급 인재의 로열티loyalty가 의심스러운 상황도 있을 수 있다. 그들을 찾는 시장의 수요가 많고 다른 조직에서 충분한 기회를 얻을 수 있기 때문에 일부는 회사 밖에 더 좋은 기회가 있다고 믿는 경향이 있다. 일부 A급 인재는 현재 조직을 일시적으로 머무르는 곳, 즉 잘 짜인 커리어 전략의 일환으로 배우고 다음 단계로 나아가기 위한 좋은 장소로 여길 수도 있다. 이에 비해 B급 인재는 다른 곳에서는 기회가 많지 않다는 것을 인식

하고 로열티가 높은 경향이 있으며, 이는 현실에 밝고 실용적인 B급 인재와 개념에 더 강한 A급 인재를 함께 두는 것이 현명한 이유이기도 한다. 이 조합은 조직을 먼 곳까지 나아가게 할 수 있다.

인재와 문화적 관점에서 최악의 시나리오라고 생각하는 것은 B 또는 C급 인재가 너무 많아 회사가 서서히 몰락하는 경우이다.[2] 최고 성과자가 떠나면 B와 C급 인재가 좋게 보이기 시작하지만 이는 또 다른 종류의 착시 현상에 불과하다. 조직 내 인재 풀의 질이 떨어졌기 때문에 더 좋아 보일 뿐이다. 그렇게 되면 상대적 측면에서 C급 인재는 B급 인재처럼, B급 인재는 A급 인재처럼 보이기 시작한다. 이러한 하향 평준화는 평범함이 표준이 될 때까지 교묘하지만 끈질기게 이어진다. 많은 사례에서 수익성이 급격히 하락하고 경쟁사가 조직을 앞지르기 시작할 때 비로소 경종이 울리기 시작한다. 안타깝게도 이 시점부터는 좋은 인재를 다시 회사로 데려오기 점점 더 어려워진다.

사람과 조직을 성공으로 이끄는 간단한 공식은 없다. 원인이 없는 결과가 없듯이 맥락이 없는 A, B, C급 인재는 존재하지 않는다. 사람들이 최고의 역량을 발휘할 수 있는 맥락을 만드는 것은 모두의 과제이다. 누구도 평생 B 또는 C급 인재라는 꼬리표에 갇혀 있을 필요는 없다고 생각한다. 적절한 학습 기회가 주어지면 많은 사람이 놀라운 변화를 겪는 것을 보았다. 고위 경영진이 리더십 개발에 진정한 노력을 기울인다면 많은 B급 인재가 A급 인재로 성장할 좋은 기회를 얻게 될 것이다. 또 어떤 사람들은 단순히 A급 인재에 비해 주목을 덜 받고 승진에서 간과되거나 압박

---

[2] Manfred F. R. Kets de Vries & Danny Miller (1984), *The Neurotic Organization*. San Francisco: Jossey-Bass.

높은 직장보다 균형 잡힌 라이프스타일을 선호한다는 사실을 숨기지 않기 때문에 B급 인재로 분류될 수 있다. 또는 일부 B급이나 C급 인재들은 잘못된 직무, 잘못된 회사에 근무하고 있어 사기가 저하될 수 있다. 그들은 아마도 다른 포지션 또는 다른 조직에서 훨씬 더 행복할 것이며 인재 등급도 달라질 것이다.

채용의 정신역동

앞서 말했듯이 대부분 조직에서 대다수 인력은 유능하고 안정된 B급 인재로 구성되어 있다. 그렇지만 이들이 채용 결정을 할 때 편견이 없다고 신뢰할 수 있는지는 여전히 의문이다. 그들이 자신보다 더 나은 인재를 채용할 수 있을까? A급 인재나 다른 B급 인재보다 C급 인재를 뽑고 싶은 유혹을 받을까? 일반적으로 불안과 질투의 심리적 영향을 볼 때 하향 채용이 의식적인 수준에서 이루어지지 않으므로 이들이 아무리 열심히 하더라도 C급 인재의 경우 역량이 낮은 것이 현실이다.

안타깝게도 C급 인재를 항상 파악하기 쉬운 것은 아니다. 우리 대부분과 마찬가지로 그들도 면접에서 최선을 다해 자신을 보여주려고 노력한다. 그들이 제공하는 평판 조회 결과도 큰 도움이 되지 않는 경우가 많다. 일반적으로 평판 조회 결과는 항상 주의해서 읽어야 한다.

XYZ 회사 사례에서 볼 수 있듯 C급 인재는 자신이 통제할 수 없는 요인으로 인해 성공하지 못했다고 생각할 수 있지만 실제로는 비교적 짧은 기간 근무 후 자신의 본 실력이 드러나는 경우가 많다. 그렇지만 C급 인재로 밝혀졌다고 해서 반드시 사라지는 것은 아니다. 사례에서 알 수 있 듯이 일부 B급 리더는 성과가 저조한 직원을 채용했다가 해고하는 것이 자신의 리더십 효과성이 낮다는 신호로 받아들여질 것을 우려하여 가능한 한 오래 C급 인재를 붙잡아 두는 경향이 있는데 이는 조직에 큰 손실로 돌아올 수 있다.

여기서 설명한 시나리오의 주요 시사점은 채용 결정을 내릴 때는 데이트할 때와 마찬가지로 무의식적인 정신역동 과정에 상당한 주의를 기울여야 한다는 것이다. 채용과 데이트는 사실 공통점이 많다. 둘 다 복잡한 심리적 과정이며, 이 과정에서 어느 쪽이든 큰 실수를 할 수 있다. 채용이나 데이트를 할 때 무의식적인 편견이 존재한다는 사실을 인정하는 것이 좋으며, 이를 고려하지 않으면 적합한 상대를 찾는 전체 과정에 교묘한 영향을 미칠 수 있다. 직감에 의존해 채용을 결정하는 것만으로는 충분하지 않다. 유능한 인재를 식별하고 채용하기 위해서는 훨씬 더 많은 것이 필요하다.

A급 인재는 희소성이 높은 인력이며, A급 채용 기준을 마련하는 데 필요한 규율을 개발하는 데는 시간과 노력이 필요하다. A급과 B급 인재를 적절히 조합하는 데는 많은 세심함과 스킬이 필요하다. 어떤 조직도 의도적으로 B급이나 C급 인재만을 채용하지는 않지만, 채용 담당자는 효과적이지 않은 채용 관행이 인재 관리 풀을 급격히 저하시키고 잠재적 A급 인재를 몰아내며 새로운 인재 유치에 방해가 된다는 점을 인식해야 한다.

나는 모든 경영진이 채용은 당면한 문제에 대한 임시방편이 아니라 장기적인 전략의 일부라는 점을 명심해야 한다고 권고한다. 채용 과정이 까다로울수록 나중에 채용된 사람을 관리하기가 더 쉬워지므로 절차적 관점에서 (무의식적) 편견과 그 부정적 영향을 최소화하기 위해 취해야 할 조치에 대해 조직 차원에서 논의하는 것이 유용하다고 생각한다. 개인적인 불안감insecurities과 이것이 채용 결정에 어떤 영향을 미칠 수 있는지 인정하는 것이 항상 쉬운 일은 아니지만, 이런 논의가 결코 낭비적이지는 않다. 조직 경영진이 채용 시 '논쟁의 여지가 없다고 여기는 사항들undiscussables'을 다룰 준비가 되어 있다면 많은 피해를 줄일 수 있다.

선발 과정이 완벽할 수는 없지만 채용 결정을 내릴 때 더 많은 사람의 의견을 청취하는 것은 무의식적인 편견의 영향을 최소화하는 매우 효과적인 방법이다. 일반적으로 선발 과정에는 매우 다양한 시각을 가진 사람들을 참여시키는 것이 좋다. 연령, 인종, 성별, 경력, 학력 등 다양성이 클수록 편견이 최소화되고 집단사고groupthink가 방지되며 더 신중한 결정을 내릴 가능성이 높아진다.

이러한 많은 활동에 참여하면서 배운 바에 따르면 채용 프로세스는 항상 해당 포지션에 필요한 기술, 역량, 경험 수준을 명확하게 정의하는 잘 작성된 직무 기술서job specifications로 시작해야 한다. 그러나 의사결정자는 이러한 필수 자격 요건을 검증하는 것뿐만 아니라 후보자가 기존 조직 문화에 적응할 수 있는 능력도 평가해야 한다. 일반적으로 매우 구조화되지 않은 면접이 항상 도움이 되는 것은 아니다. 채용 프로세스를 최대한 표준화해 각 후보자가 동일한 단계를 거치도록 하면 이러한 평가가 용이하게 된다. 채용을 담당하는 사람들이 높은 수준의 채용 기준을 제시하고 장기적인 관점에서 기대치를 설정할 때 조직에 도움이 될 수 있다.

또 다른 중요한 고려 사항은 채용에 관여하는 사람들이 항상 신속하게 포지션을 채우라는 요청에 반대할 준비가 되어 있어야 한다는 것이다. 이런 종류의 압박은 채용 기준을 훼손할 뿐이다. 채용을 미루고 후보자를 다시 찾기 시작하는 것이 수준 낮은 지원자를 채용해서 시간이 지난 뒤 기대 수준에 미치지 못한다는 것을 알게 되거나 최악의 경우 자멸하는 것보다 더 낫다. 채용 결정에 관여하는 여러 사람이 특정 후보자에 대해 양면적인 태도를 보인다면 채용을 진행하지 않는 것이 현명하다.

마지막으로 채용이 이루어진 뒤에는 채용 결정을 내린 사람들이 특정 후보자를 선택한 이유를 명확하게 설명할 수 있어야 한다. 이러한 검토를 수행하면 선발 과정에서 특정 유형의 지원자가 배제되고 있는지 또는 적합한 지원자를 채용할 기회가 무의식적인 편견의 영향을 받고 있는지 파악하는 데 도움이 된다. 채용에 소요된 시간이 결코 낭비가 아니라는 사실을 항상 기억하라. 잘못된 사람을 채용할 위험을 지면서 서둘러 채용하는 것이 훨씬 더 많은 비용이 든다.

의심할 여지없는 비즈니스 리더인 리 아이아코카Lee Iacocca는 "나는 나보다 더 똑똑한 사람을 고용하고 그들을 위해 길을 비켜준다."라고 말한 적이 있다. 이 말은 채용 과정에서 진리로 받아들여질 수 있다. 그러나 이를 위해서는 불안과 시기심이라는 내면의 악마를 성공적으로 초월해야 한다. 요컨대 내적 안정감이 부족한 사람은 조직에 최선의 이익이 되지 않는 이기적 결정을 내릴 가능성이 크다는 사실을 스스로 상기하는 것이 좋다.

21장
얼마나 마음이 닫혀 있는가?

나는 논쟁하는 것이 아니다. 내가 왜 옳은지 설명하는 것뿐이다.

— 애넌Anon

인내는 목적을 보유한 완고함이다.

— 조쉬 쉽Josh Shipp

내 경험에 따르면 완고함stubbornness과 인내persistence 사이에는 미세한 차이점이 있다. 개인적 경험을 통해 때때로 완고함을 부려야만 좋은 아이디어라고 생각한 것을 현실로 바꿀 수 있다는 것을 배웠다. 완고함이 나를 인내하게 했다. 다른 사람들이 내가 틀렸다고 말할 때 내 입장을 고수할 수 있었던 것도 완고함 덕분이었다. 따라서 완고함은 자신이 고집하는 것이 옳다는 실질적인 조건, 즉 자신이 고집하는 것이 옳다는 확신이 있을 때 훌륭한 리더십 자질이 될 수 있다고 생각한다. 어떤 상황에서는 완고함이 성공의 주요 결정 요인이 될 수도 있다.

완고한 사람은 자신이 원하는 것이 무엇인지 잘 알고 있으며, 다른 사람보다 더 단호하고 결단력 있는 경향이 있다. 집중력이 뛰어나다. 또 일을 완수한다. 비전, 행동 지향성, 근성grit, 탄력성, 끈기와 같은 자질은 완고함에서 파생된 것이다. 인내란 목적을 보유한 완고함이라고 할 수도 있다.

완고함의 좋은 예는 샤를 드골Charles de Gaulee(1890~1970) 프랑스 대통령이다. 드골은 목표에 대해서는 고집스러웠지만 방법에는 유연했다. 그는 제2차 세계대전에서 프랑스가 독일에 점령당한 뒤에도 패배를 인정하지 않았다. 압도적인 역경 속에서도 이 임무에 대한 확고한 신념을 가진 그는 프랑스가 궁극적으로 승리할 것이라고 프랑스 국민을 설득하는 방법을 알고 있었다. 조국의 위대함에 대한 확고한 믿음은 그의 비전을 현실로 만드는 데 큰 도움이 되었다. 전쟁이 끝난 뒤에도 그는 결단력을 발휘하여 유엔에서 프랑스의 상임이사국 지위를 확보하고, 프랑스의 독자적인 핵 억지력 승인을 받았으며, 전후 유럽에서 프랑스가 중요한 역할을 수행하도록 하여 프랑스를 존경받는 글로벌 플레이어로 성장시켰다.

샤를 드골의 경우에는 완고함이 축복이 되었다. 안타깝게도 그와 같은 유형의 완고함을 부린 위인은 많지 않다. 건설적인 완고함과 아집obstinacy 사이에는 미세한 차이가 있기 때문이다. 완고함과 어리석음stupidity 사이에도 매우 작은 차이가 있다. 어떤 사람들은 초기 증거에 집착하고 움직이지 않으려는 경향이 있다. 이들은 후속 관련 정보를 받아들이지 못한다. 그렇지만 이러한 사고방식은 대인관계, 그룹 및 그룹 간 관계에 매우 해로운 영향을 미칠 수 있다. 사람들은 잘못된 이유로 자신의 입장을 고수할 것이다.

자신이 틀렸다는 많은 증거가 있는데도 여전히 자기 방식대로 일하겠다고 고집하는 경우, 자신이 옳은 일을 하고 있는지 의문이 들 수 있다. 이러한 상황에서는 무엇이 고집을 부리게 만드는지 자신에게 물어봐야 할 때이다. 비합리적이고 해로운 행동을 계속하게 만드는 당신의 내면 세계에서는 어떤 일이 일어나고 있는가?

완고한 사람을 상대해야 할 때 겉 모습에 속아서는 안 된다. 이 사람들이 무적인 것처럼 보일지 모르지만 강한 사람과 완고한 사람 사이에는 큰 차이가 있다. 완고한 사람이 강하고 힘이 세다는 인상을 줄 수 있지만 그것은 겉모습만이라는 것을 반복해서 보았다. 흔히 완고함은 약한 사람의 강점인 것 같다. 조금만 더 깊이 파고들면 완고한 사람들의 겉모습 뒤에 있는 불안정함을 발견할 수 있다. 겉으로는 허풍을 떨지만 내면은 뜻밖에도 악마에게 시달린다. 겉으로 보이는 것과는 달리 그들은 매우 취약한 정신적 평형을 유지하기 위해 최대의 노력을 기울인다. 흔히 가장 안정성이 낮은 사람들이 가장 독단적 방식dogmatic ways으로 행동한다. 진정으로 강한 사람들은 필요할 때 타협하는 방법을 안다.

완고한 사람들에게는 모든 새로운 상황이 위협이다. 이들은 흔히 변화를 두려워하는데, 이들 행동의 대부분을 특징 짓는 경직성과 연관된다. 무의식적 수준에서는 섬세한 정신적 평형으로 인해 그들의 마음을 바꾸려는 시도가 자신에 대한 공격과 동일시된다. 그렇기 때문에 이들은 항상 경계심을 늦추지 않고 자신의 생각에 의문을 제기하는 사람을 공격한다. 자신이 틀릴 수 있다는 것을 인정하지 않는다. 새로운 정보를 받아들이거나 다른 사람이 옳을 수 있다는 것을 받아들이는 대신 자신의 원래 관점을 옹호하기 위해 논쟁을 벌이는 것을 선호한다. 이 완고한 사람들은 한

번 마음을 정하면 자신이 틀렸다는 많은 증거를 마주해도 의견을 바꾸지 않는다. 자신만의 세계관weltanschauung을 지키고 자신이 원하는 대로 상황을 유지하기 위한 심리적 메커니즘을 작동시킨다. 시인 존 밀턴John Milton은 실낙원Paradise Lost에서 사탄에게 이러한 완고함을 부여했다. 사탄은 '장소나 시간에 의해 변하지 않는 마음'을 갖는 것을 기뻐하며 '천국에서 봉사를 하느니 지옥에서 통치하는 것이 낫다!'라고 결심한다.

확증 편향

완고한 사람들은 잘못된 신념을 고집하면서 자신만의 가정assumptions에 갇혀 버린다. 그들은 불안정성으로 인해 기존의 신념 체계와 일치하는 방식으로만 정보를 처리하는 경향인 확증 편향[1]의 이상적인 후보자가 된다. 이러한 상황에서는 기존의 신념이 사고, 의사결정, 행동에 방해가 될 수 있다. 유연하지 않은 고정된 사고 패턴으로 인해 주변에서 일어나는 일에 대해 더 객관적이고 미묘한 그림을 형성하는 능력이 제한된다. 분명히 눈은 마음이 볼 준비가 된 것만 볼 수 있다.

그렇지만 앞서 제시했듯 이러한 완고함의 패턴 아래에는 흔히 매우 취약한 사람들이 있다. 이들의 반대 행동은 부적절한 느낌에 대한 보상의 한 형태로 보아야 한다. 이들은 매우 불안정해서 물러서서 자신이 틀렸거나 실수했음을 인정하기 어렵다. 물러서는 것은 패배, 굴욕감, 인간으로서 가

---

1) Raymond S. Nickerson (1998). Confirmation Bias: A Ubiquitous Phenomenon in Many Guises, *Review of General Psychology*, 2 (2), 175-220.

치 하락으로 해석된다. 반대로 자신이 옳다고 주장하는 것은 연약한 자기 감을 보호하고 열등감을 느끼지 않도록 보호하는 데 도움이 된다.

권력 게임

완고함은 힘의 역학 관계와도 관련이 있다. 완고한 사람은 존엄성, 명예, 자존심 등 자신을 대변하는 것에 위협이 된다고 인식하면 승자와 패자만 있는 권력 게임에 의지할 수 있다. 이러한 감정적인 문제가 완고함과 얽히게 되면 잘못된 결정에 매달릴 가능성이 더욱 커진다. 소설가 서머셋 모엄Somerset Maugham은 자신의 캐릭터 가운데 한 명에 대한 설명에서 이를 정확히 포착했다. "모든 나약한 남자들처럼 그는 마음을 바꾸지 않는 것에 대해 지나친 스트레스를 받았다." 흔히 완고한 사람들을 이끄는 주제는 '내가 약해지면 사람들이 나를 밟고 지나갈 것이다'이다. 그렇지만 약해 보이지 않으려는 노력은 상황을 악화시킬 뿐이다. 완고함은 자기 패배적인 움직임이 된다.

완고함을 독단과 이데올로기로 바꾸기

완고한 사람들은 폐쇄성에 대한 욕구로 인해 주변에서 일어나는 일을 이해하기 위해 단순화된 아이디어에 집착하며, 그 아이디어가 부정확하거나 불완전하더라도 이를 고수한다. 이들은 인지적 복잡성을 이해하지 못하며 미묘한 뉘앙스와 차이를 인식하는 데 서툴다. 자신의 생각에 동의하는지에 따라 다른 사람들을 '좋은 사람' 또는 '나쁜 사람'으로 빠르게 분류한다. 불확실성이나 의견 충돌의 회색 지대가 없는 단순하고 절대주의적인 전부 또는 전무의 사고를 선호한다. 편견이 많고 고정관념에 의존하는 경우가 많다.

완고한 사람들의 폐쇄성으로 인해 이러한 행동 패턴은 종교, 이념, 정치 철학, 경제 및 건강 문제와 관련될 때 그 진가를 발휘한다. 이러한 영역에 내재된 의견은 개인적인 판단과 특이한 해석의 영향을 더 많이 받으므로 바꾸기가 가장 어렵다. 이러한 사람들은 흔히 자신의 사고방식 뒤에 심리적 근거가 있을 수 있는데도 합리적 사고를 무시하고 기적적인 결과에 집착한다.

사람들의 완고함으로 인해 자존감에 연계된 일련의 원칙에 충실하기 위해 엄청난 반대를 견뎌내고 수많은 좌절을 겪을 수 있다. 이들은 자신의 신념 체계가 자기 검증의 주요 원천이므로 자신의 특정 이념적 원칙을 뒷받침하지 않는 사실을 고의적으로 무시한다. 이러한 핵심 원칙을 굽히는 것은 그들이 누구인지의 본질을 어기는 것으로 간주한다.

생존 전략으로서 반대 성향

사람들이 왜 그렇게 완고함을 유지하는지 의아해하는 분들도 있을 것이다. 그렇지만 대부분 행동 문제와 마찬가지로 완고함의 기원을 살펴보는 것이 도움이 되는데, 완고함은 대개 근본적인 정서적 문제에 대한 반응이다. 일반적인 양육 방식은 자녀의 성격에 깊고 지속적 영향을 미칠 수 있으며 완고하게 하는 것의 상당 부분은 학습된 행동이다.

부모가 발달 중인 아이에 대해 어떻게 행동하느냐에 따라 완고한 행동 패턴을 최소화하거나 더 적응력 있는 행동을 촉진할 수 있다는 사실을 여러 번 보았다. '충분히 좋은' 가족 및 양육 개입은 긍정적인 자존감, 높은 수준의 자기 수용, 자신감을 갖춘 건강한 성격의 토대를 만든다.[2] 반대로 불완전한 양육 스킬은 역기능적 행동 패턴에 기여하고 완고함의 기초를 만들 수 있다.

일반적으로 완고한 사람들은 자신의 의지에 반하는 일을 강요당하는 상황에 저항하는 것을 반복되는 모티브leitmotif로 삼는다. 그들은 자신의 삶을 스스로 통제하고 싶은 뿌리 깊은 욕구에 반응하는 것이다. 그렇지만 샤를 드골의 예에서 알 수 있듯이 반대하는 행동을 항상 부정적인 것으로 간주해서는 안 된다. 어떤 사람들에게는 완고함이 다른 성공적인 리더십 자질은 말할 것도 없고 인내로 발전하기도 한다.

반항적 행동은 아동 발달의 특정 단계에서 나타나는 특징적인 패턴이자 자연스러운 개별화 과정의 일부로 볼 수 있는데, 이 시기는 아이들이 부모와 자신을 단순히 부모의 연장선이 아니라 별개의 개체로 인식하고 차별화하려고 노력하는 시기이다. 이러한 마음의 문을 여는 경험을 통해 아이들은 자신의 세계에 대해 더 많은 통제력을 발휘하고 더 독립적인 느낌을 갖기를 원하게 된다.

그러나 대부분 사람이 이러한 반대 행동을 합리적인 범위 내에서 유지한다는 사실도 깨달아야 한다. 유치한 완고함은 인내심, 쉽게 포기하지

---

[2] Donald W. Winnicott (1973). *The Child, the Family, and the Outside World*. London: Penguin.

않으려는 결단력과 같은 건설적인 행동 패턴으로 변모한다. 그렇지만 부모-자녀의 애착 패턴이 불안정한 가족의 안정성이 낮고 스트레스가 많은 상황에서는 반대 행동이 아이가 관심을 끌기 위한 습관적인 방법이 될 수 있다. 아이의 정체성 일부가 되는 것이다.

요컨대 완고한 사람들에게 반대하는 행동은 권위 있는 사람에게 반항하고 자신이 해야 할 일을 지시하지 못하게 하는 방법이라는 점을 명심해야 한다. 그것은 더 많은 권위를 행사하고, 지휘권을 가지고, 승리하기 위한 방법이 된다. 그것은 그들의 삶을 관통하는 주요한 주제가 된다: "내가 이기지 못하면 다른 사람들은 내가 얼마나 나약하고 취약한지 알게 될 것이다."

이러한 성격 특성이 부모에 의해 자녀에게 부여되면 이러한 특정 행동 패턴은 더욱 강화된다. '넌 삼촌처럼 노새와 같이 고집이 세다' 또는 '너를 보면 할머니가 생각나는데, 할머니도 고집이 세셨어'와 같은 말을 내면화한다. 학습 관점에서 볼 때 규칙적인 귀인은 내면화에 기여한다. 이는 아이의 정체성 일부가 되기도 하는데 부정적 정체성이 되기도 한다. 이런 사람들의 지배적인 슬로건이 '나는 하지 않아. 그래서 나는 나야'인 것은 당연하다.

완고한 사람 다루기

이 논의를 통해 완고한 사람들이 자존감을 유지하기 위해 부적응적 전략을 채택했다는 사실을 알게 되었을 것이다. 이들은 여러 가지 불안정성에 시달리며 자신과 타인, 그리고 인생 전반의 가치를 오해한다. 이로 인해 이들은 상대하기 매우 어려운 사람들이 된다. 항상 자신은 옳아야 하고,

틀렸다는 것을 증명하는 것을 자신의 본질에 대한 공격으로 해석하는 사람들과 교류하는 것은 어렵다.

그렇지만 완고함은 갈등의 원인이 되므로 이러한 사람들 가운데 일부는 변화를 원할 수 있다. 그러나 대부분 스스로 변화하려는 시도는 어려울 것이다. 그리고 변화하려는 의지가 분명한데도 실제로 말을 듣지 않고 끊임없이 반발하는 사람들을 돕는 것은 어렵다. 그들은 변화에 대해 실제 양면적 생각을 가지고 있다. 따라서 효과적인 도움을 주려면 배우자, 가족, 친구, 동료, 전문 조언자 등 잠재적인 조력자가 공감 능력을 충분히 갖추고 있어야 한다.

완고한 사람은 자신에 대해 좋지 않게 생각하기 때문에 조력자는 완고함 뒤에 숨겨진 이야기를 이해해야 한다. 완고함이 어디에서 왔는지 이해하는 것이 변화를 돕는 첫걸음이 될 것이다. 좀 더 깊이 파고들면 고집을 부리게 된 경험을 발견하고 완고함이 취약성을 은폐하고 심리적 평형을 유지하기 위한 생존 메커니즘임을 인식하는 데 도움이 될 수 있다.

완고함이 타인을 대할 때 주요 전략이었으므로 완고한 사람들은 이를 쉽게 포기하지 않는다. 그것은 그들이 평생 해온 게임이며 그들은 그것을 꽤 잘하게 되었다. 따라서 완고한 사람들은 자신의 행동이 얼마나 자멸적인지, 즉 이러한 개인적 리추얼private rituals에 갇혀 있다는 사실을 깨닫더라도 게임이 끝났다는 사실을 수용하기를 꺼릴 것이다.

나는 완고한 사람들을 상대한 경험이 꽤 많은데 그들을 돕고 싶다면 특히 통제에 대한 혐오감이 있으므로 매우 조심스럽게 접근해야 한다고 확신한다. 완고한 사람은 그들에게 최선의 이익이더라도 타인이 자신을 통제하거나 생각을 강요한다고 느껴서는 안 된다. 나는 대개 일종의 감정적 유도

emotional judo를 활용한다. 완고한 사람들이 어떤 저항을 하든 아무리 짜증이 나게 하더라도 자연스러운 흐름에 맡기고 그들과 맞서고 싶은 충동을 조절해야 하고 그들의 방어에 직접적으로 대항해서는 안 되며[3] 공감하는 태도를 유지하려고 노력해야 한다. 완고한 사람들과 논쟁하는 것은 효과가 없다. 그들은 논거를 구성하는 데 능숙하다. 그들에게 직접적으로 틀렸다고 말하는 것은 매우 나쁜 생각이다. 그렇지만 침착함을 유지하고 상대방의 말을 주의 깊게 경청하면 완고한 사람도 논쟁을 덜 하게 될 수 있다.

완고한 사람들의 취약한 정신적 평형을 고려할 때 어떤 말을 할지뿐만 아니라 언제 말할지도 매우 신중해야 한다. 그리고 다른 의견을 제시할 때가 되었을 때는 매우 정중하게 해야 한다. 감정 유도 연습이 올바르게 수행되면 완고한 사람들이 처음에는 거부하더라도 당신의 관점을 생각할 수 있다. 가장 중요한 것은 완고한 사람이 변화할 수 있는 유일한 방법은 그 변화가 자신의 생각이라고 믿을 때 가능하다는 점을 이해해야 하는 것이다.

많은 경우 무의식적 역학 관계가 작용하기 때문에 전문가의 도움을 받는 것이 좋다. 그렇지만 도움을 받으려면 먼저 완고한 사람이 도움을 받고 싶어 해야 한다. 사람들은 자신이 왜 어떤 행동을 하는지 탐구하고 삶을 대하는 다양한 방법을 발견할 준비가 되어 있을 때만 변화할 수 있다. 하지만 완고한 사람들이 자신의 사고방식에 대해 무언가를 하기로 결심하게 만드는 것은 결코 쉬운 일이 아니다.

그렇지만 완고한 사람은 특정 아이디어에 집착하고 자기 파괴적 행동

---

3) Stephen Rollnick and William R. Miller (1995). What is Motivational Interviewing? *Behavioral and Cognitive Psychotherapy*, 23 (4): 325-334.

패턴을 지속하려는 강박 뒤에 숨어 있는 근본적인 문제를 더 잘 인식함으로써 이득을 얻을 수 있다. 자신이 왜 어떤 행동을 하는지에 대해 어느 정도 이해하게 되면 완고한 태도를 버리기로 결심할 가능성이 있다. 심리치료나 경영자 코칭을 통해 논쟁적이거나 공격적인 태도가 부적절한 느낌을 보상하기 위해 선택한 방어 전략defensive strategy이었다는 것을 인식하게 될 수도 있다. 또 이로 인해 자신의 삶이 얼마나 복잡하게 되었는지 깨닫게 될 수도 있다.

내가 협업 동맹을 맺고 그들의 자존감을 지원할 방법을 찾을 수 있다면 완고한 사람의 논쟁에 대한 욕구를 줄이는 데 도움을 줄 수 있다. 다양한 관점에서 문제를 바라보는 것의 가치를 인식하도록 도울 수 있으며, 심지어 모호함을 인정하기 시작할 수도 있다. 또 한때는 꽤 효과적이었던 방어 전략이 이제는 시대에 뒤떨어지고 비효율적이라는 것을 알게 될 수도 있다. 오래된 방어기제를 잊어버리고 새롭고 더 건설적인 방어기제로 대체하는 방법을 배울 수도 있다.

그러나 더 안정적인 자존감을 키우는 것은 결코 빨리 해결할 수 있는 것은 아니다. 닫힌 마음을 열려면 많은 시간과 인내가 필요하다. 인생의 굴곡에 대처할 다른 방법이 있다는 것을 사람들에게 설득하려면 많은 노력이 필요하다. 그러나 세상이 자신이 옳다고 생각하는 사람들로 가득 차 있지만 사람의 힘과 위대함으로 가는 길의 비결은 잘못된 결정을 내렸을 때 인정할 수 있는 능력이라는 것을 완고한 사람들이 깨닫게 되기를 희망한다. 또 이데올로기는 항상 창의성을 배제한다는 사실을 인식하는 것이 현명할 것이다. 또 비합리적으로 보이는 행동 패턴의 근원이 무엇인지 자신에게 물어봐야 한다. 완고한 사람들은 고정된 신념, 무지, 자존심에서 벗어나야 한다. 그들은 자신의 행동 근원을 탐구하기 위해 자신 속으로 여행을 떠날 준비가 되어 있어야 한다. 성찰 없는 완고함은 단순한 어리석음에 지나지 않는다는 것을 인식해야 한다.

22장
그것이 무엇이든 나는 반대한다

> 그들이 무슨 말을 해야 하는지 모르겠어요. 어쨌든 그것은 아무런 차이가 없어요. 그것이 무엇이든 나는 반대합니다.
>
> – '난 반대합니다'(말의 깃털)
> (https://www.youtube.com/watch?v=e7cry-4pyy8)

나는 영화 「말의 깃털Horse Feathers」에서 그루초 마르크스Groucho Marx가 부른 이 노래에 항상 흥미를 느꼈다. 이 영화는 요즘에는 약간 시대에 뒤떨어진 것처럼 보이지만 가사는 우리 시대의 정신을 잘 담아내고 있다. 나는 파리 중심부에 살고 있는데, 2019년 몇 주 동안 매주 토요일마다 아파트에서 모퉁이를 돌기만 하면 프랑스에서 벌어지는 노란 조끼 시위Gilets jaunes를 볼 수 있었다. 노란 조끼 시위대의 행동을 보면서 어떤 사람들은 무엇인가에 반대할 때만 살아있다고 느끼는 건 아닌지 의문이 들었다. 무엇인가에 반대하는 것은 그것이 무엇이든 상관없이 그들이 선택한 정체성의 일부인 것 같다. 이는 때때로 아이들에게서 볼 수 있는 행동 패턴이며 고집stubbornness과 비슷한 발달적 기원을 가지고 있다. 그러나 이 사례에서는 고집을 만드는 요소가 사회적 운동social movement으로 변형된다.

    21장에서 고집 센 행동 패턴에 대한 설명 내용을 염두에 두면서 보면 저항적 행동defiant behavior 패턴은 내가 하버드대에서 공부하는 동안 가까이서 따랐던 저명한 심리학자 에릭 에릭슨Erik Erikson 교수님의 인간 생애주기human life cycle 연구를 떠올리게 한다. 그는 인간 발달의 두 번째 단계를 자율성autonomy 대 수치심, 의심shame and doubt의 양극성으로 제시했다.[1] 어린 아이들은 어릴 때 기본적 신체 기능에서 비롯된 통제와 관련된 갈등을 경험한다. 대부분 어린이는 이러한 갈등을 극복하고 앞으로 나아갈 방법을 찾는다. 그러나 일부는 운이 좋지 않아 계속 통제력 문제를 겪는다. 이들은 22장에서 설명한 몇 가지 패턴을 반영하는 반대 행동을 계속한다. 예를 들어, 정신장애 진단 및 통계 편람DSM V에는 아동, 청소년 사이에 발견되는 파괴적 행동 패턴인 적대적 반항 장애Oppositional Defiant Disorder(ODD)라는 범주가 나와 있다.[2] 적대적 반항 장애 아동은 또래, 부모, 교사 및 기타 권위자에 대해 비협조적uncooperative, 도전적defiant, 적대적hostile 행동을 보이는 경향이 있다. 이 장애에 걸린 청소년은 논쟁적이고 반항적인 행동, 권위자에 대한 분노와 보복 패턴을 오랜 기간에 걸쳐 보인다. 규칙을 따르지 않거나, 잘못된 행동을 하거나, 성질을 부리거나, 자기 실수에 대해 타인을

---

1) Erik Erikson (1993). *Childhood and Society*. New York: W. W Norton.
2) American Psychiatric Association (2013). *Diagnostic and Statistical Manual of Mental Disorders, DSM V*, Washington, DC: American Psychiatric Publishing.

비난하거나, 복수하려 하거나, 의도적으로 소란을 피우기도 한다. 극도로 적대적인 태도로 인해 가정, 학교, 사회생활에 지장을 초래한다.

적대적 반항 장애의 발생을 설명하기 위해 설명받지 못했거나 불공정, 불합리하다고 경험하는 규칙을 따라야 하는 아이의 상황을 상상해 보자. 이 경우 아이들은 이런 규칙을 어기려고 하거나 규칙에 반발할 것이다. 적대적 반항 장애가 발생할 수 있는 다른 상황으로는 부모가 정당한 이유 없이 발달 중인 아동에게 매우 엄격한 규율을 부과하는 경우가 있다. 부모가 지나치게 통제적이고 소유욕이 강하며 자녀에 대한 모든 결정을 스스로 내리려고 할 때, 자녀가 자신의 자유가 위협받는다고 생각하는 것은 놀라운 일이 아니다. 부모의 간섭적인 행동에 저항하기 위해 포기하지 않는 자녀는 지속해서 통제당한다고 느끼는 고통을 피하기 위한 방어 전략으로 고집에 의지하게 된다. 일관성 없는 양육 방식(불명확한 규칙, 일관성 없는 규칙)에 노출된 아이들이 규칙을 무너뜨리기 위해 한계를 시험해 보는 다른 상황을 상상해볼 수 있다. 이러한 경우 규칙 위반이 지배적 행동 패턴이 될 수 있다.

젊은 성인에게서 흔히 관찰되지만 특정 조건에서 특히 스트레스와 불확실성이 높은 시기에 이러한 패턴이 성인에게 어떻게 나타날 수 있는지 알 수 있다.

본인 또는 지인에게 적대적 반항 장애 징후가 나타나는지 확인하려면 다음 질문에 답해 보라.

- 당신/그들은 권위자authority figures를 대할 때 어려움이 있는가?
- 당신/그들은 어떤 논쟁에서도 항상 이겨야 한다고 생각하는가?

- 당신/그들은 항상 규칙에 의문을 제기하거나 규칙을 따르지 않으려 하는가?
- 당신/그들은 자주 화를 내는 편인가?
- 어떤 사람이 당신/그들을 건드리면 그 사람과 가차 없이 싸우는가?
- 당신/그들은 가끔 의도적으로 다른 사람을 괴롭히려고 하는가?
- 당신/그들은 사소한 일에도 쉽게 화를 내는 편인가?
- 당신/그들은 실수를 타인의 탓으로 돌려 비난을 받은 적이 있는가?
- 당신/그들은 누군가 배신했을 때, 복수만이 유일한 대응 방법이라고 생각하는가?
- 당신/그들은 화가 났을 때 험하게 말하는 습관이 있는가?

대부분 질문에 대한 답변이 긍정이면 그루초와 함께 노래를 따라 부르는 것이 좋다.

적대적 반항 장애와 유사한 행동을 보이는 성인은 누군가 자신을 잘못했다고 지적하면 끝없이 자신을 방어한다. 이들은 오해와 혐오를 받고, 주눅 들고, 밀려난다고 느낀다. 이런 사람들은 세계관 때문에 자신을 비협조자, 반항아로 여길 수도 있다. 안타깝게도 권위자에 대한 이들의 끊임없는 반대는 직장, 관계, 결혼 생활을 유지하기 어렵게 만든다.

우리의 정체성은 다면적이며 긍정적 측면과 부정적 측면을 모두 포함하고 있다는 점을 염두에 두면 이러한 반대적인 행동 패턴은 흔히 하나의 정체성 차원에 뿌리를 두고 있다. (17장에서 참 자기와 거짓 자기의 역학 관계, 즉 다양한 가면을 써야 할 필요성 설명) 건설적, 양육적 사건은 긍정적 자기 개념 positive self-concept을 형성하는 데 도움이 되지만 부정적이고 상처를 주는 경험은 흔히 그 반대의 결과를 초래한다. 그러나 일생 동안 우리의 어둡고 부정적인 면은 숨겨져 있더라도 전체 정체성의 일부로 남아있을 것이다. 그러나 특정 불리한 조건, 특히 우리의 통제력과 안정감을 약화시키는 조건은 우리의 그림자 측면의 생성과 발현을 촉발할 수 있다.

따라서 현재 삶에서 일어나는 일에 따라 자신감을 느끼거나, 확신하지 못하거나, 미래에 대해 낙관적 또는 비관적이거나, 삶에 대한 통제력이 어느 정도 있다고 생각하거나 통제력이 거의 없다고 느낄 수 있다. 각자의 상황에 따라 어떤 시각outlook을 가지고 있는지에 따라 정체성의 어떤 측면이 드러날지 결정된다. 당신은 건설적 관점 또는 파괴적 관점을 가지고 있는가? 상황을 개선하기 위해 긍정적인 변화를 추구하는가 아니면 닥쳐오는 모든 것에 반대하는가?

반대의 심리적 역동

이를 노란 조끼 운동과 같은 포퓰리즘 운동에 적용해보면 대부분 그것이 무엇이든 어떤 것에 반대하는 점이 특징이다. 그들 가운데 다수는 허무주의적이고 반항적이어야 한다는 데에 사로잡혀 있다. 이들의 입장은 더 긍정적 정체성 대안, 즉 삶의 목적과 방향을 가지고 앞으로 나아갈 수 있는 정체성을 제안하고 추진하기보다는 기존 사회의 가치와 기대에 상반되는 입장을 보인다. 이들의 태도는 시기심, 악감정, 복수심 등으로 인해 무언가를 파괴하는 것을 목표로 하며, 인생에서 나쁜 일을 당했다는 느낌에 기반을 둔 부정적 태도이다. 이러한 변두리 운동fringe movements은 정보가 넘쳐나는 환경에 도움을 받았는데, 소셜 미디어의 눈에 띄는 슬로건과 선동적인 수사가 공식 보도 자료나 공식 연설보다 우리 관심을 끌 가능성이 훨씬 더 크기 때문이다. 소셜 미디어의 영향력은 포퓰리즘에 익숙해진 사람들이 기존 미디어를 불신하거나 중요하게 생각하지 않는다는 사실로 인해 더욱 증폭된다. 온라인에서 완성된 선동적 지도자들의 수사는 대중과 엘리트, 이민자와 시민을 대립시키는 경향이 있으며, 그들 자신의 정책적 오류에 대한 책임은 전혀 지지 않는다.

즉 고집스럽게 저항하는 입장을 취하는 것은 취약하고 힘없는 사람들, 사회경제적 또는 정치적 힘이 자신들에게 불리하다고 믿는 사람들이 선택하는 것이라고 나는 믿는다. 그러나 이런 선택이 매력적으로 보이는 이유는 찬성하는 것보다 반대하는 것을 중심으로 조직하는 것이 훨씬 쉽다는 점이다. 그리고 안타깝게도 변두리 운동의 인기가 급증하는 것을 볼 때 전 세계의 정치는 점점 더 우리가 반대하는 것, 즉 사람들의 삶의 질에 위협으로 인식되는 현재 상태에 반대하는 것을 통해 구성되는 것처럼 보인다.

주요 사회경제적, 정치적 세력은 이제 극도로 파괴적이어서 많은 사람에게 공포와 불안을 퍼뜨린다. 많은 사람이 상위 소득 1%의 인력에게 부가 집중되는 극심한 소득 수준 격차에 분노한다. 중산층은 자녀의 상향 이동을 더는 당연하게 생각할 수 없다. 기술 발전의 속도, 인공지능의 부상, 자동화로 인해 많은 블루칼라 일자리가 위협받고 있다는 점도 이들의 두려움을 가중시킨다. 많은 사람이 '내가 가진 것이 나라면, 내가 가진 것을 잃을 때 나는 누구인가?'라는 질문을 자신에게 던진다. 그들의 기본적인 자기가 위험에 처해 있다.

이러한 우려 외에도 많은 사람이 이민 형태로 나타나는 인구통계학적 변화로 인해 위협받고 있으며, 이로 인해 정체성을 자극하는 정치identity politics가 급증하고 있다. 또 지하디스트jihadist 공격과 알카에다Al-Qaida, 이슬람 테러 단체ISIS 같은 대표적 테러 조직으로 인해 불안감이 고조되고 있다. 뉴스는 매일 우리의 안정과 안전에 대한 감각을 약화하는 새로운 잔학 행위를 보여준다. 제2차 세계대전이 끝난 뒤 우리는 핵 대학살의 위협을 안고 살아왔다. 현재의 코로나 바이러스 위기는 이러한 상황을 더욱 악화시켰으며 글로벌 경제 시스템의 근본적인 취약점을 드러내고 있다. 물론 모든 두려움의 근원은 기후 변화이며 우리가 어떻게 자신의 파멸을 가져올 수 있는지에 대한 두려움은 너무 커서 많은 사람이 집단적으로 이를 부정하려 한다.

이러한 모든 힘이 무력감과 취약성을 불러일으킨다는 것은 분명하다. 또 과거에 안정과 안전망을 제공했던 전통적 제도와 지도층에 대한 배신감이 분노를 불러일으킨다. 그 결과 많은 사람이 더는 기존 사회 시스템의 공정성과 정당성을 믿지 않게 되었다.

이에 따라 유권자들이 반대측 제도와 지도자를 중심으로 조직화되며 정치가 점점 더 논쟁적으로 변하고 있는 것은 놀라운 일이 아니다. 포퓰리즘 정당은 국가 정체성 상실에 대한 두려움을 불러일으키며 기존 제도가 자신들을 팔아먹었고 경제적, 정치적, 사회적으로 뒤쳐졌다고 주장한다. 이러한 포퓰리즘 정당의 선동가 지도자들은 이미 취약한 유권자들을 더욱 부추긴다. 이들은 무력하고 불만을 품은 사람들의 두려움을 이용해 국가적 유산(재정적, 문화적)을 위험한 이민자들에게 넘겨주는 부패한 엘리트들에게서 통제권을 되찾아야 한다는 지나치게 단순화된 아이디어를 포장한다.

그렇지만 이런 선동가형 지도자를 따르는 것은 일시적 탈출구일 뿐이라는 사실을 깨닫지 못하는 사람들이 많다. 장기적으로 이러한 선동가들의 슬로건은 더 많은 분열을 일으키고 불안정성을 증가시킬 뿐이다. 극단주의에 끌리는 대부분 사람은 파시즘, 나치즘, 공산주의, 전체주의, 대량학살의 끔찍한 잔혹성을 잊은 듯하다. 그 대신 그들은 일종의 부조리 극장에서 끊임없이 공급되는 가짜 뉴스를 소비한다. 소셜 미디어가 등장하기 전에는 (불완전한 부분이 있었지만) 극단적인 포퓰리즘적 견해를 무력화할 수 있었던 제도권에서 시행한 조정, 정책 안정성, 비공식적 점검이 더는 작동하지 않는다.

미국에서는 도널드 트럼프 대통령이 이러한 운영 방식의 대표적 예이다. 과장, 히스테리, 비방, 파괴적인 당파적 양극화의 대가인 그는 파리 기후 협정, NATO, 유럽 공동체, NAFTA, WHO 등 '그것이 무엇이든 나는 반대한다'라는 정신으로 일관한다. 트럼프는 분열적인 수사와 불안을 야기하는 트위터로 증오로 가득 찬 정치를 만들어냈고 컬트와 같은 추종자를 거느리며 역기능적 리더십을 보이는데, 대표적 사례로 코로나 바이러스 위기 관리 실패가 있다. 그러나 그 행동을 보며 전 세계의 다른 선동가들이 대담해지는 부정적 파급 효과가 발생했다. 러시아, 필리핀, 브라질, 헝가리, 중국, 터키, 사우디아라비아, 북한 등 많은 독재자가 워싱턴에서 자유를 제한하는 트럼프의 모습에 동질감을 느끼며 저마다 면책 특권을 누리는 행동을 한다.

영국에서는 유럽 연합에 대한 명확한 대안을 제시하기보다는 유럽 연합에 대한 반대로 브렉시트Brexit가 큰 이슈로 떠올랐다. 그렇지만 프랑스의 노란 조끼 운동은 현 상황에 대한 분노와 제도권 불신이라는 점에서 가장 순수한 모습의 기득권 반대 정치post-establishment politics에 대한 모습을 엿볼 수 있다. 그들의 인상적인 대중 동원력이 있지만, 모든 것을 파괴하는 철학tear-it-all-down philosophy은 그들에게 거의 아무것도 남기지 않았으며 파괴의 정치가 사회 붕괴에 기여할 뿐이라는 위험을 다시 한번 보여주었다.

따라서 오늘날 사회에서 가장 큰 과제는 '그것이 무엇이든 나는 반대한다'라는 현상을 어떻게 다룰 것인가 하는 것이다. 퇴행적이고 적대적 반항 장애와 같은 감정이 주류가 되는 것을 막으려면 우리는 무엇을 해야 할까? 정체성의 어두운 면이 전면에 드러나는 것을 우리는 어떻게 막을 수 있을까?

안정된 긍정적 정체성에는 큰 스트레스 하에서도 흔들리지 않고 지속하는 자기감(참자기true self)을 유지하는 능력이 포함된다. 무력감과 싸우는 능력은 삶에 대한 낙관적인 시각을 얼마나 잘 유지하는가에 크게 좌우된다. 우리가 낙관적인 시각을 유지할 수 있는 정도에 따라 어떤 상황에서도 변화를 만들 수 있다고 상상할 수 있는 용기가 생긴다.

더 나은 사회를 만들기 위해 우리는 모두 어두운 면이 우위를 차지하지 않도록 노력해야 한다. 우리는 모두 부정적 정체성의 언어가 자신을 제한하고 자기 파괴적인 행동을 초래할 뿐이라는 사실을 인식해야 한다. '그것이 무엇이든 나는 반대한다'라는 움직임에 맞서 싸우는 것은 어려운 일임을 알고 있다. 정의, 인류애, 환경을 공격하는 도널드 트럼프와 같은 파괴적 지도자들에 대항하는 것은 진정한 도전이다. 설득력 있는 스토리가 있어야만 이들과 맞서 싸울 수 있다. 우리는 더 건설적인 대안을 제시해야 한다.

포퓰리즘 운동은 여러 가지 사회적 변화가 매우 늦었다는 점에서 일리가 있다. 무엇인가에 반대하는 것은 절실히 필요한 변화를 위한 유용한 동력이 될 수 있다. 많은 사회는 가진 자와 못 가진 자로 극명하게 나뉘어 심하게 불평등해졌다. 전후 중산층 삶의 특징인 안정된 직업, 가족을 부양하기에 충분한 급여, 연금에 대한 기대가 사라진 것은 사실이다. 산업 자본주의의 후계자인 금융 자본주의가 공평하게 혜택을 분배하는 척도 하지 않은 채 막대한 부를 창출한 것도 사실이다.

분열을 조장하는 전부 또는 전무 정치everything-or-nothing politics에 대한 대안적 시나리오로서 코로나 바이러스 위기를 맞아 그 어느 때보다 우리 사회를 특징짓는 불평등을 극복할 행동 준비가 되어 있는 돌봄 공동체 communities of care를 우리 사회 내에 만들어야 한다. 분열과 불신, 부정과 배제 대신 공통점을 찾아 서로의 차이를 아우를 수 있는 다리를 만들어보는 것은 어떨까?

우리의 과제는 공동의 책임과 상호 이익이 가능한 사회를 만들어 사람들이 지역 사회에서 안정감을 느낄 수 있도록 하는 것이다. 그러나 이러한 안정을 얻기 위해서는 집단적이고 협력적인 행동을 통해 신뢰를 재건해야 한다. 따라서 우리는 공동선이라는 개념이 중심이 되는 조치를 취해야 한다. 이는 물질주의와 이기주의가 덜 지배하는 세상, 소수의 특별한 이익을 넘어선 세상, 공동선에 관심을 갖는 것이 상식인 세상에서 사는 것을 의미한다. 철학자이자 의사였던 알버트 슈바이쳐Albert Schweitzer는 '공동선을 위해 일하는 것이 가장 위대한 신조'라고 통렬하게 말했다.

우리는 현 세대가 다음 세대를 위해 더 큰 책임을 지는 사회, 우리 자녀와 손자 손녀의 미래가 중요한 사회를 만들어야 한다. 이상적으로 들릴지 모르지만 사람들이 공유된 목표와 공동의 목적을 가지고 강력한 커뮤니티에서 함께 일할 때 불가능을 가능으로 만들 수 있으며, 반면에 '그것이 무엇이든 나는 반대한다'라는 움직임이 목소리를 높인다면 이는 결코 일어나지 않을 일이라고 믿는다.

23장
'나' 중심 세상에서 살아가기

> 나르시시스가 처음에 시궁창을 들여다봤다면 시대를 관통하고 있는 나르시시즘의 흐름이 좀 달라져 있지 않았을까 궁금하다. 아마 그랬을 것이다.
> — 프랭크 오하라 Frank O'Hara

> 때때로 원하는 것을 얻지 못하는 것이 놀라운 행운이라는 것을 기억하라.
> — 달라이 라마 Dalai Lama

이 장에서는 오늘날 우리의 가장 큰 과제가 공동의 책임과 상호 이익이 가능한 사회를 만드는 것이라는 (22장) 내용을 바탕으로 이야기하고자 한다. 1887년 사회학자이자 철학자 페르디난트 퇴니에스 Ferdinand Tönnies 는 **『공동체와 사회**Gemeinschaft und Gesellschaft, Community and Society**』**를 출간하며 두 가지 사회 형태를 구분했다.[1] **게마인샤프트(공동체)**에서는 개인화된 사회

---

1) Ferdinand Tönnies (1887). *Gemeinschaft und Gesellschaft*, 8th edition, reprint 2005, Darmstadt: Wissenschaftliche Buchgesellschaft.

적 관계와 이러한 상호작용과 관련된 역할, 가치, 신념을 기반으로 사회적 유대가 정의된다. **게젤샤프트(사회)**는 간접적 상호작용, 공식적 역할, 일반화된 가치와 신념을 통해 더 비인격적이고 합리적인 것이 특징이다. 게마인샤프트는 인간관계를 중시하고, 집단의 복지가 개인에 우선하며, 가족, 친족, 종교의 전통적 유대가 우세하고, 개인적 관계가 전통적 사회 규칙에 의해 정의되는 농민 공동체(가족, 부족, 마을)에 적용된다. 이와 대조적으로 게젤샤프트는 개인주의적 관점을 가진 더 도시적이고 국제적인 사회를 대표하며, 사회적 유대가 더 도구적이고 피상적인 성격을 띤다. 요컨대 자기 관심사가 우세하고 효율성과 기타 경제적, 정치적 고려사항이 우선시되는 사회이다.

나는 퇴니에스의 생각에 비추어 볼 때 모든 사회는 이 두 가지 특성을 모두 구현하는 것이 최상이라고 생각한다. 그렇지만 개인과 사회의 요구가 모두 수용될 수 있도록 게마인샤프트와 게젤샤프트 사이에 균형을 맞추는 것이 과제이다.

집단주의 대 개인주의

게마인샤프트에 사는 사람들은 집단 지향성이 강하고, 상호작용하는 사람들과 유대감이 강하며, 상호 의존성 측면에서 자신을 정의하는 경향이 있다. 즉 개인보다 집단을 우선시한다. 개인의 이익이 아닌 집단의 '선'이 중심 역할을 한다. 사람들은 공동의 목표와 가치를 가지고 있어서 개인의 목표는 자신이 속한 집단의 목표와 정렬된다. 사람들은 생존을 위해 개인적인 관계, 규율, 연대가 필수적인 농경사회처럼 '더 큰 선'을 위해 자신의 가치와 목표를 기꺼이 희생할 수 있다.

이와 반대로 게젤샤프트 특성을 지닌 사회에서는 개인의 이익이 우선시된다. 사람들은 집단의 이익보다 자신의 야망을 우선시하고, 개인적인 가치를 추구하며, 자신의 판단에 따라 행동하고, 타인의 이익보다 자신의 염원과 욕구를 우선시한다. 당연히 이러한 사회에는 깊고 의미 있는 연결이 부족하다.

게젤샤프트로의 전환

지난 세기 동안 게마인샤프트에서 게젤샤프트로의 전환이 이루어졌으며, 이 과정은 최근 수십 년 동안 더욱 가속화했다. 이는 공동체와 가족을 위해 무엇이 최선인지에 대한 초점이 '나에게 무엇이 최선인지'로 바뀌었음을 의미한다. 산업화 이후의 디지털 세상에서는 '적자생존' 사고방식이 지배적인 더 복잡하고 기술적으로 진보된 사회에서 볼 수 있는 개인주의적 행동 패턴과 게젤샤프트로의 전환이 일어나고 있다.

게마인샤프트에서 게젤샤프트로의 전환에는 어두운 면이 있다. '우리' 사회가 '나' 중심 사회, 즉 자기 계발과 개성이 중시되고 어떤 대가를 치르더라도 자아 실현을 추구하는 사회로 변모했다. '나' 중심 사회는 부, 권력, 지위 등으로 정의되는 개인의 성공을 지향한다. 이러한 사회는 더 큰 선을 위해 의미 있는 기여를 하는 데는 관심이 적다. 게마인샤프트에서 게젤샤프트로 변화는 집단주의collectivism에서 개인주의individualism로 시민적 책임에서 자기 만족으로 가치관이 변화한 것을 반영한다. 개인주의가 부상하고 사회적 규범과 구조가 쇠퇴함에 따라 가족과 공동체가 더는 과거와 같은 수준의 지원을 제공하지 못할까 우려된다.

초연결 디지털 시대에 집단주의가 약화하는 것처럼 보이는 것은 역설적이면서도 직관에 반하는 일이다. 이상하게도 소셜 네트워킹과 집단주의는 서로 상반된다. 소셜 미디어가 세상을 더욱 긴밀하게 연결한다고 하지만, 연결성을 집단주의로 착각해서는 안 된다. 소셜 미디어의 연결성은 매우 피상적인 경향이 있다. 흔히 소셜 미디어는 사람들이 진정한 연결이 부족하다는 것을 인식하게 하여 분리된 느낌을 강조할 뿐이다.

게젤샤프트로의 전환은 많은 사람에게 해로운 영향을 미쳤다. 사회적 관계의 붕괴는 많은 사람에게 공허함, 사회적 의미의 결여, 단절감을 남긴다. 또 이는 잠재적으로 역기능적 성격 특성을 강조하기도 한다. 높은 성취 지향성은 흔히 개인적 거만함personal arrogance 및 자기 도취self-involvement 와 함께 나타난다. 나는 개인주의에 대한 이러한 초점이 나르시시즘 문화와 그에 따른 무관심, 이기주의, 무례함, 타인에 대한 배려 부족의 토대가 되지 않을까 우려한다.[2] 앞서 언급했듯이 소셜 미디어는 정체성을 자극하는 정치identity politics, 포퓰리즘populism, 편집증paranoia, 가짜 뉴스fake news, 언론에 대한 혐오, 외국인 혐오xenophobia를 통해 불화를 야기한다. 나는 현재 기성 정치가 점점 더 양극화하고 비방하는 분위기로 치닫는 것도 이러한 현상의 징후라고 본다. 증오 범죄hate crimes의 증가에 대해서도 같은 견해를 가진다. 게다가 비윤리적인 기업 행동이 이러한 불길에 부채질을 하고 있

---

2) Christopher Lasch (1991). *The Culture of Narcissism*. New York: W. W. Norton.

다. '나' 중심 사회에서는 존중, 연민, 공감, 관용, 겸손, 이타심 등 사회적 연결을 형성하는 특성들이 사라진 것처럼 보인다.

자존감 운동

양육 방식의 변화가 이러한 변화를 주도하고 있다. 게젤샤프트 사회에서 부모는 자녀의 시민적 의무보다 개인의 성취에 더 큰 가치를 둔다. 높은 자존감과 인생의 성공 사이에 상관관계가 있다는 연구 결과에 따라 이러한 특정 세계관이 두드러지게 나타나고 있다.[3]

자존감 운동 지지자들은 우리가 모두 선천적으로 자기 확신에 대한 욕구가 있다고 말한다. 자존감은 삶의 정신적, 영적, 사회적, 신체적 측면에 영향을 미치기 때문에 우리는 안정된 자기감을 원한다. 아이들이 견고한 자존감을 갖도록 돕는 것은 아이들의 발달에 필수적이다. 그러나 부모가 지나치게 극단적 개인주의를 강조할 때 문제가 된다. 우리는 '충분히 좋은' 부모와 역기능적인 부모 사이에 미세한 차이가 있다는 것을 깨달아야 한다.

일부 부모는 자녀에게 자신감을 심어주기 위해 지나치게 노력하여 자녀가 얼마나 특별하고 독특한지 말하고 칭찬을 쏟아내며 심지어 자녀가 실패하거나 비판이나 불리한 결과에 노출될 수 없는 상황을 만들기도 한

---

[3] Nathaniel Branden (2001). *The Psychology of Self-Esteem: A Revolutionary Approach to Self-Understanding that Launched a New Era in Modern Psychology.* San Francisco: Jossey-Bass.

다. 이러한 '헬리콥터' 부모는 자녀를 과잉 보호over-protecting하게 되면 자신과 자녀 누구도 이기는 자가 없다는 사실을 깨닫지 못한 채 자녀의 싸움에 직접 뛰어든다. 이들은 자녀의 성장과 회복력 촉진에 필요한 어려운 경험을 할 수 있는 기회에서 자녀를 격리하는 동시에 자녀가 스스로 대처할 수 없다는 잠재 의식적 메시지를 전달할 뿐이다.

    자존감 운동의 지지자들은 자존감은 타고나거나 선물로 주어지는 것이 아니라 노력을 통해 역경을 극복하고 위험을 감수함으로써 획득되는 것이라는 사실을 깨닫지 못한다. 자존감은 신체적 아름다움, 우월하다는 상상, 내가 특별하다는 느낌, 불로소득 보상 등의 얕은 토대 위에 세워질 수 없다. 자신감confidence은 능력competence에서 비롯된다. 아이들에게 자신을 확장할 기회를 제공하면 자신의 능력에 대한 감각이 확장하고 다음 도전에 자신감을 느끼게 된다. 진정한 삶의 경험authentic life experiences은 독립적 사고, 진취성, 회복력, 적응력을 촉진하여 성장 마인드셋을 가능하게 한다. 아이들이 진정한 성취real accomplishments에 대해 칭찬받을 때 비로소 진정한 자존감의 토대가 마련된다.

나르시시즘 문화

나는 이 두 가지 사회적 변화, 즉 게마인샤프트에서 게젤샤프트로의 전환과 자존감 운동이 극적인 영향을 미쳤다고 생각한다. 두 가지 운동 모두 자기the self에 더 집중하도록 장려하면서 나르시시즘적 행동과 인격 장애의 발생률이 급격히 증가했다.[4]

정신과 의사를 위한 핸드북인 정신장애 진단 및 통계 편람DSM V에서는 자기애적 인격 장애narcissistic personality disorder를 '초기 성인기에 시작되어 다양한 맥락에서 나타나는 환상 또는 행동에서의 과장됨, 존경받고자 하는 욕구, 공감 부족이 만연한 패턴'이라고 설명한다.[5] 이 성격 유형의 일부 패턴은 과장된 자기 중요성, 무한한 성공, 권력, 탁월함, 아름다움 또는 이상적인 사랑의 환상에 대한 집착이다. 나르시시스트는 자신이 특별하다고 믿고, 과도한 찬사를 받고 싶어 하며, 특권 의식을 가지고 있고, 대인 착취적이며, 공감 능력이 부족하고, 다른 사람을 시기한다. 그들은 오만하며 자신이 매우 재능 있고 뛰어나고 놀라우며 성공적이라고 믿는다. 이들은 높은 자존감을 과시하거나 이런 '가식적 모습'을 보이는 데 매우 능숙하다. 그렇지만 허세 뒤에는 사실 불안감이 숨어 있다. 실제로 이러한 사람들은 불안감 때문에 끊임없이 자신을 먼저 증명하기 위해 노력하는 것일 가능성이 크다.

자기에 대한 이러한 '컬트'는 상당히 걱정스러운 일이다. 자기 과장과 자기 중요성 등 자기애적 성격의 모든 특징을 잘 보여줄 뿐만 아니라 사이코패스적인 면모도 있다. 여기에는 피상적인 매력의 사용, 지속적인 자극에 대한 욕구, 거짓말, 속임수, 조작하려는 성향, 죄책감과 후회를 느끼지 못하는 무능력 등이 포함된다.

---

4) J. M. Twenge, S. Konrath, J. F. Foster, K. Campbell, and B. J. Bushman (2008). Egos Inflating Over Time: A Cross-Temporal Meta-Analysis of the Narcissistic Personality Inventory, *Journal of Personality*, 76:4, 875–901; http://time.com/247/millennials-the-me-me-me-generation/.

5) American Psychiatric Association (2013), *Diagnostic and Statistical Manual of Mental Disorders, DSM V*, Washington, DC: American Psychiatric Publishing.

소셜 미디어

소셜 네트워킹 사이트는 나르시시즘적 행동 패턴의 이상적인 번식지로, '나' 중심 사회를 확장하는 데 도움이 된다. 나르시시스트는 다른 사람들과의 피상적인 관계를 선호하기 때문에 소셜 네트워크는 자신의 존재를 증명할 수 있는 이상적 매체이며 신의 선물이다. 디지털 플랫폼은 자기 표현을 강화하여 새로운 나르시시스트가 자신이 얼마나 대단한 사람인지 세상에 보여줄 도구를 제공한다. 소셜 미디어는 사람들이 개인적인 불안감을 해소하는 데 도움을 주는 버팀목이 되었다. 그리고 마약처럼 중독성이 생길 수 있다.

밀레니얼 세대와 그 이후 세대(Z세대)인 '나 세대 Generation Me'는 소셜 미디어 사용을 특히 잘하는 것으로 보인다. 그렇지만 이런 소셜 플랫폼 애착은 이들을 매우 고립된 존재로 만들어 취약하게 할 수 있다. 이들은 자신의 '브랜드'를 홍보하고 자존감을 높이기 위해 휴대폰과 태블릿에서 몇 시간씩 페이스북, 유튜브, 인스타그램, 스냅챗, 왓츠앱, 트위터에 접속한다. 이러한 활동의 중독성으로 인해 많은 사람이 먹고 마시고 사교하는 등 '정상적' 사회적 활동보다 소셜 미디어에 더 많은 시간을 보내는 것은 놀라운 일이 아니다. 나는 소셜 네트워킹 사이트가 도박, 음주, 마약, 섹스와 같은 종류의 쾌감을 제공한다고 말할 수 있다.

소셜 네트워킹의 문제점은 거의 모든 사람이 비현실적인 자신의 모습을 보여준다는 것이다. 나는 자녀와 손주들에게서 받은 메시지에서 이러한 모습을 직접 확인했다. 이 모든 찬란한 사진들은 즐거울 수는 있지만 현실 세계를 정확히 반영하지는 않는다. 사진들은 우리 최고의 모습을 보여주는 방식일 뿐이다. 이런 종류의 과시주의의 단점은 이러한 이미지와 메시지를 받는 사람들이 흔히 자신을 다른 사람들과 부정적으로 비교하여 다른 사람들의 즐거움은 과대평가하고 자신의 경험은 과소평가한다는 것이다. 그 결과 이들은 자신이 무언가를 놓치고 있다고 끊임없이 생각한다. 그들은 자신이 얻고 있는 것이 보통의 '지저분한' 인간 경험이 깨끗하게 처리된 버전이라는 것을 깨닫지 못한다. 따라서 기분이 좋아지기보다는 자신에 대해 나쁘게 느끼기 시작한다. 많은 소셜 네트워크 사용자가 웹에서 많은 시간을 보낸 뒤 외로움, 좌절감, 분노를 느끼는 것은 당연한 일이며, 이들은 '친구들'에 비해 자신이 부적절하다고 느낀다.

밀레니얼 세대와 그 이후 세대가 또래로부터 끊임없이 영향을 받고 압박을 받는다는 것은 자존감 발달에 도움이 되지 않는다. 이는 기성 세대가 많은 교육과 정보를 전달하던 과거의 학습 패턴과는 매우 다르다. 소셜 네트워크 세상에서 사람들은 풍부한 커뮤니티 기반 또는 가족 간의 상호작용을 형성하기보다는 다른 사람들과 피상적인 관계를 형성한다. 얼굴을 맞대고 상호작용하는 대신 화면을 보는 데 많은 시간을 소비하기 때문에 다른 사람을 이해하고 연결될 수 있는 커뮤니케이션 및 공감 기술을 개발하지 못한다.

미래 생각하기

개인, 조직, 사회적 관점에서 게마인샤프트와 게젤샤프트가 더 나은 균형을 이루기 위해 어떤 조치를 취해야 할까? 살기 좋고 응집력 있고 자기 비판적인 공동체를 만드는 자질을 보존하며 어떻게 하면 사회가 경제적, 정치적으로 발전할 수 있을까? 개인주의의 부상(게젤샤프트로의 이동)은 공동체와 가족이 더는 과거처럼 많은 사회적 지원을 제공하지 않는다는 것을 의미하며 이것이 나르시시즘이 만연하는 토양을 만들지는 않았나? 소셜 미디어가 자신에게만 몰두하고 불안정한 나르시시스트들을 만들어내는 인큐베이터로 변하고 있는 것은 아닐까?

   자존감 운동의 일부 전제를 무력화시키는 것이 우선시되어야 한다. 부모로서 자녀에게 어느 정도의 자존감을 심어줄 필요가 있는 것은 사실이지만 칭찬은 적절하고 식별 가능한 행동과 성공에 직접적으로 연결되어야 하며 가급적 오프라인에서 이루어져야 한다. 소셜 미디어 중독의 위험성으로 인해 휴식을 취하고 직접 대면하는 시간을 더 많이 갖는 것이 도움이 될 것이다. 부모와 교육자는 자녀가 공감, 연민, 타인에 대한 배려와 같은 필수적인 사회적 기술을 개발하는 데 필요한 경험을 제공하기 위해 실제 인간(즉, 대면)과의 상호작용을 늘리도록 부단히 노력해야 한다. 이러한 기술이 성공적으로 내면화하면 현재보다 더 시민 의식을 갖고 정치적으로 더 헌신적인 사람이 될 것이다.

   조직 생활에서 너무 자주 발생하는 이중성을 고려할 때 어떻게 비즈니스를 '선의의 힘'으로 만들 수 있을지가 과제이다. 예를 들어, 지나치게 나르시시즘적 사람이 CEO가 되거나 경영진 내에서 고위직을 맡는 것을 허용하지 않는 등 '나' 중심 사회를 막기 위한 방법을 찾아야 한다. 나르시시즘적 리더 아래에서 부하 직원은 리더가 듣고 싶은 말만 하는 경우가 너무 많아서 리더는 외부와 단절된 방echo chamber에 갇혀 사기 행위 등 조직에 심각한 결과를 초래할 수 있는 행동 패턴과 결정을 내릴 수 있다. 이러한 사람들을 다룰 때는 겉으로는 회사에 대한 로열티를 공언하지만 속으로는 자신의 어젠다에만 전념하고 있으며 대부분 의사결정은 조직, 다양한 이해관계자 또는 사회의 이익보다는 자기 이익에 따라 이루어진다는 점을 명심해야 한다.

조직 디자이너이자 리더십 교육자로서 내가 생각하는 진정한 과제는 사람들이 목소리를 내고, 창의적 역량을 발휘할 기회를 배우고, 리더십이 소수의 전유물이 아닌 '팀 스포츠'가 되는 코칭 문화를 즐길 인간적 조직을 만드는 것이다. 즉 이곳은 모두가 자신만을 위하는 직장과 같은 '적자생존형 조직'이 아닌 곳이다. 이러한 종류의 조직은 장기적인 재앙을 불러올 수 있는 '주주 가치'만을 외치지 않는 곳이다. 이들은 많은 이해관계자가 있다는 것을 알고 있으며, 장기적인 관점을 가지고 지속 가능성에 초점을 맞추며 지속 가능한 세상의 일부가 되고자 노력한다.

우리는 모두 건전한 자존감을 위해 약간의 나르시시즘이 필요하지만 나르시시즘 수준이 최상단에 있는 것은 다른 문제이다. 여러 가지 면에서 과도한 나르시시즘은 개인주의의 어두운 면이다. 나르시시즘은 책임 없는 자유, 개인적 희생 없는 관계, 현실에 근거하지 않은 긍정적 자기관을 옹호한다. 나르시시즘이 사회에 스며들면 허영심, 물질만능주의, 특별하다는 생각, 명성 추구로 특징지어지는 '나' 중심 세계가 만들어진다. 피상적이고 착취적인 행동, 탐욕, 물질주의, 과도한 소비 문화가 지배하는 가치 또는 공감 없는 사회가 된다.

무절제한 자기 이익 추구, 즉 자신의 이익을 위해 행동하면 모두에게 더 나은 결과를 가져올 것이라는 믿음은 환상에 불과하다. '나' 중심 사회는 사람들의 최악의 모습을 끌어낼 수 있다. 이는 사회, 경제, 정치적으로 유독한 환경을 조성한다. 실제로 가장 최근의 글로벌 금융 위기는 부분적으로는 투자 은행가, 즉 부도덕한 금융 공학자들의 지나친 나르시시즘적 행동으로 인해 발생했다. 이러한 '세계의 주인'의 대부분은 나르시시즘적 과신에 의해 움직였고 이는 사회에 끔찍한 결과를 초래했다. 많은 국가가 코로나 바이러스 팬데믹에 대처하는 방식에 대해서도 같은 논평을 할 수 있는데 대부분 협력이 절실히 필요할 때 협력이 거의 없이 대응했다.

아이러니하게도 호모 사피엔스의 역사를 살펴보면 아프리카의 혹독한 사바나에서 살아남은 방법, 즉 훨씬 더 강한 포식자들을 이겨낼 수 있었던 방법은 바로 협력이었다. 인류의 진화 역사를 볼 때 우리는 협력에 대한 본능이 있고 이타적으로 행동할 준비가 되어 있다. 그러나 호모 사피엔스는 이타주의 역사를 가지고 있지만, 아이러니하게도 우리가 흔히 선택하는 리더는 우리의 의존 욕구를 이용하는 나르시시즘 또는 사이코패스 성격 장애를 앓는 것으로 보인다. 호모 사피엔스는 협력과 강압의 축 cooperation-coercion axis에서 끊임없는 긴장을 경험하는 것으로 보인다. 많은 경우 사회를 괴롭히는 모든 병에 대해 기적의 치료법을 제시하는 이런 매우 매혹적인 리더들이 협력 과정을 '압도'해 버린다.

이런 종류의 리더십 아래에서 오늘날 많은 나라에 존재하는 인종적, 이념적 긴장과 극단적인 정치적 당파성이 나르시시즘 문화에서 비롯되었다는 사실이 그리 놀랍지 않을 것이다. 매우 많은 정책 입안자가 고상한 명제를 제시할지라도 마음속 깊이 자기중심적이고 단기적인 이익에 관심이 있으며 다른 관점에서 세상을 재평가할 공감 능력이 부족하다. 그러나 이러한 '나' 중심 사람들은 이기주의가 지배하는 사회가 외로운 곳이며 그 안에 사는 사람들에게 심각한 피해를 준다는 사실을 깨닫지 못하는 것 같다. 이는 우리 행성을 파괴할 수 있는 치명적 결과를 초래할 수 있는 잠재적 화약고이다. 코로나 바이러스 팬데믹은 우리가 사는 세계가 얼마나 서로 밀접하게 연관되어 있는지를 잘 보여주었다. 편협한 이기심만 추구하는 것은 해답이 될 수 없다. 그리고 팬데믹은 많은 지도자가 이 위기를 효과적으로 대처하는 데 필요한 역량을 갖추지 못했음을 보여주었다.

나는 우리가 사회적 유대와 상호작용이 책임감과 시민적 의무감에 의해 인도되는 공동체 안에서 살면서 동시에 복잡한 탈산업 사회와 점점 더 가상화되는 사회를 헤쳐 나갈 수 있도록 게마인샤프트와 게젤샤프트 사이의 균형을 회복해야 할 때라고 믿는다. 공동체의 언어가 회복되어야 하지만 배려심 없이는 공동체 의식도 회복될 수 없다. 개인으로서 우리의 야망은 타인과 우리 자신을 위해 타인의 필요를 포함할 수 있을 만큼 넓어야 한다. 동시에 겉으로는 고상해 보이지만 실제로는 자신의 이익만을 생각하는 사람들의 유혹에 넘어가서는 안 된다. 그들의 고상한 말 뒤에서 그들이 실제로 하려는 일은 게마인샤프트를 컬트와 같은 운동으로 변질시키려는 것임을 인식해야 한다.

24장
컬트에 매력을 느끼는가?

누군가의 종교는 다른 이에게는 컬트이다.

– 필립 세이무어 호프만 Philip Seymour Hoffman

컬트에 영향받는 사람들의 [행동]은 중독자들에게서 관찰되는 것과 유사하다. 이들의 전형적 행동은 은행 저축 탕진, 자녀 방치, 가족과의 관계 파괴, 마약, 컬트 이외 모든 것에 대한 관심이 없어지는 것이 포함된다.

– 키쓰 헨슨 Keith Henson

사람들이 컬트cult에 끌리는 이유가 항상 나를 어리둥절하게 했다. 나에게 컬트하면 맨슨 가족Manson family, 천국의 문Heaven's Gate, 존스타운Jonestown과 같은 불편한 단체만 생각날 뿐이다. 또 하레 크리슈나Hare Krishna 운동, 다른 동양 비밀전승esoteric 종교 단체가 연상된다. 이런 종교 단체 외에도 정치 집단, 라이프스타일 집단, 심지어 사업 조직에도 컬트 유사 행동cult-like behavior이 많이 존재한다. 특정 정치 체제는 컬트 형태를 띠는데, 북한이 대표적 사례이다. 컬트와 같은 움직임의 확산이 제2차 세계대전 후 서구 사회를 괴롭힌 일반적 사회 불화의 징후 때문인지 궁금하다. 그리고 23장에서 설명했듯이 게마인샤프트에서 게젤샤프트로의 이동에 의한 작용일 수도 있다.

그렇지만 사람들이 컬트에 가입하는 이유는 무엇일까? 무엇이 동기를 제공할까? 이것의 주요 이유 가운데 하나는 분명히 의미 찾기에 있다. 컬트는 주류 사회에서 쉽게 제공되지 않는 문제나 질문에 대한 해답을 약속한다. 선과 악, 종교의 역할, 삶의 의미, 정치의 영향, 현재 상황에서 싫어하는 것 등과 같은 질문에 대해 절대적 해답을 얻고자 하는 인간의 기본 욕구를 충족시켜주는 것처럼 보인다. 집단에 소속되고자 하는 뿌리 깊은 인간의 욕구가 컬트의 매력을 더한다. 우리는 모두 의존 욕구를 가지고 있다. 어떤 사람들은 단순히 커뮤니티의 일원이 되고 싶다는 욕구 때문에 컬트에 가입한다.

사람들은 컬트 지도자가 제시하는 힘과 구원에 대한 약속에 매료된다. 많은 컬트 지도자는 카리스마를 발산한다. 매력적이고 호감이 가며 매우 설득력 있는 리더들은 추종자들을 유혹하는 기묘한 능력이 있다. 그러나 이러한 매력의 이면에는 자기애적, 반사회적, 심지어 사이코패스 인격 장애 특성을 가진 컬트 지도자가 많다.

커리어 초기에 어떤 공동체의 리더를 만났는데 그를 켄Ken이라고 부르겠다. 우리 대학에 재학 중이던 학생 부모님의 요청으로 그를 만나게 되었다. 부모님은 공동체를 방문한 뒤 내가 본 것을 그들에게 이야기해 줄 수 있는지 물어보았다. 다양한 종류의 조직 설계에 대해 호기심이 많아 동의했다. 당시 나는 맥길McGill 대학 경영학 교수로 재직 중이었는데 오랜 친구였던 헨리 민츠버그Henry Mintzberg 교수에게 영향을 받아 다양한 형태의 조직에 관심이 많았다.[1]

켄을 처음 만났을 때 그의 매력에 푹 빠졌다는 사실을 인정해야 한다. 그는 구슬리고 유혹하는 데 놀라운 능력을 가지고 있었다. 사실 그를 만난 것이 마치 한 편의 연극과 같았다. 그는 화려한 옷차림을 하고 지나치게 극적인 화법을 구사했다. 나를 놀라게 한 한 가지 특이한 점은 그가 스포츠카를 타고 왔다는 것이었다. 켄은 영적 깨달음을 설파할 뿐만 아니라 빠른 차를 좋아했던 것 같았다. 그의 성장 배경에 대해 몇 가지 질문을 던졌을 때, 그는 자신이 자란 귀족적인 환경에 대해 불분명한 대답을 여러 번 했다. 여담으로 그는 자신의 가르침을 설파하기 이전에 여러 유명한 구루의 제자였다고 언급했다. 나중에 나는 그가 말한 많은 부분이 사실이 아니며 자신의 평범한 배경을 감추기 위해 지어낸 이야기라는 것을 알게 되었다.

켄은 자신이 하는 일의 가치를 설득하기 위해 많은 노력을 기울였다. 그는 매우 매끄러운 말솜씨를 가진 사람이었다. 그의 말을 들으며 '나'라는 단어를 얼마나 자주 사용하는지에 놀랐다. 흥미롭게도 그는 자신을 지칭하는 빈도를 전혀 의식하지 못했고, 지나친 자기애적 행동 역시 전혀 인식하지 못했다. 또 '분열splitting'이라는 원시적 방어기제를 사용하는 습관도 눈에 띄었는데, 이는 그의 세계가 자신과 함께하는 사람들과 반대하는 사람들의 두 진영으로 매우 극명하게 나뉘어져 있다는 것을 의미했다. 그는 비회원이나 비신자를 '적enemy'이라고 자주 언급했다. 그를 비판하거

---

1) Henry Mintzberg (1979). *The Structuring of Organizations*. London: Pearson.

나 의문을 제기하는 즉시 그런 부류의 사람들로 구분되는 것을 깨달았다. 가르침을 받는 자들과 소통 방식을 볼 때 사람들에게 완전한 충성을 요구하고 있음이 분명했다.

켄은 자신이 특별하고 자신만이 사람들의 문제에 대한 해답을 가지고 있다고 믿었다. 또 자신을 과대평가하고 주변 사람들을 평가절하하는 경향이 있었다. 어떤 상황에서도 그는 관심의 중심이 되어야 했다. 그의 다소 독단적 발언에 대해 설명해 달라고 했을 때 얼굴이 굳어지는 것을 보았다. 그는 분명히 질문이나 도전을 받는 것에 익숙하지 않았고 자신에 대한 내 의견에 과민 반응을 보였다. 편집증 성향paranoid disposition도 있는 것 같았다. 그의 말을 들으면서 공동체 방문을 요청한 부모를 포함한 일부 사람들이 자신에 대해 음모를 꾸미고 있다고 상상하면서 매우 의심하고 있다는 것을 알 수 있었다. 그리고 그 가정 뒤에 어떤 현실이 있었던 것도 사실이다.

이러한 매력적이지 않은 특성이 있지만, 켄은 자신의 부정적 특성을 쉽게 간과하는 추종자들을 끌어들이는 데 아무런 문제가 없어 보였다. 그렇지만 그가 추종자들에게 온갖 못된 짓을 저질렀는데도 그들이 완벽하게 충성하는 것이 여전히 의아했다. 학생 부모에 따르면 그는 추종자들을 자기 뜻대로 만들기 위해 정서적, 심리적, 육체적, 영적, 재정적 상처를 주었다고 한다. 또 일종의 입문 의식으로 많은 신자를 성적으로 착취했다고 들었다.

많은 컬트 신도가 개인적 생존 전략의 일환으로 '공격자 동일시'에 의지하는 것 같다. 이 상태는 정신분석가 안나 프로이트Anna Freud가 제2차 세계대전 강제수용소 생존자들 사이에서 처음 발견했다.[2] 그녀에 따르면,

공격자와의 동일시는 영향을 받은 개인이 생존을 위해 '공격자'(이 경우 컬트 리더)와 '한 팀'이 되고 그 과정에서 공격자의 성격 특성 일부를 닮아가게 된다.

켄이 나를 그의 이상주의에 동참시키는 데 관심이 있는 것 같아서 몇 번 더 만날 수 있었다. 이 방문에서 그의 사람을 읽는 능력에 깊은 인상을 받았다. 특히 그는 사람들이 가진 핵심 주제를 파악하는 데 매우 능숙했다. 또 혼돈이 조장된 상황에서 실력을 발휘하는 것처럼 보였다. 자신에게 적합한 때가 되면 멋진 드라마를 연출하며 위기 상황을 만들곤 했다. 대체로 그의 행동은 예측할 수 없었다. 그가 건물에 들어설 때 추종자 가운데 누구도 어떤 일이 일어날지 몰랐던 것 같다. 그는 유쾌하고 친절한 사람일까, 아니면 비열한 사람일까? 그는 누군가를 불러내서 공공연히 망신을 주는 사람일까 아니면 그냥 내버려 두는 사람일까?

켄에게 공동체에 방문한 계기였던 그 학생에 대해 물어봤을 때, 내가 보기에 끔찍한 상황으로 보였던 젊은 여성에 대해서 자신은 아무런 잘못이 없다고 답했다. 분명히 죄책감은 고사하고 그녀의 우울한 마음 상태에 대해 아무런 책임도 지지 않았다. 유일한 반응은 그녀가 그룹의 일원이 되기에는 부적합한 사람이라며 평가절하하는 것이었다.

켄을 더 많이 볼수록 그의 '반사회적이고 교묘하며 자기중심적' 행동에 더 짜증이 났다. 진정한 공동체 구축을 위한 집중적이고 지속적인 노력은 없었다. 그곳은 엉망이었다. 어떤 형태의 조직적 프로세스도 전혀 없었다. 친사회적 행동이 부족했으므로 내가 마지막으로 방문한 직후에 켄의

---

2) Anna Freud (1946), *The Ego and the Mechanisms of Defense*. New York: International Universities Press.

컬트가 무너진 것은 놀라운 일이 아니었다. 주된 이유는 켄이 금전적 부정과 관련된 여러 소송에 직면하고 있었기 때문이었다. 처음 공동체를 방문하게 된 이유였던 학생은 컬트 경험에서 회복되기까지 많은 치료가 필요했다.

컬트의 정신역동

켄과 같은 컬트 리더는 마인드 컨트롤 대가인 '매력적인 포식자'로서 사람들의 불안감을 해소하는 방법을 잘 안다. 추종자들이 온갖 이상한 것들을 믿게 만들 수 있다. 그러나 추종자들을 매혹하는 동시에 완전한 재정적 안정, 완전한 건강, 지속적인 마음의 평화, 심지어 영생과 같이 많은 사람이 은밀하게 또는 다른 방식으로 원하는 실현 불가능한 약속을 하기도 한다. 또 많은 제안이 너무 모호해서 어떤 제안이든 틀릴 수가 없다. 이러한 컬트 리더들은 자신을 궁극적인 진리의 원천으로 제시하지만 이는 검증할 수 없는 진리이다. 그들은 추종자들에게 홍보하는 모든 것을 문자 그대로 '받아들이도록' 설득한다. 그들 이야기가 특히 설득력 있는 이유는 우리가 일상에서 흔히 접하는 평범하고 단조로운 메시지와는 정반대의 납득이 되는 단순한 메시지를 전파하기 때문이다.

켄의 사례에서 알 수 있듯이 컬트 형성에는 여러 가지 심리적 역학관계가 작용한다. 예를 들어, 컬트는 마술적 사고 magical thinking에 빠지는 인간의 경향, 즉 말과 상징의 사용을 포함한 개인 생각이나 행동이 인과 관계없이 물리적 세계의 사건 과정을 바꿀 수 있다고 믿는 경향을 이용한다. 안타깝게도 이러한 형태의 사고에 기꺼이 참여하려는 우리의 의지는 어린 아이들이 부모가 자신의 마음을 읽을 수 있다고 상상하는 것과 매우 유사하게 컬트 리더에게 전지전능하고 마법 같은 힘을 부여하는 경향을 강화한다. 마찬가지로 퇴행의 힘으로 인해 컬트 신도들은 리더가 같은 종류의 힘을 가지고 있다고 쉽게 믿게 된다. 또 이러한 컬트 리더들이 암시의 힘을 활용하는 것도 보았다. 그들의 뛰어난 세뇌 효과는 추종자들이 현실과 컬트 내 왜곡된 삶의 방식을 구별하기 어렵게 되는 것이다. 켄이 그런 사례인데 이 컬트 리더들 가운데 상당수는 인간 잠재력, 참만남encounter, 감수성 훈련, 인본주의 심리학 운동에서 파생된 기법들을 컬트 이데올로기 및 설득적 판매 방법론과 결합했다. 그리고 우리 주변에서 볼 수 있듯이 많은 정치 지도자가 그들의 모범을 따랐다.

구타나 신체적 상해를 입는 경우는 거의 없으므로 마음을 조작하는 컬트 단체의 포섭 패턴은 외부인에게는 딱히 급진적으로 보이지 않는다. 그렇지만 관찰한 바에 따르면 켄과 같은 컬트 리더들은 추종자들이 외부 세계와의 연결을 끊는 데 중점을 둔 마음과 행동 통제 기법을 사용한다. 이런 방법은 컬트 구성원들이 가진 기존의 정서적 불안감을 심화시켜 신체적, 정서적 필요 측면에서 컬트에 전적으로 의존하도록 만든다.

세뇌

이런 컬트 운동의 주된 목적은 컬트 리더의 목표, 즉 신도들을 완전히 통제하기 위한 것이다. 그들의 가르침이 무엇이든 사람들의 모든 생각, 감정, 행동과 연관된 마스터 프로그램으로 귀결된다. 이들은 교묘한 마인드 컨트롤과 포섭 기법을 사용해 잠재 추종자의 취약점을 악용하고 마스터 프로그램 참여를 유도한다(9장에서 즉각적 변화의 정신 건강 구루들에 대해 논의하며 이를 설명했다). 세뇌 전문가 에드거 샤인Ed Schein의 말을 인용하면 그들은 '동결 해제unfreezing'(대상자 마음을 허물어뜨리기), 변화changing(세뇌 과정), '재동결refreezing'(새로운 정체성 강화)의 과정을 거친다.[3] 그들은 세뇌 가능성이 큰 사람들에게 심리적 불균형을 조성하여 새로운 유형의 정체성 개발에 성공한다. 컬트 심리학의 본질은 새 추종자가 이전의 다소 불안정한 정체성을 버리게 하는 과정이다. 이후 특정 상황에서 컬트 단체의 마스터 프로그램은 이런 새 추종자들이 어떻게 행동하고, 생각하고, 느껴야 하는지 알려준다. 컬트 구성원들은 비판적 사고가 금지될 뿐만 아니라 일반적 사고방식에 대해서조차 눈살을 찌푸린다. 모든 형태의 질문, 의심, 반대를 못하도록 한다. 개인 감정은 억압되고 구성원들은 항상 만족스럽고 열정적인 모습을 보여야 한다. 컬트 리더와 의견이 일치하지 않을 경우 많은 압력이나 사회적 처벌을 받는다.

두려움과 죄책감fear and guilt은 모든 '사고 변혁 및 마인드 컨트롤' 프로그램의 핵심이다. 대부분 상황에서 두려움을 느끼는 사람은 비판적으로 생각하지 못하고 의사결정 능력이 떨어진다. 컬트 단체의 방식에는 리더가 통제권을 유지하도록 그룹 구성원에게 **두려움과 공포**fears and phobias(강한 비이성적 두려움)를 유도하는 것도 포함된다. 구성원들은 규칙을 따르지 않거나, 그룹을 떠나거나, 심지어 그룹을 떠날 생각을 하면 온갖 끔찍한

---

3) Edgar H. Schein with Inge Schneier and Curtis H. Barker (1961), *Coercive Persuasion: A Socio-psychological Analysis of the "Brainwashing" of American Civilian Prisoners by the Chinese Communists*, New York: W.W. Norton.

일이 일어날 것으로 믿기 시작한다. 이 사악한 믿음에 두려움과 죄책감이 더해지면 의존성 높은 사람이 되어버린다. 결국 추종자들은 자신이 누구인지, 어떤 상태인지, 어떻게 지내고 있는지 알기 위해 리더에게 의존하게 된다.

편집증적 사고

켄의 행동에서 알 수 있듯이 편집증은 많은 컬트의 주요 특징이다. 컬트 리더는 '우리 대 그들'이라는 사고방식을 조장함으로써 권력을 유지한다. 컬트 외부의 사람들은 컬트가 가진 '좋은 것'을 파괴하려 노력하고 그들을 싫어한다. 이를 극대화하기 위해 컬트 리더는 추종자들 사이에 '양극화된polarized' 사고방식을 만들어낸다. 이런 생각은 컬트 리더가 컬트 이전의 평범한 삶에서 구성원들을 성공적으로 고립시킬 수 있어서 외부 세계를 다루는 강력한 방법이 된다. 컬트 리더들은 피해자들에게 집단, 가족, 정부가 그들을 노리고 있으며 컬트만이 안전을 제공할 수 있다고 설득한다. 이러한 '우리 대 그들'의 사고방식은 결국 컬트 구성원들이 친구, 가족에게서 사회적으로 고립되도록 한다. 그들은 이러한 사회적 관계를 컬트 내부의 새로운 관계로 대체한다.

소외 계층 타겟팅

컬트는 자존감이 낮은 사람들에게 특히 매력적이다. 내 학생이 그 사례이다. 컬트에 가입하는 가장 일반적 유형의 사람들은 자신이 무언가 거부당하고 있다고 느끼거나, 다른 사람들이 자신을 이해하지 못한다고 느끼거나, 자신이 힘이 부족하다고 느끼는 소외감을 가진 사람들이다. 이런 감정은 모두 매우 강한 감정이므로 타인을 비난하고 싶고 분노를 느끼게 될 수 있다. 그런 점에서 권력과 복수의 기회를 제공하는 컬트는 소외된 사람들에게 매우 매력적이다. 테러리스트 그룹은 흔히 이러한 유형의 사람들을 모집한다. 그들은 컬트에 가입하면 많은 기적을 체험할 수 있다고 설득하기 쉽다. 컬트가 그들이 찾던 지지적 환경이라는 것을 가르치기 위해 마음을 허물었다가 다시 세우기가 더 쉽다. 컬트 리더와 트레이너는 의식적이고 교묘하게 체계적인 사회적 영향력을 행사하여 큰 행동 변화를 일으킬 수 있다.

이런 사람들을 포섭하는 한 가지 기술은 새로운 구성원에게 '사랑의 폭격love bombing'을 가하는 것이다. 자존감이 낮은 사람들에게 아첨하고 칭찬하고 유혹하여 컬트를 사랑과 수용과 연관시키도록 두뇌를 훈련시킨다. 그 후 컬트 리더들은 공개적인 굴욕과 컬트적 고백을 통한 자기 비난self-incrimination과 같은 메커니즘을 통해 통제권을 유지한다. 켄은 특히 이러한 방법을 능숙하게 사용했다. 이 과정의 어느 시점에 잠재적 추종자는 패닉에 빠지며 방향 감각을 잃은 상태로 모집 담당자들에 의해 유발된 정서적 위기로 인해 마음을 조작당한다. 이들은 몸과 마음이 서로 단절된 상태인 해리 상태dissociated state, 의식의 변화된 상태altered state of consciousness, 트랜스 상태trance state를 유도하는 기법으로 대상자의 감각을 공격하고 압도한다. 여기에는 수면 및 음식 제한, 드럼 치기, 챈팅chantting, 몇 시간 동안 강의하기, 불빛 번쩍이기, 원 주위를 빙빙 돌기 등 감각을 공격하고 사람의 사고 능력을 무너뜨리는 모든 기법이 포함된다. 또 다른 형태의 통제는 '생각

멈추기' 기법이다. 이는 챈팅, 명상, 노래, 흥얼거림, 집중 기도 등 다양한 형태를 취할 수 있다. 이러한 기법을 사용하면 현실을 테스트하는 사람의 능력이 일시적으로 끊어진다. 새로운 구성원은 공동체에 대해 긍정적인 생각만 하도록 권장된다. 이는 뇌의 정보 처리 능력에 과부하가 걸리는 '컬트 전환 증후군cult-conversion syndrome'에 해당한다.

폐쇄형 시스템

컬트 시스템에서 지식의 경계는 단단히 통제되고 재사회화 과정, 이데올로기의 사용, 사회적 통제의 제도화가 강화된다. 앞서 말했듯 세계관의 근본적인 변화 목표는 인격의 재구성에 있다. 궁극적 목표는 신봉자가 '사회화 대리인'으로 컬트 리더와 자신을 동일시하게 하는 것이다. 그리고 컬트 내 사람들이 유일한 '친구'가 되면서, 떠나게 되면 모든 친구를 잃게 되므로 컬트 시스템을 떠나는 것을 막게 된다.

많은 컬트 리더가 가장 좋아하는 방법은 자기 비난으로 컬트 구성원들이 지도자에게 각자의 두려움과 실수를 자세히 설명하는 서면 진술서written statements를 제공하는 과정이다. 그런 다음 켄과 같은 사람들은 이 진술서를 사용하여 구성원들을 공개적으로 수치스럽게 만든다. 성공적인 세뇌와 재사회화 결과로 컬트 리더와 추종자 사이의 관계는 자기 보증self-sealing 시스템으로 바뀐다. 결국 진정으로 헌신적인 신봉자는 집단 밖에서의 삶을 상상할 수 없게 된다. 그들이 원하는 결과는 권위자가 '상상한 의지imagined will'에 따라 행동이 결정되는 새로운 정체성(컬트형 페르소나)의 형성이다. 즉 카리스마 넘치는 리더나 그룹의 다른 사람들이 추종자들에게 무엇을 해야 하는지 알려줄 필요가 없으며, 가르침을 내면화하고 자신들의 관점마저 맞춘 충성스럽고 진실한 추종자들은 모든 것을 알고 전능한 리더의 선한 은혜 속에 머물기 위해 무엇을 해야 하는지 정확히 안다. 이러한 사회심리적 곤경, 제한된 선택을 고려할 때 컬트 또는 학대적인 컬트 관계에서 벗어나기가 왜 그렇게 어려운지를 이해할 수 있다.

이들은 자신이 신의 일, 지구를 구하는 일, 인류를 구하는 일 등 매우 중요한 일을 하고 있다고 믿으므로 **외부인에게 거짓말하여 속이고 기만하여 돈을 내게 하거나 집단에 가입하게 하는 것이 정당**하다고 믿는다. 많은 컬트 리더의 사이코패스적 성향과 공감, 죄책감, 양심의 가책이 부족하다는 점을 고려할 때 이는 쉬운 조치이다. 여기에 부풀려진 자존감, 거대한 자신감, 특별한 자격을 가졌다는 감각, 그리고 다른 사람을 전혀 고려하지 않고 원하는 것은 무엇이든 할 수 있고, 원하는 것을 취할 수 있고, 원하는 사람을 학대할 수 있다는 믿음이 더해지면 매우 치명적 조합이 만들어진다. 일반적으로 이러한 사람들에게는 결과가 항상 수단을 정당화한다.

컬트 구성원들은 자신이 컬트에 속해 있다는 것을 모르는 경우가 많다는 점이 흥미롭다. 주변 사람들은 분명히 알고 있는데도 컬트 소속의 사람들은 자신이 어떤 집단에 속해 있는지 깨닫지 못하는 경우가 많다. 대부분 사람은 자신들을 지배하게 되는 힘을 깨닫지 못한 채 기꺼이 컬트에 들어간다. 그들은 잠재적인 위험보다 인지된 이점을 더 보려는 것 같다.

그렇지만 컬트 생활은 위험하고 지속적인 영향을 미칠 수 있다. 나는 컬트 피해자들이 컬트에서 겪은 정서적 피해를 극복하는 데 몇 년이나 소요되는 것을 자주 보았다. 전직 컬트 구성원들이 보이는 일반적인 부정적 특징으로는 죄책감, 두려움, 편집증, 느린 말투, 표정과 몸 자세의 경직, 외모에 대한 무관심, 수동성, 기억력 장애 등이 있다. 주요 우울 장애, 해리성 정체성 장애 등은 컬트에 가입하는 고통스러운 과정으로 인해 발생할 수 있다. 정신분석가 레너드 솅골드Leonard Shengold는 컬트를 심지어 '영혼 살인soul murder'의 한 형태로 분류하며, 다른 사람의 분리된 정체성을 의도적으로 없애거나 손상시키려는 시도로 간주하기도 한다.[4)]

우리 주변의 컬트

컬트 유사 행동cult-like behavior은 존스타운과 같이 멀리 떨어진 비정상적인 사건이나 알카에다Al Qaeda와 같은 이데올로기 운동에만 국한된 것은 아니다. 그것은 어디에나 존재한다. 많은 사회 조직은 일련의 신념을 엄격히 준수하도록 요구하며 그 이후에는 추종자들에게 의미와 목적 의식을 제공한다. 앞서 이는 게마인샤프트에서 게젤샤프트로 이동에 대한 반작용일 수 있다고 설명한 바 있다. 안타깝게도 우리는 미국에서 특히 컬트와 같은 행동의 불안한 예를 볼 수 있는데, 이는 다른 국가의 지도자들 사이에서 공감을 불러일으키는 사례였다. 도널드 트럼프Donald Trump는 트위터, 사기 진작 집회를 통해 놀라운 수준의 마인드 컨트롤을 발휘하며 컬트 유사 움직임을 만들어낸 것으로 보인다. 많은 트럼프주의자에게는 트럼프가 정의하고, 검증하고, 확립하는 것 외에는 현실이 존재하지 않는다. 이

---

4) Leonard Shengold (1991), *Soul Murder: The Effects of Childhood Abuse and Deprivation*. New York: Ballantine Books.

글을 쓰며 대통령의 암울한 결말을 지켜보면서 트럼프의 많은 추종자는 거의 평행 세계에 살고 있는 것 같다. 트럼프는 언론을 '진정한 사람들의 적'이라고 했는데 놀랍게도 요제프 스탈린Joseph Stalin도 같은 말을 했다. 이민자들은 '나라에 대한 침략'을 의미하며, 이는 컬트 구성원들을 방어하고 결속시키기 위한 또 다른 방법이다. '유럽 연합은 적이다'라며 다른 사회에 대해 배우기보다는 그들을 피한다. 트럼프주의자들이 인간적, 사회적, 정치적, 심지어 자신의 내면 세계 등 모든 의미 상으로 상호 연결된 세상에서 오히려 더 단절되어 가는 모습을 보면 불안하다. 심리적 관점에서 보면 트럼프주의자들은 비판적으로 생각하지 못할 뿐만 아니라 사고의 자유가 전혀 허용되지 않는다. 다른 컬트에서와 마찬가지로 그들은 서로의 사고를 감시하는 경찰이 되었다. 컬트 구성원들의 주된 임무는 자신과 서로를 감시하는 것으로 보이며, 누군가 리더의 생각을 지지하거나 전파하지 않으면 신속하고 확실하며 가혹한 처벌을 받는다. 컬트 구성원들은 리더의 복제품, 대체물이 되는데 트럼프주의자들도 동일하다. 극단적 컬트 종교에서나 일어날 법한 컬트 유사 행동이 우리 모두에게 일어날 수 있다는 것은 두려운 일이다.

일반적으로 어떤 사회 운동이 컬트로 변하는 데는 많은 시간이 걸리지 않는다. 우리 사회의 많은 부분이 컬트적 성향을 띠고 있으며, 눈에 띠는 슬로건을 가진 카리스마 넘치는 지도자 한 명만 있으면 어느새 우리는 컬트와 유사한 영역에 들어와 있다. 결국 컬트의 영향을 받는 사람들은 중독자에게서 볼 수 있는 행동을 보인다. 전형적인 패턴은 은행 저축을 탕진하고, 자녀를 돌보지 않고, 가족과 오랜 친구와 관계를 끊고, 마약이나 컬트에만 관심을 갖는 것이다. 따라서 말이 안 되는 이야기를 하는 카리스마 넘치는 사람을 만날 때는 그들의 말이 아니라 자신의 말에 귀를 기울이는 것이 현명할 것이다. 상식의 힘은 퇴행적인 컬트와 같은 힘에 대처하는 훌륭한 해독제라고 생각하며 언제나 환영한다. 이 장에서 설명한 진정한 컬트부터 컬트적 특성을 가진 현상까지 컬트와 유사한 행동에는 다양한 스펙트럼이 있다. 인간의 의존 욕구 때문에 우리는 항상 어떤 종류의 구세주를 찾는다. 이러한 인간의 특성을 고려할 때, 커뮤니케이션 시대의 저주 가운데 하나인 컬트에 관심을 가지는 성향을 항상 경계해야 한다.

25장
우리 조직에는 기업 문화가 있는가, 기업 컬트가 있는가?

> 리더가 해야 할 가장 중요한 일은 문화를 만들고 관리하는 것이다. 문화를 관리하지 않으면 문화가 우리를 관리하게 되고, 우리는 이런 일이 어느 정도 일어나고 있는지 인식조차 하지 못할 수도 있다.
>
> – 에드거 샤인 Edgar Schein

> 위대한 기업 문화를 위한 마법의 공식은 없다. 핵심은 당신이 대접받고 싶은 방식으로 직원들을 대하는 것이다.
>
> – 리처드 브랜슨 Richard Branson

회사마다 고유한 '문화'가 있는데, 이는 회사가 운영되는 방식, 회사를 정의하는 가치와 윤리, 직장에서 적절하거나 허용되는 행동과 그렇지 않은 행동이 무엇인지를 의미한다. 기본적으로 조직 문화는 조직에서 함께 일하는 방식을 정의한다. 건강한 문화는 공통의 목표goal, 목적purpose 또는 대의cause를 중심으로 핵심 가치와 단결력이 결합된 결과이다. 조직이 매력적인 기업 문화를 가지고 있다는 또 다른 신호는 동기부여가 높은 직원을 유치하고 유지하는 능력이다. 이러한 기업 문화가 자리 잡았다면 회사 구성원들이 지속 가능성sustainability을 위한 관리 방법을 알고 있을 가능성이 크다. 이러한 기업들은 때때로 선의의 힘a force for good으로 묘사될 수 있다.

미래에 대한 명확하고 설득력 있는 비전을 제시할 수 있는 기업이 직원들에게 매우 매력적일 것이라는 데는 의심의 여지가 없다. 이러한 조직은 직원들에게 의미를 제공하며, 의미를 창출하는 것은 큰 차이를 만든다. 다른 곳에서도 언급했듯이 대부분 사람은 자신보다 더 위대한 무언가를 믿고 싶어 한다. 그것은 그들에게 목적 의식sense of purpose을 부여한다. 매력적인 기업 문화를 만드는 또 다른 요소는 조직이 소속감을 제공하면서 질서와 구조에 대한 직원들의 니즈를 충족시키는지 여부이다.

즉 강력한 기업 문화와 완전히 발달한 컬트 같은cult-like 조직 관행 사이에는 미세한 차이만 존재한다. 나는 강력한 조직 문화가 기업의 성공에 필수적이라고 생각하지만, 진정으로 성공적인 조직은 컬트스러운 특성을 보일 가능성이 있다. '문화(culture)'라는 단어는 '컬트(cult)'라는 단어 없이는 읽을 수 없다. 하나의 조직 형태가 다른 조직으로 쉽게 변형될 수 있는데, 무엇이 훌륭한 기업 문화를 컬트로 바꾸는지에 대한 의문이 든다.

내 생각에 고성과 조직과 컬트의 주요 차이점은 투명성transparency, 책임감accountability, 대화dialogue 같은 특성을 어떻게 다루느냐에 달려 있다. 컬트스러운 조직은 이러한 특성을 전통적인 조직과는 매우 다른 방식으로 다룬다. 마인드 컨트롤이 너무 두드러진 역할을 할 때, 즉 회사가 구성원의 사고, 행동에 너무 많은 영향을 미치려 할 때 문화와 컬트 사이의 경계가 미세하게 나뉘기 시작한다. 이런 일이 발생하면 많은 기업 문화가 세뇌

indoctrination, 동기부여, 채용 관행으로 인해 은밀하게 컬트와 같이 변해간다. 그러나 '컬트cult' 또는 '컬트스러운cult-like'이라는 용어를 구분해 사용하는 것은 함께 일하는 사람들의 낮은 수준의 내부 문화 통제부터 극도로 높은 수준의 헌신에 이르는 스펙트럼의 극단을 아우르는 설명법일 뿐이라고 주장할 수 있다. 내가 본 바로는 애플Apple, 테슬라Tesla, 자포스Zappos, 사우스웨스트 항공, 나이키Nike, 노드스트롬Nordstrom, 할리 데이비슨Harley Davidson 등 매우 성공적인 기업들은 직원과 고객 사이에서 컬트스러운 지지층 구축에 성공했다. 솔직히 말해 '컬트적cultish' 행동은 많은 기업에서 일상적인 일이다. 최고의 기업들은 직원들에게서 컬트스러운 헌신을 끌어내기를 원한다. 그러나 '문화'에 대한 광신적인 헌신fanatical devotion이 회사 운영의 모든 측면, 즉 프로세스, 정책, 사람들이 서로 대화하는 방식, 의사결정 패턴, 평가, 채용, 해고 관행에 지나치게 내재화하면 문제가 된다. 그 결과 이러한 기업은 지나치게 내부 지향적이 된다.

경직된 통제로 전락할 위험이 항상 존재하지만 일부 기업은 의도적으로 직원을 대할 때 컬트스러운 방식을 활용한다. 이들은 직장을 가족과 커뮤니티의 대체물로 자리잡게 하려 한다. 그런 면에서 컬트와 매우 유사하게 행동하며 의식적이든 무의식적이든 이들은 직원을 가족, 커뮤니티에서 고립시키고, 가장 중요한 점은 업무에 대해 더 개방적인 시각을 갖지 못하게 하는 것을 목표로 한다. 이러한 조직에서 리더십의 목표는 직원들의 삶을 전적으로 업무 중심으로 만드는 것으로 보인다. 그들은 직원들이 조직에 정서적으로 완전히 결속되기를 원한다. 이러한 조직의 시도가 성공하면 직원들에게 가족 및 공동체보다 일이 더 중요하게 된다. 그 결과 이런 조직의 많은 직원이 정서적 지원과 자존감을 잘못 추구하여 조직에 대한 깊은 헌신을 다짐하지만, 반드시 상호 호혜적이지만은 않은 헌신을 하게 된다.

이러한 컬트와 유사한 조직의 다수는 행동과 사고 통제에 탁월하다. 이들은 흔히 컬트에서 사용하는 것과 동일한 조작 및 통제 기술을 사용한다(24장 참조). 컬트와 마찬가지로 이들은 소외감을 노려 어떤 형태의 구조와 소속감을 제공함으로써 취약한 사람들을 모집하거나 끌어들이려 한다. 이런 컬트 유사 조직의 상당수는 직원의 거주지, 복장, 근무 시간 등 직원들의 물리적 현실까지 규제한다. 안타깝게도 직원들은 점점 더 많은 시간, 에너지를 회사에 투자하면서 가족 및 공동체와 시간, 에너지를 함께 할 수 없게 된다. 결과적으로 직원들은 여가, 오락, 휴가를 즐길 시간이 거의 없게 된다. 이런 경우 회사가 가족을 대체하기 시작한다.

이런 컬트 유사 조직의 직원들은 세뇌 세션indoctrination sessions과 집단 리추얼group ritual을 통해 강화된 조직의 교리organizational doctrine가 어떠한 형태로 제시되든 무조건 수용하게 된다. 개인주의는 억제되고 집단사고groupthink가 강해진다. 또 이런 조직은 직원들이 무조건적 복종을 맹세하는 리더의 메시아적 카리스마에 크게 의존하는 경우가 많다. 또 더 성격학적인 관점characterological perspective에서 보면, 조직의 리더십은 직원 후보에 대한 채용을 논의할 때 '문화에 잘 맞는 사람good culture fits'을 강조한다. 흔히 다양한 유형의 성격 테스트personality tests를 통해 직원을 '상자boxes'에 넣고 직원의 성격 유형에 따라 의사결정을 내린다.

조직이 컬트 유사 영역에 진입하고 있다는 또 다른 징후는 사용되는 언어의 종류이다. 많은 컬트 조직과 마찬가지로 이러한 조직 가운데 상당수는 내부 커뮤니케이션을 위해 고유한 용어unique lingo와 기괴하고 완곡한 용어bizarre euphemistic terminology를 사용한다. 예를 들어, 디즈니Disney는 회사 이념company's ideology을 강화하기 위해 내부 언어internal language를 만들었다. 직원은 '캐스트 멤버cast members'로, 고객은 '게스트guests'로 불린다. 직원으로서 파크 안에 있을 때는 '무대 위에 있는on stage' 상태이다. 놀이기구attraction가 고장 났을 때는 '101'이라는 코드가 사용된다.

오늘날 대부분 서구 기업에서는 직장 내 공동체 의식을 고취하기 위해 회사 노래를 하는 것이 더 이상 유행하지 않는다. 그렇지만 이러한 관행은 그리 먼 추억이 아니다. 수년 전 IBM의 한 임원이 회사의 '예언자'이자 카리스마 넘치는 설립자인 토마스 왓슨 시니어Thomas Watson Sr.를 기리는 노래가 담긴 놀라운 책을 선물로 주었다. 미국 월마트Walmart는 여전히 강제적인 사내 응원company cheer을 특징으로 하는 기업 문화(많은 사람이 '영혼을 짓밟는다soul-crushing'고 표현)를 가지고 있다. 또 다음의 월마트 서약도 그대로 유지되고 있다. "나는 10피트 이내에 들어오는 모든 고객에게 미소를 지으며 눈을 마주치고 인사하고 도와줄 것이 있는지 물어볼 것을 엄숙히 약속하고 선언합니다."

일반적으로 격려의 말, 슬로건, 특별한 용어, 팟캐스트, 유튜브 클립, 동기부여를 위한 팀 빌딩 활동, 회사 관련 노래, 카리스마 넘치는 CEO에 너무 많이 노출되면 적신호를 켜는 것이 좋다. 회사 문화가 구성원의 사고와 행동에 대해 마인드 컨트롤을 하는 성격을 띠고 있다면, 즉 일부 사람들이 자신의 생각, 감정 때문에 회사 내에서 소외감을 느낀다면 그 조직은 컬트 영역에 진입한 것이다.

이러한 문화적 관행들에 정말 문제가 있는 것인지 궁금해하는 이들도 있을 것이다. 회사의 스포츠 시설, 세탁 서비스, 사내 주류 바, 사내 식당에 대해 왜 반대해야 할까? 특별한 용어를 사용하면 왜 안 될까? 회사에서 정한 삶의 목적을 갖는 것이 뭐가 문제일까? 포용적인 회사 사회 활동에 반대하는 이유는 무엇일까? 야근, 주말 근무, 휴가 포기까지 감수할 만큼 매력적인 직장에서 일한다면 우리 모두 행복하지 않을까? 그러면 서로에게 이익이 되지 않을까?

일부 회의론자들은 이러한 '특전perks'이 단순히 조직의 이타적인 제스처가 아니라고 주장한다. 오히려 직원들이 사생활, 가족, 공동체를 희생하면서까지 회사에 더 많은 시간, 재능, 정서적 충성을 바치도록 의도적으로 세뇌brainwash하기 위해 고안된 것이라고 주장하기도 한다. 이런 회사의 많은 직원이 취약한 것은 사실이 아닐까? 최고 경영진이 직원들의 취약점을 이용해 이득을 취하고 있는 것은 아닐까?

직원들에게 개인적 지원 체계가 부족한 상황에서는 모든 것을 포괄하는 기업 환경이 이러한 공백을 메울 수 있는 방법이다. 좋든 싫든, 컬트 유사 조직들은 컬트 단체와 같이 항상 취약한 사람들을 모집하거나 끌어들인다. 이들의 소외감을 노려 소속감을 부여하기 때문이다. 또 진정한 컬트 단체와 마찬가지로 다양한 세뇌 방법indoctrination methods을 사용하여 직원들이 가족, 공동체보다 일이 더 중요해지도록 정서적으로 회사에 얽매이게 만든다.

나는 조직 문화가 직원들의 삶의 모든 측면을 통제하면, 혁신을 저해하고 회사 전체를 위험에 빠뜨린다는 사실을 경험을 통해 배웠다. 과도한 문화적 세뇌는 지속 가능성을 위한 경영 방식이 아니다. 다시 말해, 컬트는 비즈니스에 좋지 않다.

고위 경영진이라면 이러한 현실적인 위험을 인식하고 조직 문화의 일부가 심리적으로 강압적으로 변해가고 있지는 않은지 자문해 보아야 한다. 직원들이 회사의 비전을 진정으로 믿는 직장을 만들었나, 아니면 그저 회사 방침을 앵무새처럼 따라하는 데 그치고 있지는 않나? 직원들이 개인적인 삶을 살도록 장려하고 있는가? 아니면 회사에 영혼을 팔아야 하는가? 직원들이 원해서 회사에 남는 것인가, 아니면 떠나면 무슨 일이 일어날지 두려워서 남는 것인가? 그들이 퇴사를 하게 되면 완전히 상실감을 느끼게 되는가?

컬트와 유사한 경험들

최근 미국의 한 선도적인 기술 기업에서 CEO의 초대를 받아 다소 특이한 주간 '모임'에 참석했던 경험을 공유해 보겠다. 이 CEO를 만난 뒤 나는 처음에 그에게 매료되었음을 인정해야 한다. 서로의 지인에 대해 정중하게 대화를 나누고 나서, 그는 회사의 성공에 대해 극찬을 아끼지 않았다. 대화가 끝나고 금요일 오후 늦은 시간, 그는 나에게 회사 강당에 함께 가자고 제안했다. 그는 회사 직원들이 매주 모임을 갖는다고 말했다.

강당에 들어섰을 때, 활기차 보이는 관중들로 가득 차 있는 것을 보고 다소 놀랐다. 청중들이 회사 이름을 한 글자씩 세 번씩 외치는 '환호cheer'가 끝난 뒤, CEO가 주간 봉사상을 수여했다. 수상자들은 모두 큰 박수를 받았다. 후보자 한 명 한 명이 연단에 올라갈 때도 회사가 1등이라는 환호성으로 환대를 받았다. 이 리추얼적 요소는 마치 복음주의 부흥회 evangelical revival meeting를 떠올리게 했다. 그 뒤 나는 각 수상자에 대한 설명이 이해하기 어려운 부분이 많다는 것을 알게 되었다. 나는 많은 조직 관행에 대해 그 회사가 자체적인 언어vernacular를 개발했다고 이해했다. 청중들을 보면서 나는 그들의 다소 단조로운 옷차림dress code에 놀랐다. CEO와 마찬가지로 대부분 사람이 검은색과 회색 옷을 입고 있었다. 세션이 끝난 뒤 모든 직원이 회사 식당에 모여 소시지, 치킨, 맥주를 바비큐로 즐기는 모습도 흥미로웠다. 대체로 전체 경험은 소름 끼치게 조직화된 재미있는 운동creepy organized fun exercise처럼 느껴졌다.

그래도 참석한 모든 이들의 열정에 깊은 인상을 받았다. 카리스마 넘치는 회사 CEO의 모습도 내게는 꽤 매력적이었다. 그렇지만 그 다음 주에 여러 임원들과 이야기를 나누면서 열정이 줄어들었다. 회사 직원들 대부분이 사생활이 별로 없는 것 같았기 때문이었다. 회사가 삶의 목적purpose과 공동체의 유일한 제공자처럼 보였다. 겉으로 보기에 회사는 매우 친근한 업무 환경을 조성하기 위해 용감하게 노력했지만, 많은 직원이 업무 외적으로 중요한 관계를 맺을 시간이 없었다. 한때 그런 관계가 있었다면 지금은 단절된 상태였다. 가족과 공동체는 소모품처럼 느껴졌다. 내가 상대했던 많은 사람이 별거 중이거나 이혼한 상태였다. 일주일에 몇 번은 퇴근 시간 이후까지 일해야 한다는 불문율unwritten rule로 인해 사람들은 회사에서 보내는 시간이 늘어났다. 한 직원은 옷을 갈아입기 위해 집에 갔다고 농담하기도 했는데, 사내 건강 센터wellness center 시설을 이용하면 회사에서도 충분히 잘 지낼 수 있었다. 외부 활동으로는 가끔 회사에서 가는 외부 놀이 행사가 있었지만 그게 전부였다.

내가 알기로는 회사 직원 대부분이 CEO의 변덕에 크게 휘둘리고 있었다. 직원들의 의견을 종합해 보면 많은 사람이 그를 일종의 '신deity'으로 여기는 것 같았다. 그들의 주요 임무는 그의 소원을 들어주는 것 같았다. 그가 조직에 미치는 지배적인 역할로 인해 독립적인 사고는 거의 찾아볼 수 없었고, 하이테크 산업에서 사업을 하는 점을 생각하면 그들이 앞으로 문제를 겪을 것임을 알 수 있었다. 그들의 경쟁자들은 가만히 손을 놓고 있지만은 않았다.

이러한 특정한 조직과 달리 훌륭한 기업 문화를 가진 회사에는 비판적 사고critical thinking를 장려하고, 올바른 판단sound judgment을 중요시하며, 개성individuality을 중시하고, 진정성authenticity을 발산하는 사려 깊은 리더thoughtful leaders가 있다. 이들은 직원들의 강점과 지식을 활용하는 법을 알고 있다. 이들은 직원들이 어떻게 생각하고 행동해야 하는지에 대해 일률적 접근 방식cookie-cutter approach을 사용하지 않는다. 훌륭한 직장 문화는 투명하고 대화와 상호 존중의 주고받기 관계를 장려한다. 이러한 조직에서 직원들은 자신의 목소리를 낼 수 있고 자신만의 독특한 기여를 할 수 있다는 것을 알고 있다. 이와 반대로 컬트 유사 조직들에서는 리더십 에고ego에 연관되는 일이 너무 많다.

장기적이고 뛰어난 조직 성과를 원하는 경영진은 컬트의 함정cult trap에 대해 끊임없이 인식해야 한다. 엔론Enron은 의심스러운 회계, 재무 보고 기법의 문제를 넘어 이것의 위험성에 대한 중요한 교훈들을 우리에게 주었다. 엔론은 조직이 어떻게 컬트 유사 행동 패턴에 빠져 직원들의 불법 행위를 조장할 수 있는지를 보여주는 슬픈 이야기이다.[1] 이 사건은 비즈니스 역사상 가장 극적인 실패 사례 가운데 하나가 되었다. 엔론은 한때 포

---

1) Bethany McLean and Peter Elkind (2003). *The Smartest Guys in the Room: The Amazing Rise and Scandalous Fall of Enron*. New York: Penguin.

춘지Fortune가 매년 실시하는 설문조사에서 동종 업계 기업 가운데 미국에서 가장 혁신적인 회사로 선정되기도 했다. 그 회사는 신경제의 패러다임 변화를 주도하는 조직으로 여겨졌다. 그렇지만 실제로는 디지털 기술, 규제 완화, 세계화에 힘입어 빠르게 부를 축적하는 컬트 단체가 되어갔다.

엔론의 광기는 메시아적 미래 비전을 내세운 카리스마 넘치는 두 리더, 케네스 레이Kenneth Lay(엔론 창립자 겸 회장)와 제프리 스킬링Jeffrey Skilling(CEO)에 의해 전파propagated되었다. 이들은 회사의 사명과 두 리더의 위대함에 대한 준종교적 믿음quasi-religious belief을 키웠다(레이는 자신이 신비로운 사업적 천재성을 지녔다고 세상에 확신시키곤 했다). 직원들에게 일관되게 전달한 메시지는 자신들이 가장 똑똑하고 최고라는 것, 직원들이 엔론에서 일하게 된 것은 큰 특혜라는 것, 그리고 이제 전 세계의 비즈니스 방식을 변화시키는 복음주의적 사명evangelical mission을 맡게 되었다는 것이었다.

레이와 스킬링은 자기 홍보의 달인이었고 경영 구루인 게리 하멜Gary Hamel이 쓴 영향력 있는 저서 『꿀벌과 게릴라Leading the Revolutio』를 비롯해 자신들의 업적을 위인전hagiographic 수준으로 과장되게 설명했다.[2] 하버드 비즈니스 스쿨 교수진은 이 회사 사례연구를 11건 이상 발표하며 혁신성에 박수를 보냈고 여러 사람들에게 사업 모델을 추천했다. 엔론 사람들Enronites은 새로운 '혁명가'로 여겨졌다. 한편, 감히 엔론을 비판하는 언론인들은 엔론 사람들Enron ranks에게 분노에 찬 메일을 수북이 받게 될 것으로 예상할 수 있었다.

---

2) Gary Hamel (2000). *Leading the Revolution: How to Thrive in Turbulent Times by Making Innovation a Way of Life*. New York: Plume.

스킬링은 마키아벨리Machiavelli의 유명한 저서인 『군주론The Prince』 이름을 따서 '프린스The Prince'라고 불렸다. 실제로 신입사원들은 앞으로 다가올 미래에 대비하기 위한 세뇌 교육indoctrination method의 일환으로 『군주론』을 처음부터 끝까지 읽도록 권장받았다.[3] 엔론에서 벌어들일 수 있는 부는 직원들에게 다른 평범한 회사들humdrum companies에서 일하는 사람들보다 훨씬 더 고귀한 운명exalted destiny에 직면해 있다고 느끼게 만들었다. 이러한 기대 관리 기법을 통해 과도한 근무 시간이 정상으로 여겨졌고 주 84시간 근무가 일반적norm이었다. 분명 엔론의 직원들은 더 나은 내일을 위해 오늘을 희생할 준비가 되어 있었다. 고용된 직원들 가운데 상당수는 매우 젊고 유연성malleable이 뛰어나 이런 과도한 요구에 더 잘 적응할 수 있는 사람들이었다. 반대하는 행동dissenting behavior은 용납되지 않았다. 나쁜 소식을 전하는 행위는 사람들의 커리어를 손상시킬 수 있다고 여겨졌다.

많은 돈을 벌 수 있다는 당근 덕분에 엔론의 고위 경영진은 가혹한 사내 문화를 구축할 수 있었다. 합의된 목표를 달성한 직원들은 거액의 보너스를 받을 자격이 있었다. 그렇지만 그 반대의 경우도 있었다. 고위 경영진의 변덕에 따라 성과급을 빼앗길 수도 있었다. 직원들을 1~5점 척도로 등급을 매긴 다음, 도전 과제를 수행하고 큰 보상을 받는 'A'군, 성과에 대해 격려 및 인정을 받는 'B'군, 성과 개선 또는 퇴사를 권유 받는 'C'군의 세 그룹 가운데 한 그룹으로 분류되는 조직의 인사 평가 시스템은 '순위 도출 및 해고rank and yank' 제도로 알려지게 되었다. 일에 몸과 마음을 다하지 않는 사람은 누구나 해고될 수 있었다.

---

[3] Niccolò Machiavelli (2014). *The Prince*. Scotts Valley, Cal: CreateSpace.

탐욕에 휩싸인 엔론의 컬트와 같은 관행들은 결국 비윤리적이고 범죄적인 행동의 미끄러운 경사로 이어졌다. 아이러니하게도 엔론은 외부에 존중Respect, 정직Integrity, 소통Communication, 탁월Excellence의 약자인 RICE라는 윤리 강령의 대대적인 홍보를 이어갔다. 또 사회자가 '정직', '존중', '엔론'이라고 적힌 영감을 제공하는 기념물을 나눠주는 동기부여 세션도 정교하게 운영했다. 그렇지만 현실은 전혀 달랐다. 엔론의 경영진은 잘못된 정보와 속임수를 앞세우며 그들의 윤리 강령인 RICE를 완전히 저버렸고, 엔론은 분식회계 사용의 대표적 사례가 되었다. 결국 거품이 꺼지면서 황제는 옷을 입지 않았고 최고 경영진이 범죄적인 회계 관행에 연루되었다는 사실이 드러났다. 엔론의 몇몇 경영진은 공모, 내부자 거래, 증권 사기 혐의로 기소되었다. 스킬링은 연방 교도소에서 12년형을 선고받았고, 레이는 선고 전에 심장마비로 사망했다. 엔론의 주주들은 파산까지 4년 동안 740억 달러의 손실을 입었고, 직원들은 수십억 달러의 연금 혜택을 잃었다.

컬트 유사 행동의 유혹적 소리에 저항하기

일부에서는 여전히 직원들의 컬트적인 헌신을 기대하는 것이 좋은 비즈니스 관행이라고 주장하지만, 조직에 대한 헌신과 무조건적 지지를 요구하는 방식이 아니라 하더라도 대다수 기업은 일정 수준의 회의주의적 시각 및 반대 의견을 통해 얻을 수 있는 혜택이 있다. 컬트와 같은 방식으로 행동하라고 요청받았을 때 사람들이 반발하지 않거나 활발한 토론에 참여하지 않는 조직 문화는 항상 심각한 문제를 일으킨다. 직원들은 배를 흔드는 것을 두려워해서는 안 된다. 직원들은 자신의 생각을 말할 수 있는 안전함을 느껴야 한다. 양방향 대화가 이루어져야 한다. 그렇지 않으면 회사는 결국 고착화되고 성장에 제동이 걸릴 것이다. 따라서 직원들이 회사의 목표와 기대 수준을 이해하고 받아들이는 문화를 널리 조성하는 것은 칭찬할 만한 일이지만, 공포fear와 협박intimidation을 통해 회사의 문화적 관행들을 강제하는 것은 좋은 생각이 아니다. 이데올로기ideology는 항상 창의성creativity을 죽인다. 일부 비즈니스 리더들은 이를 잘 안다. 포드 자동차Ford Motor의 전 회장이었던 윌리엄 클레이 포드 주니어William Clay Ford Jr.는 이렇게 말했다. "나를 포함해 누구도 대체할 수 없는 사람은 없습니다. 나는 이 회사와 업계에 너무 오랫동안 개인 중시 풍조a cult of personality가 있었다고 생각하며, 솔직히 그런 풍조가 줄어들었으면 좋겠습니다."라고 말했다.

건강한 직장 문화는 팀원들이 진정으로 믿고 일상 업무에서 그것이 표현되는 공유된 가치shared values에 기반을 둔다. 직장은 직원들이 충성을 맹세하는 곳이 아니라 좋은 일을 하기 위해 출근하는 곳이다. 또 영혼이 아닌 재능을 제공하도록 요구를 받는 곳이기도 하다. 기업은 컬트와 같은 관행을 도입하는 대신, 혁신적 돌파구를 위한 핵심 요소인 개성individuality과 비순응non-conformism을 장려해야 한다. 우리는 컬트스러운 조직들의 유혹적인 소리에 저항하기 위해 경계를 늦추지 말아야 한다. 조직에서 일하는 모든 사람은 선동demagoguery과 사실을 구분할 수 있어야 한다. 훌륭한 리더십의 진정한 척도는 팔로워들을 노예로 만드는 기업 문화를 만드는 것이 아니라, 팔로워들의 잠재력을 끌어내고 그들이 자신의 최선을 발휘할 수 있도록 하는 능력이다. 훌륭한 조직 문화는 과거에서 배우고, 팀을 핵심 가치에 맞추고, 자신의 생각을 보완하고 도전하는 사람들을 찾고, 열린 의사소통이 이루어지고, 사람들이 즐겁게 일하며, 건설적으로 함께 일하는 곳이다. 이러한 팀 중심의 조직에서는 사람들이 아이디어, 의견, 비판을 자유롭게 공유할 수 있어야 한다. 엔론의 극적인 사례에서 알 수 있듯이 이러한 문화에서는 침묵을 지킬 필요가 없다. 누구나 필요할 때 자신의 생각을 말할 수 있는 용기를 가져야 한다. 조직 내 모든 사람이 목소리를 내야 하며, 반향실echo chamber에 갇혀 있는 많은 사람 가운데 하나가 되어서는 안 된다. 직원들이 자신의 목소리를 낼 수 있다는 것을 아는 조직 문화는 궁극적인 경쟁 우위를 제공할 것이다.

26장
일하기 좋은 최고의 직장 만들기

> 환상을 없애 버리지 마라. 그것들이 사라지더라도 당신은 여전히 존재하겠지만, 당신은 더는 삶을 살지 않게 될 수 있다.
>
> – 마크 트웨인Mark Twain

나는 항상 조직의 설계 방식, 조직의 전략, 구조 및 기타 프로세스의 적절성뿐만 아니라 특히 직원의 웰빙에 이르기까지 조직의 건강organizational health에 대해 고민해왔다. 내 인생의 주요 목표는 사람들이 어떤 일을 하든 기분이 좋은 건강한 조직, 사람들이 자신의 최고 모습을 발휘할 수 있는 일터를 만드는 것이다.[1] 이러한 조직의 진정한 척도는 직원들이 가족과 친구들에게 그곳에서 일하기를 열렬히 추천하는 것이다. 그런 일이 발생하면 조직이 직원의 웰빙을 최우선으로 생각한다는 분명한 신호이다. 안타깝게도 내 경험상 이 웰빙 테스트를 통과하는 기업은 거의 없다.

---

1) Manfred F. R. Kets de Vries (2001). Creating Authentizotic Organizations: Well-Functioning Individuals in Vibrant Companies, Human Relations, 54 (1), 101-111.

진정성 발현 조직

수년 전 나는 이러한 깨우친 조직enlightened organizations을 설명하기 위해 '진정성 발현authentizotic'이라는 새로운 용어를 만들었다. 이러한 유형의 조직들은 경영진이 지향해야 할 이상적인 유형으로 간주되어야 한다. 나는 이 조직을 일하기 가장 좋은 직장의 척도 가운데 최종 위치로 본다(물론 이 척도의 최종 위치에 도달하는 것은 거의 이상향적Utopian일 것이다). 이 용어 자체는 두 개의 그리스어 단어인 authenteekos와 zoteekos로 구성되어 있다. 첫 번째 단어는 조직이 진정성authentic이 있다는 생각을 뜻한다. 가장 넓은 의미에서 진정성이란 단어는 사실에 부합하는 것으로서 신뢰와 믿음을 가질 만한 가치가 있는 것, 그리고 자신이나 특정인에게 진실한 것을 모두 의미한다. 직장에서 진정성이란 조직이 비전, 사명, 문화, 구조에서 직원들에게 설득력 있게 연결된 특질compelling connective quality을 가지고 있음을 의미한다. 조직의 리더십은 방법how만 아니라 이유why까지 명확하고 설득력 있게 전달하여 각자의 업무에서 의미를 드러낸다. 이 조직의 리더십은 말한 것을 실천하고, 진정성 있고, 그들이 주장하는 대로 모습을 보이며, 진솔하다.

zoteekos라는 용어는 '삶에 필수적인vital to life'이라는 뜻이다. 조직적 맥락에서는 사람들이 업무에서 활력과 에너지를 얻고 균형감과 완성도를 경험하는 방식을 뜻한다. 이러한 조직은 인간의 탐구 욕구를 충족시키며, 이는 지속적인 학습이 기업 문화에서 중요한 요소임을 의미한다. 이 외에도 진정성 발현 조직의 zoteekos 요소는 직장에서의 자기 주장self-assertion이라는 개념을 포함하며, 이는 효과성과 역량, 자율성, 주도성, 창의성,

기업가 정신 및 산업에 대한 감각을 만들어낸다.

수년 전 내게 조언을 구한 유명 제약회사를 방문하기 위해 코펜하겐 Copenhagen에 갔을 때였다. 공항에서 회사 주소로 가자고 택시에 표시를 했더니 택시 기사가 그 회사를 방문하느냐고 열렬히 물어보았다. 내가 그렇다고 대답하자 그는 자연스럽게 그 회사를 칭찬하기 시작했다. 그는 회사에 대한 찬사를 멈출 줄 몰랐다. 그는 자신의 아버지가 그곳에서 일했고, 삼촌도 여전히 그곳에서 일하고 있으며, 얼마 전에는 자신의 여동생도 같은 곳에서 일하기 시작했다고 말했다. 택시 기사의 가장 큰 소원이 이 회사에 취직하는 것임이 분명했다. 열정이 대단했다. 회사에 이보다 더 좋은 홍보가 있을까? 당연히 이 회사는 홍보 회사를 고용할 필요가 없었다. 이런 팬클럽이 있다는 것은 정말 대단한 일이었다.

이러한 수준의 열정은 감동적이지만, 더 실용적으로 생각하면 이러한 평판을 얻는 것이 수익에 매우 유리하다. 결국, 행복한 직원들이 있다면 이직할 가능성이 낮아서 채용 비용이 절감된다. 또 마조히스트 masochists가 아닌 이상 행복한 직원들은 더 열심히 일한다고 가정하는 것이 합리적이다. 행복한 직원들은 고객에게 더 친절하게 대할 가능성이 크며, 이는 큰 차이를 만들어 낼 수 있다. 고객 만족도를 설명하는 많은 요소들이 있다. 이러한 모든 요소의 총합은 수익에 좋은 기여를 한다.[2]

나는 진정성 발현 조직에 대한 내 개념과 그 필요성에 대한 주장이 이상주의적이고 비현실적이라는 말을 들었다. 유토피아보다 디스토피아가 발생할 가능성이 더 크다. 어쩌면 그 말이 맞을 수도 있다. 내가 너무 이

---

2) James L. Heskett and John P. Kotter (2008). *Corporate Culture and Performance*. New York: The Free Press.

상주의적일 수도 있다. 내가 상상 속에서만 존재하는 직장을 떠올리고 있는 것일 수도 있다. 그렇지만 무언가를 위해 노력하는 것이 항상 나쁘지는 않다고 생각한다. 유토피아에 도달하는 것이 현실적이지 않을 수 있지만, 현실적으로 조직이 목표에 미치지 못할 가능성이 크더라도 유토피아에 도달하기 위해 노력하는 것 자체가 나쁠 수는 없다. 훌륭한 기업 문화를 가진 조직에서 일하는 것은 추천할 만한 일이다. 자신이 하는 일을 좋아하고 주인의식을 가진 헌신적인 사람들로 둘러싸여 있는 것은 좋은 일이다. 물론 엔론의 사례에서 알 수 있듯이 회사 웹사이트에 훌륭한 문화적 가치를 나열하는 것은 쉽지만, 평범한 기업과 위대한 기업을 구분하는 것은 조직 구성원들이 이러한 가치를 실천하고 있는지 여부이다. 그렇지 않다면 그 수준에 상응하는 결과로 이어질 것이다.

그곳에 도달하는 방법은?

앞서 제안했듯이 진정성 발현 조직을 만드는 한 가지 방법은 그룹(팀) 코칭을 활용하는 것인데, 이는 이상적인 신뢰 구축 운동ideal trust-building exercise이 될 수 있으며 임원 간, 그리고 임원과 조직 간의 관계를 더욱 돈독하게 할 수 있다. 인생 사례연구 방법론life case study methodology을 사용하는 팀 코칭은 사람들이 변화하고 조직 내에서 더 의미 있고 진정성 있는 삶을 사는 것을 방해하는 숨겨진 심리 내적 요인에서 그들이 해방되도록 도울 수 있다. 2장에서는 이 개입 기법intervention technique이 어떻게 조직 내 사일로 형성과 이러한 사고방식에 대한 훌륭한 해독제가 될 수 있는지 설명했다.

또 리더가 팀 행동에 영향을 미치는 숨겨진 정신역동적 저류psychodynamic undercurrents를 감지하는 데 더욱 능숙해지도록 돕는 매우 효과적인 방법이기도 한다.

진정성 발현 형태의 조직을 만들기 위해 리더십 그룹 코칭은 조직 구성원들이 자신의 행동(그리고 다른 사람들에게 어떻게 인식되는지)을 더 잘 이해하도록 도울 뿐만 아니라 팀에서 일어나는 일, 즉 조직 생활의 일부인 대인관계 과정을 이해하도록 돕는다. 예를 들어, 조직 구성원들이 일반적인 그룹 역동group dynamics을 인식하고, 검토하고, 이해하도록 촉진한다. 또 지금 여기here-and-now에서 다른 경영진의 의식적인 때로는 무의식적인 집착에 민감하게 반응하도록 한다. 숨겨진 또는 메타 커뮤니케이션 수준에서는 무의식적 커뮤니케이션, 즉 일반 대화에서는 대개 회피하는 '카펫 밑의 뱀snakes under the carpet'에 해당하는 주제에 관해 사람들 사이에서 실제 무슨 일이 일어나고 있는지 해독할 수 있게 해준다. 그룹(팀) 코칭은 참가자들이 자신을 성찰하고, 자신의 대화와 타인과의 관계를 연구하고, 변화에 대한 내면의 저항을 극복하고, 학습한 내용을 구체적인 행동 변화에 적용하고 통합하도록 촉진한다. 또 다른 사람을 코칭하는 데 더 능숙해질 수 있다.

일하기 좋은 최고의 직장을 만들기 위해서는 조직 팀원들이 이 책의 주요 주제인 자기 자신에 대한 신비를 잘 아는 것이 중요하다. (그룹 코칭 개입 기법을 통해 촉진되어) 내면에서 인간의 동기 유발human motivation 조건을 연구해야만 외부에서 일어나는 일을 진정으로 이해할 수 있다. 다른 사람에게 도움을 주려면 먼저 자신의 강점과 약점을 알아야 한다. 그러나 이러한 이해가 이루어지면 조직의 모든 구성원이 개인의 목표와 조직의 목표를 일치시킬 가능성이 높아지고, 헌신과 책임감이 커지고, 건설적인 갈등 해결의 비율이 높아진다.

효과적인 리더십 그룹 코칭 개입은 동료 코칭 과정을 통해 각 참여자들의 코칭 기술을 개발하는 데 도움이 될 뿐만 아니라, 조직의 강점과 약점을 더 잘 파악하여 더 나은 의사결정을 내릴 수 있게 하여 조직 발전을 가속화한다. 또 신뢰 기반의 팀워크를 조성하고, 리더십이 사람들이 편안해하고 생산적인 팀을 만드는 데 익숙해지면서 조직 문화 또한 발전한다. 팀 중심의 코칭 문화가 잘 작동하면 조직 내부의 네트워크 망처럼 같은 부서 내, 부서 간, 팀 간, 계층의 위아래로 사람들을 연결한다.

요약하자면, 진정성 발현 조직의 일부인 고성과 팀을 만들 때는 팀워크를 촉진하는 구조와 프로세스만 아니라 더 복잡한 팀 역동team dynamics의 측면도 고려해야 한다. 겉으로 드러나는 상황을 넘어 자신의 무의식 세계를 탐색할 수 있는 능력을 포함하여 그 밑에 무엇이 있는지 인식해야 한다. 조직의 각 구성원을 최대한 활용하려면 우리가 저마다 내면에 가진 환상과 판타지 세계에 익숙해져야 한다. 환상이 현실을 변화시키기 때문에 환상이 없다면 인간 세계는 존재하지 않았을 것이라는 점을 잊지 말아야 한다.

몇 년 전 나는 진정성 발현 조직의 특성 파악을 위해 기업 가치corporate values에 대한 설문조사를 실시했다. 나는 경영진이 자신들에게 중요한 가치를 파악하는 데 도움이 되는 도구를 만들고 싶었다. 긴박감을 조성하려면 일종의 갭 분석이 유용할 수 있다고 생각했다. 조직 구성원들이 원하는 가치desired values와 실제 가치values-in-practice 사이의 간극을 인식했으면 좋겠다고 생각했다. 그리고 그 간극을 좁히는 것이 진정성 발현 조직에 도달하는 또 다른 방법이 될 수 있다.

내가 문화 진단Organizational Cultural Audit(OCA™)으로 전환한 설문조사[3]에서 가장 중요한 가치로 신뢰, 재미, 권한 위임, 개인 존중, 사회적 책임, 팀워크, 기업가 정신/혁신, 경쟁력, 결과 지향, 고객 중심, 책임과 의무, 지속적 학습 중심, 변화에 대한 개방성이 나타났다. 나는 이러한 가치들이 조직 구성원의 DNA에 내재하여 있다면 진정성 발현 조직을 만드는 데 큰 도움이 될 것으로 믿는다.

물론 직원들의 역량을 최대한 끌어내고 싶다면, 즉 사람들이 영감을 받고 최선을 다할 수 있는 분위기를 조성하고 싶다면 단순히 조직의 가치를 언급하는 데에서 한 걸음 더 나아가야 한다. 또 조직의 근본적 목적fundamental purpose에 대한 비전을 만들어야 한다. 조직에서 일하는 사람들에게 무엇이 의미를 제공할 수 있을까? 조직이 달성하고자 하는 목표에 대한 생생한 설명은 조직의 성공 가능성viability에 필수적이다. 그렇지만 조직 내에 의미meaning가 충만해 있다면 이러한 특성이 연결고리 역할을 하여 그룹 정체성group identity을 형성하는 데 기여할 것이다.

비전과 가치에 주의를 기울이는 것은 중요하지만 그것만으로 충분하지 않다. 이 책의 5장에서 나는 자아실현self-actualization에 대해 논의하고 의미, 소속감, 통제력, 역량과 같은 자아실현 '패키지'의 필수적인 특징을 파악했다. 나는 일하기 가장 좋은 회사는 자아실현 패키지의 구성 요소와 밀접한 관련이 있는 일련의 메타 가치meta-values가 있다고 굳게 믿는다. 나는 이를 '사랑', '재미', '의미'로 단순화했다. 즉 이러한 기업들은 소속감(조직의 일원으로서 기본적인 애착과 소속감 욕구를 충족시켜주는 공동체

---

3) https://www.kdvi.com/tools/20

의식), 즐거움(창의력을 향상시키는 유희적 감각), 그리고 의미(조직 구성원에게 자신이 하는 일에 대한 이유를 제공하는 것)를 창출한다.

안타깝게도 대부분 조직은 그렇지 않다. 너무 많은 조직이 개인적 웰빙의 중요한 척도가 되는 부정적 감정인 몰입도 저하, 의욕 상실, 피로감을 느끼는 수용소와 같은gulag-like 특성을 가지고 있다. 조사 업체 갤럽Gallup이 제시한 수치를 보면 업무에 대한 몰입도 부족lack of engagement은 심각한 문제이다. 예를 들어, 거의 20년 동안 미국 근로자의 연간 몰입도는 2000년과 2005년에 26%로 최저치를 기록한 뒤, 2018년에는 34%로 최고치를 기록했다.[4] 지난 18년 동안 평균적으로 미국 직원 30%가 직장에서 몰입했지만, 전 세계적으로는 13%에 불과하다.[5] 너무 많은 조직이 공포fear와 편집증paranoia에 사로잡혀 있으며, 조직의 공포-안전 축fear-safety axis은 전혀 조화를 이루지 못하고 있다. 이런 상황이 발생하면 창의성은 사라지고 웰빙도 사라진다.

---

4) https://news.gallup.com/poll/241649/employee-engagement-rise.aspx?utm_source=link_wwwv9&utm_campaign=item_245786&utm_medium=copy
5) https://www.gallup.com/workplace/236495/worldwide-employee-engagement-crisis.aspx

27장
조직에서 웰빙을 제공할 수 있을까?

> 몸의 건강을 지키려고 노력할 때마다 겪는 문제는 마음의 건강을 해치지 않고는 하기가 너무 어렵다는 것이다.
> – G. K. 체스터튼Chesterton Come to Think of It(1930) 'On the Classics'

> 자신을 돌보지 않으면, 장의사가 그 책임을 떠맡을 것이다.
> – 캐리 라떼Carrie Latet

26장에서 인용한 갤럽Gallup의 직무 몰입도job engagement에 대한 우울한 조사 결과는 조직 생활에서의 웰빙에 대해 우려해야 할 충분한 이유이다. 그리고 우리는 몰입도 부족으로 어려움을 겪는다. 조직이 동기부여가 낮은 직원을 보유하는 데는 막대한 비용이 든다. 동기가 저하된 사람은 최선을 다하지 못한다. 이에 대한 대책과 사기 진작을 위한 시도로 많은 대기업에서 웰니스 프로그램wellness programs을 도입했는데, 골드만삭스Goldman Sachs

의 요가yoga, JP모건 체이스 앤 컴퍼니JP Morgan Chase & Company의 공동 수면 일지 작성communal sleep logs 등이 널리 인용되고 있다. 애플Apple은 직원들의 니즈를 더 잘 충족하기 위해 의료 클리닉을 개설했으며[1] 마이크로소프트Microsoft, 인튜이트Intuit, SAP는 전용 웰니스 프로그램을 운영하고 있고, 구글Google 캠퍼스에서는 사내 의료 서비스onsite healthcare services(의료, 카이로프랙틱, 물리치료, 마사지), 피트니스 센터, 강의, 커뮤니티 자전거 이용 등 다양한 웰니스 프로그램을 제공하고 있다. 이러한 조직의 리더들은 몰입하는 직원들을 얻기 위해 무언가를 해야 한다는 것을 깨달았다. 이들은 갤럽Gallup이 틀렸다는 것을 증명하기 위해 많은 노력을 기울인다. 그리고 동기부여 측면에서 볼 때, 사람들이 칸막이에 구부정하게 앉아 패스트푸드를 먹는 것보다 해변에서 행복하게 명상하는 모습을 보는 것이 훨씬 더 유익할 수 있다는 데 동의한다.

유행에 대한 우리의 관심

달라이 라마Dalai Lama는 인간에 대해 가장 놀란 점이 무엇이냐는 질문에 이렇게 대답했다. "인간은 돈을 벌기 위해 자신의 건강을 희생한다. 그런 다음 건강을 회복하기 위해 돈을 희생한다. 그리고 미래에 대한 불안감에 사로잡혀 현재를 즐기지 못하고, 그 결과 현재도 미래도 살지 못한 채, 죽지 않을 것처럼 살다가 제대로 삶을 살지도 못하고 죽는다."[2] 이러한 인

---

1) https://www.cnbc.com/2018/02/27/apple-launching-medical-clinics-for-employees.html
2) https://www.goodreads.com/quotes/885801-the-dalai-lama-when-asked-what-surprised- him-most-about

식이 웰니스 산업이 번창하는 이유를 설명해 준다. 요가 수업, 명상 수련, 마음챙김 프로그램, 스파, 아로마 테라피 오일, 크리스탈, 해독 주스, 기타 웰니스에 초점을 맞춘 프랙티스들은 웰니스 산업을 전 세계에서 주목할 만한 강력한 산업으로 만드는 데 기여했다. 흥미롭게도 최근 몇 년 동안 미국에서는 웰니스 산업이 12.8% 성장하여 4조 2,000억 달러 규모의 시장이 되었다.[3] 웰니스 관광, 대체의학 치료, 다양한 노화 방지 요법, 고급 웰니스 스튜디오 및 스파, 요가, 수많은 마음챙김 프로그램 등을 포함하는 주요 글로벌 산업으로 성장했다. 내 프로그램에 참여한 임원 일부는 원주민 내지 자칭 샤먼의 안내에 따라 아야와스카ayahuasca(전통 식물 약재)[4]를 시음하며 환각적인 통찰을 얻기 위해 아마존으로 떠나는 치유 및 영적 여행과 같은 고급 프로그램을 설명한 바 있다. 일부 전문가, 더 정확하게는 사이비 전문가들은 이러한 웰니스 프로그램이 스트레스, 우울증, 불안을 관리하는 데 도움이 될 뿐만 아니라 생산성, 창의성, 집중력 등을 향상시키는 데도 도움이 된다고 말한다.

많은 유명 인사가 웰니스 운동wellness movement에 동참한 것을 멀리서 찾아보지 않아도 알 수 있는데, 오스카상을 수상한 배우 기네스 팰트로Gwyneth Paltrow가 그 좋은 예이다. 그녀는 사이비 과학에 근거한 의심스러운 제품을 옹호하며 큰 성공을 거둔 구프Goop 제국의 창립자이다.[5] 그러나 이 특정 웰니스 회사는 특히 여성 시장을 겨냥한 구프 브랜드의 미용 제품 및 보충제로 가득 찬 팟캐스트, 잡지, 상점을 갖춘 본격적인 조직으로 성장

---

3) https://globalwellnessinstitute.org/press-room/statistics-and-facts/
4) https://www.businessinsider.nl/how-ayahuasca-went-from-healing-ritual-to-global-wellness- trend-2020-8/.
5) https://www.inquirer.com/health/goop-gwyneth-paltrow-pseudoscience-netflix-jade- egg-20200204.html

했다. 이 사례에서 알 수 있듯이 정화, 해독, 명상, 마음챙김, 깨끗한 식습관 등에 대한 인간의 욕구를 중심으로 산업 전체가 생겨났다. 명백히 이러한 환상의 세계lala land에는 기적의 치료법을 약속하는 구루들보다 더 많은 사람이 이용할 수 있는 공간이 있다.

유행 편승

비즈니스 커뮤니티는 항상 기꺼이 유행의 희생양이 되어 왔다. 많은 경영진이 경쟁에서 뒤쳐지지 않을까 하는 불안감 때문에 쉽게 속아 넘어간다. 심리적 자기 계발을 옹호하는 책이 끝없이 쏟아져 나오는 것처럼, 복잡한 기업 문제에 대해 단번에 해결책을 제시하는 비즈니스 관련 출판물도 비슷한 흐름을 보이고 있다. 그러나 실제로는 현실에 근거하지 않고 말로만 떠드는 경우가 많다. 컨설턴트의 말은 혼란을 가중시킬 뿐이다. 컨설턴트는 올바른 일을 했는지, 놓치고 있는 것은 없는지에 대한 불안감에 기름을 더 붓는다. 결국 경영진의 횡설수설은 임원들의 불안 수준을 높였고, '치료법'이 성공적이라는 과학적 증거 없이 처방된 '약'을 구매하려는 경향을 초래하는 것은 놀라운 일이 아니다. 그 결과, 통찰력 있는 인간으로 보였던 많은 최고 경영진이 경영 유행에 직면하면 바보로 변한다.

많은 웰니스 기업가 유형은 자신의 치료법이 효과가 있다는 실제 증거 없이 건강 지향적 제국을 만들었는데, 특히 많은 사람이 제대로 된 의학 교육이나 영양학 자격을 갖추지 않아서 더욱 그렇다. 천연 제품이 합성 제품보다 우수하고 동양 철학이 타락한 서양 철학보다 낫다는 등 잘못된 가정에 기반을 둔 인상주의적 웰니스 철학이 대부분이다. 이러한 사람들의 주장을 비난하는 많은 경험적 또는 과학적 증거가 있는데도 많은 사람이 여기에 속아 넘어갈 만큼 순진하다.

동양 대체 의학alternative medicine 대부분은 생물학적 타당성이 부족하고 검증되지 않아서 이러한 사기charlatanism에 해당된다. 비전의 '묘약'을 통해 건강을 증진할 수 있다는 주장은 대부분 입증되지 않은 증거에 근거를 두고 있다. 특히 우려되는 것은 이러한 전통 의약품을 얻기 위해 동물이나 동물의 신체 부위를 채취하는 '습식' 또는 야생동물 시장이 많은 국가에서 열리고 있다는 점이다. 안타깝게도 에이즈HIV와 에볼라Ebola를 포함한 많은 질병은 인간과 야생동물 사이의 밀접한 접촉에서 비롯되었다. 그리고 그 재앙적인 영향을 고려할 때 현재의 코로나 바이러스 팬데믹은 극단적인 예로 볼 수 있다.

나는 의료계의 많은 사람에게서 대체 의학 및 웰니스 운동 종사자들의 주장이 수상하고 얕은 과학적 근거에 기반을 두고 있어서 매우 우려하고 있다는 사실을 알게 되었다. 과학계는 웰니스 컬트에서 제시하는 많은 내용이 모든 수준에서 완전히 터무니없다는 견해를 반복해서 표명해 왔다.[6] 많은 의사와 기타 건강 전문가들은 웰니스 트렌드가 신체적, 정신적 건강에 해로운 또 다른 근거 없는 유행에 불과하다고 단호하게 주장한다. 많은 사람은 이 분야의 실제 전문가들이 실행 가능한 개입 기법을 테스트하는 대신 뱀기름 장수의 웰니스 프로그램을 반증하는 데 점점 더 많은 자원을 소비해야 할 것이라고 우려하고 있다. 가장 긍정적인 의견은 때때로 이

---

6) https://www.wrvo.org/post/health-and-wellness-myths-spread-trust-reliable-science-wanes

러한 모든 웰니스 프로그램과 제품이 위약 효과placebo effect의 이점을 보여 준다는 것이다. 모든 과대 광고와 조직이 직원을 위한 웰니스 환경을 조성하는 데 지출하는 모든 비용을 고려할 때 한 발 물러서서 스스로 물어보는 것이 현명하다고 생각한다. 이러한 웰니스 치료법이 실질적인 변화를 가져올까, 아니면 일시적인 마케팅 유행에 불과할까? 물론 코로나 바이러스 팬데믹이 더 난해한 웰니스 치료법, 특히 동물 신체 부위 사용에 대한 향후 전망에 어떤 영향을 미칠지 자문해 볼 수도 있다.

웰니스 환상을 넘어서

조직 내 생활로 돌아와서 직장에서 매일 스트레스를 견뎌야 하는 상황에서 저녁에 마음챙김 훈련을 하는 것이 정말 자신에게 도움이 되는 일인가? '해독' 트리트먼트, 크리스탈 리딩, 값비싼 수련 장소, 마음챙김 프로그램에 많은 돈을 쓰는 워커홀릭인 여러분은 큰 낭비를 하고 있는 것은 아닐까?

내 말을 오해하지 마라. 가정이나 직장에서 웰빙과 건강한 라이프스타일을 위해 노력하는 것은 당연한 일이다. 삶의 균형을 찾는 것은 당연한 일이다. 그렇지만 진정한 웰니스는 마음 상태이다. 외부적이고 흔히 근거 없는 마법의 치료법을 통해 웰니스를 추구해야 한다는 강박감을 느껴서는 안 된다. 긍정적이고 건강한 라이프스타일을 사는 것은 구매하고 경험하고 소비해야 하는 상품으로 포장되어 강제로 주입되는 것이 아니라 당연한 것이어야 한다. 적자생존 주의와 같이 모두가 자신을 위해 노력하는 문화를 가진 강하게 밀어붙이는 기업들이 웰니스 프로그램을 도입할 때, 그들의 진정한 목표에 의문을 제기해야 한다. 직원들의 삶을 변화시키고자 하는 것일까, 아니면 과로한 직원들이 완전히 소진되는 것을 방지하고자 하는 것일까? 직원들이 진정한 웰니스를 경험하는 기업에서는 웰니스가 단순히 직원들의 역량을 최대한 끌어내기 위해 적용되는 트렌드가 아니라 기업 DNA의 일부이다.

26장에서 설명한 진정성 발현 조직 authentizotic organization 개념을 다시 살펴보면 진정한 웰니스가 실현되기 위해서는 많은 것이 갖추어져야 한다. 앞서 제안했듯이 진정한 웰니스가 실현되는 조직은 모든 직급의 사람들이 정보, 아이디어, 감정을 쉽게 공유할 수 있는 수평적이고 유기적인 구조를 갖추고 있다. 이러한 직장에서는 고위 경영진과 부하 직원 사이에 의사소통이 자유롭게 이루어지므로 부하 직원은 자신의 의견을 경청하고 권한을 부여받는다고 느낀다. 유연근무 방식 flexible work arrangements이 적용되어 직원들이 개인적 삶과 업무적 삶을 더 잘 통제할 수 있게 되는 경우가 많다. 웰니스가 잘 운영되기 위해서는 신뢰가 기업 문화의 핵심 요소이며, 이는 사람들이 서로 존중하고 정직하게 행동하며 공정한 절차가 적용된다는 것을 의미한다. 내 경험에 따르면 신뢰와 코칭 문화는 밀접한 관련이 있다. 코칭 지향성이 조직 DNA의 일부가 되면 웰니스가 뒤따를 가능성이 크다. 앞서도 언급했듯이 팀 코칭은 이러한 진정성 발현 조직을 만드는 데 매우 효과적인 방법이 될 수 있다.

모든 웰니스 프로그램을 창밖으로 던져버려야 한다는 말은 아니다. 그렇지만 신뢰와 코칭 문화와 같은 다른 필수 요소가 없는 웰니스는 독립적인 주제로서 또 다른 경영 유행으로 변해버릴 것이다. 안타깝게도 세상은 더는 머릿속 상상에 기반을 둔 또 다른 빠른 해결책을 필요로 하지 않는다. 세상은 이미 그런 해결책으로 가득 차 있다. 경영진은 조직의 기본이 갖춰져 있지 않으면 값비싼 웰니스 프로그램이 시간과 비용 낭비에 불과하다는 사실을 깨달아야 한다. 웰니스의 요점은 그것을 추구하는 것을 잊을 정도로 보편화되고, 긍정적이고 건강한 라이프스타일을 사는 것이 하나의 현상이 아니라 당연한 것으로 인식되는 것이다.

28장
노년, 삶의 현실과 죽음

오래 산다는 생각은 모든 사람에게 매력적이지만, 늙는다는 생각은 누구에게도
매력적이지 않다는 것은 역설적인 일이다.
– 앤디 루니 Andy Rooney

늙는다는 것은 저지르지도 않은 범죄에 대해 점점 더 많은 처벌을 받는 것과 같다.
– 피에르 테일하르트 드 샤르댕 Pierre Teilhard de Chardin

우리 가운데 많은 사람이 웰니스가 오래 사는 것에 도움이 될 것이라는 환상을 가지고 있다. 이것이 웰니스를 위한 현대의 모든 난리법석 brouhaha 의 이유 가운데 하나일 수 있다. 그렇지만 우리는 항상 자신이 죽는다는 사실을 직면하는 데 어려움을 겪지 않았나? 이 지구상에서 우리 존재가 유한하다는 사실을 정말 받아들일 수 있을까? 우디 앨런 Woody Allen의 말을 생각해 보라. "나는 죽음이 두렵지 않다. 다만 죽음이 닥쳤을 때 그곳에

있고 싶지 않을 뿐이다." 우리 가운데 많은 사람에게 죽음은 궁극적으로 우리의 나르시시즘에 대한 상처이다. 어떤 방식으로 대처하든 죽음은 우리 모두에게 영향을 미치는 현실이다. 결말을 맞이하게 된다. 그리고 현실에서 이러한 결말이 반드시 깔끔한 것은 아니다.

정치가 벤자민 디즈레일리Benjamin Disraeli는 "젊음은 실수다. 장년기는 투쟁이며, 노년은 후회다."라고 현명하게 말한 적이 있다. 우리는 죽음을 밀어내는 경향이 있지만, 대부분 죽음이 어떻게 다가올지 꽤 잘 안다. 우리는 부모님의 죽음을 경험했다. 역설적이게도 우리는 그것이 일반적 시나리오라는 것을 알고 있으며 우리 역시 그 길에 서있다. 그렇지만 우리는 늙는다는 것이 무엇을 의미하는지 진정으로 깨닫고 있을까? 그것에 대해 진지하게 생각해 본 적이 있을까? 앞으로의 삶이 어떤 모습일지 알고 있을까? 그리고 기대할 만한 것이 있을까? 노년기는 행복을 가져올까? 행복을 '할 일, 사랑할 사람, 희망할 것'으로 설명하는 것은 좋은 방법이지만, 안타깝게도 나이가 들수록 이러한 관점이 적절하지 않게 된다. 은퇴 연령에 도달했다는 것은 우리 가운데 일부에게는 할 일이 줄어든다는 의미일 수도 있다. 사랑하는 사람들이 더는 곁에 없을 수도 있는데, 이는 받아들이기 매우 힘든 일이다. 그리고 다른 많은 종말과 마찬가지로 우리의 커리어도 끝이 다가옴에 따라 더는 기대할 수 있는 것이 훨씬 줄어든다.

나는 가끔 우리 조상들이 더 나은 삶을 살지 못했는지 자문해본다. 그들은 젊은 나이에 화려하게 세상을 떠났다. 인생의 전성기, 즉 인생이 충만할 때 죽는다는 것에는 분명 할 말이 있다. 생각해 보면 당신은 정말 80세 이상 살고 싶은가? 더 많은 일을 하고 싶은가? 젊었을 때는 새로운 경험들이 많았다. 그렇지만 지금은 어떠할까? 고령이 되면 우리는 무엇을 해야 할까? 기대할 수 있는 새로운 경험은 신체적 불편함이 늘어나는 것뿐일까? 신체의 어느 부위에 문제가 있는지에 대한 대화를 즐기나? 물론 또 다른 목표를 세우거나 새로운 꿈을 꾸기에 너무 많은 나이는 아니라고 주장하는 사람들도 있지만, 많은 사람에게 노년기는 지루하고 단조로우며 고통스러울 수 있다.

최근에 아주 오래된 고객과 통화한 적이 있다. 나는 그에게 안부를 물었다. 그의 답변은 다음과 같았다.

> 나는 고장 난 낡은 자동차가 된 기분이에요. 난 예전만큼 강하지 않아요. 그리고 뭔가를 잊어버리기 시작했어요. 사람들 이름을 잊어버리는 건 내게는 꽤 당황스러운 일이죠. 앞으로의 삶이 어떤 모습일지, 즉 능력이 줄어들고, 기대가 줄고, 할 수 있는 일에 점점 더 제한을 받게 되겠죠. 심지어 그러한 변화가 점차 일어날 일이라고 해도 꽤 잘 상상할 수 있어요. 내 몸은 느리지만 확실하게 무너지기 시작했어요. 특히 좀 더 젊었을 때의 사진을 보면 지금의 내 모습이 마음에 들지 않아요. 그리고 미래를 생각해 보는 것도 확실히 마음에 들지 않아요. 옛날 내 사진을 보면 저 사람이 어디로 갔을까 궁금해지죠. 나는 상황이 달라졌으면 좋겠어요. 그렇지만 나는 자신을 속이지 않아요. 돌아갈 수 없다는 걸 알거든요. 젊었을 때는 아이들이 어린 나이에 죽을까 봐 걱정했죠. 그렇지만 이제 아이들은 다 컸어요. 내가 없어도 잘 지낼 수 있어요. 스스로 돌볼 수 있죠. 지금 내가 처한 삶의 단계에서는 내가 아이들에게 짐이 되고 있는 것 같아요. 그들이 나를 돌봐야 할지도 모르니까요. 물론 사람들이 늙는 것이 죽는 것보다는 좋다고, 매일 지상에 있는 것이 좋은 날이라고 말하는 것이 재밌게 들릴 수도 있어요. 그렇지만 그것은 단지 형편없는 것과 더 형편없는 것의 차이일 뿐이에요. 그래서 나는 이제 생일을 좋아하지 않아요. 생일마다 나는 죽음에 한 걸음 더 가까워져요. 65세에 죽는 것과 75세나 85세에 죽는 것이 무슨 차이가 있을까요? 몇 년

더 살면 무슨 소용이 있을까요? 정말 새로운 일이 일어날까요? 더는 걸을 수도, 생각할 수도 없는데 시간을 보내고 싶을까요? 동시대 사람들이 모두 죽는 것을 보고 싶을까요? 2주마다 장례식에 가는 것을 좋아할까요? 뇌가 아직 충분히 기능하고 있다고 가정하고 남은 여생을 TV 앞에 앉아 있거나 십자말 풀이를 하며 보내고 싶을까요? 이 모든 것을 생각하다 보면 완전히 망상에 빠져버릴 거에요. 또 우울한 것은 내가 아는 모든 사람이 서서히 죽어가고 있다는 것이에요. 머지않아 나를 아는 사람이 아무도 남지 않을 때가 오겠죠. 그때가 바로 내가 진정으로 죽는 순간, 즉 아무도 나를 기억하지 못하는 순간이 되겠죠. 영화배우 베트 데이비스Bette Davis가 이런 말을 한 적이 있지 않나요? "노년기는 계집애들이 있을 곳이 아니다?"

우리는 너무 오래 살고 있나?

이것은 정중한 저녁 식사 대화에 활기를 불어넣을 만한 질문이 아닐 수도 있다. 그런데도 우리가 주목할 필요가 있다. 우리는 모두 잠재적으로 노후 삶의 질을 걱정하지만, 이러한 고통스러운 생각을 밀어내는 경향이 있다. 그러나 우리가 이 생각을 하지 않으려 노력해도 우리는 앞으로 닥칠 신체적 약화와 재정적 어려움에 대해 걱정하게 된다. 사실 우리는 죽음보다 노화로 인해 겪게 될 잠재적 불리한 면에 대해 더 걱정할 것이다. 우리 가운데 노년을 기대하는 사람은 거의 없다. 노년은 우리가 모두 추구하는 자립, 자율, 독립의 이미지와 맞지 않다. 나는 때때로 인류 전체가 나이 듦에 대한 우울한 미래를 억압하거나 억누르기 위한 조용한 음모에 가담하는 것은 아닌지 의문이 든다.

이런 우울한 생각은 필멸의 인간과 사랑에 빠져 연이은 실연을 겪은 불멸의 여신 에오스Eos에 관한 그리스 신화를 떠올리게 한다. 신화에 따르면 에오스는 제우스에게 자신의 연인 가운데 한 명인 티토누스Tithonus에게 불멸을 허락해 달라고 간청했다. 그러나 그녀는 그에게 영원한 젊음도 달라고 부탁하는 것을 잊었다. 티토누스는 예상대로 영생을 얻었지만 냉혹하게 무기력한 노인이 될 수밖에 없었다. 에오스는 결국 그의 상태가 너무 혐오스러워져서 그를 방에 가두었고, 그곳에서 그가 죽여달라고 애원하는 소리를 들었다. 이 이야기의 교훈은 우리가 바라는 것을 조심해야 한다는 것이다. 노화는 더 살 수 있는 유일한 방법이다. 그러나 노년기는 궁극적인 희비극처럼 보일 수 있다.

신체의 쇠퇴

불멸에 대한 생각은 신화의 중심이지만, 영원한 젊음과 건강이 포함되지 않는다면 그 매력은 사라진다. 현실을 부정하려는 노력 속에서 우리는 늙지 않고 되도록 오래 살기를 원한다. 이것이 현재의 웰니스 열풍에 대한 주된 설명일 수도 있다. 이전 장에서 언급했듯이 우리는 다이어트, 운동 프로그램, 성형 수술 등 노화 과정을 늦춘다고 주장하는 치료법을 미친 듯이 찾는다. 동시에 우리는 이러한 치료법은 임시 방편에 불과하다는 것을 잘 안다. 결국 이러한 치료법은 우리의 고통을 연장하는 데 그칠 수 있다.

노화에 대한 몇 가지 확실한 증거를 살펴보자. 75세가 되면 대다수 사람들이 창의력, 독창성, 생산성이 떨어진다. 그리고 신체 상태도 마찬가지다. 우리는 부모 세대보다 더 오래 사는 경향이 있지만, 더 무력해질 가능성이 크다. 80세 이상 노인의 절반은 여러 가지 신체 기능의 제한을 겪는다.[1] 나이가 들면서 근력, 반응 시간, 체력, 청력, 거리 지각, 후각이 점점 더 떨어진다. 면역 체계가 약해져 암, 폐렴, 코로나 바이러스 같은 치명적인 질병에 더 취약해진다.[2] 86세 이상 인구의 1/3이 알츠하이머병을 앓고 있으며[3] 치매에 걸리지 않더라도 사고 처리 속도, 장기 기억력, 문제 해결 능력이 떨어진다. 노벨 물리학상을 수상한 물리학자들의 평균 발견 연령(수상 연령과는 반대로)이 48세라는 사실을 상기하는 것은 유익한 일이다.[4] 거의 2천 년 동안 인간 평균 수명은 30년이었고 영아 사망률은 높았다. 그렇지만 지난 200년 동안 개인 위생 개선, 효과적인 아동 질병 치료법, 안전한 작업 환경 덕분에 기대 수명이 두 배 이상 증가했다. 이제 우리는 감염과 같은 질병으로 사망하지 않기 때문에 과거보다 훨씬 더 오래 산다. 그렇지만 우리는 여전히 늙는다. 물론 현대 의학은 우리의 노쇠infirmity와 치매dementia가 더욱 진행되더라도 죽는 과정을 지연시켜 우리를 계속 살게 해준다. 현대 의학이 없었다면 우리는 아마도 더 빨리, 더 품위

---

1) Guralnik, J.M., A.Z. LaCroix, L.G. Branch, S.V. Kasl, and R.B. Wallace (1991). "Morbidity and Disability in Older Persons in the Years Prior to Death." *American Journal of Public Health*, 81, 443-447; Wilcox, V. L., Kasl, S. V. and Idler, E. L. (1996). "Self-Rated Health and Physical Disability in Elderly Survivors of a Major Medical Event," *Journal of Gerontology: Social Sciences*, 5IB, (2), S96-SI04.
2) Morrison, S. & Newell K. M. (2012). "Aging, neuromuscular decline and the change in physiological and behavioral complexity of upper-limb movement dynamics," *Journal of Aging Research*, 2012:891218 10.1155/2012/891218
3) Alzheimer's Association (2012). *Alzheimer Association Report, Facts and Figures*, New York.
4) Guterl, F. (2012). *The Fate of the Species*. New York: Bloomsbury; http://www.nobelprize.org/nobel_ prizes/lists/age.html

있게 죽었을 것이다. 일부 과학자들은 노화의 가장 기본적인 결정 요인이 체세포 분열의 자연적 한계라는 점을 근거로 인간의 기대 수명이 이제 정점에 도달했다고 주장한다. 이 이론에 따르면 인간의 생명을 유지하는 세포 분열은 결국 끝을 맞이하는데, 즉 인체 자체에 근본적인 한계가 있다는 것이다.[5] 과학의 발전으로 암, 심장병, 뇌졸중이 근절되더라도 현재 기대 수명에 몇 년만 더 늘어날 뿐이다. 그 결과 기대 수명이 늘어남에 따라 장애를 가진 채 살아야 할 기간이 늘어날 것으로 예상할 수 있다. 생물학적 죽음의 시기를 더 잘 통제할 수 있다고 우리는 생각하겠지만 더 향상된 건강으로 인해 전반적으로 죽음의 과정은 늦추었지만 노화의 과정을 늦추지는 못했다. 그리고 암으로 인한 사망을 제외하고 너무 오래 살다 보면 알츠하이머나 파킨슨병과 같은 신경 퇴행성 질환neuro-degenerative diseases으로 사망할 확률이 높아지는데, 이는 결코 매력적인 모습이 아니다. 뇌 질환에는 큰 낙인이 찍힌다는 사실을 우리는 너무나 잘 안다. 환자들은 정신적으로 문제가 있는 사람으로 여겨지고 그렇게 대우받는다.

대체로 우아한 노화graceful aging라는 것이 있다면 이를 위해서는 엄청나게 낙관적 태도와 효과적 대처 방식이 필요하다. 노년기의 행복은 건강보다는 태도와 더 관련이 있다. 일부 사람들은 나이가 드는 것은 어쩔 수 없지만, 늙은 것처럼 행동할 필요는 없다고 말한다. 이것은 최근의 관찰이 아니다. 수세기 전에 플라톤Plato은 "평온하고 행복한 성격을 가진 사람은 나이에 대한 압박을 거의 느끼지 않는다."라고 썼다. 부정denial은 놀라운 방어 수단이 될 수 있다. 예를 들어 마크 트웨인Mark Twain이 "나이는 물질보

---

5) Kenyon, C. (2010). *The genetics of aging*, Nature, 464 (7288), 504-512.

다 마음의 문제이다. 신경 쓰지 않는다면 상관없다."라고 말한 것을 기억한다. 늙는 것에 대해 걱정하지 말고 늙었다고 생각하는 것에 대해 걱정하라. 나이를 잊고 그저 자신의 삶을 사는 것이 가장 성공적인 처방이 아닐까? 개인적으로 나는 나이 드는 법을 알고, 노화를 두려워하지 않는 것을 정신 건강의 좋은 징표로 여겨야 한다고 생각한다.

한 번은 내가 진행하던 워크숍에서 한 참가자에게 세상에 무엇이든 소원을 빌 수 있다면 무엇을 원하는지 물었다. 아무런 망설임 없이 '빨리 죽는 것'이라고 대답했다. 그녀는 치명적인 암에 걸린 어머니를 수년간 간병해 왔으므로 자신이 무슨 말을 하는지 잘 알고 있었다. 많은 사람이 의사 조력 자살physician-assisted suicide이 합법화되어야 한다고 생각하는 이유, 그리고 신체 건강이 충분히 악화하면 이 방법을 진지하게 고려해 볼 것이라고 응답한 비율이 높은 이유가 바로 여기에 있다.

마음속으로 우리는 너무 짧게 살고 너무 오랜 기간 죽어간다고 느낄 수 있다. 차라리 인생을 온전히 살다가 적시에 죽음을 맞이하는 것이 더 낫지 않을까 하는 의문이 들기도 한다. 삶을 무한정 연장하고, 똑같은 일을 더 많이 (또는 덜) 하거나, 더 나쁜 경우 완전히 무력하게 되어 다른 사람의 보살핌에 의존하는 것이 좋은 것일까? 우리 가운데 누구도 젊어서 죽기를 원하지는 않지만, 우리 가운데 누구도 인생의 마지막 몇 년을 육체적으로 취약하고 정신적으로 장애가 있는 상태로 살고 싶어 하는 사람은 없다. 그러나 명백한 대안 측면에서는 사람들이 말하는 것과 실제로 행동하는 것 사이에는 큰 차이가 있다.

그렇지만 너무 오래 사는 것은 극도로 우울할 수 있는데, 노화는 삶의 마지막 단계에서 경험의 질과 주변 세계와의 상호작용의 본질에 심각한 제약을 가하는 쇠퇴 과정이기 때문이다. 존엄성 상실을 포함한 고통이 삶을 지배하게 될 수 있다. 또 나이 차별에 직면할 수도 있다. 우리의 젊은이 중심의 문화youth-oriented culture에서 젊은 세대는 노년층을 비하하고 무시하기 시작하여 한때 우리가 그들을 그랬던 것처럼 우리를 어린아이처럼 취급할 수 있다. 이는 특히 서구 사회에서 두드러진다. 마하트마 간디Mahatma Gandhi는 "한 국가의 위대함은 가장 약한 구성원을 어떻게 대하는가에 따라 측정된다."라고 말한 적이 있다. 안타깝게도 지금 우리는 지혜로 존경받던 아브라함Abraham, 야곱Jacob, 므두셀라Methuselah의 시대가 아니다. 오히려 우리는 노화의 외형적 징후를 어떻게 하든 피해야 하는 시대에 살고 있다. 젊음을 숭배하고 성형수술을 통해 불멸을 추구한다.

나르시시즘에 대한 또 다른 상처

리더십 위치에 있는 사람들에게는 노화가 더욱 고통스러울 수 있다. 그들은 항상 그 지위에서 오는 권력과 지위를 좋아했다. 따라서 직위를 내려놓는 데에는 어려움이 따른다. 그렇다면 직장을 떠날 때 그들은 무엇을 기대해야 할까? 상황은 매우 달라질 것이다. 물론 한동안은 비상임 이사직을 맡거나 자원 봉사 활동을 할 수도 있다. 그렇지만 이들에게 이러한 선택은 같은 수준의 만족감을 약속하지 않는다. 나르시시즘적 성향을 가진 이들 가운데 상당수는 대중에 대한 노출, 대중과의 접촉을 잃는 것, 특히 영향력, 관심, 존경을 잃는 것에 불만을 품는다. 사실상 낯선 사람이 되어버린 파트너와 집에서 더 많은 시간을 보내야 하는 어려움은 이들의 불행을 가중시킨다. 따라서 앞으로 닥칠 일을 깨닫고 일부 경영진은 고통스러운 현실을 직시하기보다는 필사적으로 권력에 집착한다. 그들은 심판의 날을 연기하기 위해 무엇이든 할 것이다. 젊은 세대에게 '과거에 그랬던 사람'으로 취급받는 것은 매우 견디기 힘든 일이다.

생산적 나를 지나 살아가기

적어도 서구 세계에서는 우리 대부분이 생산적 나$_{productive\ self}$를 지나서도 오래 살면서 주요 진화 과업을 완수하고 많은 자녀를 양육했다. 그럼 다음 세대가 해야 할 일을 위해 준비해 온 우리에게 삶에 대한 목적이나 의미는 남아 있을까? 우리 일부는 이에 대한 대응책으로 버킷 리스트를 작성할 수도 있는데, 보통 즐거운 일이나 신체 능력 저하로 실행에 옮기지 못하는 일들을 나열하는 경우가 많다. 우리 가운데 일부는 손자가 있다면 되도록 많은 시간을 함께 보내려고 노력한다. 일부는 대학에서 강의를 듣거나 파트타임으로 가르치기도 하고, 도예나 그림과 같은 준예술 활동을 하거나 골프 실력을 향상하기도 한다. 다른 사람들은 내가 제안했듯이 좀 더 야심 차게 공동체를 위해 무언가를 하거나 다음 세대를 위한 멘토가 되겠다고 결심하는 분들도 있다.

특히 조직 환경에서 멘토 역할을 하는 것은 매우 중요할 뿐만 아니라 매우 만족스러운 일이 될 수 있다. 안타깝게도 멘토링은 흔히 저평가되는 경우가 많다. 멘토링은 고위 임원들이 퇴직을 피하기 위한 편리한 수단으로 인식될 수 있다. 이러한 인식에는 젊은 세대 임원들이 노화 과정을 매일 상기시키는 것을 원치 않을 수 있고 자신이 다음 세대라는 사실도 영향을 미친다고 생각한다. 인생의 많은 일이 그러하듯, 퇴직은 눈에 보이지 않으면 잊어버리는 경우가 많다.

이러한 활동을 하면서 일부 활동은 만족스러울 수 있지만 많은 사람이 던지는 실존적 질문, 즉 우리는 왜 살아가는 것일까, 우리 자신을 위해 사는 것일까, 아니면 다른 사람을 위해 살아가는 것일까와 같은 질문은 매우 유의미하다. 우리와 가깝고 우리를 사랑하는 사람들은 우리 죽음이 가져올 피할 수 없는 비탄과 슬픔을 두려워한다. 그들은 우리가 필멸자라는 사실을 다루고 싶어 하지 않는다. 일반적으로 (항상 예외가 있기는 하지만) 그들은 우리가 삶을 이어가고자 받는 스트레스가 있더라도 우리의 죽음을 원하지 않는다.

그렇지만 이러한 우려를 다른 방식으로 돌리면 어떨까? 우리가 무의식 깊숙이 냉소적인 태도를 취하고 있다면, 가까운 사람들이 정말 우리와 함께 있기를 원할까? 우리가 무능력해지는 순간 정말 골치 아픈 존재가 되어 버리지 않을까? 사실 우리가 몸이 좋지 않을 때라도 정말 우리와 함께하기를 원한다면 그들이 뭔가 잘못된 게 아닐까? 나는 그들에게 물어보고 싶은 유혹을 느낀다. 아이들은 자신들의 삶을 살아가고 싶지 않을까? 자녀는 부모가 세상을 떠난 뒤에도 부모의 마음에서 완전히 벗어날 수는 없지만, 우리가 세상을 떠난다면 자녀는 부모의 기대에 부응해야 한다는 압박이 훨씬 줄어들 것이다. 자녀는 부모의 그림자에서 벗어나 살아야 한다. 우리가 너무 오래 살면 자녀에게 과도한 부담이 될 수 있다. 자신과 자녀, 그리고 우리까지 돌봐야 하는 어려움을 생각해 보라.

몇몇 고객의 이야기를 들으면서 나는 너무 오래 사는 것은 또 다른 심각한 손실을 수반한다고 믿게 되었다. 그것은 우리가 세상을 경험하는 방식을 바꾸고 사람들이 우리에 대해 기억하는 방식을 바꾼다. 우리는 대부분 창의적이고 유능하며 활기찬 사람으로 기억되기를 원한다. 나는 자녀, 손자, 그리고 내 인생의 다른 중요한 사람들이 나를 활기차고, 참여적이고, 생동감 있고, 기민하고, 유능하고, 열정적이고, 재미있고, 따뜻하고, 사랑스러운 사람으로 기억하길 원한다. 무능하고, 무뚝뚝하고, 침만 흘리는 껍데기로 기억되고 싶지 않다.

사회 경제적 우려

이러한 개인적인 고려 사항과는 별개로, 사회 정책적 관점에서 볼 때 너무 오래 사는 것은 사회적으로 부정적 영향을 미친다. 세계에서 가장 빠른 속도로 고령화가 진행되는 일본이 대표적인 사례이다. 건강한 식습관, 우수한 의료 서비스, 첨단 의술을 갖춘 일본인의 기대 수명은 세계에서 가장 높다. 현재 인구의 4분의 1 이상이 65세 이상이다. 2030년에는 일본인 3명 중 1명이 고령자가 될 것이다.[6] 그러나 이러한 고령화 사회에서 많은 일본인이 우울증으로 고통받고 있다. 이는 스스로 목숨을 끊는 노인의 수가 급격히 증가한다는 것을 의미한다. 그리고 일본에서 일어나는 일은 다른 사회에서도 일어날 일의 전조일 수 있다. 신체 건강 상태와 상관없이 너무 많은 사람이 너무 오래 살면 외로움loneliness과 권태ennui가 전염병처럼 퍼질 수 있다. 수명 연장에 반대하는 경제적 논거를 제시할 수도

---

6) https://www.u-tokyo.ac.jp/focus/en/features/f_00048.html

있다. 과학이 무엇을 가능하게 하든, 개인이 무엇을 원하든 고령 인구는 심각한 사회적 결과를 초래하는 공공 정책의 문제가 되었다. 현재 대부분 서구 사회는 의료 자원 대부분을 노인에게 투입한다. 이 인구 집단은 본질에서 노화로 인한 치료를 위해 끊임없이 병원을 찾고 있으며, 이는 매우 비용이 많이 드는 문제이다. 노쇠하고 치매에 걸린 베이비붐 세대가 점점 더 많은 비용이 드는 치료를 필요로 하게 될 것이므로 이러한 상황은 더욱 악화할 것으로 보인다.

사회 경제적 관점에서 볼 때, 선진국 사회에서는 다양한 사회보장제도를 운영하기에 노년층 대비 너무 낮은 비율의 젊은 층 비율만 존재하는 격차가 이미 벌어지고 있다. 이는 이미 가뜩이나 부족한 세계의 정치적, 경제적 자원에 새로운 압력을 가하고 있다. 이대로 가면 현재 일하며 사회보장제도에 기여하는 사람들이 자신의 노후를 보장받지 못한 채 기존 노년층을 부양하게 될 것이다.

물론 한 가지 확실한 해결책은 고령자를 더 오래 일하도록 하는 것이다. 의무 정년은 사람들이 오래 살지 않던 시절에 도입되었다. 과거에 은퇴는 일반적으로 죽기 전 잠시 쉬는 시간이었다. 오늘날에는 너무 오래 지속한다. 그러나 기존 은퇴 정책을 변경하는 것에 대한 저항은 매우 높다. 정치인들은 정치적 여파로 인해 사실을 부정하는 것을 선호한다. 그들은 사회 불안을 야기할 수 있는 이 문제를 다루는 것을 극도로 꺼린다. 그렇지만 그 단기적 시각으로 인해 그들은 다음 선거에서 당선이 되지 않을 수 있다. 또 경제가 정체된 국가에서는 고령자의 존재가 노동력의 사회적, 경제적 상향 이동을 방해할 수 있다. 노년층은 후계자 준비에 대한 고민이 적고, 젊은 층은 자신들의 경력 상승career paths을 가로막는 기성세대의 벽만 눈앞에 펼쳐져 있다.

결말

결말이 그다지 매력적이지 않다는 것은 진리이다. 셰익스피어Shakespeare는 「뜻대로 하세요As You Like It」에서 인간의 일곱 나이 가운데 일곱 번째 나이를 '이빨도 없고, 눈도 없고, 미각도 없고, 모든 것이 없는 시기'라고 묘사했다. 지그문트 프로이트Sigmund Freud는 인간의 발달을 구강기, 항문기, 남근기, 전생식기 단계로 나누었지만[7] 마지막 단계에 대한 설명은 없었다. 칼 융Carl Jung은 인생이 두 개의 큰 단계로 나뉜다는 강력한 이미지를 고안했다. 인생 초기에는 떠오르는 태양이 30대 후반에 서서히 정점에 도달하고, 그 이후에는 서서히 지는 태양과 같다.[8] 하버드대Harvard의 옛 스승인 에릭 에릭슨Erik Erikson은 인생의 8단계를 일련의 양극성polarities으로 설명했다.[9] 마지막 단계는 진실integrity 대 절망despair의 양극성이다. 에릭슨은 우리의 마지막 발달 과제는 회고retrospection이며, 우리는 자신의 삶과 성취를 만족스럽게 되돌아볼 수 있어야 한다고 말했다. 행복하고 생산적인 삶을 살았다고 생각한다면 우리는 만족감과 진실성을 갖게 된다. 반대로 실망스러운 삶과 달성하지 못한 목표를 되돌아보면 절망에 빠질 수 있다. 힌두교 전통에서 인생의 네 번째이자 마지막 단계는 72세 이후에 도달하는 산

---

7) Sigmund Freud (1991). *On Sexuality: Three Essays on the Theory of Sexuality and Other Works*. New York: Penguin Books.
8) Carl Jung (1989). *Memories, Dreams, Reflections*. New York: Vintage.
9) Erik H. Erikson (1950). *Childhood and Society*. New York: Norton.

야사sannyasa라고 들었다. 산야사의 핵심은 금욕주의로, 삶에서 벗어나 물질적 소유를 포기하고 남은 시간을 명상과 사색에 보내는 것이다. 현재 나는 이러한 생각에 대해 많은 고민을 하고 있다. 이런 생각들이 인생의 마지막 단계와 얼마나 관련이 있을까? 노년기에 상당한 지식과 지혜의 축적이 동반된다고 가정하는 것이 얼마나 현실적일까? 우리가 평생을 바보로 살았다면 그냥 늙은 바보가 되지 않을까? 노인들의 시력이 나빠지는 대신 영적인 통찰을 얻어야 한다고 생각하는 이유는 무엇일까? 나는 나이가 들며 만족감을 얻으려면 젊을 때부터 시작해야 한다고 생각하는 편이다.

아마 우리는 이제 인생의 마지막 단계를 초기 노년기와 극노년기의 두 단계로 나누어야 할지도 모른다. 초기 노년기에는 여전히 사회에 기여할 수 있지만 쇼펜하우어Schopenhauer가 말한 것처럼 극단적 노년기는 "가면이 벗겨지는 가면 무도회 파티의 끝과 같다."라고 할 수 있다. 85세 이상의 '최고령 노인'의 삶은 노년학자들gerontologists이 '무서운 Ddreadful Ds'라고 부르는 쇠퇴decline, 악화deterioration, 의존성dependency, 죽음death으로 특징을 지어 볼 수 있다.

노인들이 계속해서 늙어갈 수 있도록 도와야 하는지는 여전히 논쟁의 여지가 있는 질문이다. 우리의 더 큰 의무는 그 반대, 즉 죽음을 맞이하도록 내버려 두는 것이 아닐까? 내 개인 경험을 바탕으로 이 문제에 대한 이야기를 할 수 있다. 내 부모님의 마지막 몇 년간은 최고의 모습은 아니었다. 그분들이 더는 진정으로 웃을 수 없게 되었을 때, 내가 그분들과 제대로 된 대화를 나눌 수 없게 되었을 때, 나는 부모님의 시간이 다 되었다는 것을 깨달았다. 한때는 활기차셨던 두 분이 그런 상태가 되신 것을 보고 정말 슬펐다.

죽음은 비극적이지만 평화와 안도감을 가져오기도 한다. 아버지께서는 크리스마스 밤에 자택에서 모든 자녀가 곁을 지키는 가운데 내 품에 안겨 돌아가셨다. 나는 그것이 좋은 방법이라고 생각하며 나도 그렇게 하려 한다. 그렇지만 마지막 10년 동안 부모님 삶의 질은 좋지 않았고, 아버지는 그 사실을 잘 알고 계셨다. 이것이 내가 이 주제를 다루는 이유이다. 101세가 되셨을 때 아버지는 이미 충분히 사셨다고 판단하셔서 음식과 수분 섭취를 중단하셨다. 의학적 치료로 더 오래 살 수 있었지만 자녀로서 우리는 아버지의 뜻을 존중하기로 했다.

우리 삶에서 소중한 사람, 그리고 죽음을 맞이한 사람들은 우리에게 삶의 가치에 대해 가르쳐 준다. 이 점을 염두에 두고 나는 고객들에게 우리의 삶을 당연한 것으로 여기지 말고 매 순간을 최선을 다해 살아야 한다고 강조한다. 또 행복한 순간을 만드는 것의 중요성에 대해서도 설명한다. 동시에 작가 커트 보네거트Kurt Vonnegut의 말이 생각난다. "당신은 자녀를 낳았고, 책도 썼지요. 이제 욕심내지 마세요." 또는 부처님의 말씀처럼 "시작이 있는 모든 것에는 끝이 있다. 그것과 화해하면 모든 것이 잘 될 것이다."

에필로그

> 좋은 와인에는 간판이 필요 없다는 말이 사실이라면, 좋은 연극에는 에필로그가 필요하지 않다는 말도 사실이다.
>
> – 윌리엄 셰익스피어 William Shakespeare

> 그리고 실제 삶의 결말이 해피 엔딩이든 슬픈 엔딩이든 항상 깔끔한 것은 아니다.
>
> – 스티븐 킹 Stephen King

최근 한 음악학 연구자 musicologist와 점심을 먹으며 모차르트 Mozart와 베토벤 Beethoven의 작곡 스타일 차이에 관한 이야기를 나눴다. 그녀는 모차르트는 악보를 쓰지 않고 머리 속에서 작곡을 완성했다고 말했다. 이는 흔히 곡을 잊어버리기 전 종이에 옮겨 적기 위해 서둘러 집으로 돌아와야 했다는 뜻이었다. 베토벤의 작곡 스타일은 매우 달랐던 것 같다. 그의 곡은 시간이 지나면서 떠오르곤 했다.

음악계의 두 거인과 나를 비교하고 싶지는 않지만 그녀의 말은 내 글쓰기 스타일을 되돌아보게 했다. 글을 쓸 때 주제에 대한 대략적인 아이디어는 있지만 그 아이디어가 어디에서 끝날지 알 수 없는 경우가 자주 있다. 나는 두서없이 진행하며 자유 연상을 한다. 그렇지만 내가 하고 싶은 말을 잊어버릴까 봐 혼자서 짧은 메모를 작성하는 경우도 많았다.

이 책을 쓰기 시작했을 때 책의 구조, 즉 구성이 어떻게 될지 전혀 몰랐음을 인정한다. 머릿속에 전체 장이 깔끔하게 정리되어 있지 않았다. 각 장은 서서히 드러났다. 어느 정도는 정신분석의 전통을 따르고 있었는데, 즉 자유 연상 방식이었다. 글을 쓰는 동안 내가 가진 유일한 중심 주제 Leitmotiv는 CEO '위스퍼링 whispering'의 다양한 측면을 탐구하고 싶다는 것이었다. 나는 독자들에게 내가 경영진과 함께 일하는 방식과 변화의 여정을 시작한다는 것이 어떤 의미인지 알려드리고 싶었다. 임원들이 제시하는 난해한 질문들에 자유연상으로 답변하며 미시, 중간, 거시적 문제를 다루어야 한다는 것을 깨달았고, 이 책의 여러 장에 그 내용이 반영되어 있다. 또 리더십, 코칭 또는 조직 혁신에 관한 또 하나의 일반적인 교과서를 쓰고 싶지 않았다. 나는 단순하고 개인적인 이야기를 담은 책을 쓰고 싶었다. 또 수년 전 『삶의 진정성 Sex, Money, Happiness and Death』이라는 책을 썼을 때처럼 삶에 대한 내 개인적인 성찰을 담고 싶었다. 이러한 아이디어를 염두에 두고 어디서 끝날지 모른 채 글을 쓰기 시작했다. 지난 몇 년 동안 하버드 비즈니스 리뷰 Harvard Business Review와 인시아드 날리지 INSEAD Knowledge에 작은 분량의 아티클을 써왔기 때문에 흥미로운 작업이었다. 제대로 된 서적 집필과 비교해보면 이런 종류의 아티클을 쓸 때는 단어 수에 제약을 받는다.

나는 또한 CEO 위스퍼링이 쉽지 않다는 점을 말하고 싶었다. 때로 마법처럼 보이지만 잘하려면 많은 연습이 필요하다. 그리고 실제로 작동하게 하려면 대가를 치러야 한다. '현명한' 바보wise fool, 즉 모로소페morosophe 역할을 연기하는 것은 어려울 수 있다. 경영진이 탈선하는 것처럼 보일 때 진실을 말하는 사람이 된다는 것은 스트레스를 받는 일이다. 경영진과 심리적 유도psychological judo를 통해 변화를 위한 행동 단계로 나아가도록 넛지nudge하는 것이 항상 쉬운 일이 아니다. 때때로 내게 다가오는 많은 저항에 직면했을 때 제 정신을 유지하는 것이 어려웠다. 동시에 나는 항상 고객들이 받는 스트레스를 떠올린다. 나는 항상 우리의 역할이 뒤바뀐다면 어떤 기분이 들지 스스로 자문한다.

이 책에서 나는 위스퍼러 역할을 맡는다는 것이 무엇을 의미하는지에 대해 간략하게 설명하려고 노력했다. 또 리더가 직면하는 도전에 대해 여러 가지 관찰을 제시했다. 또 만족스러운 삶을 산다는 것이 어떤 의미인지에 대해서도 개인적으로 성찰해 보았다. 독자들이 내가 하는 일을 왜 하는지, 어떻게 하는지에 대한 이해를 돕기 위해 다양한 개념 체계를 포함했지만, 책 서두에 이야기했듯 나는 이념ideological에 치우치고 싶지 않다. 나는 실용적인 것을 선호한다. 내가 항상 말하듯 나는 효과가 있다면 무엇이든 할 것이다. 그런데도 이 책에는 임상 패러다임에서 가져온 개념이 그 이유와 함께 크게 다뤄지고 있다는 것을 안다. 나는 너무 자주 스스로 인식하지 못한 행동out-of-awareness behavior이 경영진을 탈선derailed시키는 것을 보았다. 삶의 비합리성에 대한 이유를 인식하지 못하면 심각한 문제를 일으킬 수 있다. 우리는 알고 있는 세계에서 미지의 세계로 나아갈 용기를 가져야 한다. 우리는 내면 극장을 탐험할 준비가 되어 있어야 한다. 우리를 움직이는, 즉 우리가 누구인지를 만들어 낸 여러 각본을 기꺼이 파악하고자 해야 한다.

이 책 전체에서 나는 이 생각을 염두에 두고 자기 인식self-awareness의 중요성을 강조했다. 나는 우리가 우리 자신에게 낯선 사람이 되어서는 안 된다고 제안한다. 우리는 왜 우리가 오늘날의 우리가 되었는지에 대한 이유를 이해해야 한다. 또 우리는 서로의 차이를 인정해야 한다. 우리는 모두 호모 사피엔스 공동체에 속해 있지만, 성격과 문화에는 항상 차이가 있으며, 서로 다른 니즈와 소망을 만들어낸다. 이것이 바로 사람마다 만족스러운 삶이 다른 이유이며, 우리가 서로 다른 꿈과 인생의 목표를 갖는 이유이다.

꿈과 목표가 없다면 우리는 그저 존재할 뿐이지 진정한 삶을 사는 것이 아니다. 따라서 이 책에서 반복해서 언급했듯이 독자 여러분은 인생이 벌어지기만을 기다려서는 안 되며, 기회가 그냥 문을 두드릴 것을 기대해서만은 안 된다. 모든 것을 실현하는 것은 우리에게 달려 있다. 자신의 필요에 맞는 행동을 취하는 것은 여러분에게 달려 있다. 여러 번 말했듯이 인생의 목적purpose of life은 목적이 있는 삶life with purpose이다. 목적이 있으면 목표를 향해 나아갈 수 있다. 목적은 삶의 부조리absurdities of life를 초월transcend하는 데 도움이 된다. 그러나 목적이 없으면 삶에서 나타나는 다양한 심리적 도전에 대처할 수 없다. 목적이 없으면 그저 죽기 위해 사는 것이다.

완전한 삶을 산다는 것은 새로운 경험을 찾아 자신의 진정한 잠재력true potential을 찾는 것을 의미한다. 이는 안전 지대comfort zone에서 벗어나는 것을 의미한다. 러시아 소설가 표도르 도스토옙스키Fyodor Dostoevsky 말을 인용하면 "인간 존재의 신비는 단순히 살아 있는 것뿐만 아니라 살아야 할 이유를 찾는 데 있다." 진정으로 도전하고 싶다면 자신의 한계를 뛰어넘어 더 나은 삶을 살기 위해 더 큰 문제에 도전할 준비가 되어 있어야 한다. 편협한 이기심을 초월하려면 어떻게 하면 세상을 조금이라도 변화시킬 수 있을지 고민해야 한다. 이 생각은 불가사리의 비유를 떠올리게 한다.

어느 이른 아침 한 노인이 개를 데리고 거의 황량한 해변으로 산책을 나가고 있었다. 전날 끔찍한 폭풍이 몰아쳤고 만조로 인해 수천, 수만 마리의 불가사리가 해변으로 떠밀려왔다. 해변을 걷던 남자는 불가사리를 하나씩 주워 바다에 다시 던지는 한 젊은 여성을 발견했다.

당황한 노인은 여자를 바라보며 "뭘 하시는 건가요?"라고 물었다.

그녀는 "이 불가사리를 다시 물속으로 던질 거예요. 불가사리를 구하려고요. 불가사리는 스스로 돌아갈 수 없어요. 물속으로 다시 던져주지 않으면 해가 뜨게 되었을 때 불가사리는 죽게 될 거예요."라고 대답했다.

남자는 웃었다. "그렇지만 이 불가사리는 수천 마리인데, 당신은 한 명인걸요. 어떻게 이걸 다 할 수 있을까요?"

불가사리 한 마리를 손에 들고 젊은 여성은 남성을 향해 돌아봤다가 불가사리를 멀리 바다로 던지며 "이 불가사리 한 마리는 달라질 거예요!"라고 말했다.

우리는 흔히 작은 것에서 위대한 것을 발견한다. 작은 것들이 거인의 길로 가는 데 디딤돌이 되는 경우가 많다.

나는 많은 사람이 가장 중요한 질문을 다루고 더 만족스러운 삶을 살 수 있도록 도울 수 있었던 점에서 엄청난 행운을 가졌다. 그리고 그 과정에서 나는 교육의 힘에 매우 감사했다. 교육자로서 나는 교육이 어떻게 세상을 바꿀 수 있는 가장 강력한 수단이 될 수 있는지 보았다. 따라서

"교육은 삶을 위한 준비가 아니라, 삶 그 자체이다."라는 철학자 존 듀이 John Dewey의 말로 이 책을 마무리하는 것이 적절할 것 같다.

색인

A

7C 리더십 모델7Cs 44
A/B/C급 인재A-/B-/C-players 249–261
CEO 번아웃CEO burnout 194
G. K. 체스터튼Chesterton, G. K. 339
JP모건 체이스 앤 컴퍼니JPMorgan Chase & Co. 340
SAP 340
T.S. 엘리엇Eliot, T. S. 101
RICE(존중Respect, 정직Integrity, 소통Communication, 탁월Excellence) 328

ㄱ

가이아Gaia 76
가치values 17, 36, 50, 65, 77, 81, 101, 103, 108, 111, 112, 116, 153, 157, 165, 179, 182, 203, 211, 218, 219, 222, 223, 239, 267, 270, 273, 279, 288, 289, 291, 297, 303, 317, 329, 330, 332, 334, 336, 337, 362
가짜 뉴스fake news 282, 290
감사 표현하기expressing gratitude 203
감정emotions 10, 20, 24, 56, 57, 58, 64, 68, 69, 72, 89, 90, 92, 93, 97, 99, 112, 115, 123, 135, 142, 154, 155, 159, 162, 163, 165, 168, 172, 176, 177, 178, 179, 180, 184, 187, 189, 196, 197, 198, 221, 222, 231, 232, 234, 240, 243, 244, 246, 251, 272, 283, 307, 308, 310, 321, 338, 345

부정적 감정negative 102, 200
감정적 공명emotional resonance 93–95
개인적 변화personal change
　급격한 변화quantum 142–143
　점진적 변화incremental 121, 142–143
개인주의individualism 288–289, 290, 291, 296, 297, 320
갤럽Gallup 338, 339, 340
거울 뉴런 체계mirror neuron system 90, 91, 93
건강 코치health coaches 125
게리 해멀Hamel, Gary 326
게마인샤프트(공동체)Gemeinschaft(community) 287, 288, 289, 292, 295, 299, 302, 313
게젤샤프트(사회)Gesellschaft(society) 288, 289, 290, 291, 292, 295, 296, 299, 302, 313
경영자 코칭executive coaching 127, 273
골드만삭스Goldman Sachs 339
공동체와 사회(퇴니스)Gemeinschaft und Gesellschaft (Tönnies) 287
관대함generosity 203, 223
고립isolation 194, 198, 201, 203, 294, 309, 319
고슴도치 딜레마hedgehog dilemma 109
공개적 의도 선언public declaration of intent 163
공자confucius 50
과거의 경험past experiences 99, 186
과학science 77, 136, 341, 353, 359
관계relationships 6, 14, 16, 17, 21, 22, 28, 37, 44, 53, 57, 59, 68, 72, 81, 88, 90, 91, 108,

109, 110, 111, 117, 120, 121, 125, 130, 141, 147, 153, 154, 156, 158, 159, 162, 165, 170, 179, 180, 183, 184, 186, 188, 190, 191, 194, 197, 200, 202, 216, 218, 224, 226, 227, 231, 264, 267, 278, 288, 289, 290, 294, 295, 297, 301, 309, 311, 312, 314, 324, 325, 334, 335

관찰observation 7, 26, 35, 42, 44, 47, 48, 80, 82, 90, 94, 106, 116, 135, 142, 160, 179, 180, 194, 210, 241, 277, 301, 307, 353, 365

구글Google 340

구로사와 아키라Kurosawa, Akira 70

군주론(마키아벨리)Prince, The(Machiavelli) 327

권력 게임power games 267

그루초 마르크스Marx, Groucho 275

그룹 코칭 기법group coaching technique 52

극단주의extremism 282

기대 수명life expectancy 352, 353, 358

기대 관리하기managing expectations 240-241

기업 문화corporate culture 26, 117, 317-330, 332, 334

기후 변화climate change 281

꿀벌과 게릴라(해멀)Leading the Revolution(Hamel) 326

꿈dreams 36, 65, 66, 83, 133, 169, 170, 173, 181, 199, 232, 349, 366

ㄴ

나르시시즘narcissism 18, 47, 76, 84, 133, 134, 206, 208, 210, 213, 218, 221, 232, 242, 287, 290, 292, 294, 296, 297, 298, 348, 355

나이키Nike 319

내면 극장inner theater 10, 18, 105-117, 119, 158, 179, 188, 206

내면 극장 진단항목inner theater inventory(ITI™) 113

너무 오래 사는 것living too long 350-351

노년old age 347-362

노드스트롬Nordstrom 319

노란 조끼 시위Gilets jaunes protests 275, 279, 283

노화/나이 듦aging 26, 67, 147, 350, 351, 352, 353, 354, 355, 357

뇌Brain
　우반구right hemisphere 171
　전두엽insular cortex 67
　좌반구left hemisphere 172
　편도체amygdala 171-172

누마, 로마 왕Numa, king of Rome 140

뉘른베르크 재판Nuremberg trials(1945~46) 38

니코마코스 윤리학(아리스토텔레스)Nicomachean Ethics(Aristotle) 27

닉센 모드Niksen mode 175

닛산Nissan 209

ㄷ

다양성diversity 7, 51, 52, 84, 211, 260

단절disconnection 68-69, 134, 296, 310, 314, 324

달라이 라마Dalai Lama 104, 287, 340

대인관계 코치relationship coaches 125

대체 의학alternative medicine 343

데이비드 오길비Ogilvy, David 249

도널드 위니컷Winnicott, Donald 217, 242

도널드 트럼프Trump, Donald 282, 283, 313

독단dogma 267

동화fairy tales 86, 87, 88, 91

두 번 태어난twice-born 143

뒤에서 본 그림Rückenfigur 24

드와이트 롱네커Longenecker, Dwight 205

디즈니Disney 321

뜻대로 하세요(셰익스피어)As You Like It(Shakespeare) 360

ㄹ

라스코 동굴, 프랑스Lascaux caves, France 88

라이프 앵커life anchors
　권력power 113
　돈money 113, 114
　라이프스타일 수준lifestyle quality 113, 115
　복수vengeance 113, 114
　성취achievement 9, 66, 77, 113, 114, 143, 242, 291, 292, 360
　의미meaning 113
　인정recognition 113, 114, 203, 206, 208, 327
　학습/탐구learning/exploration 113, 115

라이프 코치life coaches 125

레너드 셍골드Shengold, Leonard 313

레오 로스텐Rosten, Leo 249

레오 톨스토이Tolstoy, Leo 139

로버트 레드포드Redford, Robert 151

루드비히 반 베토벤Beethoven, Ludwig van 363

루이 파스퇴르Pasteur, Louis 181
루이스 아가시즈Agassiz, Louis 35
리 아이아코카Iacocca, Lee 261
리더 육성leader development 45
리더십leadership
　리더십 그룹 코칭group coaching 335, 336
　리더십의 함정pitfalls of 26
　리더의 외로움loneliness of command 193-204
리어 왕(셰익스피어)King Lear(Shakespeare) 202

ㅁ

마술적 사고magical thinking 44, 306
마오쩌둥Mao Zedong 37
마음챙김mindfulness 341, 342, 344
마이크로소프트Microsoft 340
마이클 발린트Balint, Michael 216
마키아벨리Machiavelli 42, 253, 327
마크 저커버그Zuckerberg, Mark 209
마크 트웨인Twain, Mark 75, 331, 354
말의 깃털(영화)Horse Feathers(movie) 275
말콤 글래드웰Gladwell, Malcolm 151
맥길 대학McGill University 302
메리 스미스Smith, Mary 161
멘토링mentoring 356, 357
명확화clarification 94, 160
모하메드 빈 살만Mohammed bin Salman(MbS) 209
무의식적 과정non-conscious processes 135
무의식적 자아unconscious self 76
문명과 그 불만Civilization and Its Discontents(Freud) 134
문화 진단culture audit(OCA™) 337
미국United States 32, 84, 135, 282, 313, 321, 323, 326, 338, 341
미라클 워커miracle workers 9, 122, 123, 124, 127, 131
미켈란젤로Michelangelo 175, 177
믿음/신념beliefs 45, 59, 77, 91, 92, 97, 107, 111, 112, 116, 119, 122, 123, 126, 157, 181, 211, 239, 245, 264, 266, 268, 273, 288, 297, 309, 312, 313, 326, 332
밀레니얼millennials 294, 295

ㅂ

바넘Barnum, P. T. 124
바쁘게 지내는 상태busyness 64

반대opposition 268, 278, 279, 283
반복 강박repetition compulsion 133
반항defiance 208, 269
발달 과정developmental trajectories 241, 242
방어 메커니즘defense mechanisms 100, 167, 176
버트런드 러셀Russell, Bertrand 39
베드 그리핑스Griffings, Bede 55
베티 리즈Reese, Betty 33
벤자민 디즈라엘리Disraeli, Benjamin 348
변화의 리듬rhythm of change 162-165
볼프강 폰 괴테Goethe, Wolfgang von 34
부모-자식 갈등parent-child conflict 88
부유함wealth 114, 227
부처Buddha 84, 227, 372
북한North Korea 282, 301
분석가의 섣부른 해석wild analysis 160
분열splitters 55, 57, 164, 217, 218, 282, 284, 303, 353
불멸immortality 10, 76, 77, 78, 79, 103, 351, 355
불멸성mortality 78
불안anxiety 7, 8, 10, 20, 60, 63-73, 75, 76, 77, 78, 79, 102, 110, 126, 128, 132, 137, 173, 176, 178, 191, 195, 216, 220, 221, 222, 227, 244, 258, 261, 280, 282, 341, 342, 359
브렉시트Brexit 283
비판적 사고critical thinking 42, 44, 45, 308, 325
빈 둥지 증후군empty nest syndrome 102

ㅅ

사랑의 폭격love bombing 310
사우스웨스트 항공Southwest Airlines 319
사회society 6, 7, 9, 25, 26, 37, 38, 77, 100, 111, 135, 147, 215, 220, 221, 222, 223, 279, 281, 283, 284, 285, 287, 288, 289, 291, 294, 296, 297, 298, 299, 302, 313, 314, 322, 355, 358, 359, 361
사회적 방어 수단social defenses 60
산소 마스크 우선 원칙oxygen mask first principle 22
삶의 균형life balance 101, 344
삶의 의미meaning in life 10, 67, 78, 98, 302
삶의 진정성Sex, Money, Happiness and Death 364
새뮤얼 골드윈Goldwyn, Samuel 128
생명을 위협하는 경험life-threatening experiences 143, 144

색인 / 371

샤를 드골de Gaulle, Charles 264, 269
서머셋 모엄Maugham, Somerset 267
선택의 자유freedom of choice 26, 69
성격 형성하기character building 42-46
성찰reflection 6, 26, 27, 80, 94, 100, 132, 165, 170, 177, 232, 234, 239, 247, 274, 364
세뇌brainwashing 307-309
세로토닌Serotonin 244
소셜 네트워킹social networking 290, 294
소셜 미디어social media 13, 280, 282, 290, 294-295
소속감sense of belonging 58, 80, 81, 83, 94, 203, 318, 320, 322, 337, 338
솔직한 피드백honest feedback 198, 202
스냅챗snapchat 294
스카이프Skype 23
스토리 다시 쓰기rewriting stories 97-104
스토리텔링storytelling 48, 51, 53, 85-95
스티븐 킹King, Stephen 363
시기envy 88, 102, 137, 196, 197, 250, 251, 253, 261, 279
시베리아의 캄차카 산맥Kamchatka, Siberia 145
시스템 이론systems theory 60
시와 진실(괴테)Dichtung und Wahrheit (Goethe) 34
실낙원(밀턴)Paradise Lost(Milton) 208, 266
실망disappointment 26, 230, 237-247
실존적 불안existential anxiety 63-73, 79, 220
심령술psychic displays 124
심리치료사psychotherapists 20, 21, 25, 84, 125, 128, 130, 137, 157, 165

ㅇ

아고스티노 디 두치오di Duccio, Agostino 175
아리스토텔레스Aristotle 27
아마데우스 볼프강 모차르트Mozart, Wolfgang Amadeus 363
아서 쇼펜하우어Schopenhauer, Arthur 109, 361
아이들children
  부모-자식 갈등parent-child conflict 88
  아동 발달child development 269
  어린시절 경험childhood experiences 133, 159
  양육 방식parenting practices 268
  '충분히 좋은' 양육'good enough' parenting 242, 243, 269
  형제 간 경쟁sibling rivalry 88

아이비엠IBM 321
'아하!'의 순간'Aha!' moments 162, 167-182
악몽nightmares 64-67
안개 바다 위의 방랑자(프리드리히)Wanderer Above the Sea of Fog(Friedrich) 24
안나 프로이트Freud, Anna 304
안토니 스토르Storr, Anthony 119
알버트 슈바이처Schweitzer, Albert 284
알츠하이머병Alzheimer's disease 352, 353
알카에다Al-Qaida 281, 313
앙리 푸앵카레Poincaré, Henri 177
애널라이즈 디스(영화)Analyze This(movie) 130
애착 유형attachment patterns
  불안정 애착anxious 110
  회피 애착avoidant 110-114
  안정 애착secure 110, 111
애플Apple 319, 340
앤디 루니Rooney, Andy 347
야누스Janus 139, 140, 141
어빈 얄롬Yalom, Irvin 12
에너지 바로미터energy barometer 49-50
에드거 샤인Schein, Edgar 308, 317
에디트 피아프Piaf, Edith 230, 234
에리히 프롬Fromm, Erich 215
에릭 에릭슨Erikson, Erik 276, 360
에른스트 크리스Kris, Ernst 168
에오스Eos 351
에이브러햄 매슬로우Maslow, Abraham 75, 79
에이브러햄 잘레즈닉Zaleznik, Abraham 83
에픽테토스Epictetus 119
엔론Enron Corporation 325-328, 330
역량competence 42, 44, 58, 82, 83, 250, 253, 256, 257, 258, 260, 297, 299, 332, 337, 345
역전이countertransference 154-156, 189
연민compassion 44, 221, 222, 291, 296
연상associations 88, 91, 172-174, 177, 191, 247, 301, 364
예술creative arts 78, 136
옥시토신Oxytocin 92-93, 203
올리버 웬델 홈즈Holmes, Oliver Wendell 25
완고함stubbornness 163-271, 274
왓츠앱WhatsApp 23, 294
외국인 혐오xenophobia 290
요제프 스탈린Stalin, Joseph 37, 314
용기courage 22, 44, 45, 51, 98, 100, 129, 137, 147, 170, 203, 227, 283, 330, 365

우디 앨런Allen, Woody 229, 347
우울depression 80, 114, 137, 178, 180, 222, 231, 233, 240, 244, 254, 305, 339, 350, 351, 356
월마트Walmart 321
월터 에렌슈타인Ehrenstein, Walter 185
웰니스wellness 339-346, 347, 351
웰빙wellbeing 27, 95, 103, 189, 203, 331, 338, 339, 344
웹엑스WebEx 23
윈스턴 처칠Churchill, Winston 239
윌리엄 셰익스피어Shakespeare, William 202, 240, 360, 363
윌리엄 제임스James, William 139, 143
윌리엄 클레이 포드 주니어Clay Ford Jr., William 329
유다이모니아Eudaimonia 27
유튜브YouTube 294, 321
은퇴retirement 209, 238, 348, 359
의미sense of meaning 313, 338
의사결정decision making 37, 44, 51, 52, 97, 266, 319, 336
의식적 자아conscious self 105
이 날을 주소서(스튜어트)Give Us This Day(Stewart) 107
이민자/이민immigrants/immigration 280, 281, 314
이데올로기ideology 55, 144, 267, 273, 307, 311, 313, 329
이상화 전이idealizing transference 120, 123, 189
이슬람 테러 단체ISIS 281
이차적 이득secondary gain 128-131
이카루스 증후군Icarus syndrome 205-213
이키루(영화)Ikiru(movie) 70
이타주의altruism 95, 104, 298
인격/성격personality 37, 42, 43, 114, 292, 293, 298, 302, 305, 311, 320, 321, 354, 366
인내persistence 82, 146, 227, 263, 264, 269, 273
인생 목표life goals 27, 164, 223, 366
인생 사례연구 방법론life case study methodology 46, 47-48, 51, 52, 53, 93, 98
인생 여정life journey 103, 149, 240
인스타그램Instagram 294
인시아드INSEAD 9, 41, 48, 201
인재 평가talent assessment 253
인튜이트Intuit 340
일대일 개입 기법one-to-one interventions 100
일론 머스크Musk, Elon 115
일본Japan 358

임상 패러다임clinical paradigm 55-61, 99, 195, 365

ㅈ

자기 가치self-worth 219
자기 계발 산업self-help industry 122
자기 관심사self-interest 288
자기 비난self-incrimination 244, 310, 311
자기 인식self-awareness 6, 68, 366
자말 카쇼기Khashoggi, Jamal 209
자본주의capitalism 284
자신감confidence 43, 44, 82, 83, 195, 208, 209, 210, 269, 279, 291, 292, 312
자아를 위한 퇴행regression in the service of the ego 168-170, 174
자아실현self-actualization 79, 80, 85, 337
자존감self-esteem 82, 95, 114, 137, 189, 216, 232, 242, 252, 268, 269, 270, 273, 291, 292, 293, 294, 295, 296, 297, 309, 310, 312, 319
자존감 운동self-esteem movement 291, 292, 296
자포스Zappos 319
작업 동맹working alliance 153-154, 156, 157, 160, 161, 179
장 폴 사르트르Sartre, Jean-Paul 63
적대적 반항 장애oppositional defiant disorder(ODD) 276, 277, 278, 283
전이transference 121, 133, 159, 161, 183, 186-191
전환transitions 60, 64, 70, 71, 77, 140, 147, 154, 156, 157, 163, 238, 289, 290, 292, 337
전환 공간transitional space 156-162
젊은 사장단young presidents' organization(YPO) 202
정신 질환mental illness 136, 137
정신분석가psychoanalysts 12, 13, 20, 83, 84, 128, 130, 131, 134, 137, 168, 172, 216, 217, 242, 304, 313
정신역동psychodynamics 9, 10, 56, 60, 136, 187, 258, 306
정신장애 진단 및 통계 편람Diagnostic and Statistical Manual of the Mental Disorders(DSM V) 276, 293
정체성을 자극하는 정치identity politics 281, 290
정치politics 34, 37, 44, 111, 209, 220, 238, 252, 268, 280, 281, 282, 283, 284, 290, 301, 302, 307
제2차 세계대전World War II 35, 37, 107, 239,

색인
373

264, 281, 302, 304
제리 스프링거 쇼Jerry Springer Show   12
제이슨 실바Silva, Jason   167
제프리 스킬링Skilling, Jeffrey   326
조나단 고트샬Gottschall, Jonathan   85
조쉬 쉽Shipp, Josh   263
조이스 맥두걸McDougall, Joyce   105, 107
조증 방어manic defense   64
조지 버나드 쇼Shaw, George Bernard   63, 119
조지 칼린Carlin, George   237
조직 정치office politics   238
존 메이너드 케인스Keynes, John Maynard   13
존 밀턴Milton, John   208, 266
존 오도노휴O'Donohue, John   116
존 화이트헤드Whitehead, John   77
존스타운Jonestown   301, 313
종교religion   9, 77, 81, 112, 143, 268, 288, 301, 302, 314
죽음death   12, 37, 38, 63, 67, 68, 69, 70, 71, 75, 76, 77, 78, 79, 80, 86, 97, 102, 103, 107, 133, 143, 144, 220, 347, 348, 349, 350, 353, 354, 357, 361, 362
죽음 불안death anxiety   67-68, 70, 75, 77, 78, 102
줌Zoom   23
즐거움sense of enjoyment   338
증오 범죄hate crimes   290
지그문트 프로이트Freud, Sigmund   13, 126, 127, 131, 183, 186, 191, 240, 360
지두 크리슈나무르티Krishnamurti, Jiddu   55
지루함boredom   100, 113, 203, 256
직무 몰입도job engagement   339
직면confrontation   94
진 글래스Glass, Gene   161
진정성 발현 조직authentizotic organizations   332-334, 336, 337, 345
집단사고groupthink   211, 260, 320
집단주의collectivism   288, 289, 290

ㅊ

착시 현상optical illusions   184-186, 257
찰리 쉰Sheen, Charlie   193
참 자아/거짓 자아true self/false self   9, 217, 278
채용 과정hiring process   259, 261
'충분히 좋은' 양육'good enough' parenting   242
최고 경영진C-suite executives   41, 45, 51, 153, 193,

194, 195, 197, 198, 199, 200, 201, 202, 204, 213, 322, 328, 342

ㅋ

카스파르 다비트 프리드리히Friedrich, Caspar David   24
카를로스 곤Ghosn, Carlos   209
카펫 밑 뱀 증후군snake-under-the-carpet syndrome   58-61
칼 융Jung, Carl   61, 183, 360
캐리 라떼Latet, Carrie   339
커리어 궤적career trajectory   101
커뮤니티community   48, 51, 285, 295, 302, 319, 340, 342
커트 보네거트Vonnegut, Kurt   362
컨설턴트consultants   20, 22, 23, 25, 32, 123, 125, 127, 128, 187, 202, 342
컬트cults
  컬트 유사 경험cult-like experiences   323-328
  컬트 유사 조직cult-like organizations   26, 320, 322, 325
케네스 레이Lay, Kenneth   326
코로나 바이러스Coronavirus   27, 38, 77, 221, 281, 282, 284, 298, 299, 343, 344, 352
크리스 마타카스Matakas, Chris   167
키쓰 헨슨Henson, Keith   301

ㅌ

탐욕greed   14, 26, 215-227, 297, 328
테러리스트terrorist   310
테슬라Tesla   319
토마스 왓슨 시니어Watson Sr., Thomas J.   321
통제control   18, 19, 23, 49, 72, 73, 80, 82, 114, 129, 138, 141, 147, 148, 157, 161, 169, 170, 184, 190, 195, 215, 221, 224, 234, 243, 246, 253, 258, 269, 271, 276, 277, 307, 310, 311, 319, 320, 322, 345, 353
통합주의자lumpers   20, 43
퇴행regression   22, 167, 168, 170, 172, 174, 182, 307
트위터Twitter   282, 294, 313
팀 빌딩team building   51-53

ㅍ

파킨슨병Parkinson's disease 353
페르디난트 퇴니에스Tönnies, Ferdinand 287, 288
페이스북Facebook 209, 294
페이스타임FaceTime 23
편집증paranoia 18, 51, 161, 199, 290, 304, 309, 313, 338
포드 자동차Ford Motor Company 329
포춘지Fortune magazine 326
표도르 도스토옙스키Dostoevsky, Fyodor 366
프랑스France 90, 112, 175, 230, 264, 275, 283
프랭크 오하라O'Hara, Frank 287
프리드리히 니체Nietzsche, Friedrich 237
플라톤Plato 354
피에르 테일하르트 드 샤르댕de Chardin, Pierre Teilhard 347

ㅎ

하나되는 신비unica mystica 77
하버드 비교동물학 박물관Museum of Comparative Zoology, Harvard 35
하버드 비즈니스 스쿨Harvard Business School 47, 83, 240, 326
하비 맥케이Mackay, Harvey 193
할리 데이비슨Harley Davidson 319
헤도니아Hedonia 27
헤르만 헤세Hesse, Hermann 187
헨리 데이비드 소로Thoreau, Henry David 13
헨리 민츠버그Mintzberg, Henry 303
호스 위스퍼러(영화)Horse Whisperer, The(movie) 151, 152
확증 편향confirmation biases 266
회고적 분석retrospective analysis 233
후회regret 26, 69, 124, 145, 205, 229-235, 293, 348
휴브리스Hubris 209, 213
힌두교 전통Hindu tradition 361

역자 소개

강준호 코치

서울대학교 원자핵공학과를 졸업하고 LG CNS(구: LG-EDS Systems)에서 첫 직장 생활을 시작한 뒤, HCG(휴먼 컨설팅 그룹), IBM GBS(글로벌 비즈니스 서비스), Mercer에서 10여 년간 인사 및 조직 컨설팅을 수행하였다. 이후 CJ 그룹에 입사하여 그룹 지주사와 계열사에서 인사 기획 및 운영 업무를 10여 년간 수행했다. 현재는 글로벌 게임 개발 및 퍼블리싱 회사인 Krafton(크래프톤) 인사부문장으로 재직하며 HR 업무를 총괄하고 있다.

『코칭심리학(2판,역서)』,『리더의 속살(역서)』 등 코칭 및 리더십 관련 서적을 번역했다. 국내 기업 현장에서 인사 기획 및 운영 업무를 직접 수행하며 경영자, 리더, 구성원 및 HR 인력들의 성장과 조직의 성과 향상을 지원하는 일에 가치를 부여하며 시대와 세대의 변화 요구를 깊이 성찰하고 기업과 개인 모두가 상호 유익을 얻을 수 있는 방안을 도출하고 이를 적용하기 위해 노력하고 있다.

인사제도 설계, 조직설계 및 변화관리, 조직문화 수립 및 활성화 컨설팅과 기업 내 인사 기획 및 운영 업무를 다양하게 수행하였으며, 인재관리와 관련해서는 호건검사, 해리슨검사, CPI, LCSI, 버크만진단 등 다양한 검사 디브리핑 및 탤런트 어세스먼트 업무를 수행하였다. 또 코칭을 통한 성과관리 역량 향상, 리더십 코칭 및 육성 경험을 보유하고 있다. 또 한국코치협회 코치이자 버트 헬링거 박사 방식 컨스텔레이션Constellations 촉진자, NLP 마스터 프랙티셔너로서 코칭과 정신 건강을 종합하는 프랙티스에 관심을 가지고 있다.

현재 한국 커리어 컨설턴트 협회 정회원으로 개인 커리어 성장 측면에서 고민하는 사람들의 '생각 파트너'로서 기여하기 위해 노력하고 있으며 특히 최근에는 헬스 트레이너, 헤어 디자이너, 바리스타, 플로리스트, 프리랜서 개발자 및 그래픽 디자이너 등 개인 사업가형 직무 종사자들의 독립적 커리어 성장에 관심을 가지고 이들의 성장에 도움을 제공하는 방법을 실험하고 있다.

(nyaong001@gmail.com)

발간사

호모코치쿠스 43
경영자의 마음: 리더십, 인생, 변화에 관한 명상록

경영경제 분야에서 우리나라에 가장 많은 저서가 소개된 세계적인 학자를 든다면 단연 피터 드러커 교수를 1순위로 꼽을 수 있을 것이다. 그의 책은 약 20권 이상이 번역되어 출간되었다. 그다음으로 톰 피터스, 짐 콜린스 등을 들 수 있는데 이들의 책은 열 권이 넘지 않는다. 물론 출간된 책의 수로 그들의 학문적 깊이와 업적을 평가할 수 있는 것은 아니다. 이들이 우리나라 학계와 기업 경영에 끼친 영향은 엄청나다고 할 수 있다. 이들은 혁신을 강조하고 특히 사람을 중시하는 것으로 요약된다. 과거의 우리나라 경영 관행과는 많이 다른 주장이었으므로 앞다투어 그들의 이론을 연구하고 경영 현장에 적용하려고 노력했다. 국내 기업이 오늘날 세계적 경쟁력을 갖추고 성장을 이루는 데에 한몫을 단단히 했다고 본다.

나는 이제 이들과 함께 우리가 반드시 주목해야 할 한 사람을 추가하고자 한다. 바로 경영학자이면서 정신분석가이고, 코치이기도 한 맨프레드 케츠 드 브리스 교수이다. 톰 피터스 교수가 '탁월한 기업의 조건'을 연구했다면, 맨프레드 교수는 그러한 기업을 만들고 이끌어갈 '탁월한 리더 개발'에 평생 전념해왔다고 할 수 있다. 그의 책은 이번 『경영자의 마음』까지 합쳐 국내에 12권이 번역, 출간되었다. 사족이지만 이 가운데 일곱 권을 한국코칭수퍼비전아카데미에서 출간했으니 이 또한 특별한 의미가 있다. 맨프레드 교수가 쓴 책만 해도 50권이 넘는다. 이제 ⅕쯤 온 셈이다. 앞으로도 더 많은 책이 국내 독자들에게 소개될 것으로 기대한다.

필자(편집자)가 그렇게 기대하는 이유는 두 가지다. 하나는 맨프레드 교수 저서의 가치이다. 오늘날처럼 복잡하고 불확실하며 모호하고 변동성이 심한, 이른바 VUCA 시대의 기업 경영에서 사람, 이 가운데서도 특히 경영진 위치에 있는 리더 역할은 더욱 중요해졌다. 그들은 불안과 불확실성을 견디면서 조직을 성공으로 이끌어야 하고, 자기 개인 삶도 돌봐야 하는 이중고를 해결해야 한다. 리더가 일과 삶에서 균형이 무너질 때, 또는 자신도 모르게 어느 한쪽에 영향을 받고 있을 때 자신은 물론 조직 전체에 미치는 영향은 막대하다. 맨프레드 교수는 이런 리더들을 건강한 리더의 길로 안내하는 데 초점을 맞춘다. 리더는 먼저 내면 세계로의 여행을 통해서 자기 인식과 자기 성찰을 해야 하고 자기를 관리할 수 있어야 한다. 그런 다음에 타인과 사회, 조직으로 확장하여 자기 삶의 목적과 의미를 재정립할 수 있다. 그의 저서를 통해서 간접적이지만 이와 관련한 풍부한 임상 사례와 이론적 근거를 만나볼 수 있다.

다른 하나는 맨프레드 교수의 리더십론과 정신분석적 코칭 접근법의 가치를 인정하고, 여기에 매료된 우리나라 코치들이 많다는 점이다. 이들은 그의 책을 직접 번역하고 학습 조직을 만들고, 현장에서 실제 적용함으로써 그 효과성을 체험하고 있기 때문이다. 단순히 번역에 머물지 않고 스스로 현장으로 직접 들어가서 꽃을 심고 정원을 가꾸어나가는 삶의 태도는 아마도 맨프레드 교수 자신의 삶과 철학에 깊이 공감하는 데서 비롯된 것으로 보인다. 나는 이분들이 앞으로도 맨프레드 교수의 안내에 따라 미개척 세계를 탐색하는 작업을 멈추지 않으리라고 믿는다.

이 책 『경영자의 마음』은 저자가 밝히고 있듯이 경영자와 경영자를 상대하는 사람들을 위해 쓴 리더십과 삶에 대한 명상록이다. 외로움, 무의미함, 오만, 탐욕 등 리더가 빠질 수 있는 수많은 함정을 인식하고 리더십 탈선을 방지하기 위한 저자의 관찰, 성찰, 통찰이 담겨 있다. 또 노화와 죽음이라는 실존적 불안 앞에서 이를 어떻게 받아들이고 대처해나갈 것인가도 중요한 이슈로 제기한다. 왜냐하면, 이 근본적 삶의 과제가 직장이든 개인 삶이든 의미와 목적을 형성하는 토대가 되기 때문이다. 리더의 충만한 삶은 '나'와 '너' 그리고 '우리'의 조화, 다시 말하면 게마인샤프트와 게젤샤프트가 균형을 이루는 가운데 성취될 수 있다. 이러한 기조는 최근에 출간된 『리더의 속살』과 『리더의 일상적 위협』에서도 맥을 같이 하고 있다.

저자는 『경영자의 마음』에서 다루는 각각의 주제들에 대해서 조용하고 부드럽게 속삭이듯(위스퍼러) 말한다. 강하고 단호하게 주장하지 않는데도 자연스럽게 고개를 끄덕이게 하고 가슴에 울림을 주는 힘이 있다. 다양한 사례와 함께 타당한 근거와 이론이 쉽게 와닿는다. 설득하는 힘이 은근하면서도 강력하다. 저자의 넛징 nudging 기술이 참으로 대단하다. 이는 저자의 학문적 배경뿐만 아니라 실제 리더십 개발을 위한 연구와 임상 분석, 코칭 등의 경험을 통해 축적한 '내공'의 힘이다.

나는 여기에 덧붙이고 싶은 놀라운 한 가지가 더 있다. 저자의 내공을 이루는 바탕에는 엄청난 양의 독서가 있다고 본다. 이는 저자의 책 대부분에 들어가 있는 에피그라프epigraph가 증명해준다. 그의 책에서 에피그라프를 장식하는 사람들은 고대에서 현대에 이르기까지, 서양뿐만 아니라 동양에 이르기까지 사상가, 문학가, 예술가, 과학자 등 매우 다양하고 폭넓다. 그들이 말하거나 저술에 남긴 촌철살인과 같은 짧은 문장들이 책 속의 각 장 주제에 맞게 서두를 장식한다. 아마도 이런 방대한 독서가 저자가 인간을 깊이 있게 이해하고, 다양성을 인정하고, 균형 잡힌 시각을 갖추고, 삶의 다양한 측면을 바라보고, 진정으로 사람을 돕고자 하는 마음가짐을 갖추는 기반이 되었을 것이다.

맨프레드 교수의 책을 읽다 보면 우리가 누군가를 전문적으로 돕기 이전에 먼저 나 자신을 진정으로 돌볼 역량을 갖추고 있는지 스스로 묻게 된다. 이것이 맨프레드 교수가 우리에게 위스퍼링하고 넛징하는 또 다른 효과가 아닌가 생각한다. 이 물음에 답하기 위해 우리는 자기 탐구, 자기 성찰, 자기 발견의 여정을 걷는다. 궁극의 목표는 초월이다. 맨프레드 교수와 함께 여정의 끝에서 모두가 초월의 기쁨을 누릴 수 있기를 희망한다.

2023년 8월
편집자 코치 정익구

호모코치쿠스

코칭 튠업 21
: ICF 11가지 핵심 역량과 MCC 역량

김상복 지음

뇌를 춤추게 하라
: 두뇌 기반 코칭 이론과 실제
Neuroscience for Coaching

에이미 브랜 지음
최병현, 이혜진 옮김

마음챙김 코칭
: 지금-여기-순간-존재-하기
Mindful Coaching

리즈 홀 지음
최병현, 이혜진, 김성익, 박진수 옮김

코칭 윤리와 법
: 코칭입문자를 위한 안내
Law & Ethics in Coaching

패트릭 윌리암스, 샤론 앤더슨 지음
김상복, 우진희 옮김

조직을 변화시키는 코칭 문화
How to create a coaching culture

질리안 존스, 로 고렐 지음
최병현, 이혜진 등 옮김

내러티브 상호협력 코칭
: 3세대 코칭 방법론
A Guide to Third Generation Coaching: Narrative-Collaborative Theory and Practice

라인하드 스텔터 지음
최병현, 이혜진 옮김

임원코칭의 블랙박스
Tricky Coaching

맨프레드 F. R. 케츠 드 브리스 등 편집
한숙기 옮김

마스터 코치의 10가지 중심이론
Mastery in Coaching

조나단 패스모어 편집
김선숙, 김윤하 등 옮김

코칭·컨설팅
수퍼비전의 관계적 접근
Supervision in Action

에릭 드 한 지음
김상복, 조선경, 최병현 옮김

정신역동과 임원코칭
: 현대 정신분석 코칭의 기초1
Executive Coaching :
A Psychodynamic Approach

캐서린 샌들러 지음
김상복 옮김

수퍼비전
: 조력 전문가를 위한 일곱 눈 모델
Supervision in the Helping Professions

피터 호킨스, 로빈 쇼헤트 지음
이신애, 김상복 옮김

코칭 프레즌스
: 코칭개입에서 의식과 자각의 형성
Coaching Presence : Building Consciousness and Awareness in Coaching Interventions

마리아 일리프 우드 지음
김혜연 옮김

멘탈력
정신적 강인함에 대한 최초의 이론적 접근
Developing Mental Toughness :
Coaching strategies to improve performance,
resilience and wellbeing

더그 스트리챠크직, 피터 클러프 지음
안병옥, 이민경 옮김

코치 앤 카우치
Coach and Couch

맨프레드 F.R. 케츠 드 브리스 등 지음
조선경, 이희상, 김상복 옮김

리더의 정치학
: 조직개혁과 시대전환을 위한 창발 리더십 모델
Leading Change: How Successful Leaders
Approach Change Management

폴 로렌스 지음
최병현, 윤상진, 이종학,
김태훈, 권영미 옮김

고용 가능성
고용+가능성 업그레이드 전략
Developing Employability and Enterprise:
Coaching Strategies for Success in the Workplace

더그 스트리챠크직, 샬롯 보즈워스 지음
조현수, 최현수 옮김

게슈탈트 코칭
바로 지금 여기
Gestalt Coaching: Right here, right now

피터 브루커트 지음
임기용, 이종광, 고나영 옮김

강점 기반 리더십 코칭
: 조직 내 긍정적 리더십 개발을 위한 가이드
Strength_based leadership Coaching
in Organization An Evidence based guide to
positive leadership development

덕 매키 지음
김소정 옮김

영화, 심리학과 라이프 코칭의 거울
The Cinematic Mirror for Psychology
and Life Coaching

메리 뱅크스 그레거슨 편저
앤디 황, 이신애 옮김

영웅의 여정
자기 발견을 위한 NLP 코칭
The Hero's Journey: A voyage of self-discovery

스테판 길리건, 로버트 딜츠 지음
나성재 옮김

VUCA 시대의
조직문화와 피어코칭
Peer Coaching at Work

폴리 파커, 팀 홀, 캐시 크램,
일레인 와서먼 공저
최동하, 윤경희, 이현정 옮김

정신역동 마음챙김 리더십
: 내면으로의 여정과 코칭
Mindful Leadership Coaching : Journeys
into the interior

맨프레드 F.R. 케츠 드 브리스 지음
김상복, 최병현, 이혜진 옮김

실존주의 코칭 입문
: 알아차림·용기·주도적 삶을 위한
철학적 접근
An Introduction to Existential Coaching

야닉 제이콥 지음
박신후 옮김

공감으로 완성하는 코칭
: 평범함에서 탁월함으로
Coaching with Empathy,

앤 브록뱅크, 이안 맥길 지음
김소영 옮김

내러티브 코칭
: 새 스토리의 삶을 위한 확실한 가이드
Narrative Coaching: The Definitive Guide to Bringing New Stories to Lif

데이비드 드레이크 지음
김상복, 김혜연, 서정미 옮김

ADHD 코칭
: 정신건강 전문가를 위한 가이드
ADHD Coaching: A Guide for Mental Health Professionals

프란시스 프레벳,
아비가일 레브리니 지음
문은영, 박한나, 가요한 옮김

시스템 코칭
: 개인을 넘어 가치로
Systemic Coaching: Delivering Value Beyond the Individual

피터 호킨스, 이브 터너 지음
최은주 옮김

글로벌 코치 되기
: 코칭 역량과 ICF 필수 가이드
Becoming a Coach

조나단 페스모어,
트레이시 싱클레어 지음
김상학 옮김

시스템 코칭과 컨스텔레이션
Systemic Coaching & Consitellations

존 휘팅턴 지음
가향순, 문현숙, 임정희, 홍삼렬, 홍승지 옮김

10가지 코칭 주제와 사례 연구
: 20개 사례, 40개 논평, 720개 주석, 19개 실습 사례
Complex Situations in Coaching

디마 루이스, 폴린 파티엔 디오숑 지음
김상복 옮김

유연한 조직이 살아남는다
포스트 코로나 시대
뉴노멀이 된 유연근무제
Flexible Working

클라우디아 나겔 지음
최병헌, 윤재훈 옮김

인지행동 코칭
: 30가지 고유한 특징
Cognitive Behavioural Coaching: Distinctive Features

마이클 니난 지음
엘리 홍 옮김

쿼바디스
: 팬데믹 시대, 죽음과 리더의 실존적 도전
QUO VADIS?: The Existential Challenges of Leaders

맨프레드 F. R. 케츠 드 브리스 지음
고태현 옮김

코칭과 트라우마
: 생존 자기를 넘어 나아가기
Coacjing and Trauma

줄리아 본 스미스 지음
이명진, 이세민 옮김

단일 회기 코칭과 비연속 일회성 코칭
: 30가지 고유한 특징
Single-Session Coaching and One-At-A-Time Coaching: Distinctive Features

윈디 드라이덴 지음
남기웅, 안재은 옮김

리더십 팀 코칭
: 변혁적 팀 리더십 개발을 넘어
Leadership Team Coaching

피터 호킨스 지음
강하룡, 박정화, 박준혁, 윤선동 옮김

코칭과 정신 건강 가이드
: 코칭에서 심리적 과제 다루기
A Guide to Coaching and Mental Health : The Recognition and Management of Psychological Issues

앤드류 버클리, 캐롤 버클리 지음
김상복 옮김

팀 코칭 이론과 실천
: 팀을 넘어 위대함으로
The Practitioner's handbook of TEAM COACHING

데이비드 클러터벅, 주디 개넌 편집
강하룡, 박순천, 박정화, 박준혁, 우성희, 윤선동, 최미숙 옮김

리더의 속살
: 추악함, 사악함, 기괴함에 관한 글
Leadership Unhinged: Essays on the Ugly, the Bad, and the Weird

맨프레드 F. R. 케츠 드 브리스 지음
강준호 옮김

웰다잉 코칭
생의 마지막 여정을 돕는
Coaching at End of Life

돈 아이젠하워, J. 발 헤이스팅 지음
정익구 옮김

정신역동 코칭
: 30가지 고유한 특징
– 현대 정신분석 코칭의 기초2
Psychodynamic Coaching: Distinctive Features

클라우디아 나겔 지음
김상복 옮김

리더의 일상적 위협
: 모래 늪에서 허우적거릴 때 살아남는 방법
The Daily Perils of Executive Life: How to Survive When Dancing on Quicksand

맨프레드 F. R. 케츠 드 브리스 지음
고태현 옮김

경영자의 마음
: 리더십, 인생, 변화에 대한 명상록
The CEO Whisperer: Meditations on Leadership, Life, and Change

맨프레드 F. R. 케츠 드 브리스 지음
강준호 옮김

·········· **(출간 예정)**

잡크레프팅
Persnalization at Work

롭 베이커 지음
김현주 옮김

코칭심리학 (2판)
실천연구자를 위한 안내서
Handbook of Coaching Psychology

스티븐 팔머, 앨리스 와이브로 엮음

수퍼바이지와 수퍼비전
: 수퍼비전을 위한 가이드
Being Supervised A Guide for Supervision

에릭 드 한, 윌레민 레구인 지음
한경미, 박미영, 신혜인 옮김

코칭수퍼비전의 이론과 모색
Coaching and Mentoring Supervision : Theory and Practice

타티아나 바키로버, 피터 잭슨, 데이빗 클러터벅 지음
김상복, 최병현 옮김

인지행동 기반 라이프코칭
Life Coaching : A Cognitive behavioural approach

마이클 니난, 윈디 드라이덴 지음
정익구 옮김

코칭 이론과 실천
The SAGE Handbook of Coaching

타티아니 바흐키로바, 고든 스펜스,
데이비드 드레이크 엮음

정신역동 코칭의 이해와 활용
: 현대 정신분석 코칭의 기초 2
Psychodynamic Coaching : focus & depth

올라 샤롯데 벡 지음
김상복 옮김

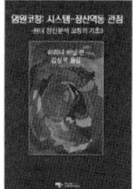
임원코칭
: 시스템 – 정신역동 관점
– 현대 정신분석 코칭의 기초 3
Executive coaching: System-psychodynamic perspective

하리나 버닝 편집
김상복 옮김

 호모스피릿쿠스

나르시시스트와 직장생활하기
Narcissism at Work: Personality Disorders of Corporate Leaders

마리 린느 제르맹 지음
문은영 · 가요한 옮김

정신분석 심리치료의 기본과 실천
: 정신분석·지지적 심리치료와의 차이

아가쯔마 소우 지음
최영은 · 김상복 옮김

조력 전문가를 위한
공감적 경청
共感的傾聽術
：精神分析的に"聽く"力を高める

고미야 노보루 지음
이주윤 옮김

코로나 시대의 정신분석적 임상
'만남'의 상실과 회복
コロナと精神分析的臨床

오기모토 카이, 키타야마 오사무 편집
최영은, 김태리 옮김

트라우마와 정신분석적 '접근'
핵심 이론과 일곱 가지 사례
トラウマの精神分析的アプローチ

마쓰기 구니히로 편집
김상복 옮김

라캉 정신분석 치료
이론과 실천의 교차점
ラカン派精神分析の治療論

아가사가 가즈야 지음
김상복 옮김

코칭 A to Z

누구나 할 수 있는 코칭 대화 모델
: GROW_candy 모델 이해와 활용

김상복 지음

세상의 모든 질문
: 아하에서 이크까지, 질문적 사고와 질문 공장

김현주 지음

첫 고객·첫 세션 어떻게 할 것인가
(1) 윤리적 가이드라인과 전문가 기준에 의한 고객 만남
(2) 코칭 계약과 코칭 동의 수립하기

김상복 지음

코칭방법론
: 조직 운영과 성과 리더십 향상을 돕는 효과성 코칭의 틀

이석재 지음

코치 100% 활용하는 법
: 코칭을 만난 당신에게

김현주, 박종석, 박현진, 변익상,
이서우, 정익구, 한성지 지음

코칭 하이브리드

영화처럼 리더처럼
: 크고 작은 시민리더 이야기

최병현, 김태훈, 이종학,
윤상진, 권영미 지음

마음챙김 코칭
: WHO에서 실행까지
Mindfulness Coaching: Have
Transformational Coaching Conversations
and Cultivate Coaching Skills Mastery

사티얌 베로니카 찰머스 지음
김종성, 남관희, 오효성 옮김

사랑하는 사람의 상실로
슬픈 나를 위한 셀프 코칭
슬픈 나를 위한 코칭

돈 아이젠하워 지음
안병욱, 이민경 옮김

고통의 틈 속에서 아름다움 찾아내기
: 슬픔과 미망인의 여정에 대한 회고

펠리시아 G Y 램 지음
강준호 옮김

(코쿱북스)

코칭의 역사
Sourcebook Coaching History

비키 브록 지음
김경화, 김상복 외 15명 옮김

101가지 코칭의 전략과 기술
: 젊은 코치의 필수 핸드북
101 Coaching Strategies and Technique

글래디나 맥마흔, 앤 아처 지음
김민영, 한성지 옮김

리더십을 위한 코칭
Coaching for Leadership

마샬 골드 스미스,
로렌스 라이언스 등 지음
고태현 옮김

집필자 모집

- 멘토링 기반 코칭 방안과 사례 연구
- 컨설팅 기반 코칭 방안과 사례 연구
- 조직개발 코칭 방안과 사례 연구(일대일 또는 그룹 코칭)
- 사내 코치 활동 방안과 사례 연구
- 주제별·대상별 시네마 코칭 방안과 사례 연구
- 시네마 코칭 이론과 실천 방안 연구
- 아들러 심리학 기반 코칭 방안과 사례 연구
- 코칭 기획과 사례 개념화(중심 이론별 연구)
- 코칭에서 은유와 은유 질문
- '갈굼과 태움', 피해·가해자 코칭
- 미루기 코칭 이해와 활용
- 코치의 젠더 감수성과 코칭 관계 관리
- 정서 다루기와 감정 관리 코칭 및 사례 연구
- 코칭 장field·공간과 침묵
- 라이프 코칭 핵심 과제와 사례 연구(청년 및 중년)
- 커리어 코칭 핵심 과제와 사례 연구(청년 및 중년)
- 노년기 대상 라이프 코칭 방안과 사례 연구
- 비혼·혼삶 라이프 코칭 방안과 사례 연구
- 코칭 스킬 총정리와 적용 사례
- 부모 리더십 코칭과 사례 연구(양육자 연령별)
- 코칭 이론 기반 코칭 방안과 사례
- 커플 코칭 방안과 사례
- 의식확장과 영성코칭
- 군 리더십 코칭
- 코칭 ROI 연구

▣ 동일 주제라도 코칭 대상과 방식, 코칭 이론별 집필이 가능합니다.
▣ 최소 기준 A4 기준 80페이지 이상. 코칭 이론과 임상 경험 집필 권장합니다.
▣ 편집위원회와 관련 전문가 심사로 선정됩니다.
▣ 선정 원고는 인세를 지급하며, 무료로 출판합니다.

 호모코치쿠스 43

경영자의 마음
리더십, 인생, 변화에 관한 명상록

초판 1쇄 발행　2023년 8월 31일

| 펴낸이　｜　김상복
| 지은이　｜　맨프레드 F. R. 케츠 드 브리스
| 옮긴이　｜　강준호
| 편　집　｜　정익구
| 디자인　｜　이상진
| 제작처　｜　비전팩토리
| 펴낸곳　｜　한국코칭수퍼비전아카데미
| 출판등록　｜　2017년 3월 28일 제2018-000274호
| 주　소　｜　서울시 마포구 포은로 8길 8. 1005호
| 문의전화 (영업/도서 주문) 카운트북
|　　　　　　　전화　｜　070-7670-9080　팩스　｜　070-4105-9080
|　　　　　　　메일　｜　countbook@naver.com
|　　　　　　　편집　｜　010-3753-0135
|　　　　　　　편집문의　｜　hellojisan@gmail.com　010-3753-0135

www.coachingbook.co.kr
www.facebook.com/coachingbookshop

ISBN 979-11-89736-58-3
책값은 뒤표지에 있습니다.